파워포인트
2021 기초

이 책의 구성

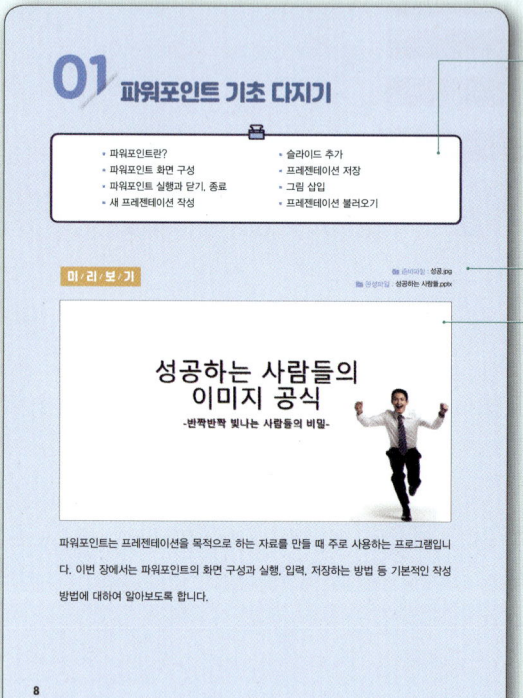

학습 포인트
이번 장에서 학습할 핵심 내용을 소개합니다.

준비파일 / 완성파일
본문에서 실습하는 파일명입니다.
시대인 게시판에서 다운로드받아 사용하세요.

미리보기
학습 결과물을 미리 살펴봅니다.

예제 따라 하기
실생활에서 활용할 수 있는 예제를 순서대로 따라 할 수 있도록 구성하여 누구나 쉽게 이해하고 기능을 습득할 수 있습니다.

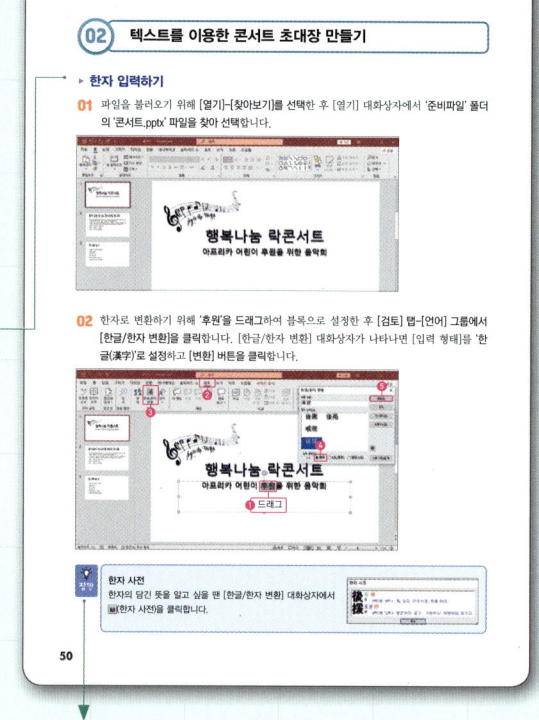

잠깐
본문에서 다루지 못한 내용이나 알아두면 유용한 내용을 설명합니다.

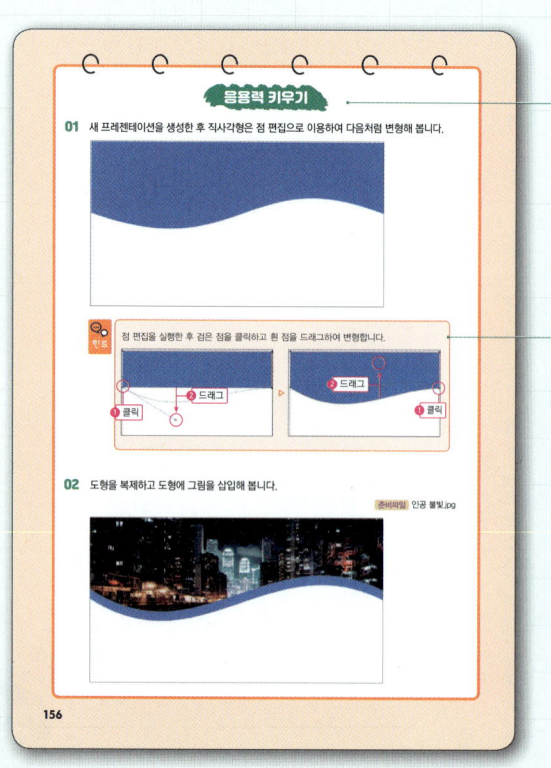

응용력 키우기
응용문제를 통해 본문에서 학습한 내용을 정리하고 복습합니다.

힌트
응용문제를 푸는데 필요한 정보 또는 방법을 내합니다.

예제파일 다운로드

1 시대인 홈페이지(www.sdedu.co.kr/book)에 접속한 후 로그인합니다. 홈페이지 위쪽의 메뉴에서 [프로그램]을 선택합니다. 프로그램 자료실 화면이 나타나면 책 제목을 검색합니다. 검색된 결과 목록에서 해당 도서의 자료를 찾아 제목을 클릭합니다.

※ '시대' 회원이 아닌 경우 [회원가입]을 클릭하여 가입한 후 로그인을 합니다. 홈페이지의 리뉴얼에 따라 위치나 텍스트 표현이 변경될 수도 있습니다.

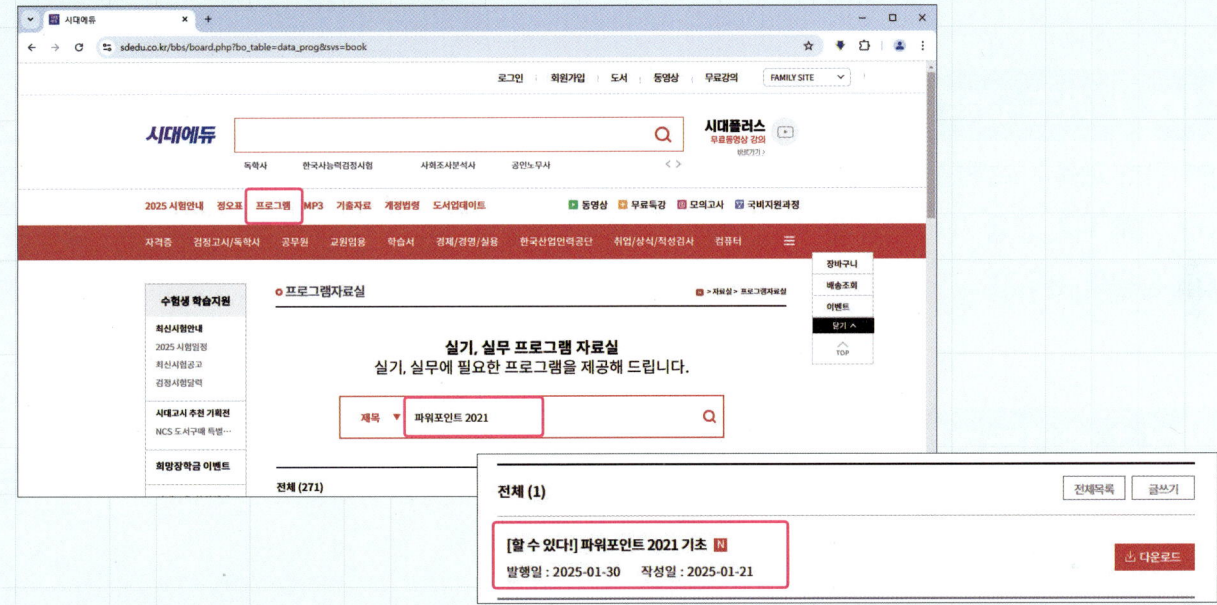

2 해당 페이지가 열리면 파일명을 클릭합니다. 파일이 다운로드 되면 파일을 저장한 폴더로 이동합니다. 압축 해제 프로그램으로 '할수있다_파워포인트2021 기초 예제파일.zip' 파일을 해제하면 교재의 준비파일과 완성파일이 폴더별로 제공됩니다.

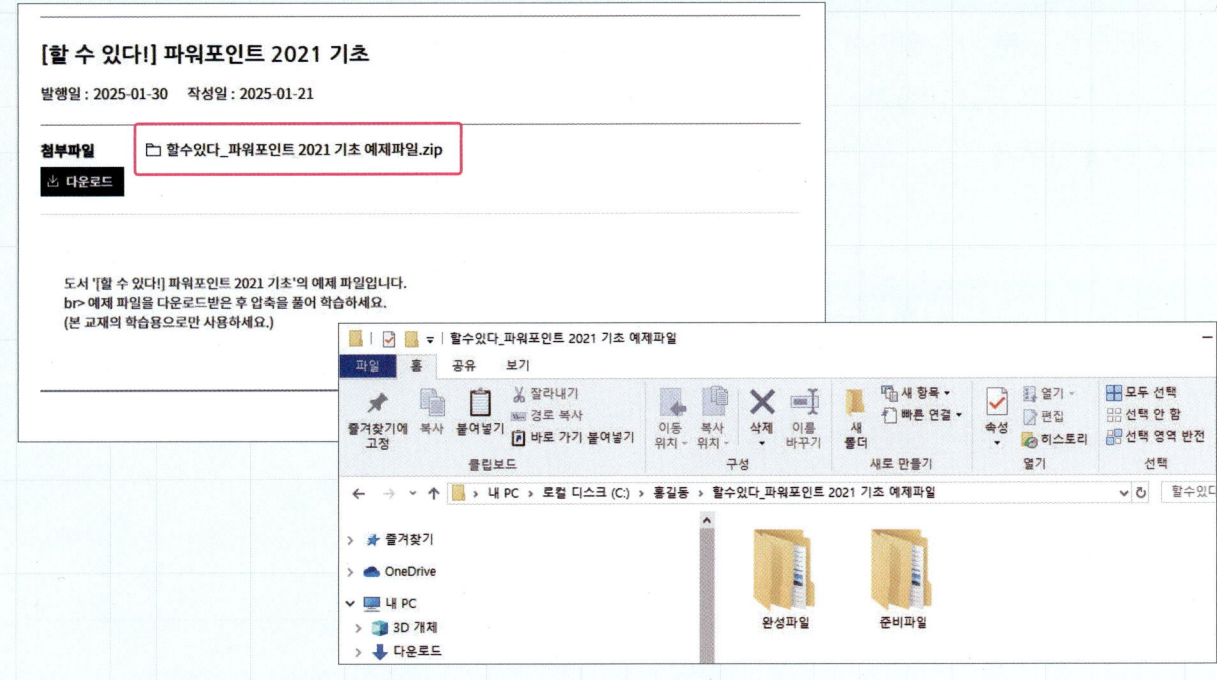

이 책의 목차

01 | 파워포인트 기초 다지기 — 6
01 파워포인트 개념 다지기 — 7
02 파워포인트 처음 시작하기 — 9
03 응용력 키우기 — 23

02 | 기초 교육 자료 만들기 — 25
01 기초 교육 자료 만들기 — 26
02 기후 위기 교육 자료 만들기 — 29
03 응용력 키우기 — 43

03 | 콘서트 초대장 만들기 — 45
01 글꼴과 단락 관련 기능 알아보기 — 46
02 텍스트를 이용한 콘서트 초대장 만들기 — 48
03 응용력 키우기 — 63

04 | 4단 디자인 자료 만들기 — 65
01 워드아트 관련 기능 알아보기 — 66
02 SWOT 분석 자료 만들기 — 68
03 응용력 키우기 — 83

05 | 빠르게 발표 자료 만들기 — 85
01 테마 관련 기능 알아보기 — 86
02 서식 파일을 활용한 발표 자료 만들기 — 88
03 테마 디자인을 활용한 설명 자료 만들기 — 97
04 응용력 키우기 — 106

06 | 웨딩 앨범 만들기 — 108
- 01 그림 관련 기능 알아보기 — 109
- 02 나만의 웨딩 앨범 만들기 — 111
- 03 응용력 키우기 — 126

07 | 제안서 만들기 — 128
- 01 도형 관련 기능 알아보기 — 129
- 02 도형을 이용한 PPT 만들기 — 131
- 03 응용력 키우기 — 154

08 | 조직도 만들기 — 156
- 01 스마트아트 기능 알아보기 — 157
- 02 회사 조직도 만들기 — 159
- 03 응용력 키우기 — 166

09 | 표와 차트 만들기 — 168
- 01 표와 차트 기능 알아보기 — 169
- 02 여름휴가 안내표 만들기 — 172
- 03 경제성장률 전망 차트 만들기 — 178
- 04 응용력 키우기 — 181

10 | 멀티미디어 활용하기 — 182
- 01 화면 전환과 애니메이션 기능 알아보기 — 183
- 02 PPT 자료 마무리 작업하기 — 185
- 03 비디오 삽입하기 — 191
- 04 응용력 키우기 — 198

01 파워포인트 기초 다지기

- 파워포인트란?
- 파워포인트 화면 구성
- 파워포인트 실행과 닫기, 종료
- 새 프레젠테이션 작성
- 슬라이드 추가
- 프레젠테이션 저장
- 그림 삽입
- 프레젠테이션 불러오기

미/리/보/기

📁 준비파일 : 성공.jpg
📁 완성파일 : 성공하는 사람들(완성).pptx

성공하는 사람들의
이미지 공식

-반짝반짝 빛나는 사람들의 비밀-

파워포인트는 프레젠테이션을 목적으로 하는 자료를 만들 때 주로 사용하는 프로그램입니다. 이번 장에서는 파워포인트의 화면 구성과 실행, 입력, 저장하는 방법 등 기본적인 작성 방법에 대하여 알아보도록 합니다.

01 파워포인트 개념 다지기

▶ 파워포인트(PowerPoint)란?

마이크로소프트사에서 개발한 소프트웨어로 텍스트, 그림, 도형, 표, 차트와 같은 멀티미디어 요소를 이용하여 시각적인 슬라이드 자료를 만들고 교육, 제안, 보고회, 강연 등을 할 때 상대방에게 효과적인 의사 전달을 위해 사용하는 프레젠테이션용 프로그램입니다.

프레젠테이션은 '소개 · 발표 · 표현 · 제출'을 뜻하는 용어이며, 파워포인트를 이용하여 만든 슬라이드 자료는 대형 화면이나 빔 프로젝트를 사용해 스크린에 띄워 사용합니다.

▶ 파워포인트 2021 화면 구성 알아보기

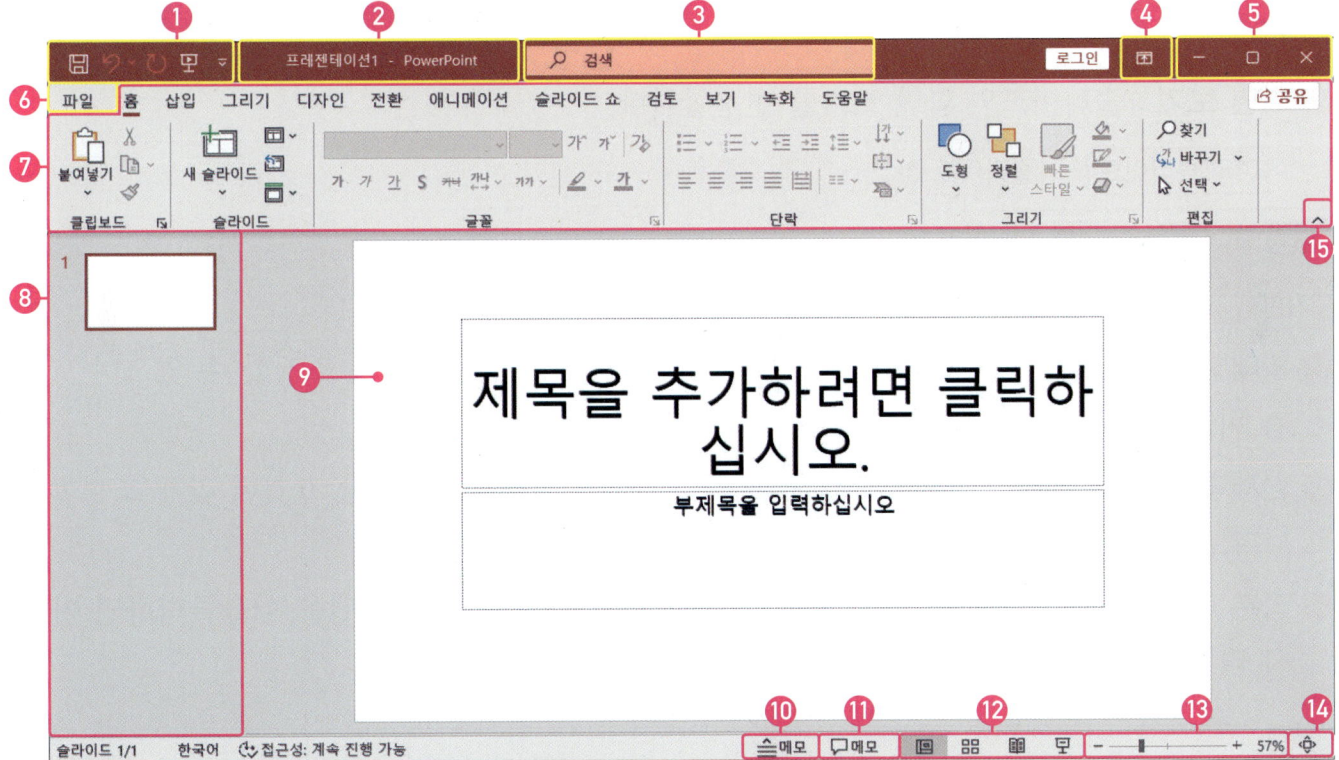

❶ **빠른 실행 도구 모음** : 자주 사용하는 도구를 빠르게 실행할 수 있도록 아이콘을 모아놓은 곳이며 사용자가 원하는 기능으로 추가, 삭제할 수 있습니다.

❷ **제목 표시줄** : 현재 작업 중인 문서의 제목을 표시합니다. 파일명을 저장하지 않으면 '프레젠테이션1, 프레젠테이션2…'로 저장됩니다.

❸ **검색 상자** : 텍스트를 입력하여 도움말을 찾거나 명령어를 빠르게 찾아 실행할 수 있습니다.

❹ **리본 메뉴 표시 옵션** : 리본 자동 숨기기, 탭 표시, 탭 및 명령 표시가 있어 작은 화면의 사용자에게 유용하게 사용할 수 있습니다.

❺ **창 조절 버튼** : 창을 최소화, 최대화/이전 크기로 복원, 닫기합니다. 작업하고 저장하지 않은 상태라면 닫기 명령에서 저장할 수 있습니다.

❻ **[파일] 탭** : 새로 만들기, 열기, 저장, 인쇄, 공유, 옵션 등 파일을 관리합니다.

❼ **리본 메뉴**
- **탭** : 유사한 기능의 도구들이 그룹으로 묶여 탭 안에 소속되어 있습니다.
- **그룹** : 서로 관련 있는 기능들을 그룹으로 묶어 표시합니다.

❽ **슬라이드 미리 보기 / 개요 보기 창** : 슬라이드의 축소판인 '슬라이드 미리 보기'와 텍스트 형식의 '개요 보기'를 표시합니다.

❾ **슬라이드 창** : 파워포인트에서 실제 작업을 진행하는 편집 공간입니다.

❿ **메모(슬라이드 노트())** : 클릭하면 현재 메모(슬라이드 노트) 창이 열리며, 부가적인 내용을 입력할 수 있습니다. 다시 클릭하면 숨겨집니다.

⓫ **메모()** : 여러 사람이 공동 작업을 할 때 의견이나 변경 내용 등을 적어 확인하는 창입니다.

⓬ **화면 보기** : 슬라이드의 화면 보기를 변경합니다.

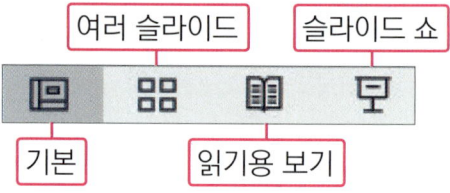

⓭ **확대 / 축소 슬라이더** : 슬라이드 창에서 보이는 슬라이드의 크기를 조정할 수 있으며 보기 비율이 표시됩니다.

⓮ **현재 창 크기에 맞춤** : 슬라이드가 확대 또는 축소되었을 때 현재 창 크기에 맞게 조절합니다.

⓯ **리본 메뉴 축소** : 클릭하면 리본 메뉴가 숨겨집니다. 임의의 메뉴 탭을 더블클릭하면 다시 리본 메뉴가 고정되어 나타납니다.

> 잠깐
> 리본 메뉴는 창의 크기에 따라 그룹을 구성하는 기능들의 표시가 달라질 수 있습니다.
>
>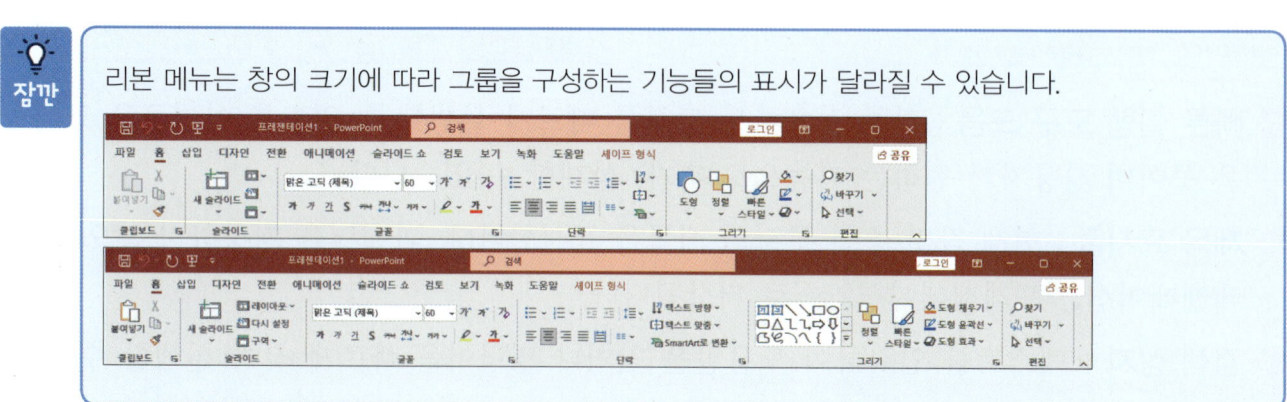

 **파워포인트 처음 시작하기**

▶ 파워포인트 2021 실행과 닫기, 종료하기

01 [시작(■)]-[PowerPoint]를 선택합니다.

 PowerPoint 2021 버전부터 숫자로 된 버전 표시는 나타나지 않습니다.

02 파워포인트 프로그램이 실행되면 다음과 같은 첫 화면이 나타납니다. [새 프레젠테이션]을 클릭합니다.

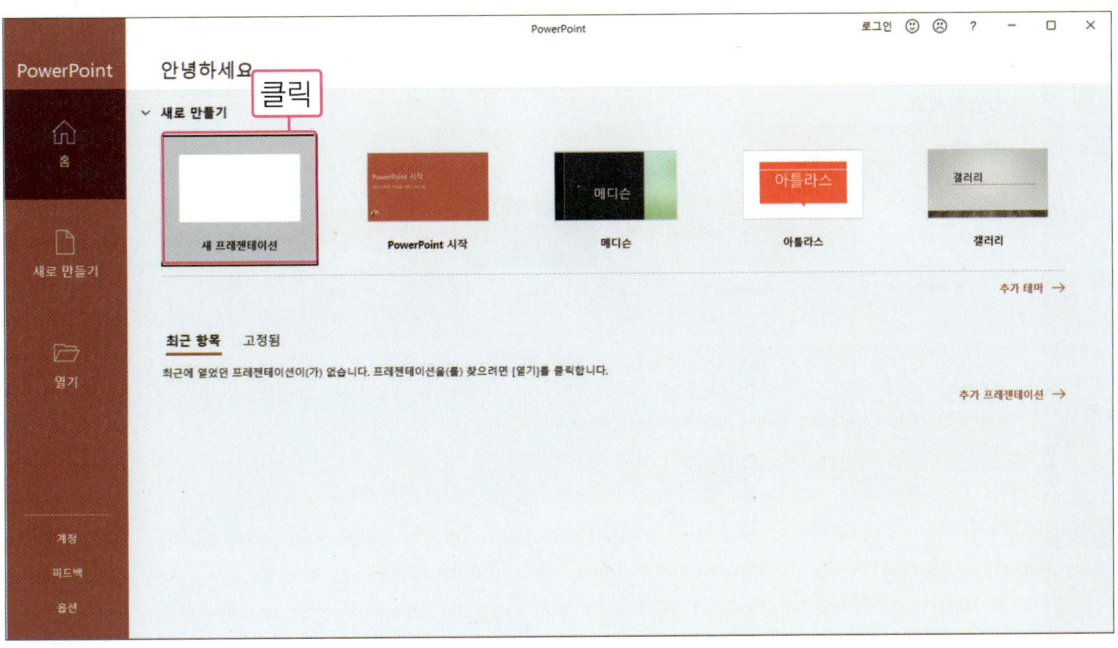

 파워포인트를 실행하고 첫 화면에서 Enter 키를 눌러도 [새 프레젠테이션]이 나타납니다.

03 새 프레젠테이션 문서가 열립니다. 첫 페이지에 해당하는 첫 번째 슬라이드는 **제목과 부제목을 입력할 수 있는 '제목 슬라이드' 레이아웃**이 제공되는 것을 확인할 수 있습니다.

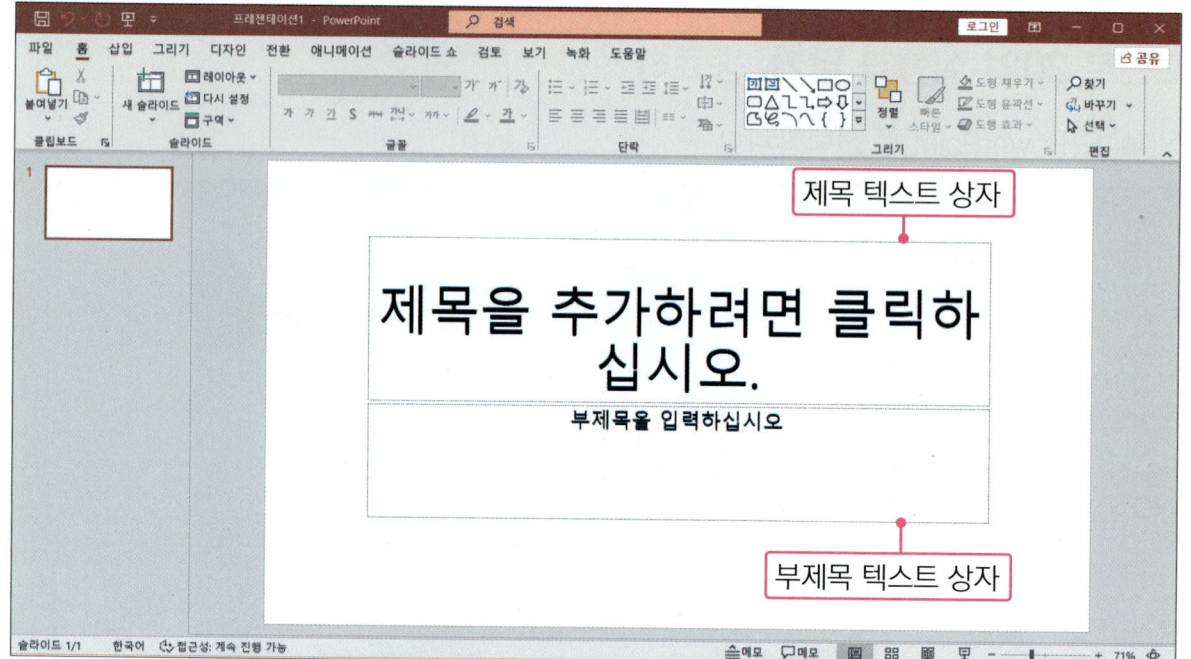

 제목 표시줄에 '프레젠테이션1'이라는 파일명을 확인할 수 있습니다.

04 파워포인트 프로그램을 종료하지 않고 '프레젠테이션1' 파일만 닫으려면 **[파일]-[닫기]**를 클릭합니다.

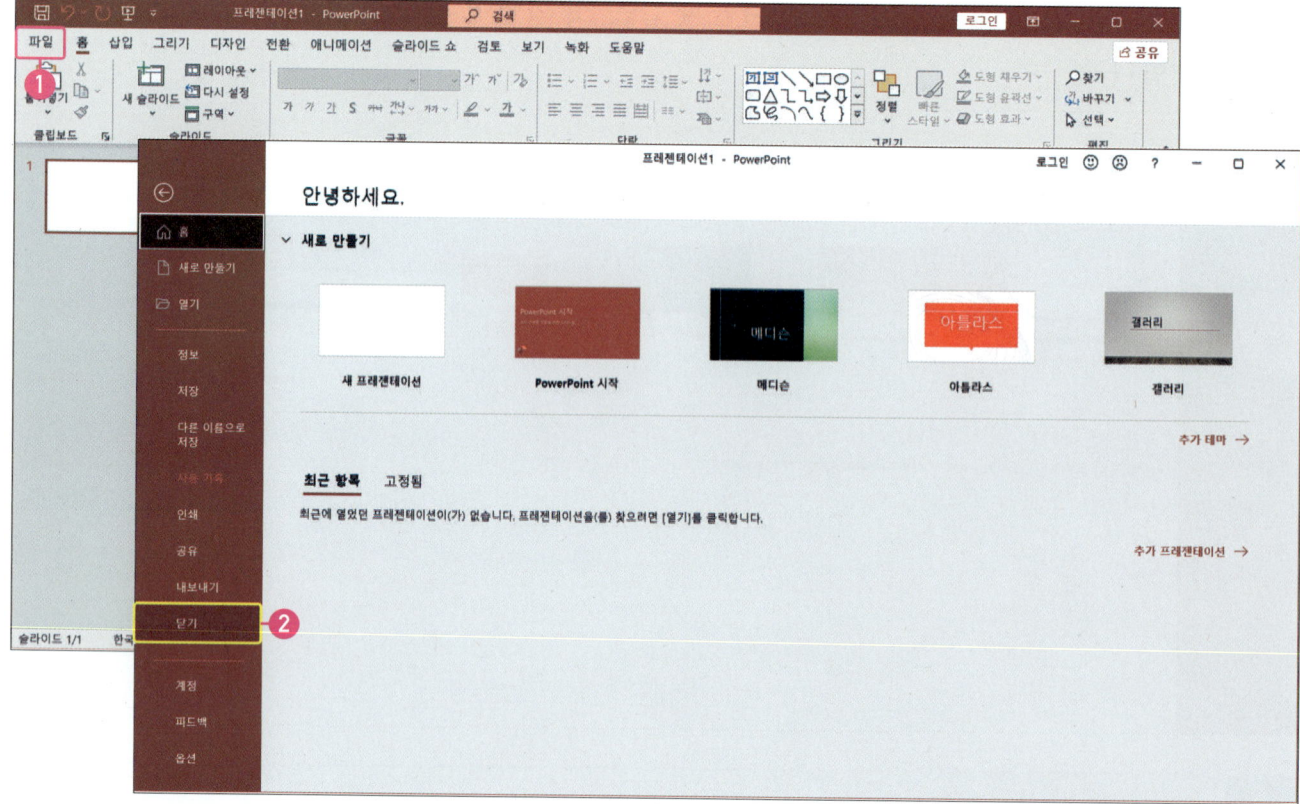

05 파워포인트 프로그램은 종료되지 않고 실행된 채 파일만 닫힌 것을 확인할 수 있습니다.

06 파워포인트 프로그램을 종료하려면 ×(닫기)를 클릭합니다.

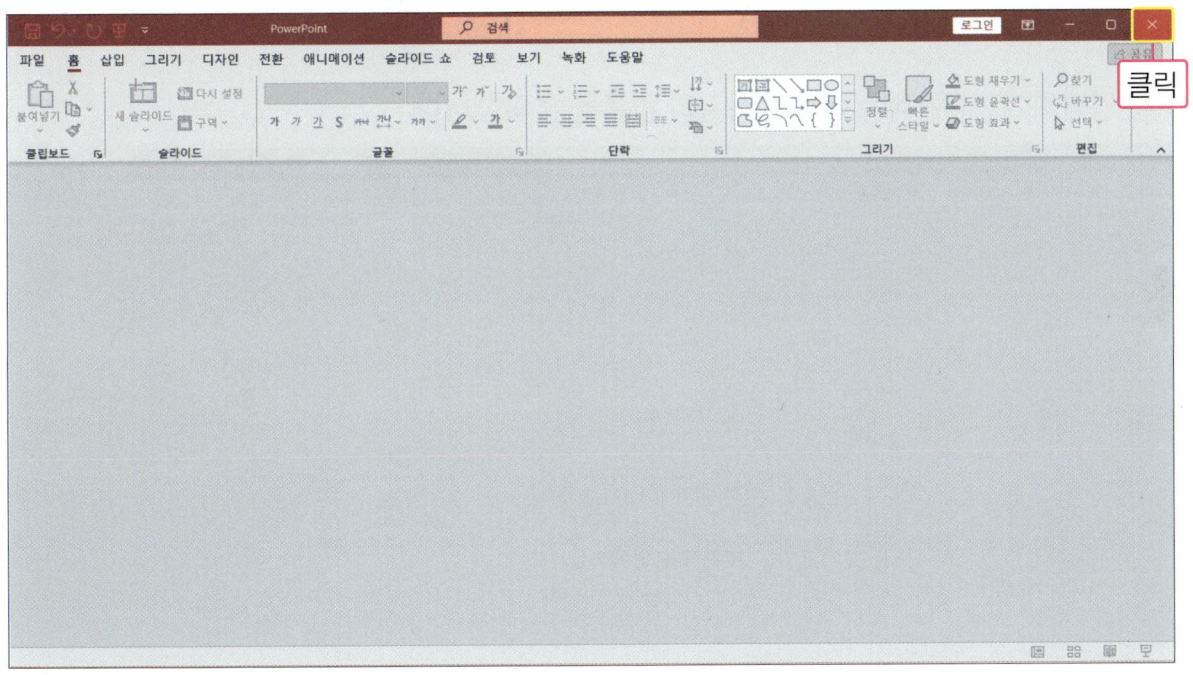

▶ 새 프레젠테이션 작성 : 텍스트 입력

01 [시작(■)]-[PowerPoint]를 선택한 후 파워포인트가 실행되면 [새 프레젠테이션]을 클릭합니다. 새 프레젠테이션이 생성되었습니다.

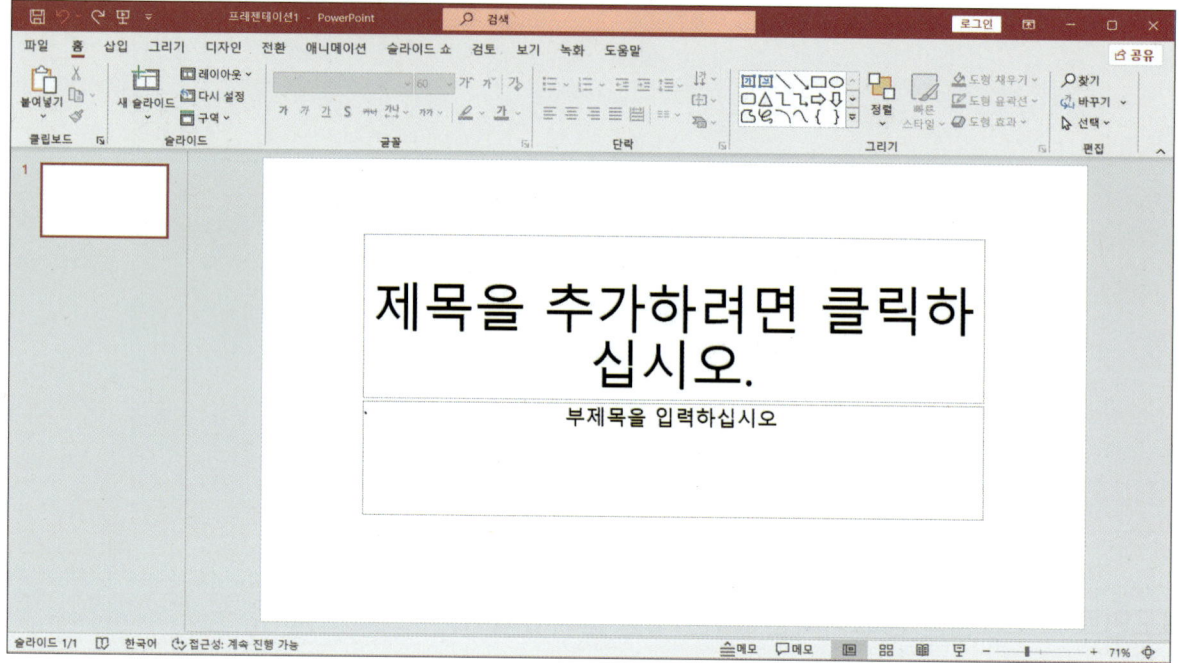

02 제목을 입력하기 위해 **제목 텍스트 상자의 안쪽을 클릭합니다.**

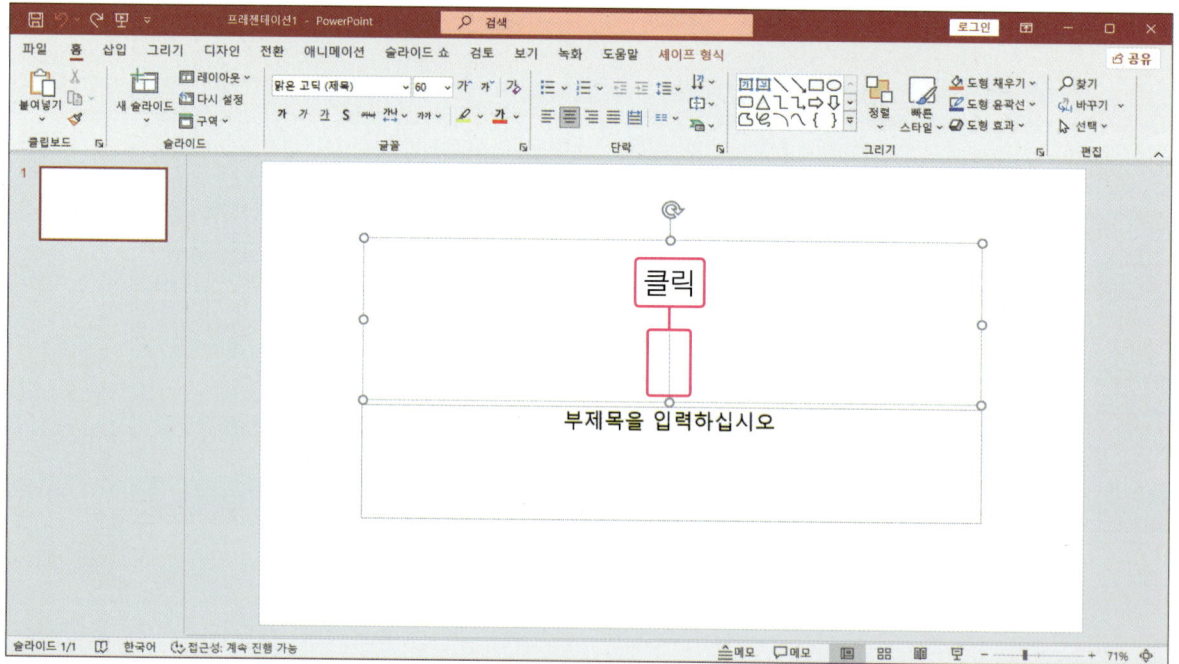

 텍스트 상자의 테두리를 클릭하여 선택한 후 텍스트를 입력해도 됩니다.

03 '성공하는 사람들의'를 입력하고 Enter 키를 눌러 줄을 변경한 후 '이미지 공식'이라고 입력합니다.

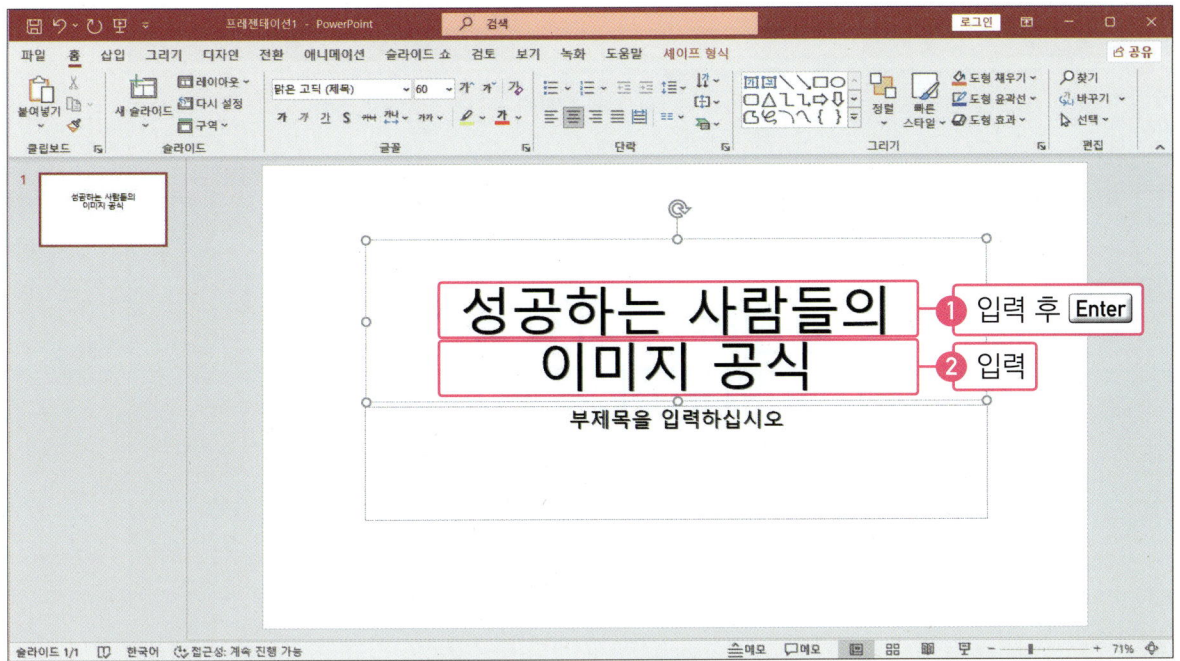

04 부제목 텍스트 상자의 안쪽을 클릭한 후 '-반짝반짝 빛나는 사람들의 비밀-'를 입력합니다.

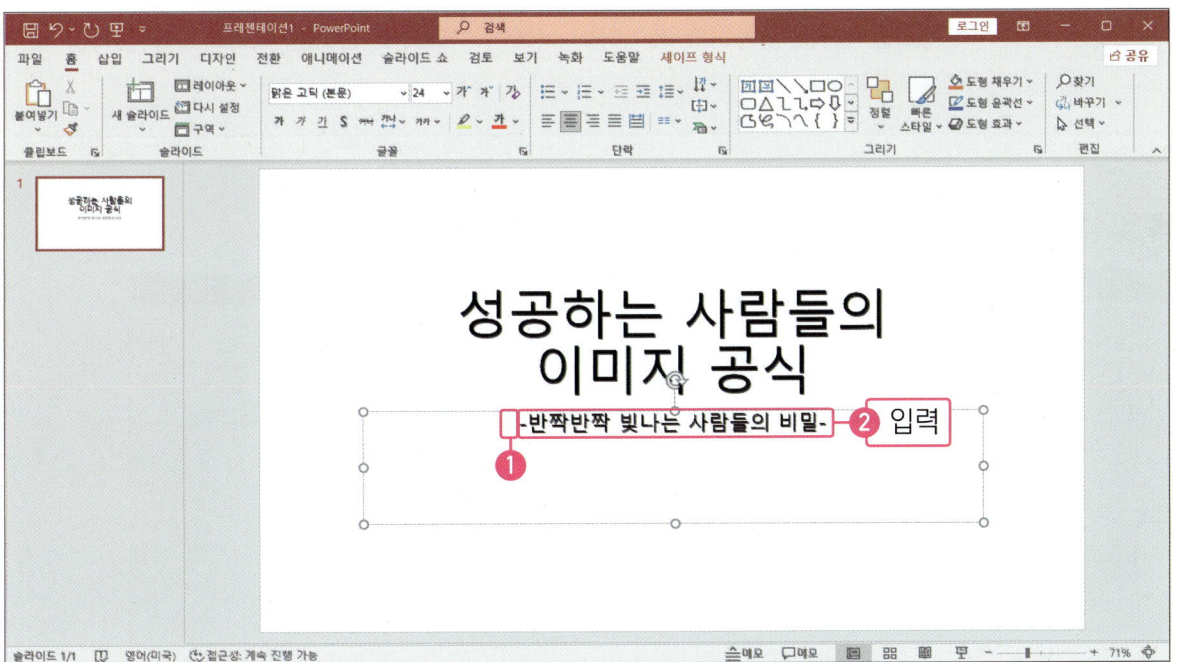

▶ 슬라이드 추가하여 입력하기

01 [홈] 탭-[슬라이드] 그룹에서 [새 슬라이드()]를 클릭합니다.

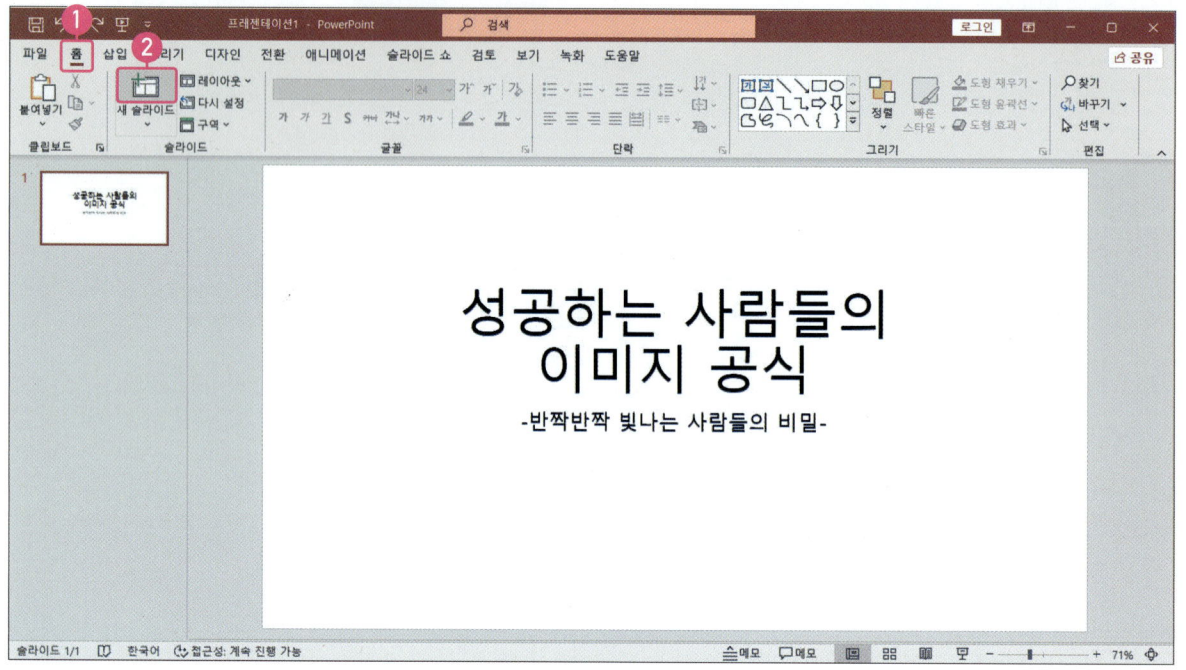

> 잠깐
>
> : 이곳을 클릭하면 자동으로 '제목 및 내용'의 슬라이드가 나타납니다.
>
> 새 슬라이드 : 이곳을 클릭하면 슬라이드 레이아웃 목록이 나타나서 원하는 슬라이드를 선택할 수 있습니다.

02 [제목 및 내용] 슬라이드가 추가된 것을 확인할 수 있습니다.

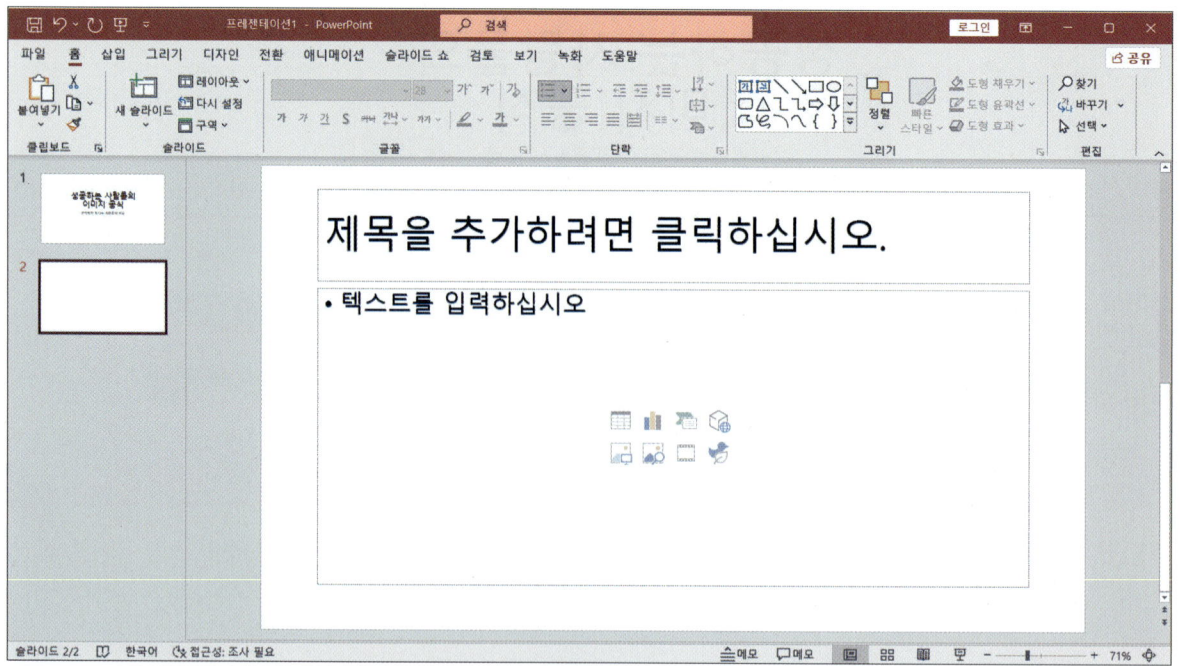

> 잠깐
>
> 슬라이드 미리 보기 창을 클릭하여 활성화하고 Delete 키를 눌러 슬라이드를 추가할 수도 있습니다.

03 제목 텍스트 상자를 선택한 후 '성공하는 사람들의 반짝이는 이미지 비밀'이라고 입력합니다.

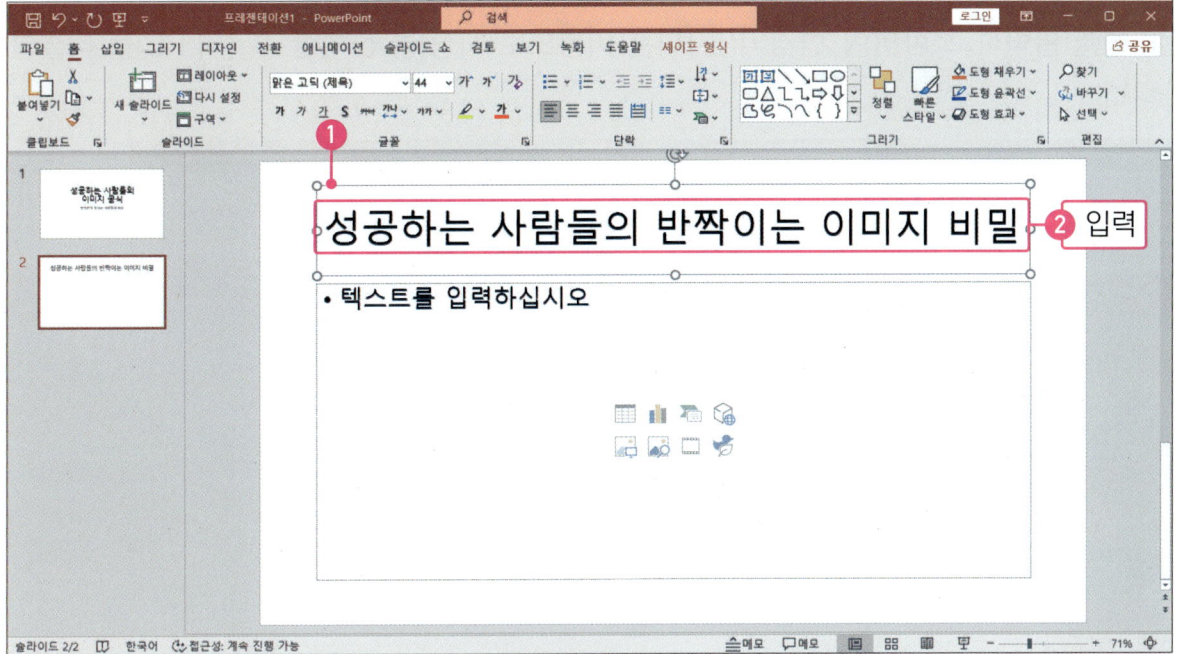

04 내용 텍스트 상자를 선택한 후 다음처럼 입력합니다. 다음 줄로 넘어가려면 Enter 키를 누릅니다.

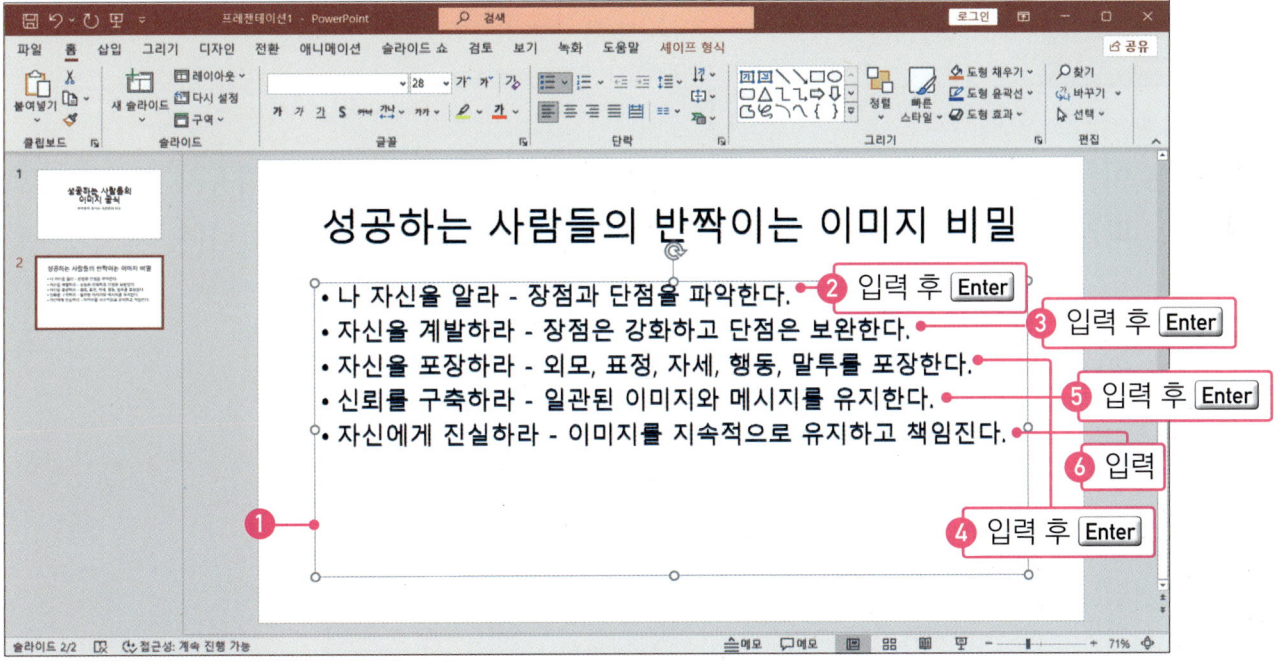

▶ 프레젠테이션 저장하기

01 [파일] 탭을 클릭하고 화면이 변경되면 [다른 이름으로 저장]을 선택한 후 [이 PC]를 더블클릭합니다.

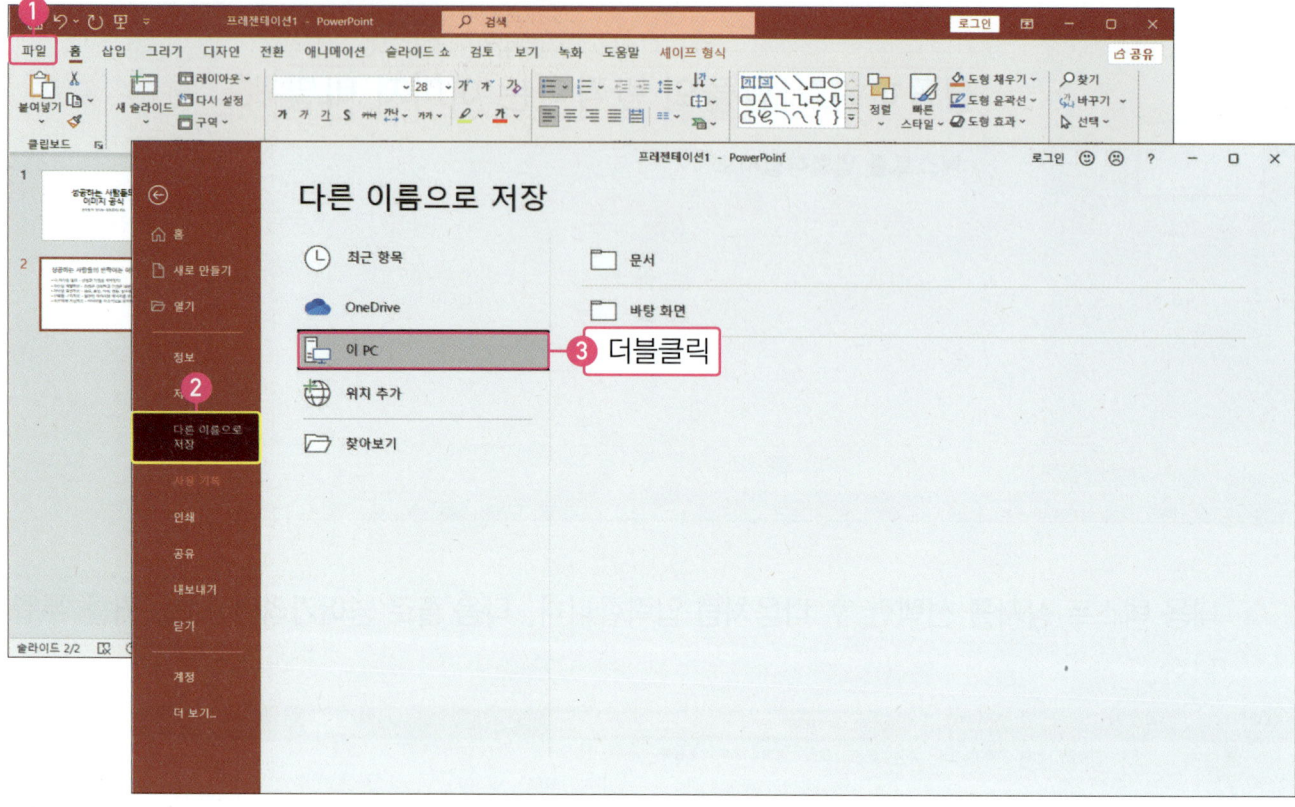

02 [다른 이름으로 저장] 대화상자가 나타나면 **저장 위치를 설정**([문서]-[사용자 이름] 폴더)하고, **파일 이름을 '성공하는 사람들'**이라고 입력한 후 [저장] 버튼을 클릭합니다.

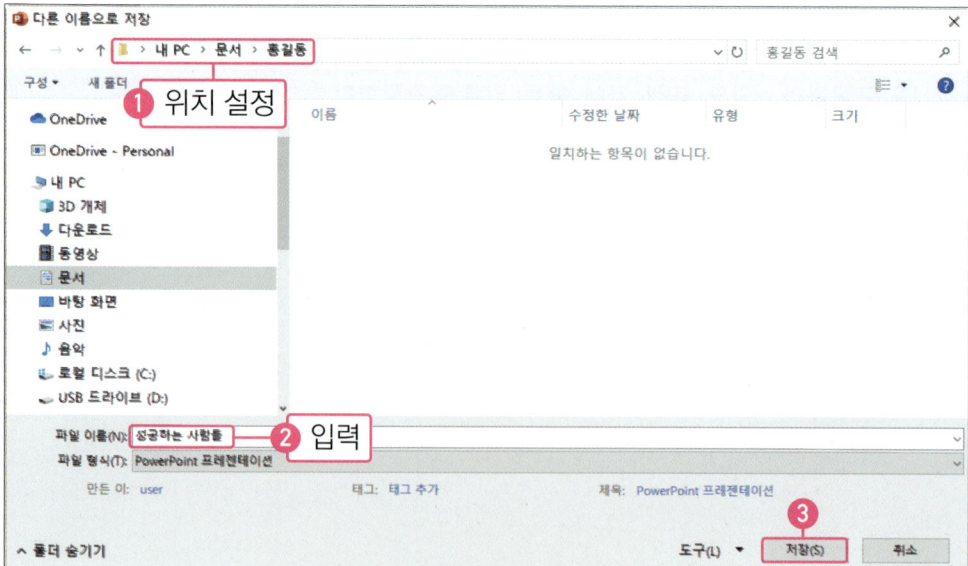

03 제목 표시줄에 저장한 파일 이름인 '성공하는 사람들'로 바뀐 것을 확인할 수 있습니다.

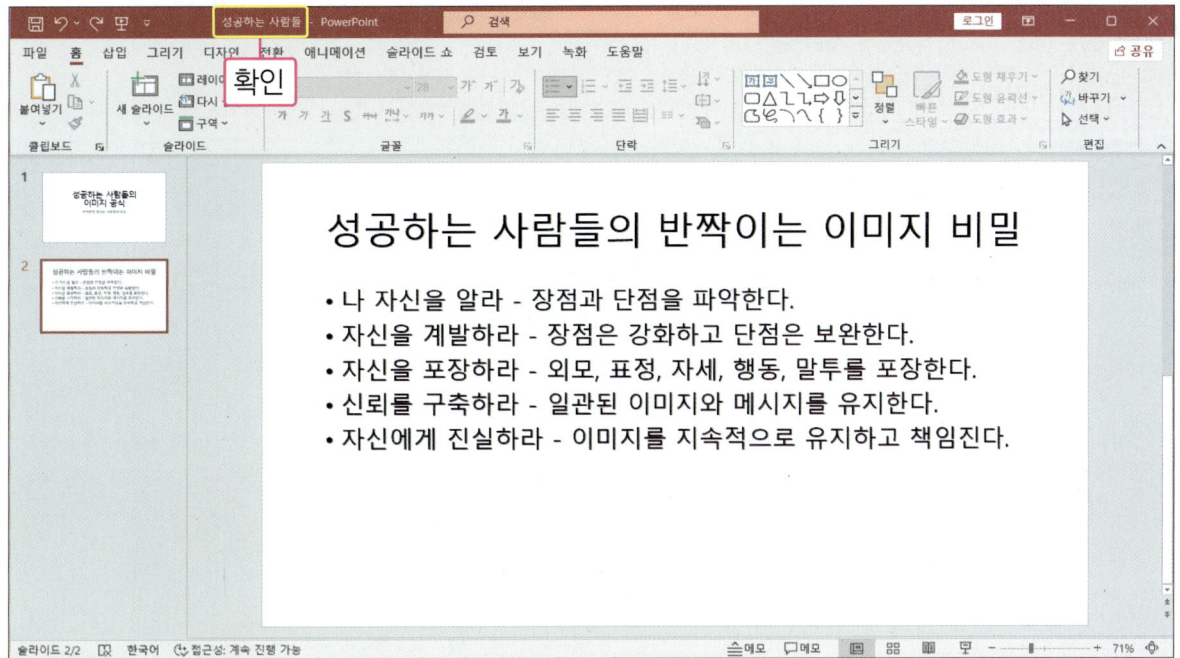

▶ 그림 삽입하기

01 1번 슬라이드로 이동하기 위해 슬라이드 미리 보기 창에서 1번 슬라이드를 클릭합니다.

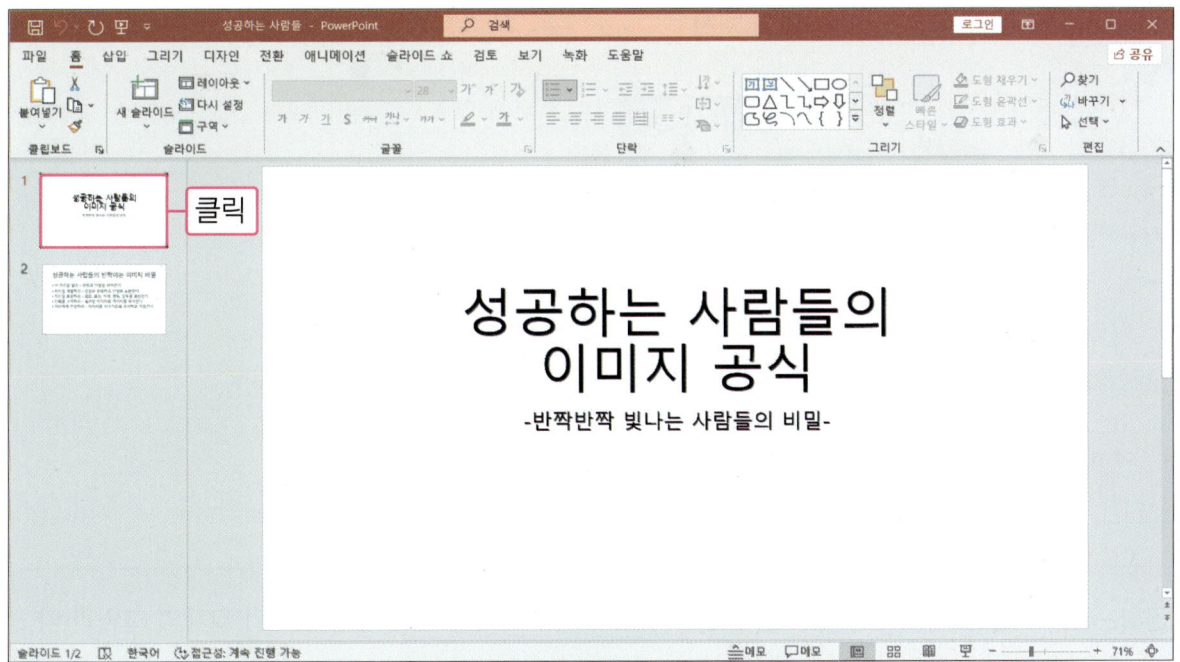

02 [삽입] 탭-[이미지] 그룹에서 [그림]-[이 디바이스]를 선택합니다.

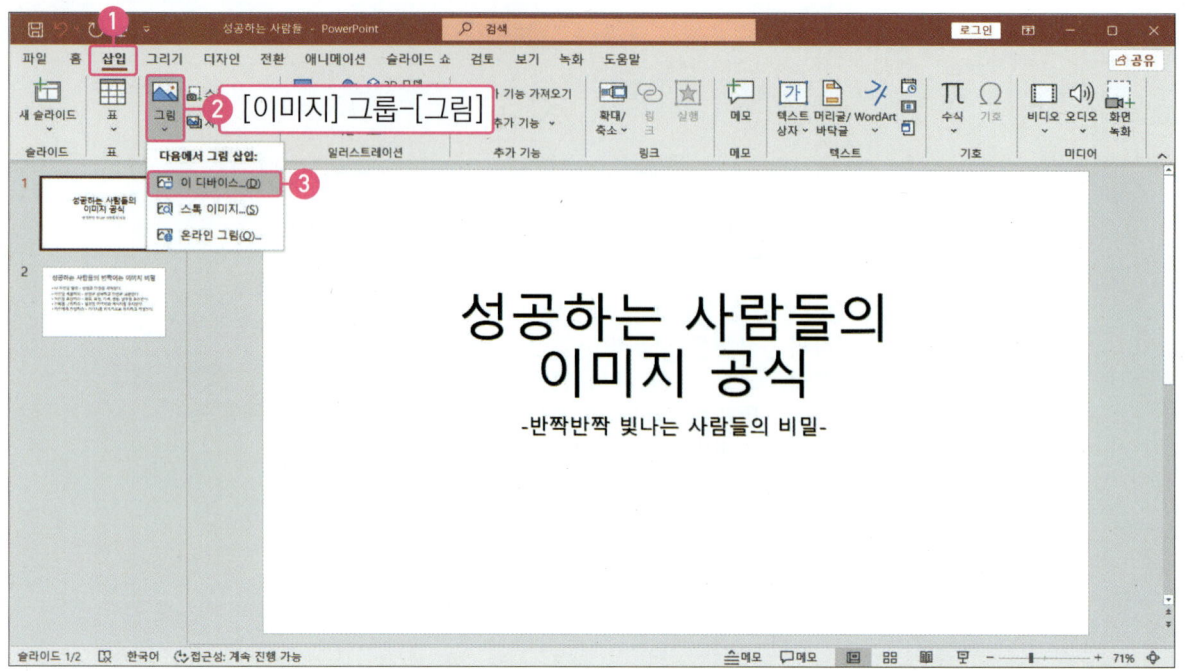

03 [그림 삽입] 대화상자가 나타나면 저장된 경로를 찾아 [준비파일] 폴더에서 '성공.jpg' 파일을 선택한 후 [삽입] 버튼을 클릭합니다.

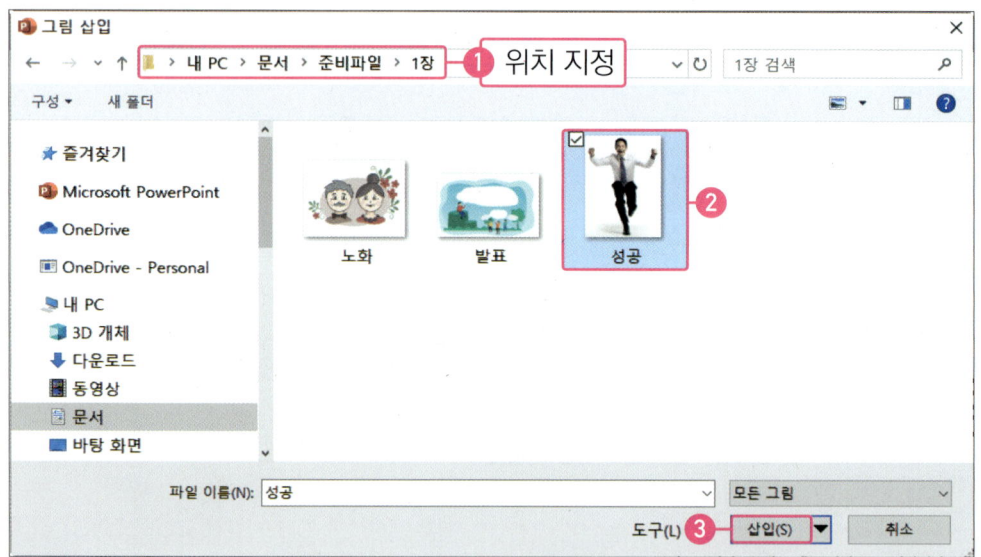

 제공하는 준비파일을 어느 경로에 저장해 놓고 실습하느냐에 따라 위치 설정 경로가 교재의 그림과 다를 수 있습니다.

04 그림이 중앙에 삽입되어 텍스트가 가려졌습니다. **그림을 드래그하여 오른쪽으로 이동**합니다.

05 그림을 축소하기 위해 **왼쪽 위의 조절점을 중심쪽으로 드래그**합니다.

06 선택을 해제하기 위해 **그림의 바깥 여백을 클릭**합니다.

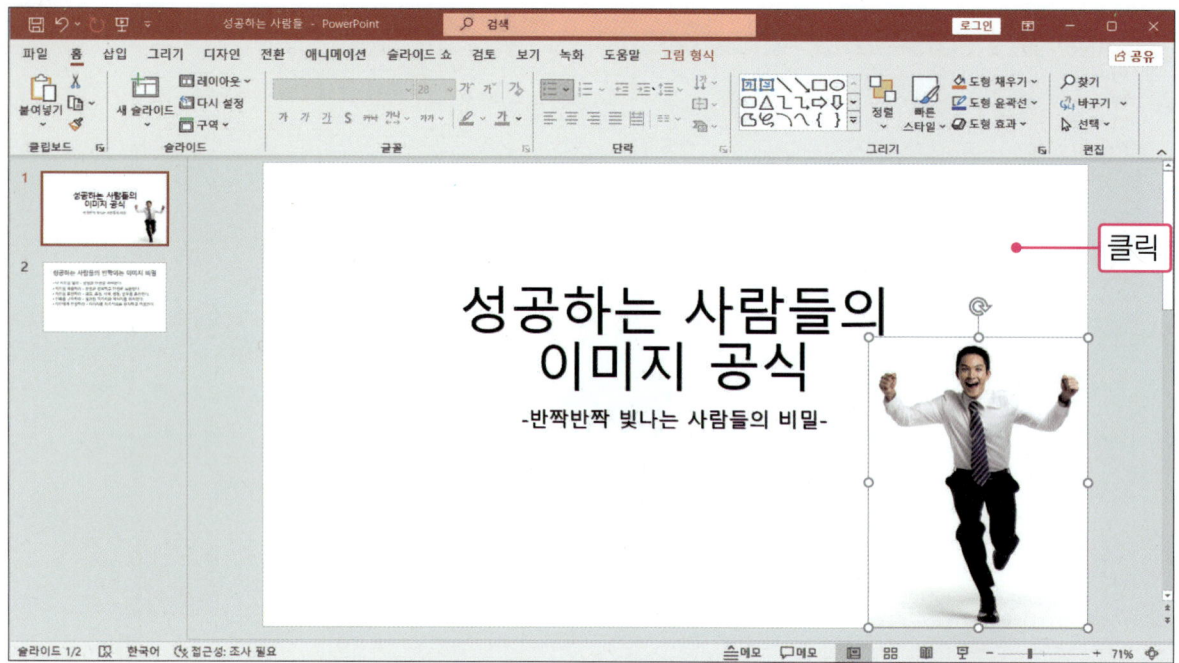

07 8개의 조절점이 있는 바운딩 박스의 표시가 사라진 것을 확인할 수 있습니다.

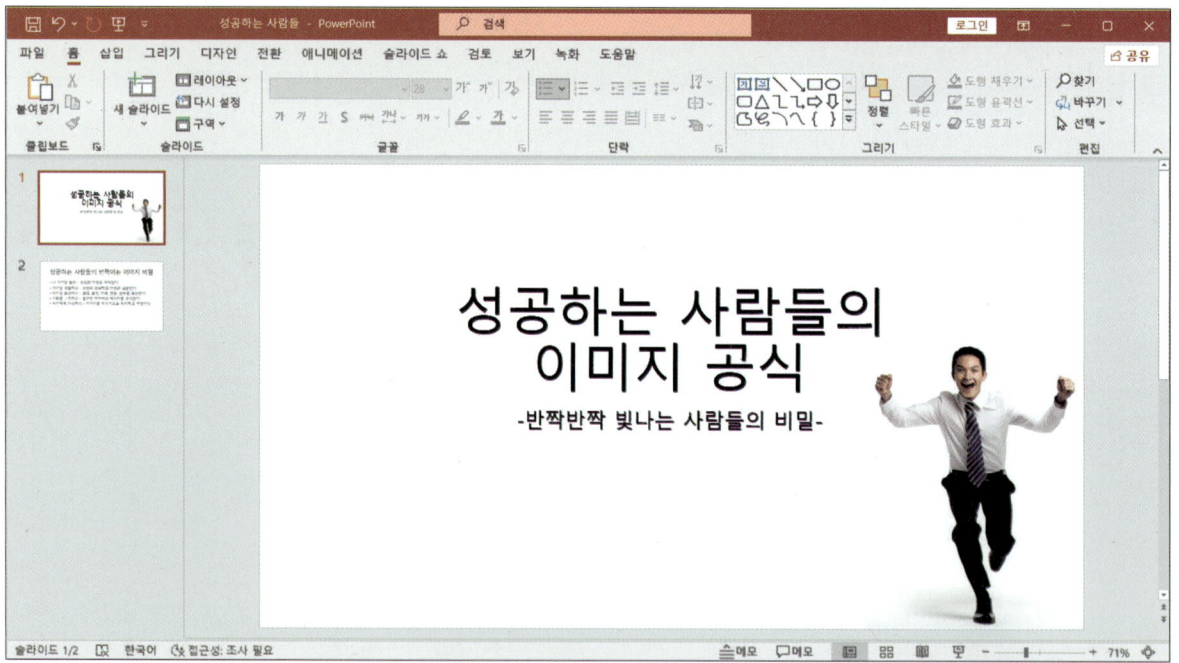

 바운딩 박스를 이용한 크기 조절, 회전, 이동

 8개의 조절점을 드래그하여 그림이나 도형 같은 개체의 크기를 조절할 수 있고 위에 있는 회전 조절점을 드래그하면 회전할 수 있습니다. 이동할 때는 바운딩 박스 안쪽에서 드래그하면 이동할 수 있습니다.

▶ 저장한 파일 불러오기

01 빠른 실행 도구 모음에서 🖫(저장)을 클릭합니다.

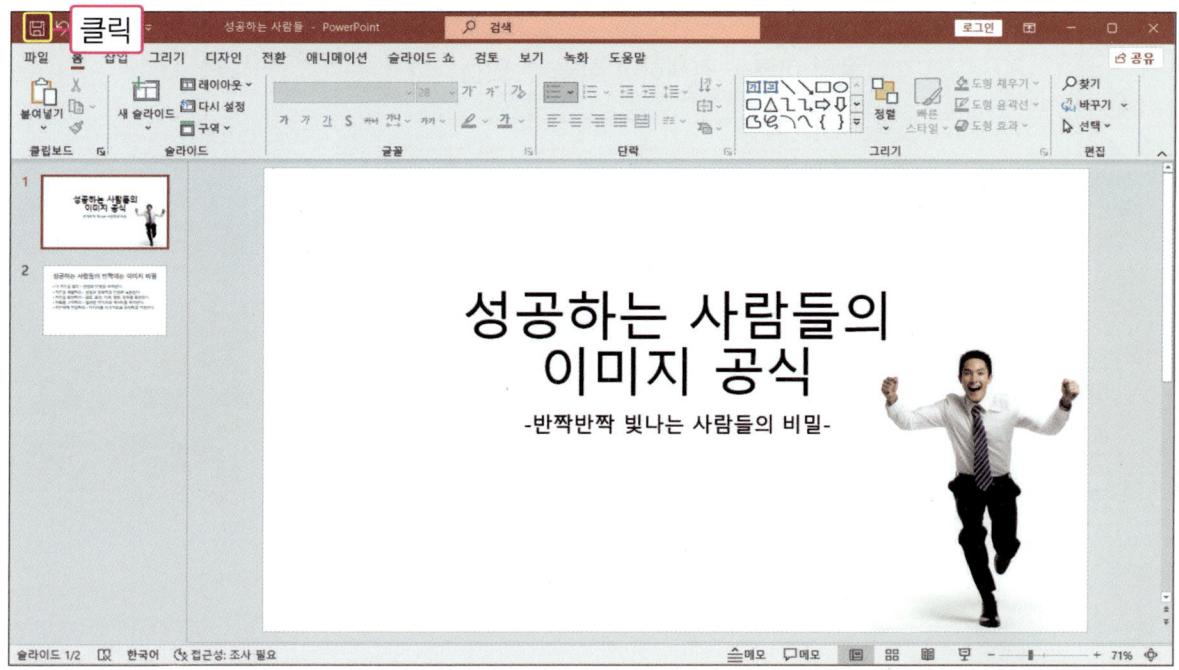

 파일 이름을 변경하지 않고 작업한 것을 계속해서 누적하여 저장하려면 빠른 실행 도구 모음에서 🖫(저장)을 클릭하면 빠르게 저장할 수 있습니다.

02 ❌(닫기)를 클릭하여 파워포인트 프로그램을 종료합니다.

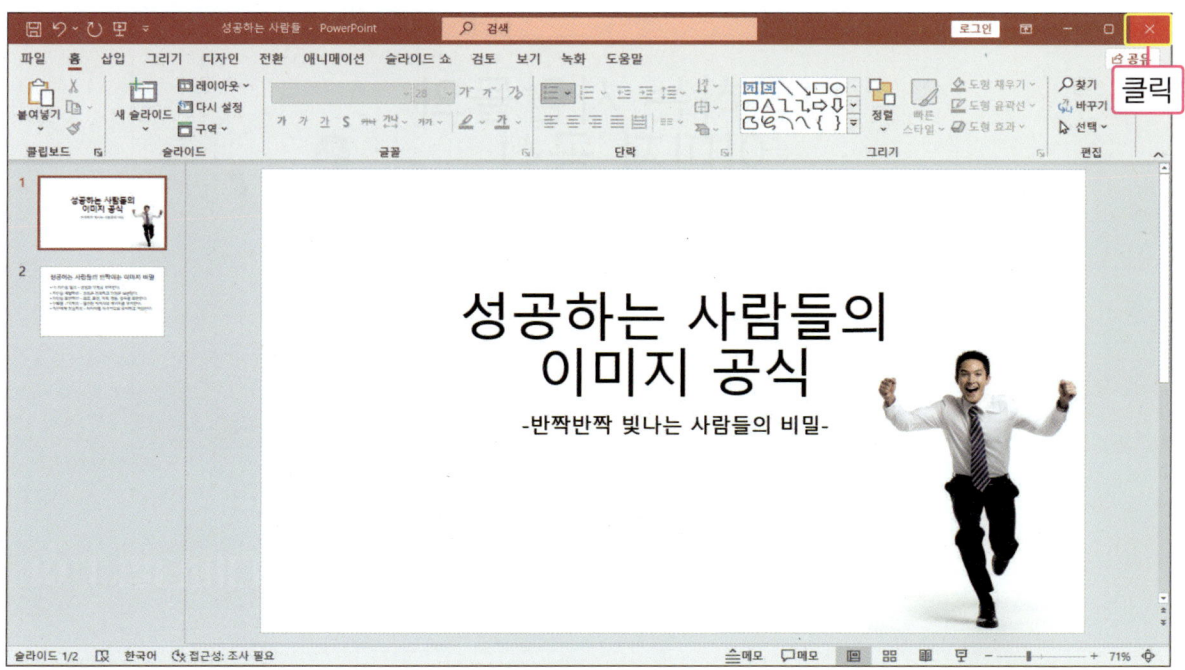

03 [시작(■)]–[PowerPoint]를 선택합니다. 파워포인트 프로그램이 실행되면 [열기]–[이 PC] 에서 '성공하는 사람들.pptx' 파일을 선택합니다.

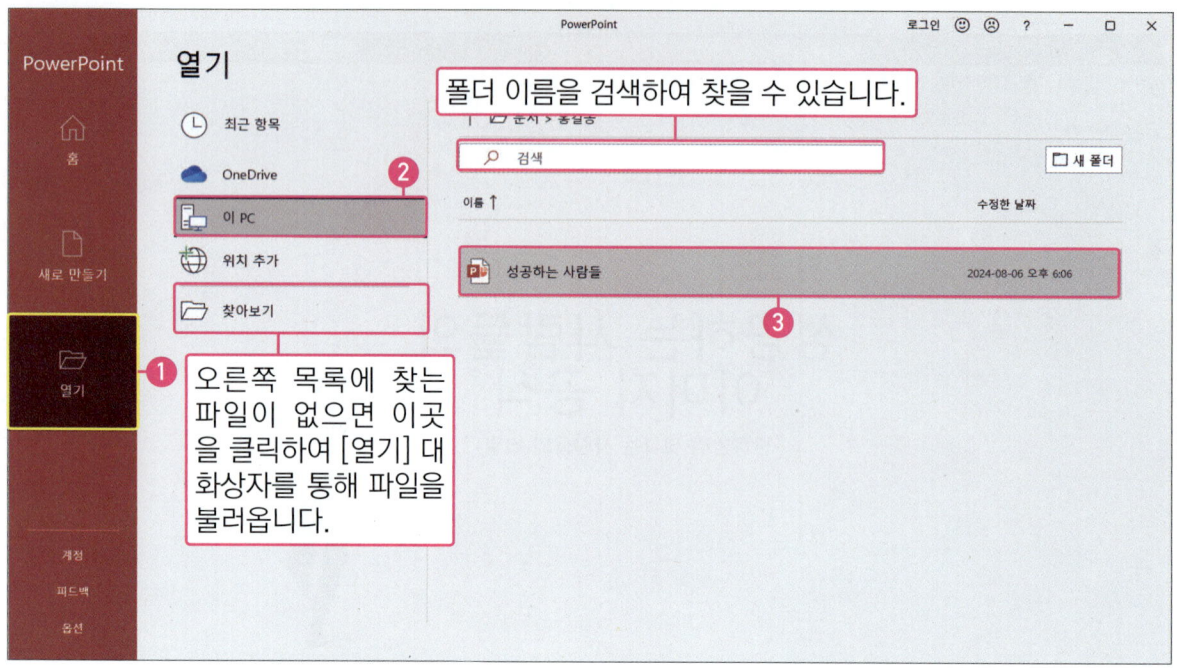

04 작업한 내용 그대로 저장된 파일이 열린 것을 확인할 수 있습니다.

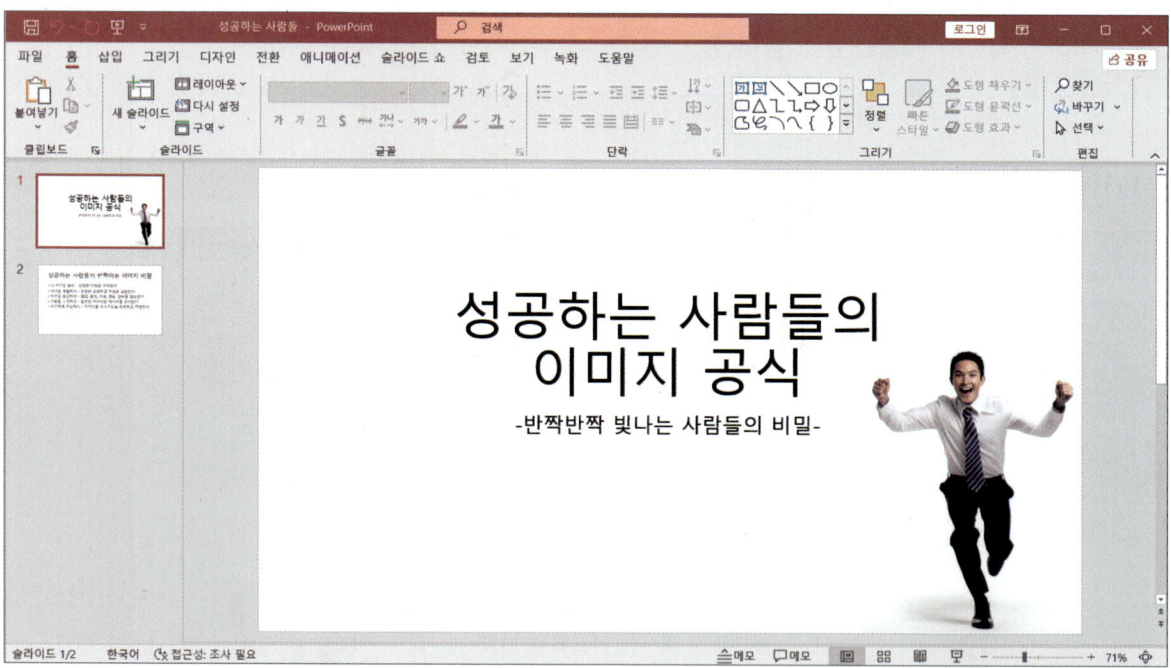

응용력 키우기

01 새 프레젠테이션을 생성한 후 제목 슬라이드에 다음처럼 입력해 봅니다.

> # 노화 속도를 늦추기 위한
> # 7가지 방법
> -몸과 마음 모두 건강하게 노화를 맞이하는 방법을 소개-

 새 프레젠테이션 생성하기 : 파워포인트 프로그램이 이미 실행되어 있는 상태라면 [파일] 탭-[새로 만들기]-[새 프레젠테이션]을 클릭하거나 Ctrl + N 키를 누릅니다.

02 문제 **01**의 파일에 슬라이드를 추가하여 다음처럼 입력한 후 그림을 삽입해 봅니다.

준비파일 노화.jpg

> ## 노화를 늦추기 위한 방법
> - 규칙적인 운동으로 통증 완화, 유연한 관절 만들기
> - 피부 보습으로 주름 방지하기
> - 코어 근육의 손실 줄이기
> - 수면의 질을 높여 숙면 취하기
> - 기억력 되살리기
> - 과식하지 않고 질좋은 음식 섭취하기
> - 사회 활동으로 외로움과 우울증 극복하기
>
>

03 문제 **01~02**에서 만든 파일을 '노화 속도.pptx'로 저장해 봅니다.

04 새 프레젠테이션을 생성한 후 제목 슬라이드에 다음처럼 입력하고 그림을 삽입해 봅니다.

준비파일 발표.jpg

 이미지를 선택한 상태에서 [그림 서식] 탭-[정렬] 그룹에서 [뒤로 보내기]의 ⌄를 클릭하여 [맨 뒤로 보내기]를 선택합니다.

05 문제 **04**의 파일에 슬라이드를 추가하고 다음처럼 입력해 봅니다.

발표 잘하는 기술

- 내용 숙지와 반복 연습 - 핵심 내용을 잘 파악하고 리허설 진행
- 집중력을 높이는 구성 - 듣는 입장을 고려해서 발표의 흐름을 잘 짜는 것이 중요
- 시각적인 요소의 활용 - 자세와 제스처, 아이컨텍 등을 활용하여 자신감 있게 발표
- 자신만의 이야기 - 공감대를 끌어내는 방식으로 발표

06 문제 **04~05**에서 만든 파일을 '발표 기술.pptx'로 저장해 봅니다.

02 기초 교육 자료 만들기

- 슬라이드 크기 조절
- 슬라이드 추가, 이동
- 슬라이드 복제, 삭제
- 슬라이드 레이아웃 변경
- 슬라이드 번호 매기기
- 슬라이드 화면 보기

미/리/보/기

 준비파일 : 기후위기.pptx
 완성파일 : 기후위기(완성).pptx

기후위기, 사라지는 동물
-지구 온난화의 지속으로 멸종되는 동물-

▲ 1번 슬라이드

목차
- 지구 온난화
- 멸종 위기에 처한 동물들
- 기후위기 대응 실천 방안

▲ 2번 슬라이드

지구 온난화
- 지구 평균온도가 3도 상승하면 동물 멸종 위험이 8.5% 증가
- 온난화로 동식물 생태계 파괴
- 야생 생물이 20분마다 1종씩 사라짐
- 인류 문명 붕괴 단계에 진입하게 됨

▲ 3번 슬라이드

멸종 위기에 처한 동물들
- 아프리카 치타
- 자이언트 판다
- 수달
- 바다거북
- 노랑목도리담비
- 반달가슴곰
- 스라소니
- 늑대
- 표범
- 시베리아 호랑이

▲ 4번 슬라이드

파워포인트에서 제공하고 있는 다양한 슬라이드 작업 환경과 화면 보기에 대해 알아보겠습니다. 또한, 슬라이드를 추가, 삭제, 이동하는 방법도 알아보겠습니다.

25

01 슬라이드 다루기

▶ 다양한 슬라이드 화면 보기

파워포인트의 화면 보기는 기본 보기, 여러 슬라이드 보기, 읽기용 보기, 슬라이드 쇼 보기의 네 가지 유형으로 구성되어 있습니다. 사용자의 작업 유형에 따라 선택할 수 있습니다.

▲ 슬라이드 화면 보기 전환 버튼

▶ 기본 보기

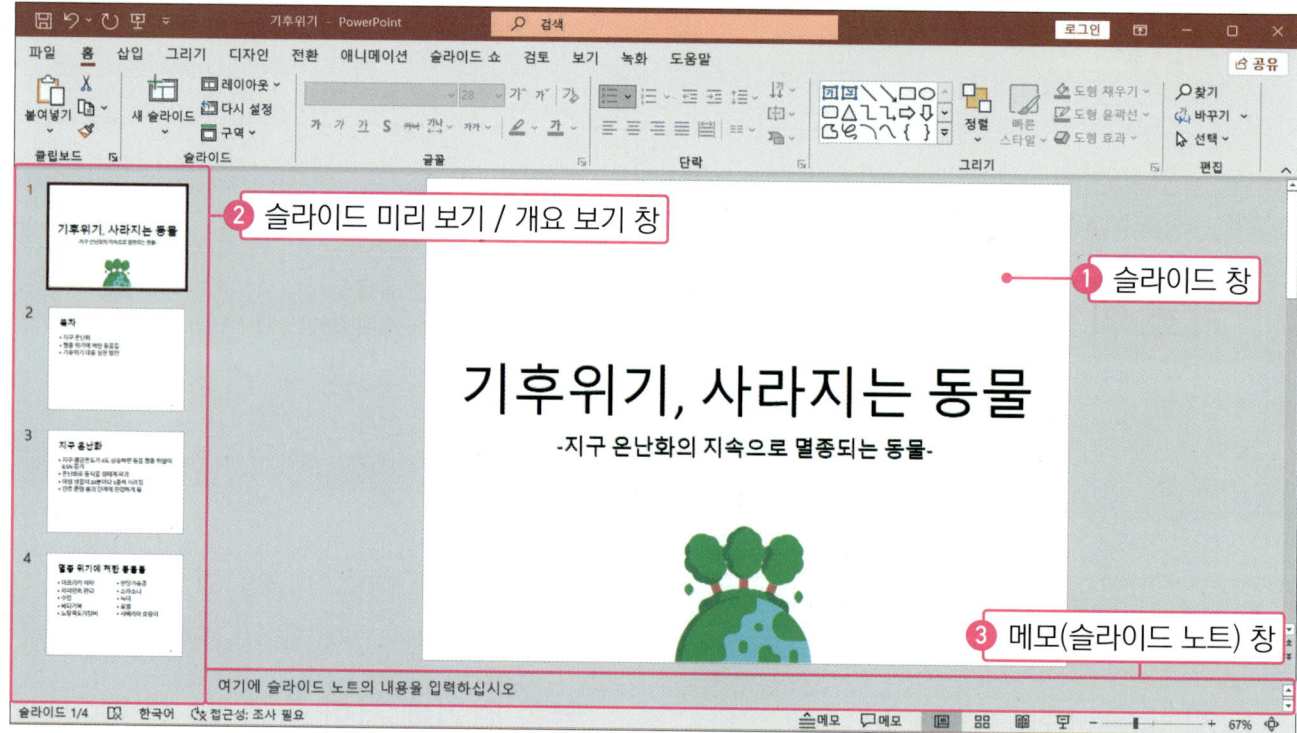

① 슬라이드 창 : 실제 편집 작업이 이루어지는 공간입니다.

② 슬라이드 미리 보기 / 개요 보기 창
- 슬라이드 미리 보기 창은 슬라이드의 축소판으로 여러 장의 슬라이드 구성을 볼 수 있고 슬라이드를 생성, 이동, 복사, 삭제할 수 있습니다.
  - 생성 : Enter 키를 눌러 새 슬라이드를 생성합니다.
  - 이동 : 슬라이드를 드래그하여 이동합니다.
  - 복사 : 슬라이드를 선택한 후 Ctrl+C 키를 눌러 복사하고, Ctrl+V 키를 눌러 붙여넣기합니다.
  - 복제 : 슬라이드를 선택한 후 Ctrl+D 키를 눌러 복제합니다.
  - 삭제 : 슬라이드를 선택한 후 Delete 키를 눌러 삭제합니다.

- 개요 보기 창 상태에서는 슬라이드가 텍스트로 구성되어 내용을 확인하고 수정할 수 있습니다. [보기] 탭-[프레젠테이션 보기] 그룹-[개요 보기]를 클릭해 표시할 수도 있습니다.

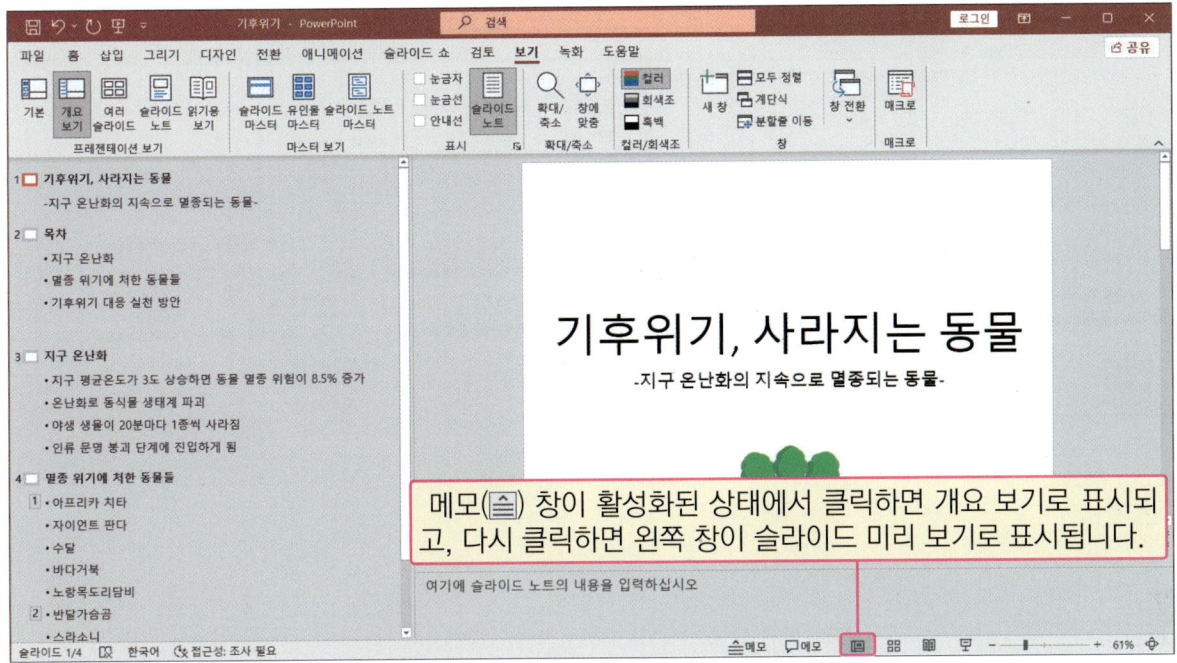

③ 메모(슬라이드 노트) 창
- 프레젠테이션할 때 청중에게 전달할 내용이나 참고 자료를 작성하는 공간으로, 인쇄하여 유인물로 사용할 수 있습니다.
- 하단의 메모(슬라이드 노트(≜))를 클릭하거나 슬라이드 노트 창의 영역을 드래그하여 표시한 후 입력합니다.
- [보기] 탭-[프레젠테이션 보기] 그룹-[슬라이드 노트]를 클릭하여 슬라이드 노트 보기에서 원하는 내용을 입력할 수도 있습니다.

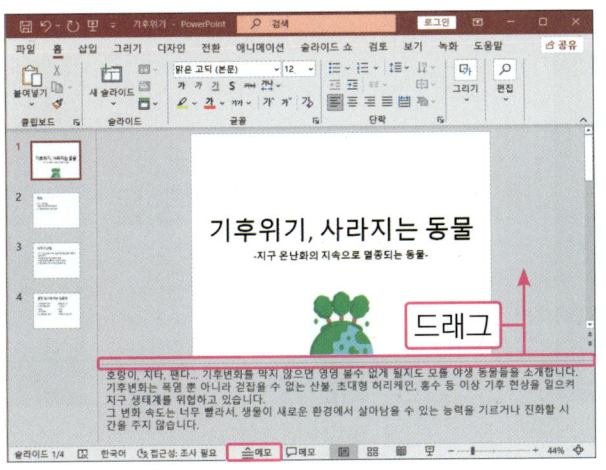 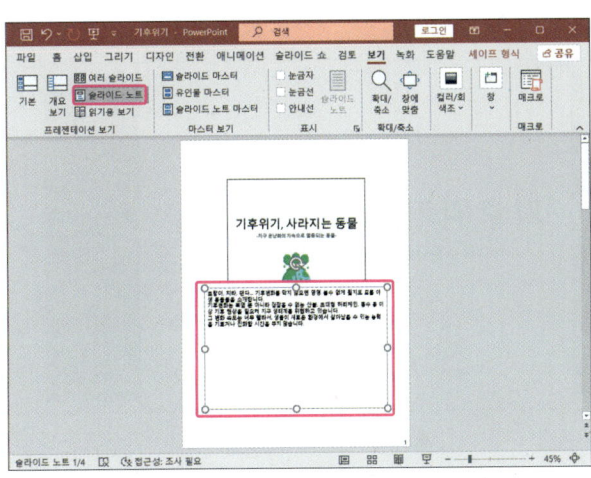

27

▶ 여러 슬라이드 보기

바둑판 모양으로 배열된 축소판 슬라이드 그림을 표시합니다. 슬라이드 이동, 추가, 삭제, 화면 전환 및 애니메이션 효과 미리 보기 등을 쉽게 수행할 수 있습니다.

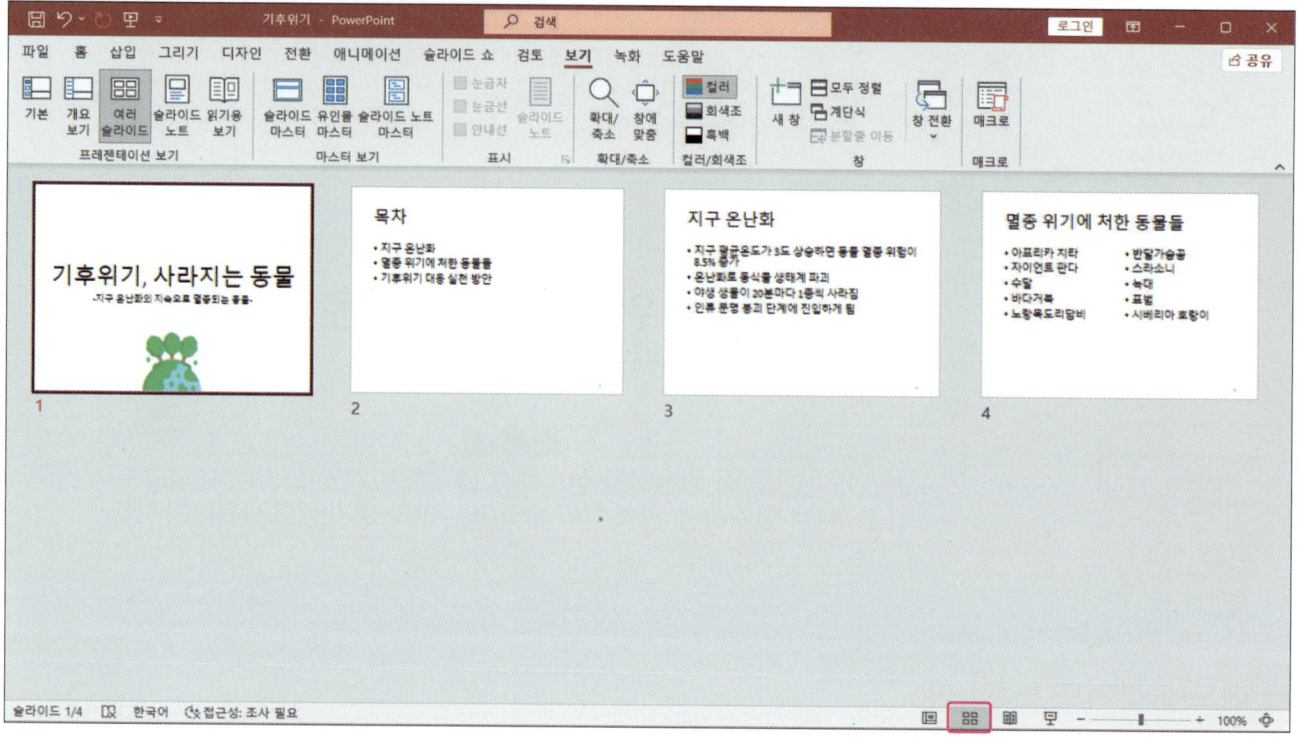

▶ 읽기용 보기 / 슬라이드 쇼

- 읽기용 보기 : 스크린에 꽉 차게 보이는 슬라이드 쇼와는 달리 현재 파워포인트 창의 크기로 쇼를 실행하며, 하단의 버튼을 통하여 슬라이드를 전환할 수 있습니다.
- 슬라이드 쇼 : 전체 화면에 슬라이드를 표시하며 실제 청중들이 보는 프레젠테이션과 동일합니다.

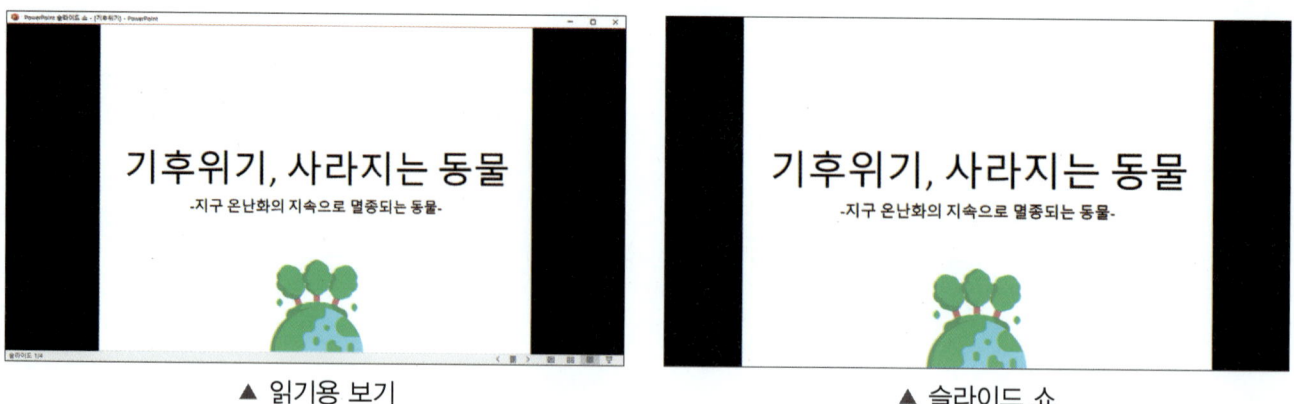

▲ 읽기용 보기　　　　　　▲ 슬라이드 쇼

 ## 기후 위기 교육 자료 만들기

▶ 슬라이드 크기 조절하기

01 파일을 불러오기 위해 [열기]-[찾아보기]를 선택한 후 [열기] 대화상자에서 '**준비파일**' 폴더의 '**2장**' 폴더에서 '**기후위기.pptx**' 파일을 찾아 선택합니다.

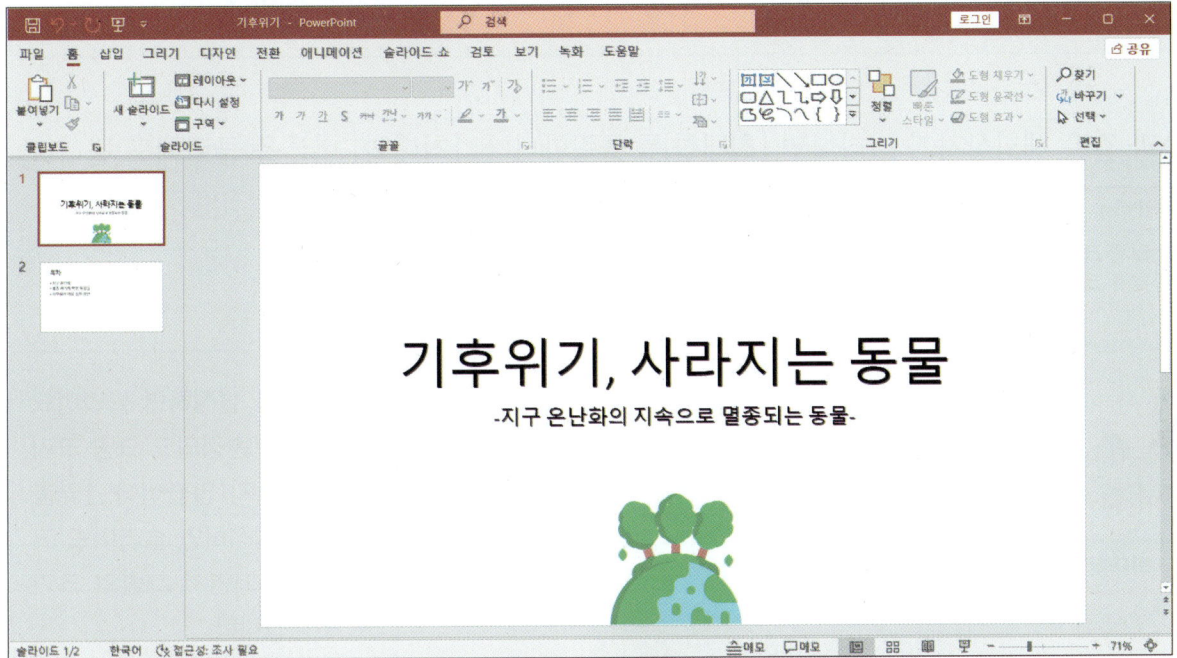

02 [디자인] 탭-[사용자 지정] 그룹 -[슬라이드 크기]를 클릭한 후 [표준(4:3)]을 선택합니다.

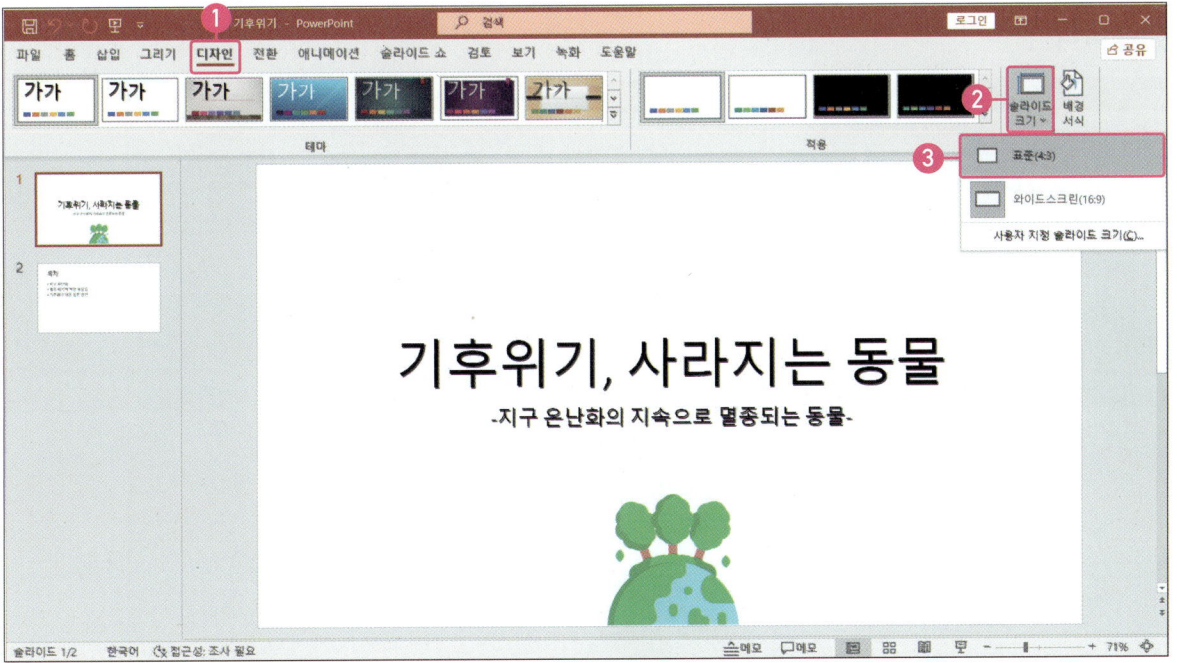

[슬라이드 크기] 대화상자

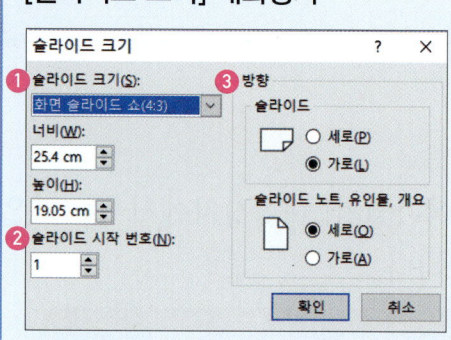

[디자인] 탭-[사용자 지정] 그룹-[슬라이드 크기]에서 [사용자 지정 슬라이드 크기]를 선택합니다.

① **슬라이드 크기** : 슬라이드 크기를 지정합니다.
② **슬라이드 시작 번호** : 슬라이드 시작 번호를 변경할 수 있습니다(슬라이드 번호 삽입은 [삽입] 탭-[텍스트 그룹]-[머리글/바닥글]에서 지정합니다).
③ **방향** : 슬라이드의 방향을 변경할 수 있습니다.

03 다음과 같은 대화상자가 나타나면 **[최대화]를 클릭**합니다. [최대화] 버튼을 클릭해도 됩니다.

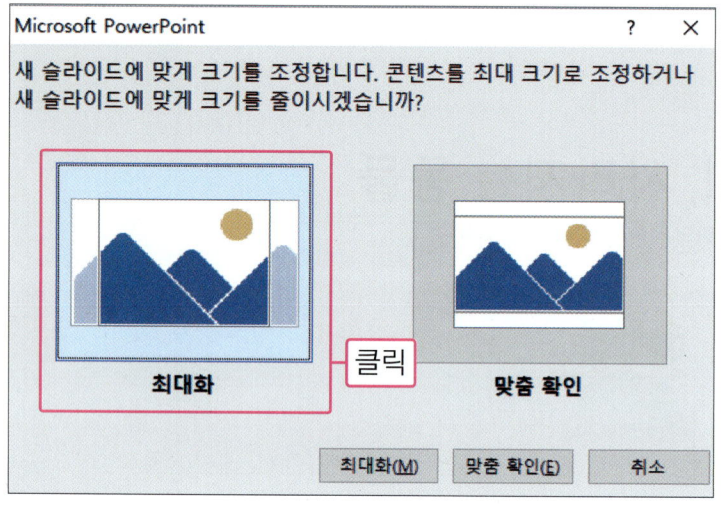

 [최대화]를 설정하면 슬라이드의 크기는 변경되고 그림 크기는 변경되지 않습니다. [맞춤 확인]을 설정하면 슬라이드 크기가 변경되면서 그림의 크기도 변경됩니다.

04 와이드스크린(16:9) 비율의 슬라이드가 표준(4:3) 비율의 슬라이드로 변경된 것을 확인할 수 있습니다.

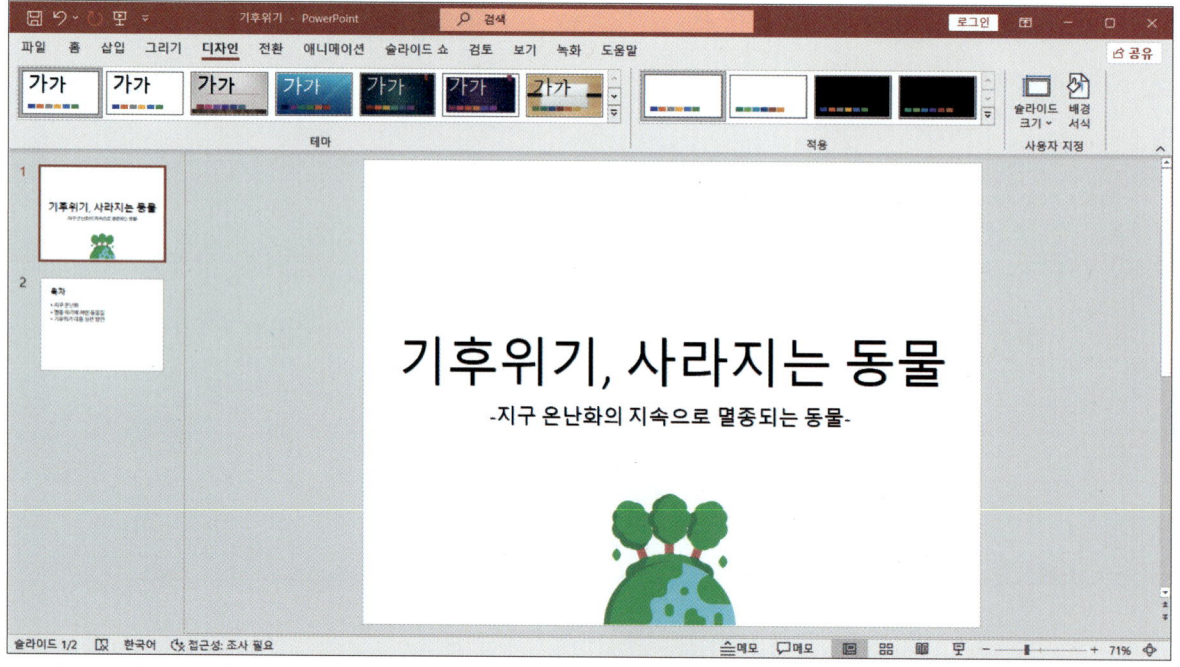

▶ 슬라이드 추가와 이동

01 [홈] 탭-[슬라이드] 그룹에서 [새 슬라이드]를 클릭한 후 [제목 및 내용]을 선택합니다.

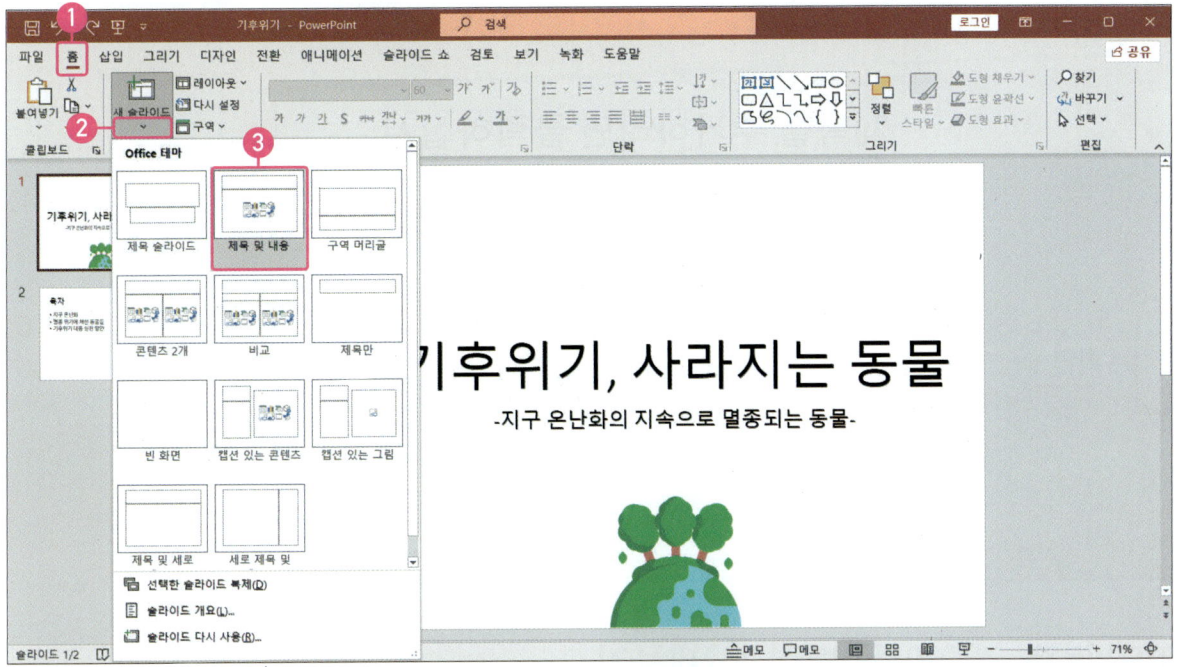

 슬라이드 추가
슬라이드 미리 보기 창에서 Enter 키를 눌러도 새 슬라이드를 생성할 수 있습니다.

02 2번 슬라이드를 3번 슬라이드 아래로 드래그하여 이동합니다.

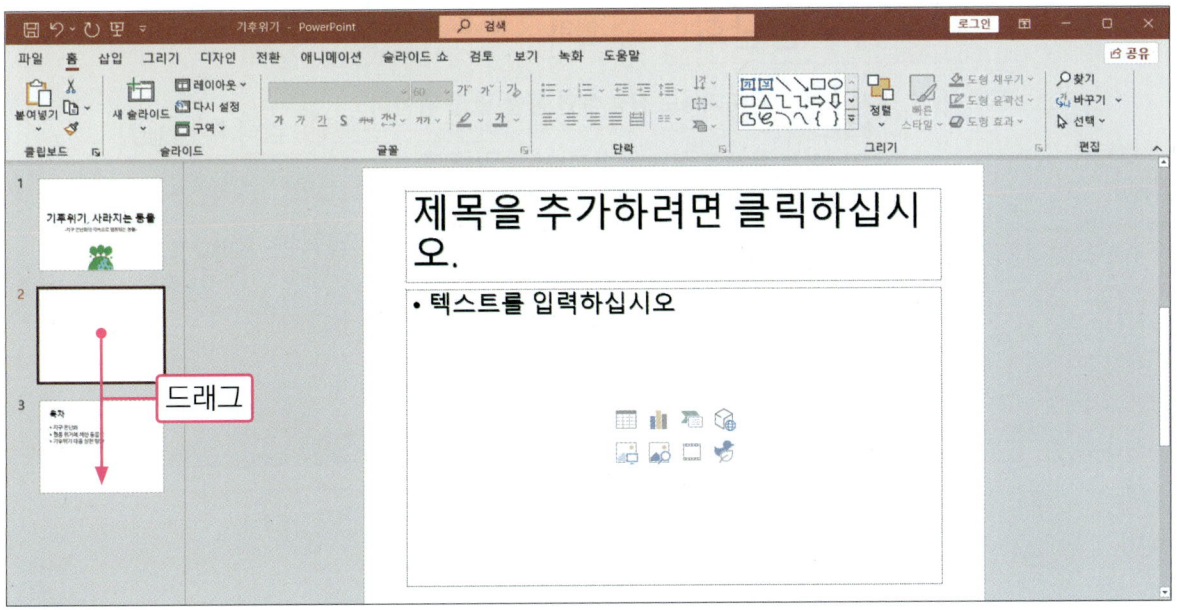

 슬라이드 이동과 복제
슬라이드를 선택하고 드래그하면 이동되지만 Ctrl 키를 누른 채 드래그하면 드래그하는 위치로 슬라이드가 복제됩니다.

03 2번 슬라이드가 3번 슬라이드의 위치로 변경되면서 이동한 것을 확인할 수 있습니다.

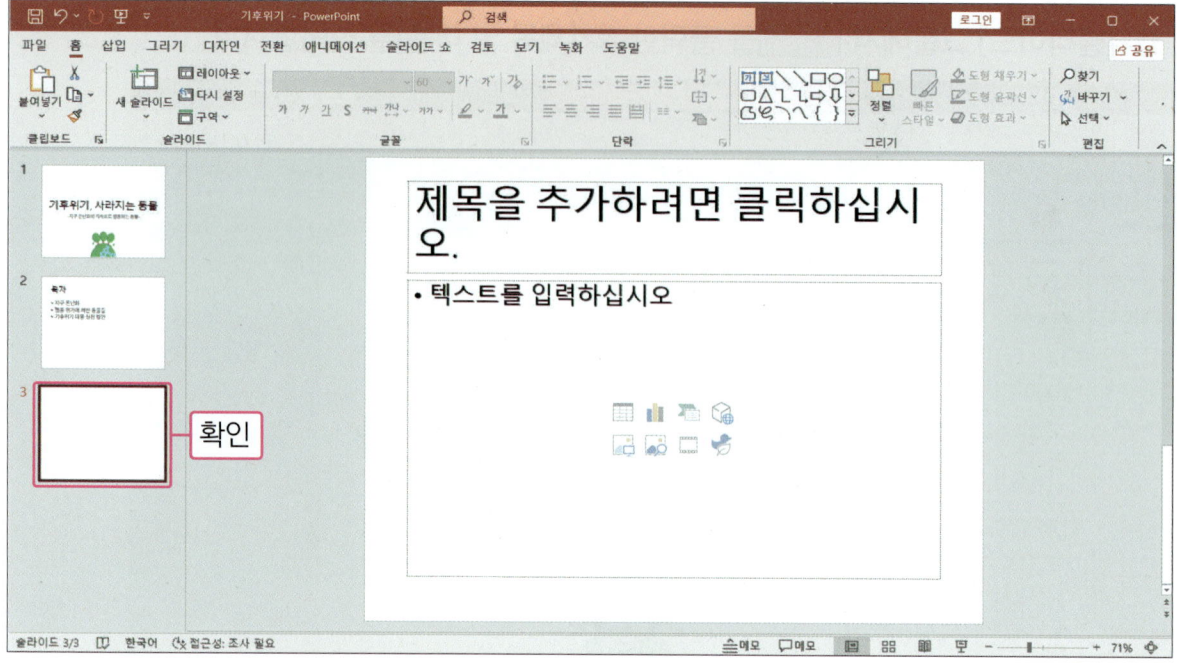

▶ 슬라이드 복제, 레이아웃 변경, 삭제하기

01 새 슬라이드의 제목 텍스트 상자와 내용 텍스트 상자에 다음처럼 입력합니다.

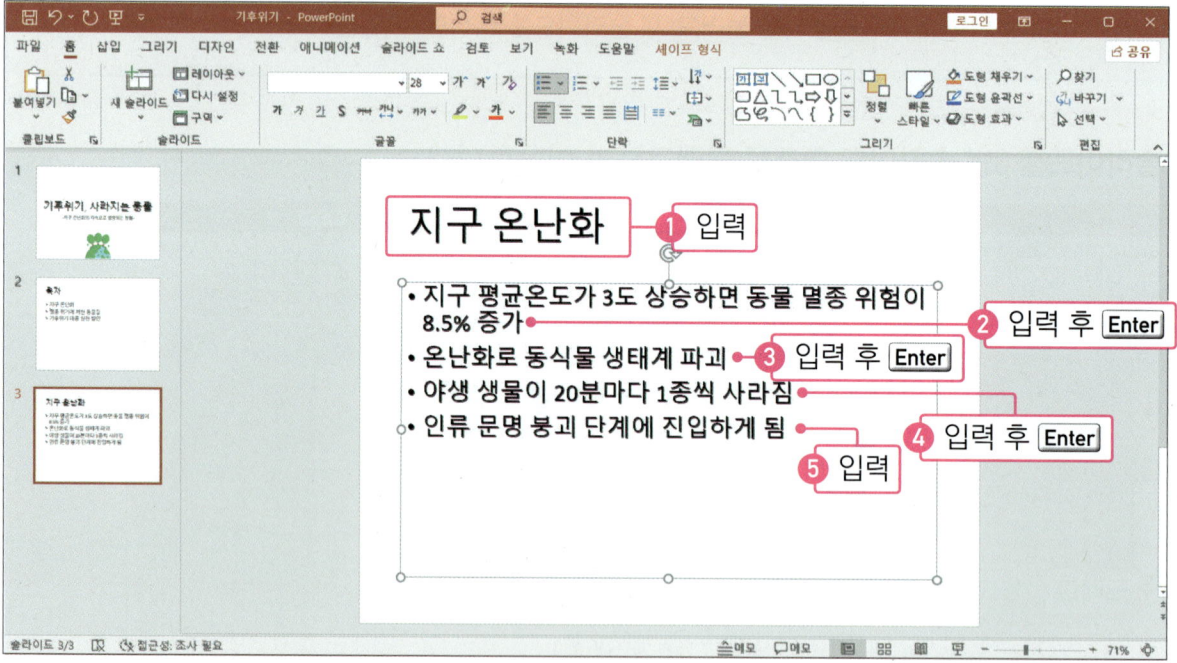

02 슬라이드 미리 보기 창에서 3번 슬라이드를 클릭한 후 [홈] 탭-[클립보드] 그룹에서 [복사(□)]의 ⌄를 클릭하여 [복제]를 선택합니다.

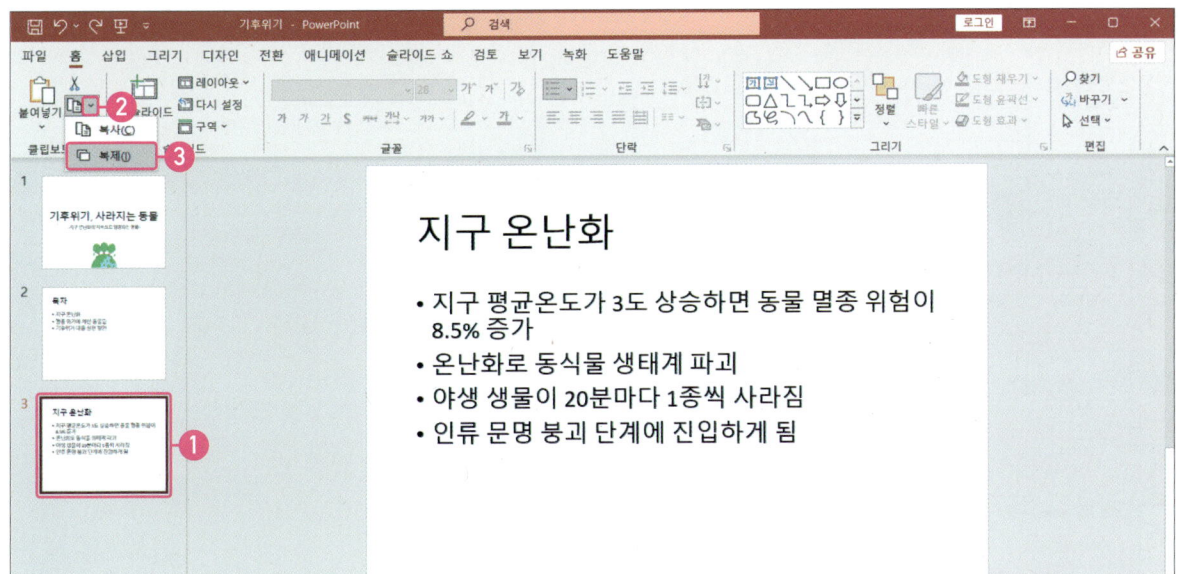

 슬라이드 복사와 복제
복사는 클립보드 영역에 보관했다가 '붙여넣기'를 통해 복사하는 기능이고, 복제는 클립보드 영역을 거치지 않고 바로 복사하는 것입니다.

03 3번 슬라이드가 복제되어 4번 슬라이드가 생성된 것을 확인할 수 있습니다.

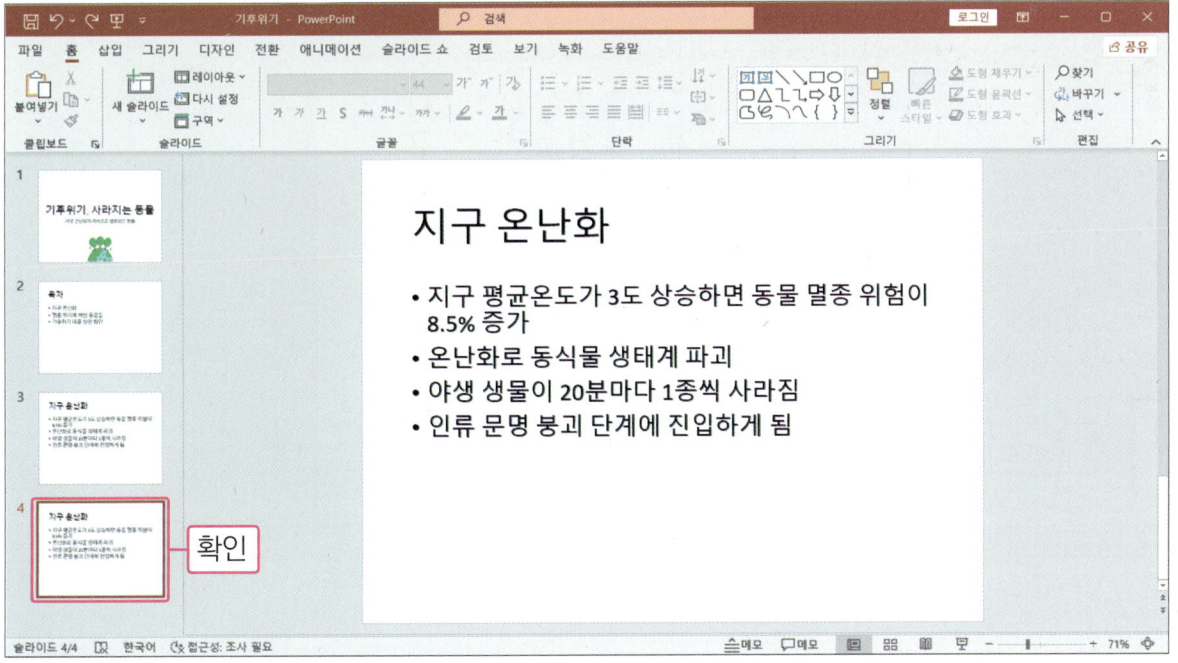

 슬라이드 복제
슬라이드 미리 보기 창에서 해당 슬라이드를 클릭하여 선택하고 Ctrl+D 키를 눌러도 복제됩니다.

04 슬라이드의 레이아웃 변경을 위해 [홈] 탭-[슬라이드] 그룹에서 [레이아웃]을 클릭한 후 [세로 제목 및 텍스트]를 선택합니다.

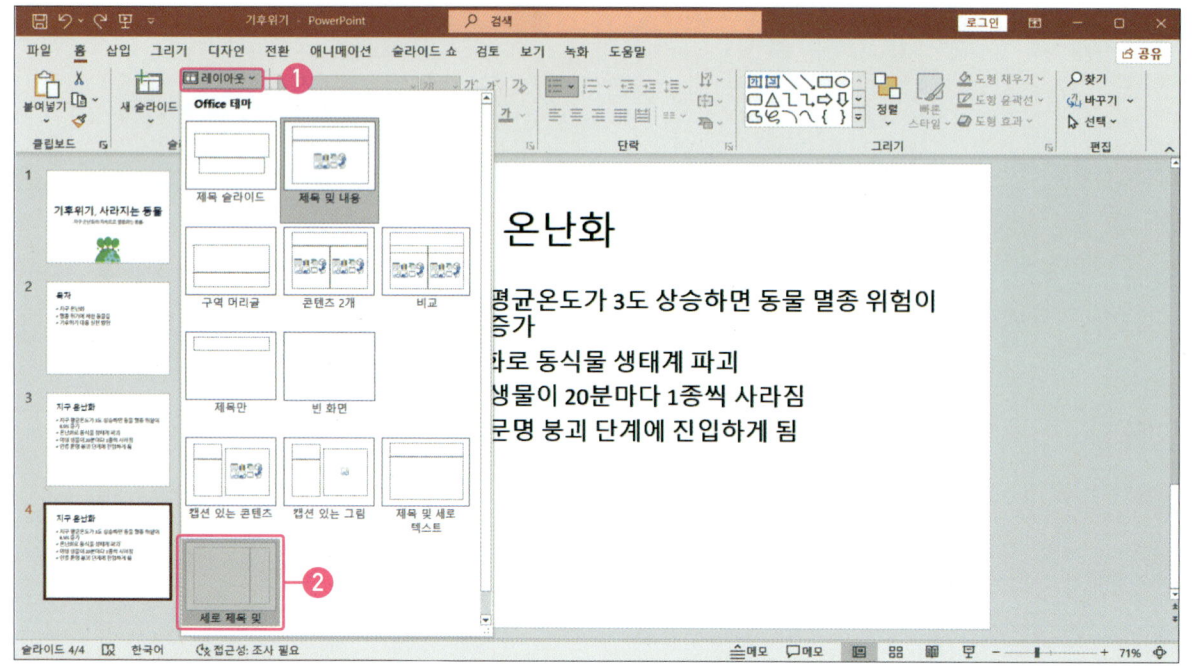

05 선택한 슬라이드의 레이아웃이 변경된 것을 확인할 수 있습니다. 4번 슬라이드가 선택된 상태에서 삭제하기 위해 Delete 키를 누릅니다.

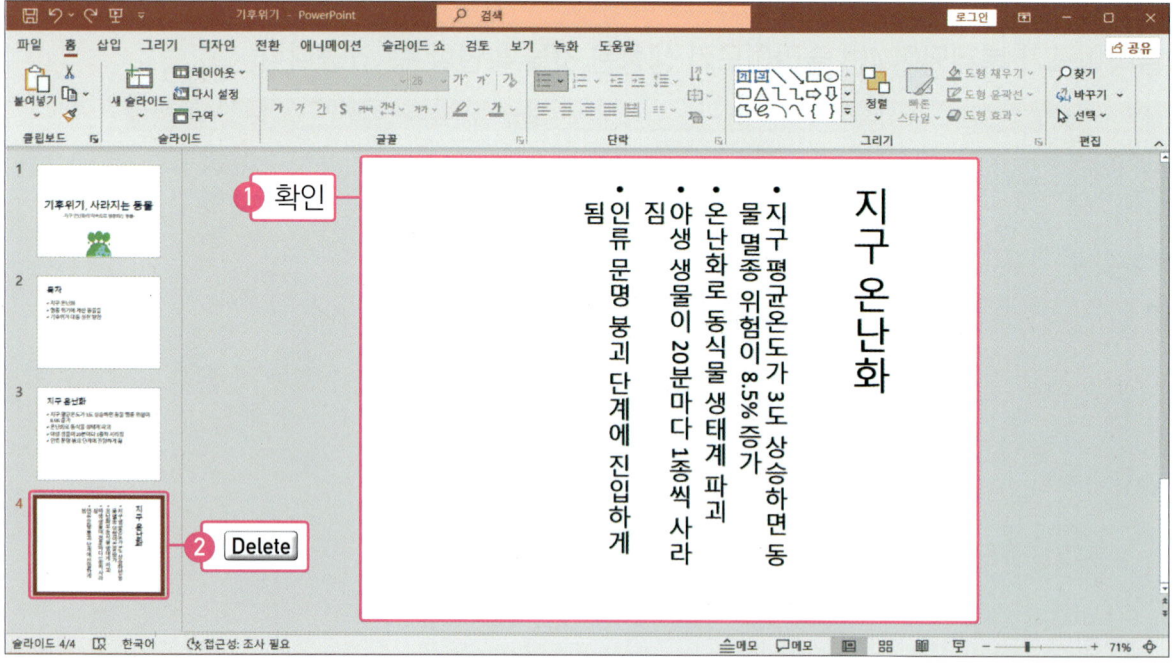

06 4번 슬라이드가 삭제된 것을 확인할 수 있습니다.

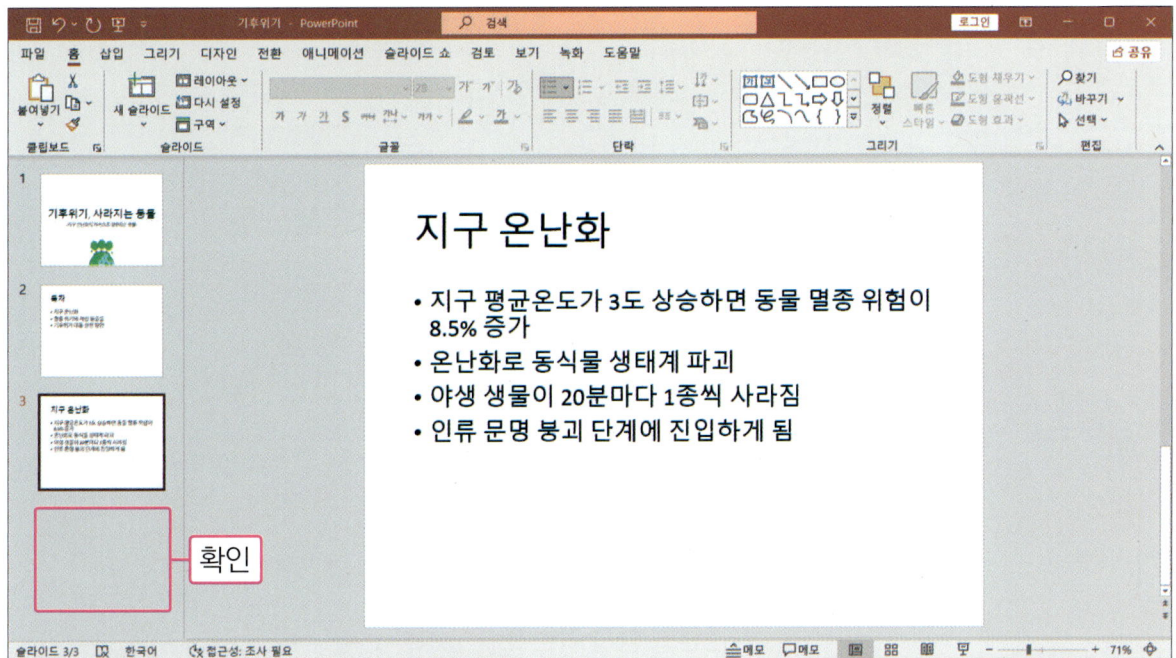

▶ 콘텐츠 2개 슬라이드 생성하기

01 [홈] 탭-[슬라이드] 그룹에서 [새 슬라이드]를 클릭한 후 [콘텐츠 2개]를 선택합니다.

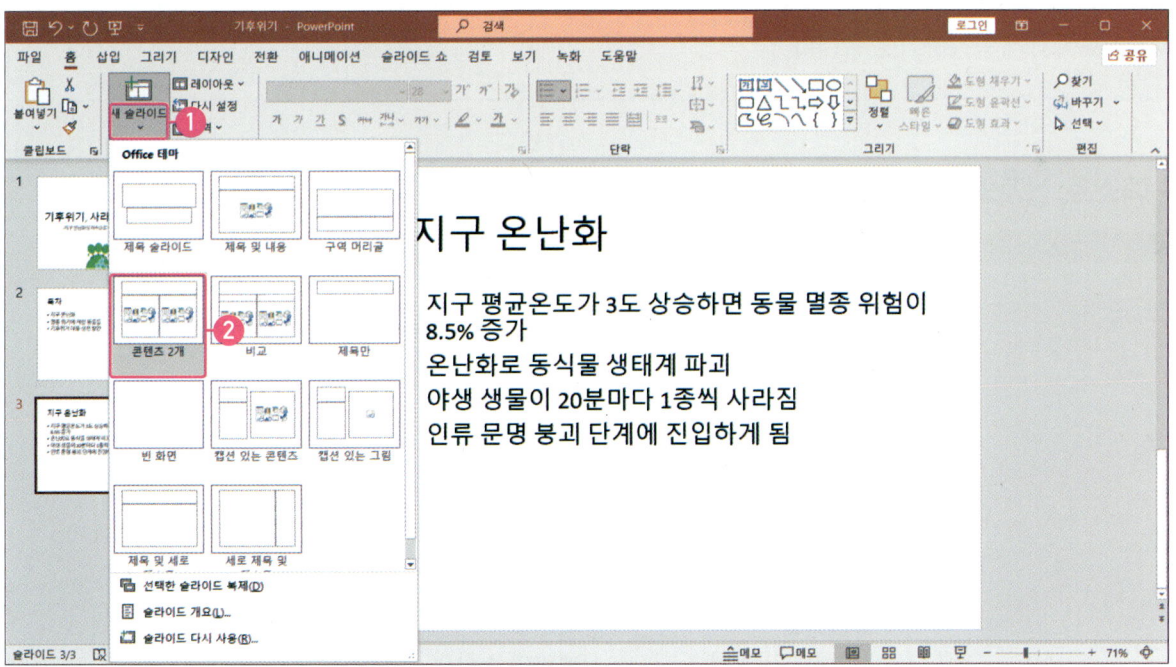

02 콘텐츠가 2개인 레이아웃의 슬라이드가 생성된 것을 확인할 수 있습니다.

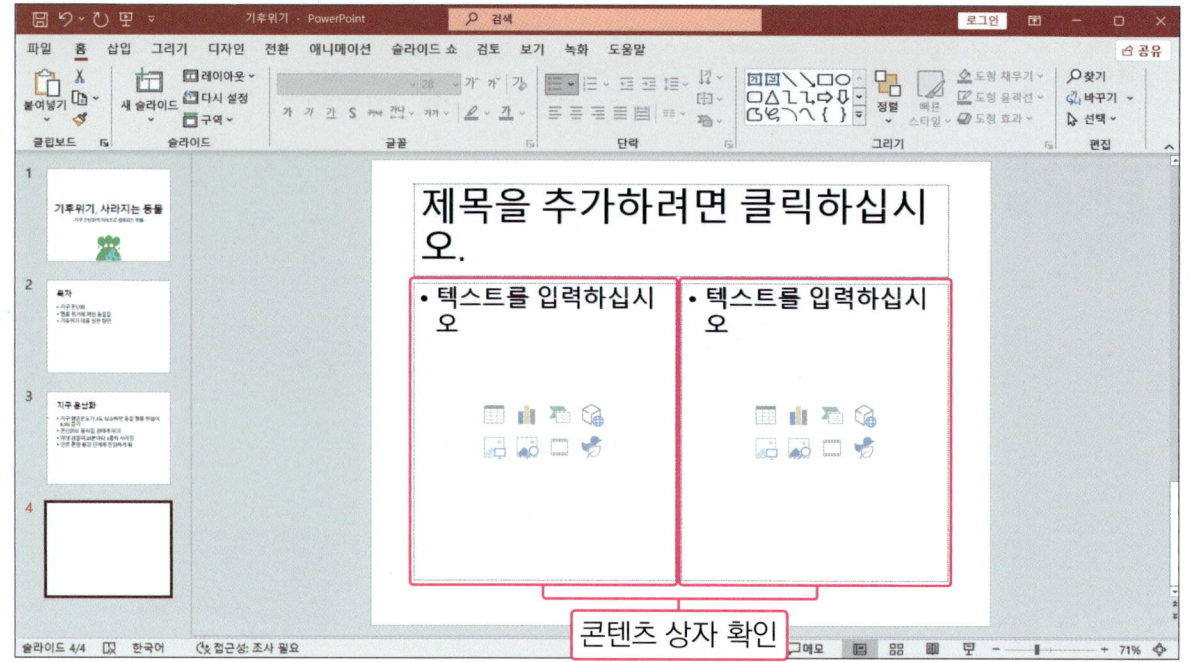

 파워포인트에서 콘텐츠
콘텐츠라는 것은 '담다'라는 뜻으로 파워포인트에서는 텍스트를 포함하여 콘텐츠 상자 안의 아이콘을 클릭하여 그림, 아이콘, 표와 같은 9가지 종류를 바로 생성할 수 있습니다. 편의상 콘텐츠 상자를 텍스트 상자에 포함시켜 명칭하기로 합니다.

03 제목 텍스트 상자와 내용 텍스트 상자에 다음처럼 입력합니다.

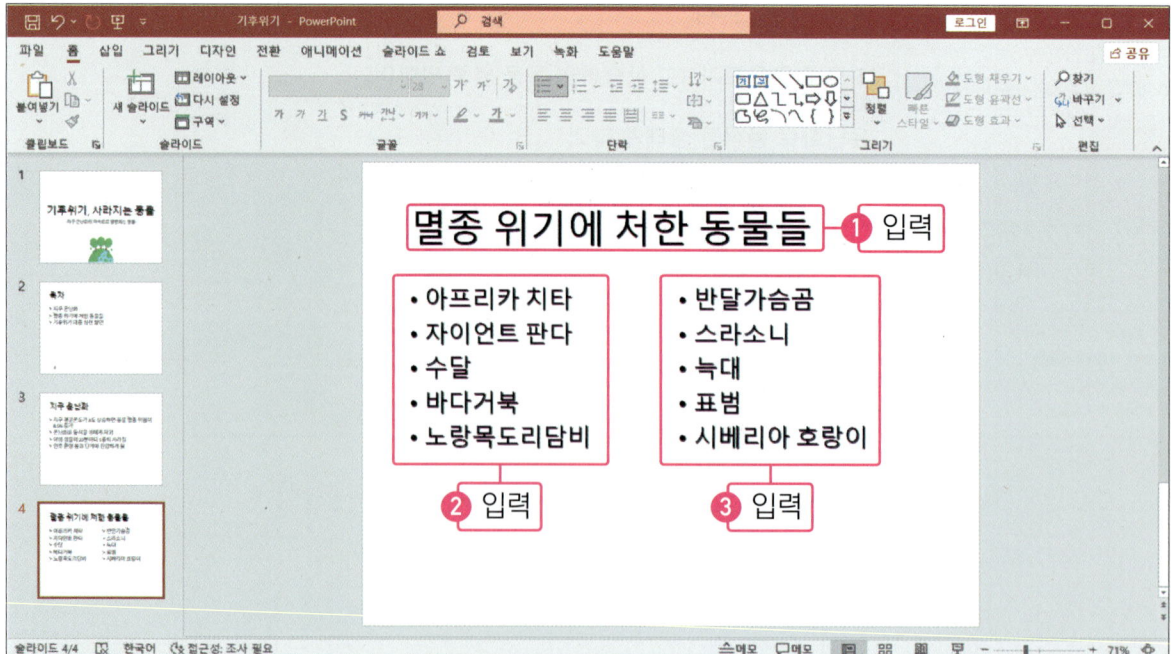

▶ 슬라이드 번호 매기기

01 [삽입] 탭-[텍스트] 그룹에서 [머리글/바닥글]을 클릭합니다.

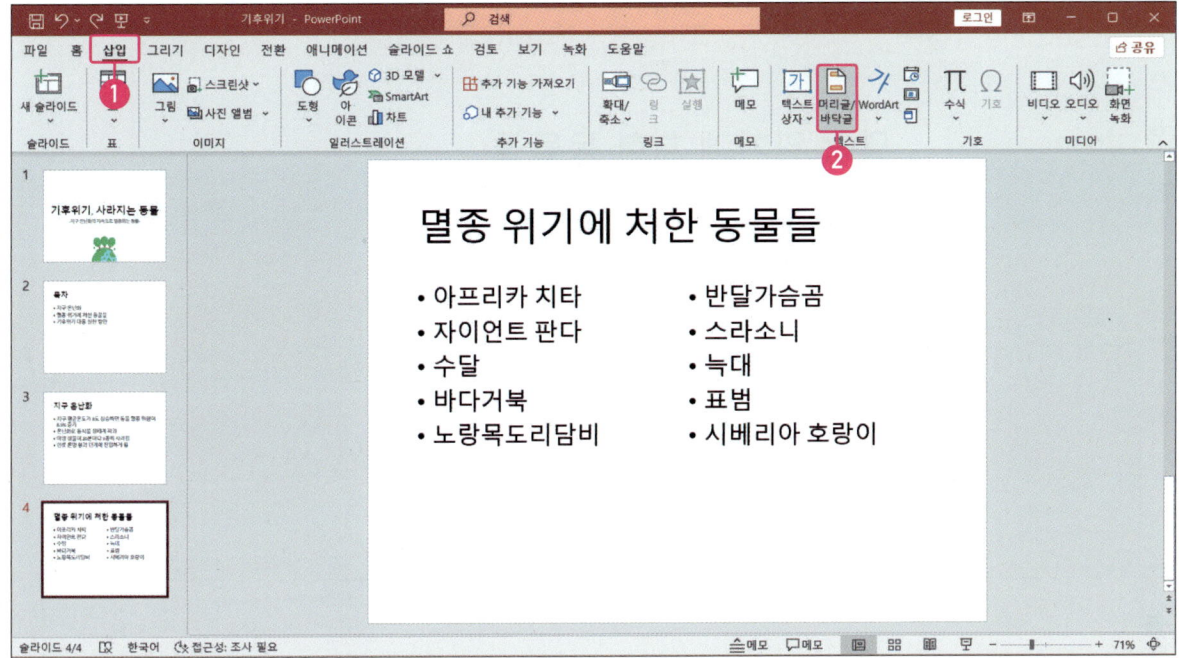

02 [머리글/바닥글] 대화상자가 나타나면 '슬라이드 번호'와 '제목 슬라이드에는 표시 안 함'을 체크한 후 [모두 적용] 버튼을 클릭합니다.

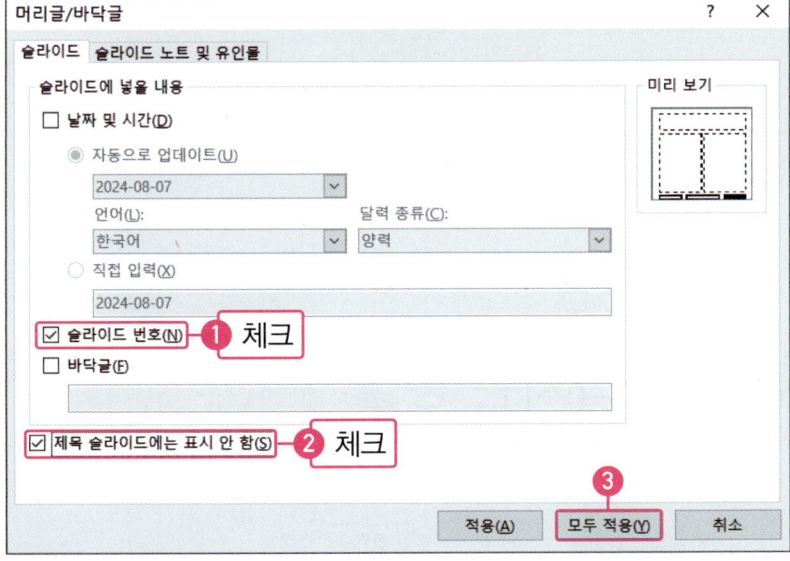

잠깐 | [머리글/바닥글] 대화상자에서 '적용' 버튼을 클릭하면 해당 페이지에만 적용됩니다.

03 오른쪽 아래를 살펴보면 '4'라는 **페이지 번호가 생성된 것을 확인할 수 있습니다.**

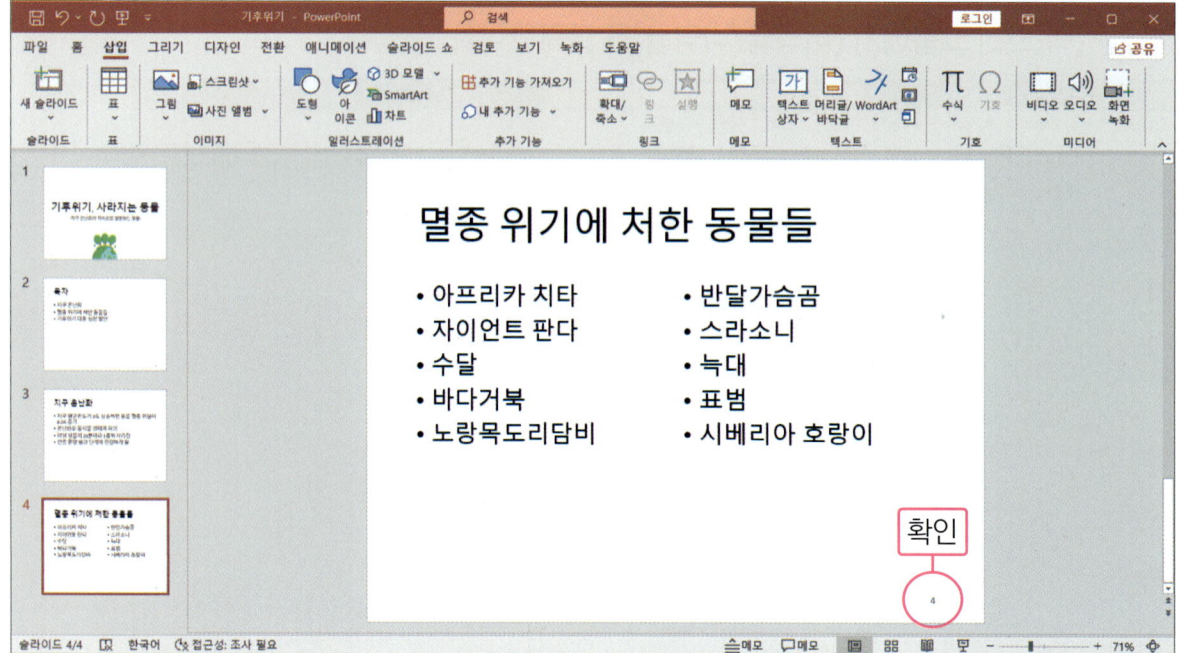

04 2번 슬라이드와 3번 슬라이드도 페이지 번호를 확인합니다.

05 1번 슬라이드를 선택합니다. '제목 슬라이드에는 표시 안 함'을 체크했기 때문에 1번 슬라이드에는 페이지 번호가 표시되지 않은 것을 확인할 수 있습니다.

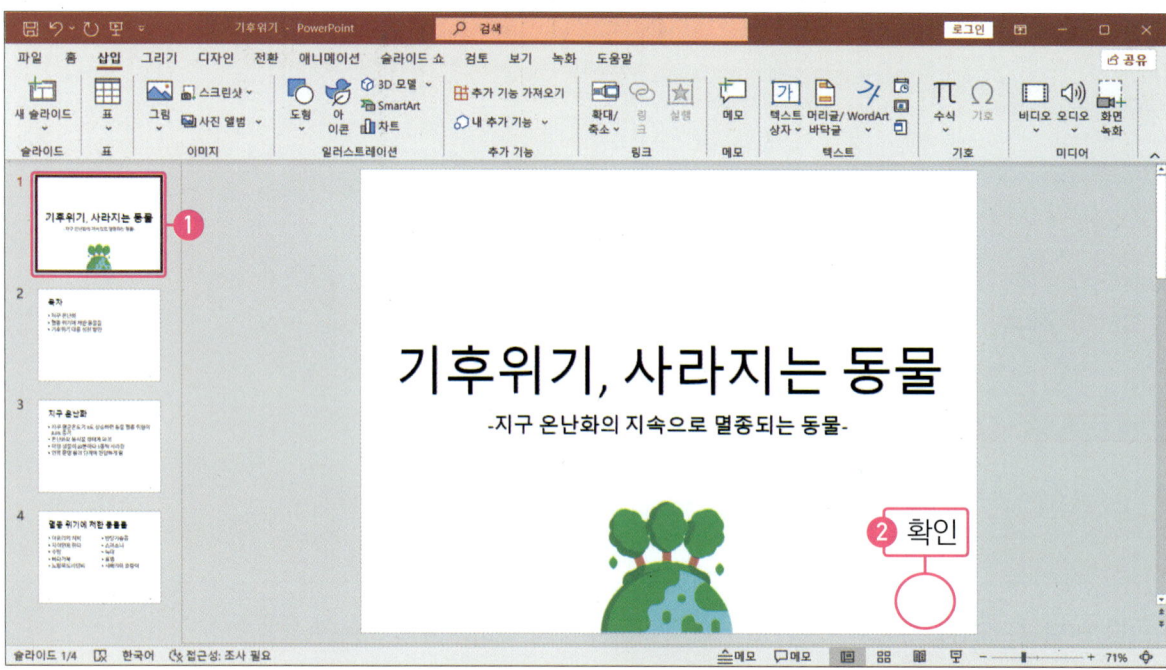

▶ **슬라이드 화면 보기**

01 오른쪽 아래의 화면 보기를 살펴보면 ▭(기본) 보기로 설정되어 있습니다. ▦(여러 슬라이드) 보기를 클릭합니다.

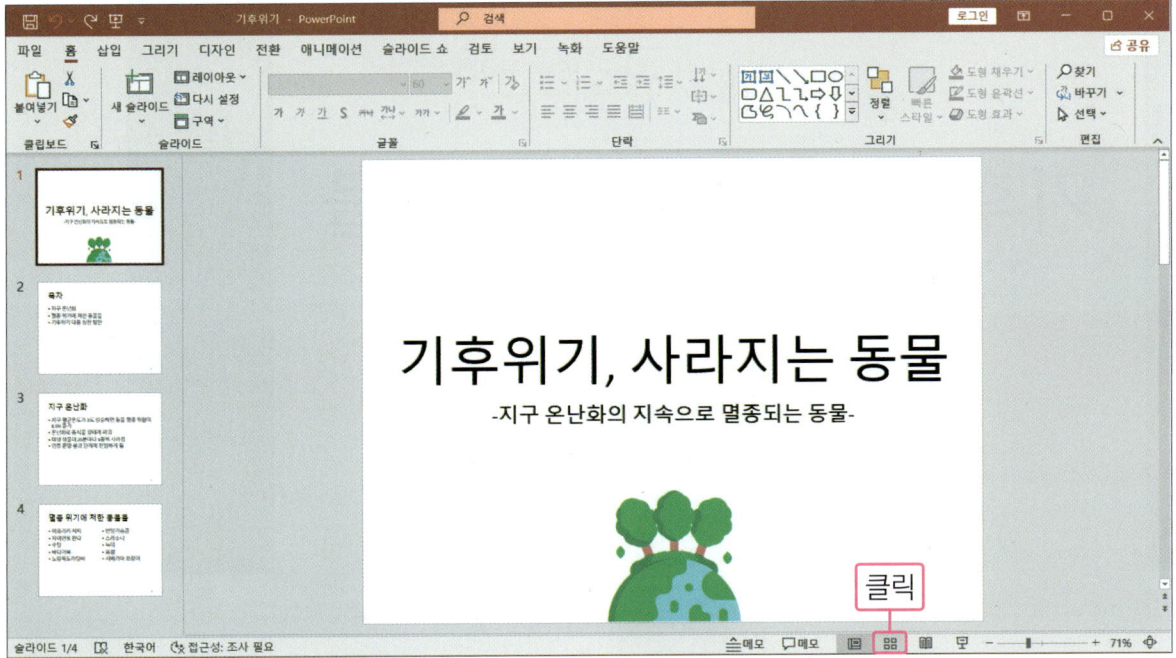

02 한 화면에 축소된 슬라이드를 확인할 수 있습니다. 오른쪽 아래의 화면 보기 중 ▯(슬라이드 쇼) 보기를 클릭합니다.

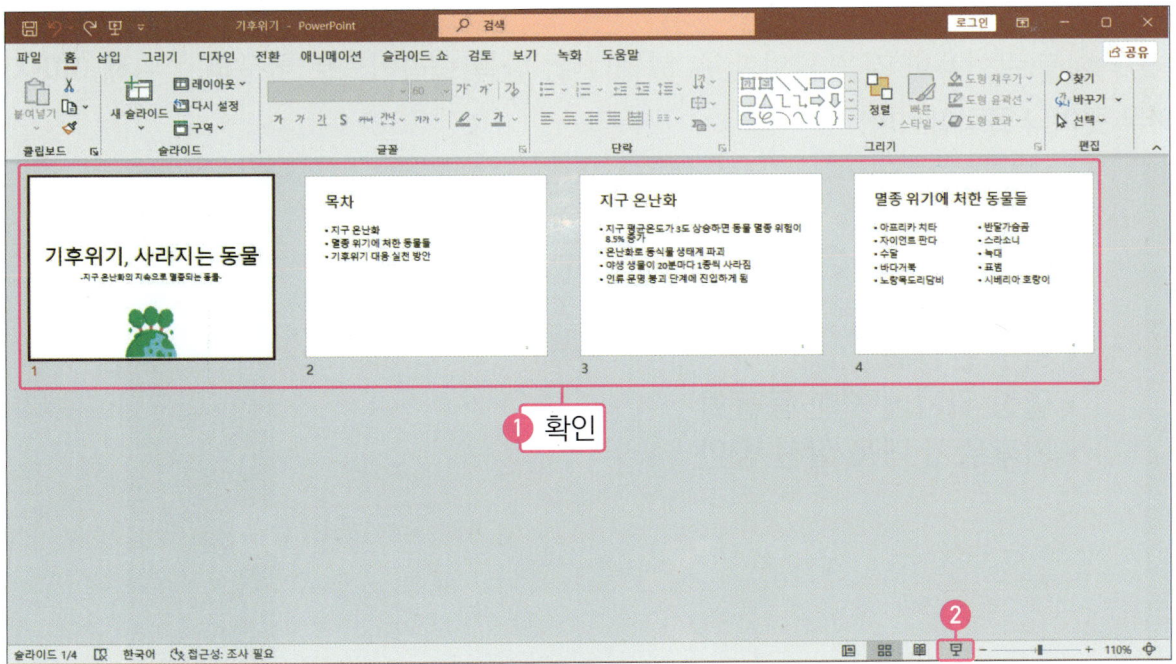

03 화면 전체에 슬라이드가 꽉 차게 확대된 것을 확인할 수 있습니다. 다음 슬라이드로 이동하기 위해 **이미지의 아무 곳이나 클릭**합니다.

 슬라이드 쇼 바로 가기 키
슬라이드 쇼는 발표 시 자주 사용하는 화면 모드입니다. 신속하게 슬라이드 쇼 보기 모드로 가기 위해 F5 키를 자주 사용합니다. ESC 키를 누르면 슬라이드 쇼 보기 모드가 해제됩니다.

04 2번 슬라이드로 이동한 것을 확인할 수 있습니다. 다음 슬라이드로 이동하기 위해 **이미지의 아무 곳이나 클릭**합니다.

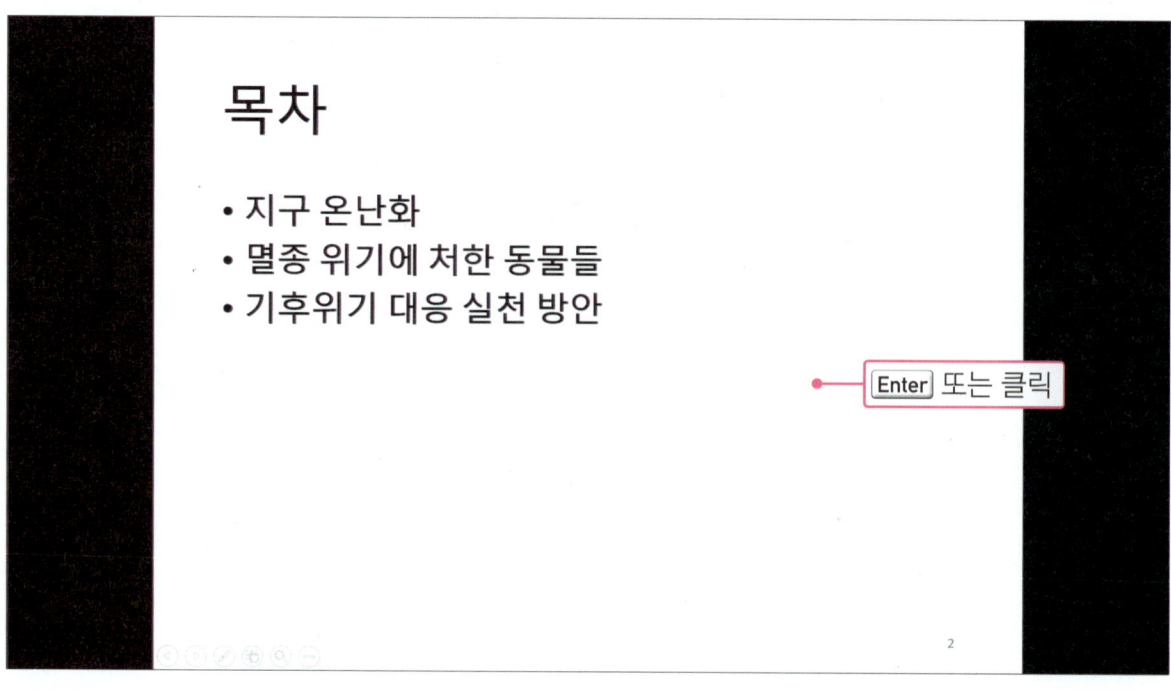

05 3번 슬라이드로 이동합니다. 클릭할 때마다 다음 페이지로 이동되고 마지막에는 검은 화면과 함께 슬라이드 쇼가 끝났다는 메시지와 함께 끝내려면 마우스를 클릭하라는 메시지가 나타납니다. **이미지 위를 클릭합니다.**

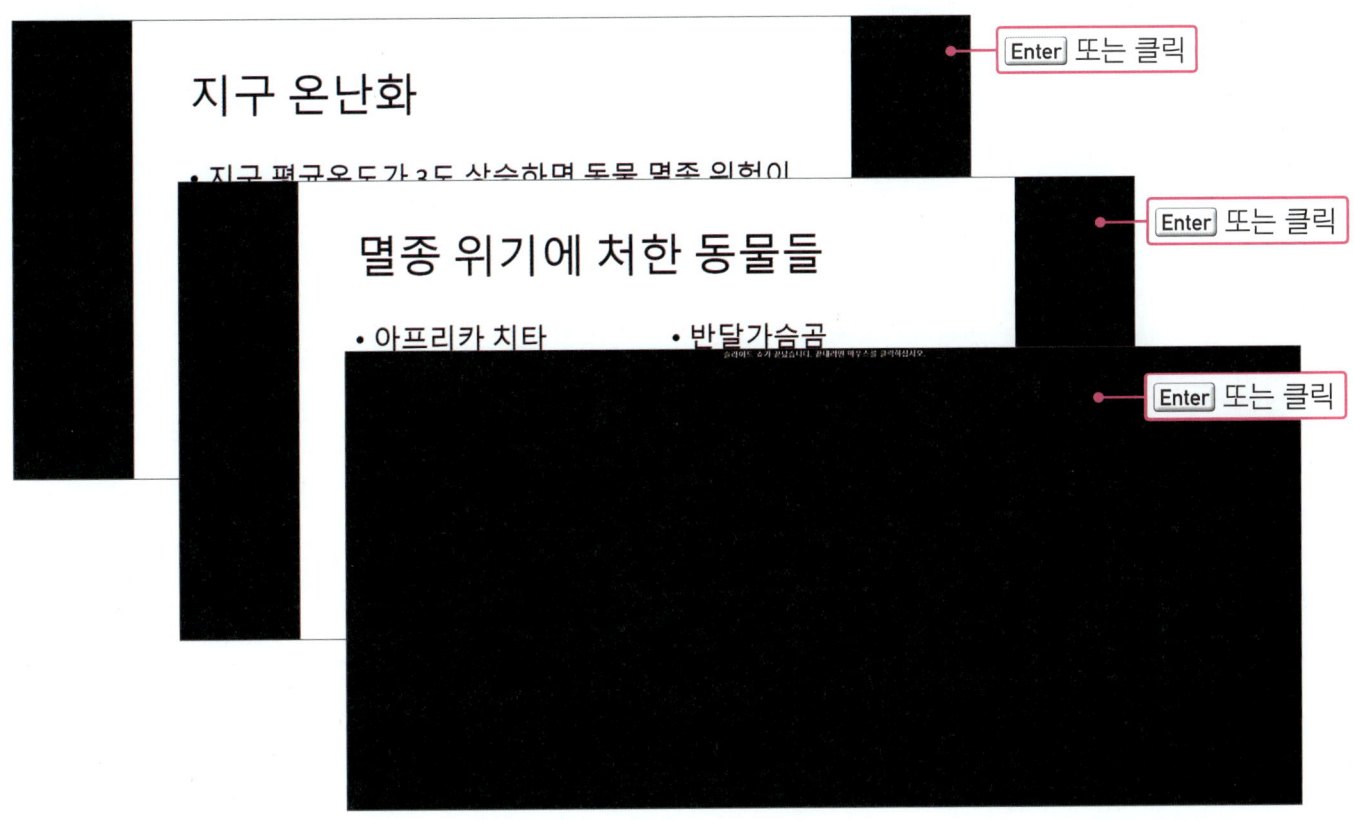

 이전 슬라이드로 이동
Backspace 키를 누르면 이전 슬라이드로 이동할 수 있습니다. 방향키 ← 또는 PageUp 키를 눌러도 됩니다.

06 여러 슬라이드 화면 보기로 돌아왔습니다. 기본 보기로 되돌아가기 위해 🔲(**기본**) **보기를 클릭합니다.**

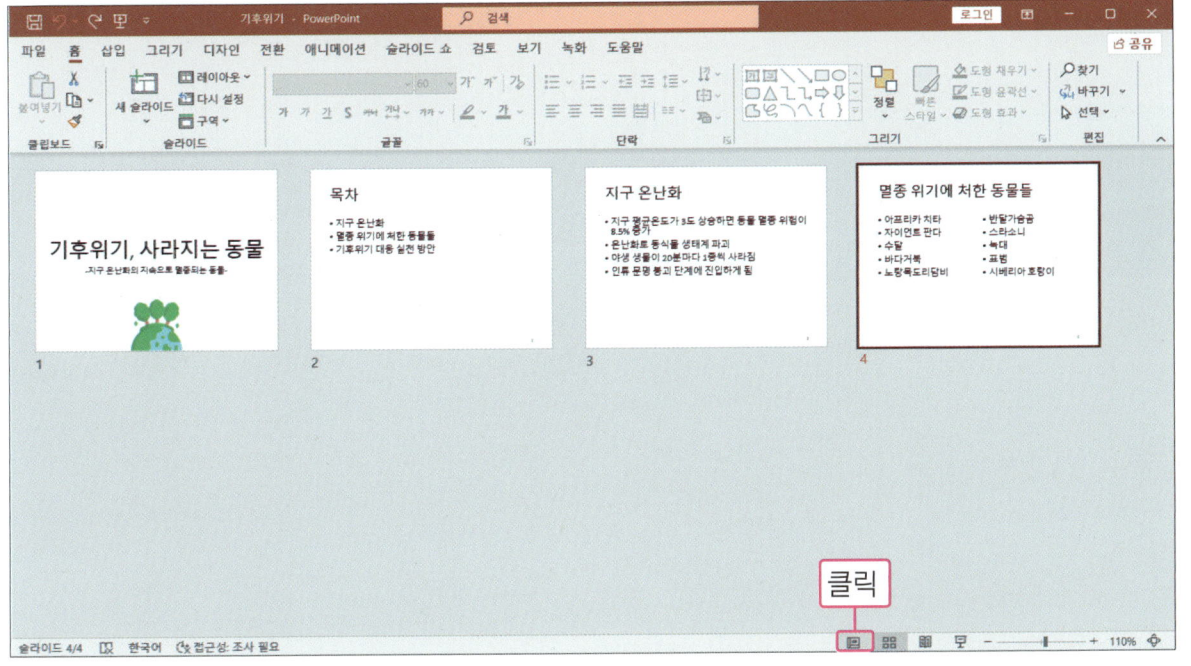

07 기본 화면으로 돌아왔습니다. 저장하기 위해 빠른 실행 도구 모음의 (저장)을 클릭합니다.

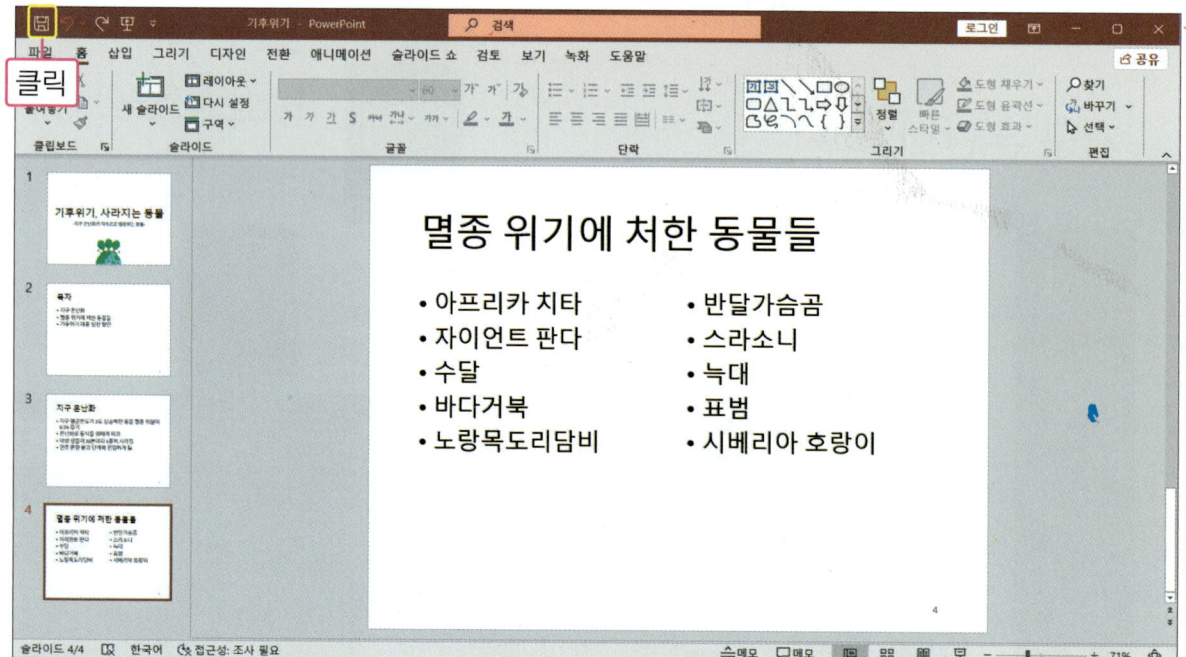

> 잠깐! 원본(기후위기.pptx)은 보관하고 새로 작업한 데이터를 수정하여 파일로 보관하려면 [파일] 탭-[다른 이름으로 저장]-[이 PC]를 더블클릭하면 [다른 이름으로 저장] 대화상자가 나타나고 이때 파일명을 수정하여 저장합니다.

응용력 키우기

01 새 프레젠테이션을 생성한 후 제목 슬라이드에 다음처럼 입력하고 그림을 삽입해 봅니다.

준비파일 음식물.png

02 슬라이드 크기를 표준(4:3)으로 변경해 봅니다.

새 슬라이드에 맞게 조정할 때 나타나는 창에서 '최대화'와 '맞춤 확인' 중에서 '맞춤 확인'을 클릭합니다.

03 문제 **01**의 파일에 [제목 및 내용] 슬라이드를 추가한 후 다음처럼 입력하고 그림을 삽입해 봅니다.

준비파일 과일.png

> ### 음식물 쓰레기 배출 요령
> - 배추나 무는 흙이나 이물질을 제거한 후 배출
> - 덩어리가 큰 배추, 무, 수박 등은 잘게 썰어 배출
> - 물기를 꽉 짜서 최대한 수분을 제거한 후 배출
> - 지자체별 배출요일 및 배출시간 엄수

04 [비교] 슬라이드를 추가한 후 다음처럼 입력해 봅니다.

> ### 음식물 쓰레기 구분
>
> **음식물 쓰레기**
> - 배추
> - 양파
> - 수박 껍질
> - 사과 껍질
> - 귤 껍질
> - 커피
> - 한약재 찌꺼기
>
> **일반 쓰레기**
> - 먹다남은 치킨
> - 흙이 묻은 배추 겉잎
> - 복숭아 껍질
> - 파인애플 껍질
> - 견과류 껍질
> - 과일의 씨
> - 고추

 [홈] 탭-[슬라이드] 그룹에서 를 클릭한 후 [비교]를 선택합니다.

05 파일 이름을 '음식물.pptx'으로 저장해 봅니다.

03 콘서트 초대장 만들기

- 한자 및 기호 입력
- 글꼴 및 단락 꾸미기
- 글머리 기호
- 목록 수준 설정
- 줄 간격 조정
- 서식 복사 활용
- 번호 매기기

■ 준비파일 : 콘서트.pptx
■ 완성파일 : 콘서트(완성).pptx

▲ 1번 슬라이드

▲ 2번 슬라이드

▲ 3번 슬라이드

이번 장에서는 한자, 기호를 삽입하는 방법과 단락을 이용하여 목록 수준을 설정하는 기능들 위주로 알아보도록 하겠습니다.

01 글꼴과 단락 관련 기능 알아보기

▶ [홈] 탭의 텍스트 관련 기능

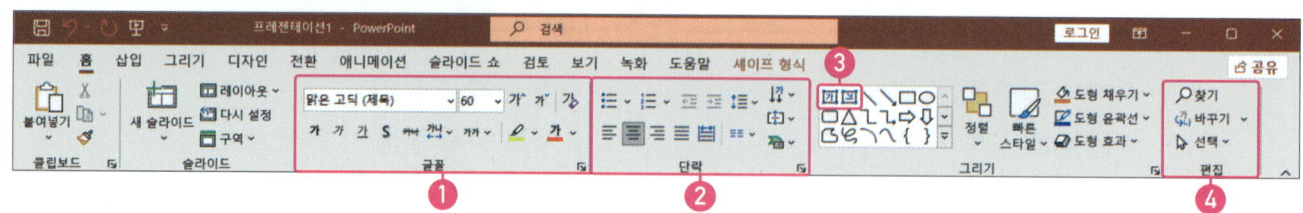

❶ [글꼴] 그룹 : 텍스트의 모양, 크기, 색상, 문자 간격 등과 같은 글꼴 서식을 변경할 수 있습니다.

❷ [단락] 그룹 : 글머리 기호, 번호 매기기, 줄 간격 등과 같은 단락에 관련된 속성을 변경할 수 있습니다.

❸ 가로 / 세로 텍스트 상자 : 슬라이드에서 클릭이나 드래그하여 텍스트 상자를 새로 생성한 후 텍스트를 입력할 수 있습니다.

❹ [편집] 그룹 : 특정 텍스트를 찾거나, 텍스트를 찾아 변경할 수 있고, 텍스트나 개체를 선택할 수 있습니다.

▶ [글꼴] 그룹

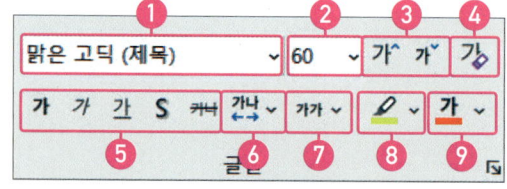

❶ 글꼴 : 입력 상자의 목록에서 사용할 글꼴을 선택합니다.

❷ 글꼴 크기 : 입력 상자에 크기를 입력하거나 목록에서 크기를 선택합니다.

❸ 글꼴 크기 크게 / 글꼴 크기 작게 : 클릭하면 텍스트 크기를 한 단계 크게, 작게 조정합니다.

❹ 모든 서식 지우기 : 선택한 텍스트의 내용만 남기고 적용된 서식을 모두 제거합니다.

❺ 굵게 / 기울임꼴 / 밑줄 / 텍스트 그림자 / 취소선 : 굵게 / 기울임꼴 / 밑줄 / 텍스트 그림자 / 취소선을 적용합니다.

❻ 문자 간격 : 텍스트의 간격을 넓히거나 좁게 변경합니다.

❼ 대/소문자 바꾸기 : 영문의 대소문자를 변경합니다.

❽ 강조색 : 눈에 띄는 색으로 텍스트를 강조합니다.

❾ 글꼴 색 : 텍스트의 색상을 선택합니다.

▶ [단락] 그룹

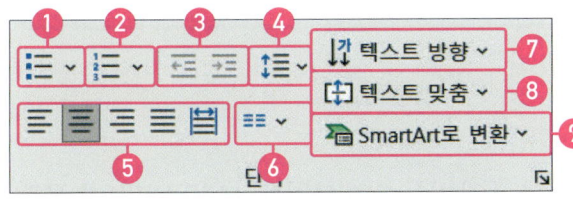

① 글머리 기호 : 단락의 시작 위치에 •, ◆, ■ 와 같은 글머리 기호를 표시합니다.

② 번호 매기기 : 1, ①, Ⅰ, 1)와 같은 번호를 표시합니다.

③ 목록 수준 줄임 / 목록 수준 늘림 : 단락의 수준을 한 단계 위로 올리거나 아래로 내립니다.

④ 줄 간격 : 줄 및 단락의 간격을 조절합니다.

⑤ 왼쪽 맞춤 / 가운데 맞춤 / 오른쪽 맞춤 / 양쪽 맞춤 / 균등 분할 : 왼쪽 맞춤, 가운데 맞춤, 오른쪽 맞춤, 양쪽 맞춤, 균등 분할을 적용합니다.

⑥ 열 추가 또는 제거 : 하나의 텍스트 상자에 여러 개의 단을 설정할 수 있습니다.

⑦ 텍스트 방향 : 텍스트의 방향을 세로, 90° 등으로 회전할 수 있고 방향대로 작성할 수 있습니다.

⑧ 텍스트 맞춤 : 텍스트를 위쪽, 중간, 가운데로 설정합니다.

⑨ SmartArt로 변환 : 목록 수준이 구분된 텍스트를 스마트아트로 변환합니다

 단락이란?
단락은 텍스트를 입력하다가 Enter 키를 누르면 다음 단락이 만들어집니다. 한 단락은 한 줄일 수도 있고, Enter 키 없이 입력하면 여러 줄이 한 단락이 될 수 있습니다.

▶ 미니 도구 모음과 바로 가기 메뉴

텍스트를 선택하고 마우스 오른쪽 버튼을 클릭하면 중요 기능을 모아놓은 '미니 도구 모음'이 나타나고 '미니 도구 모음'과 '바로 가기 메뉴'에서 글꼴과 단락의 서식을 변경할 수 있습니다.

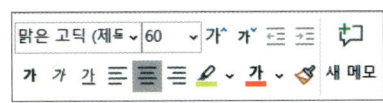

▲ 미니 도구 모음

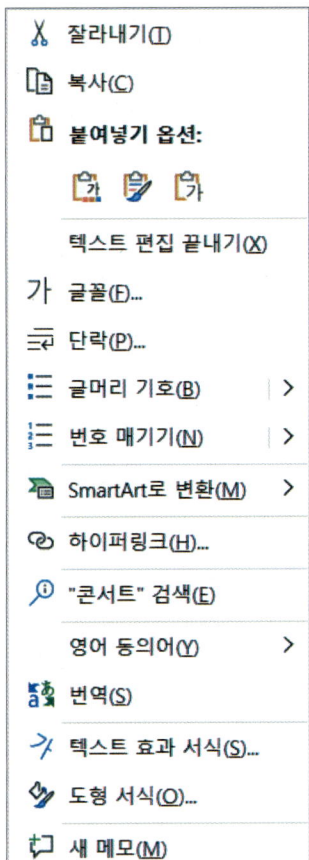

바로 가기 메뉴 ▶

 **텍스트를 이용한 콘서트 초대장 만들기**

▶ **한자 입력하기**

01 파일을 불러오기 위해 [열기]-[찾아보기]를 선택한 후 [열기] 대화상자에서 '**준비파일**' 폴더의 '콘서트.pptx' 파일을 찾아 선택합니다.

02 한자로 변환하기 위해 '**후원**'을 드래그하여 블록으로 설정한 후 [검토] 탭-[언어] 그룹에서 [한글/한자 변환]을 클릭합니다. [한글/한자 변환] 대화상자가 나타나면 [입력 형태]를 '한글(漢字)'로 설정하고 [변환] 버튼을 클릭합니다.

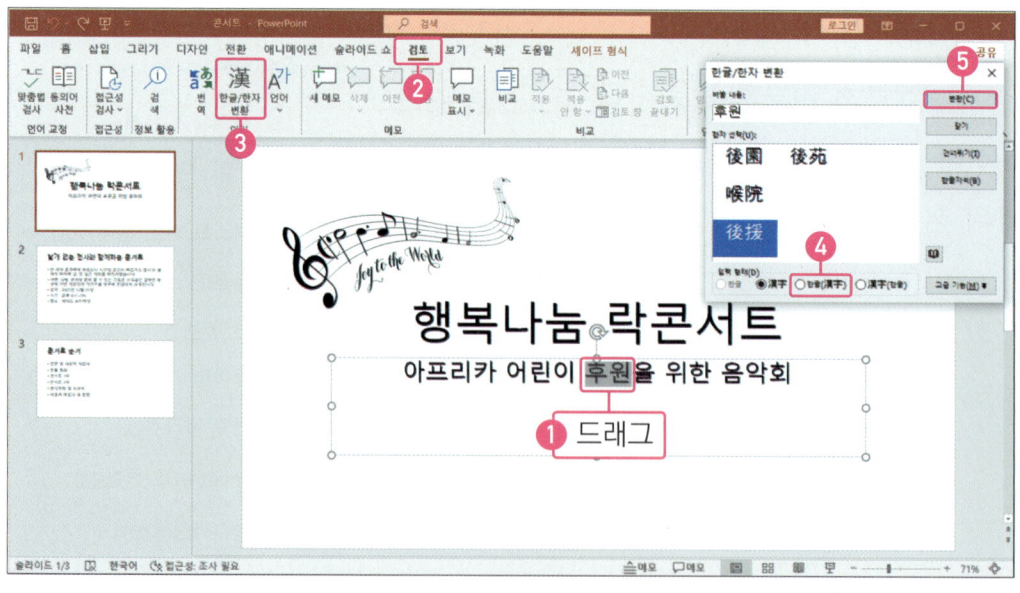

 한자 사전
한자의 담긴 뜻을 알고 싶을 땐 [한글/한자 변환] 대화상자에서 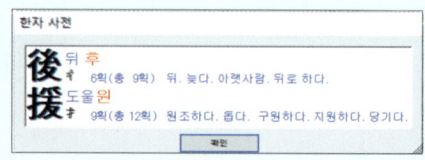(한자 사전)을 클릭합니다.

03 '락'을 드래그하여 블록으로 지정한 후 한자를 입력하기 위해 한자 키를 누르고 한자 종류가 나타나면 **해당 한자를 클릭**합니다.

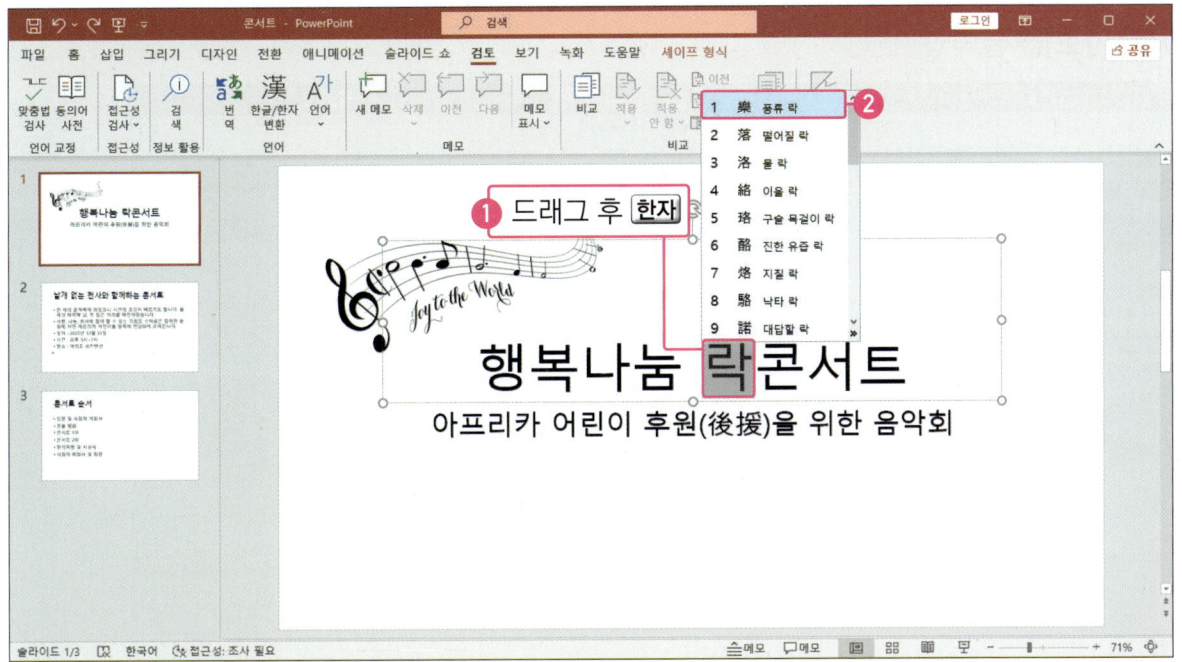

 한자를 한글로 변경하기
한자를 한글로 변환하려면 한자를 영역으로 지정한 후 한자 키를 누르면 한글이 나타나 변경할 수 있습니다. 한자의 한자음을 모를 때 사용하면 유용합니다.

04 한자가 변경된 것을 확인할 수 있습니다.

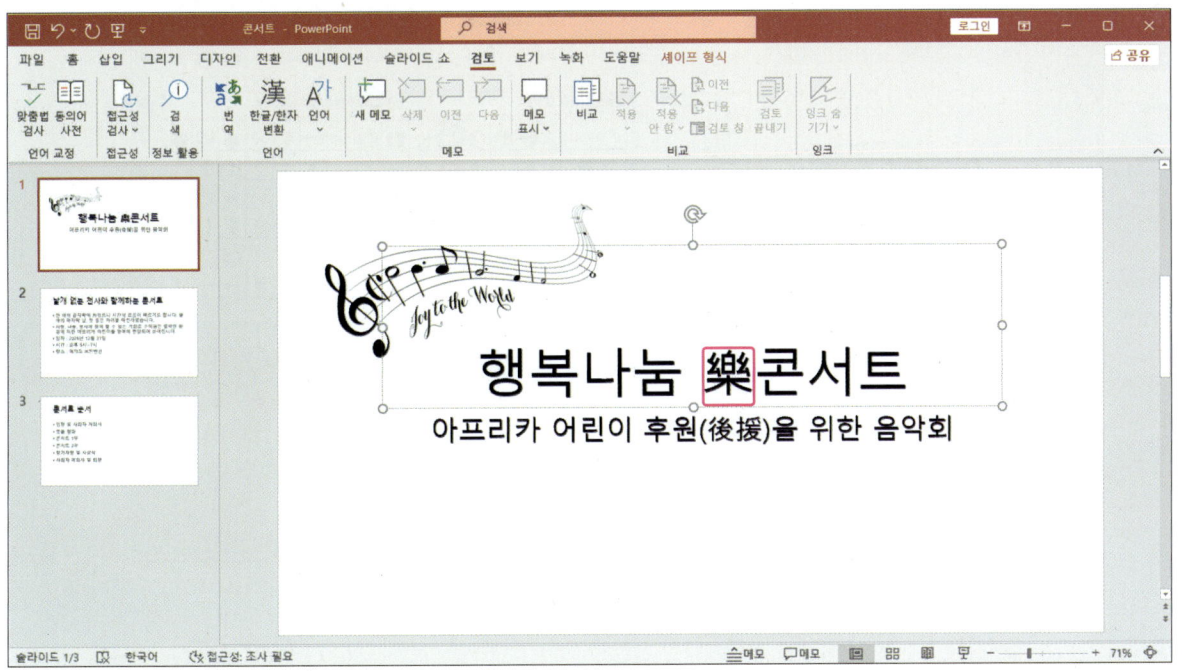

▶ 기호 입력하기

01 기호를 삽입하기 위해 부제목의 맨 앞으로 커서를 이동하고 클릭합니다. [삽입] 탭-[기호] 그룹에서 [기호]를 클릭합니다.

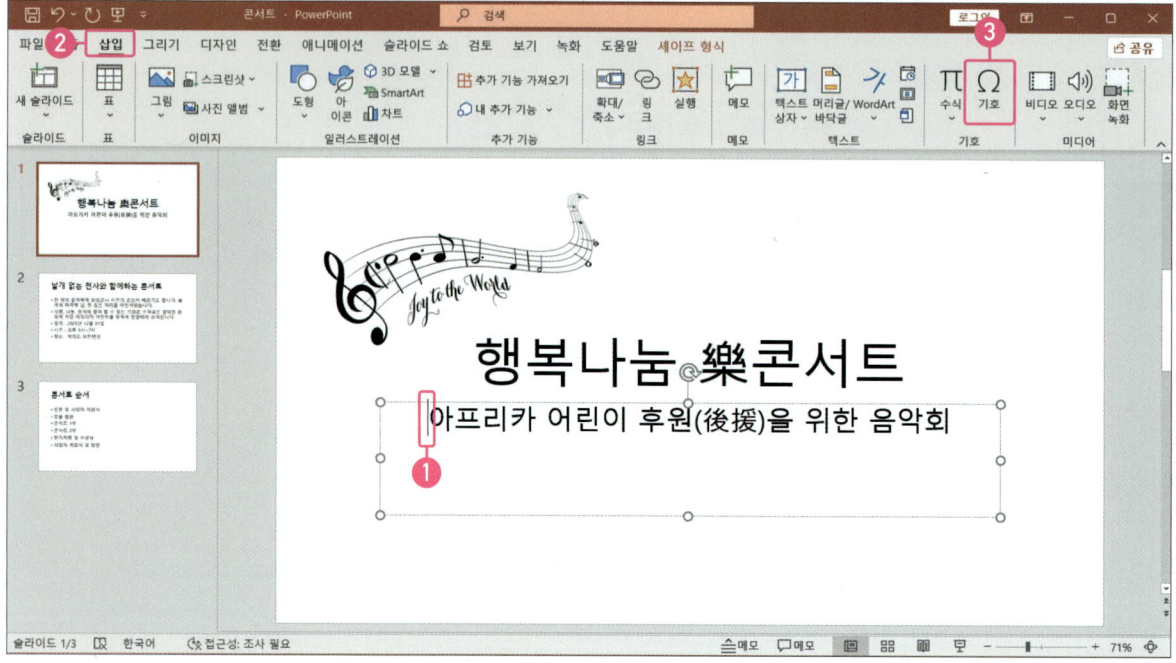

02 [기호] 대화상자가 나타나면 [글꼴]은 '(현재 글꼴)', [하위 집합]은 '기타 기호'로 설정하고 별 모양을 선택한 후 [삽입] 버튼을 클릭합니다. 이어서 [닫기] 버튼을 클릭합니다.

03 기호가 삽입된 것을 확인할 수 있습니다.

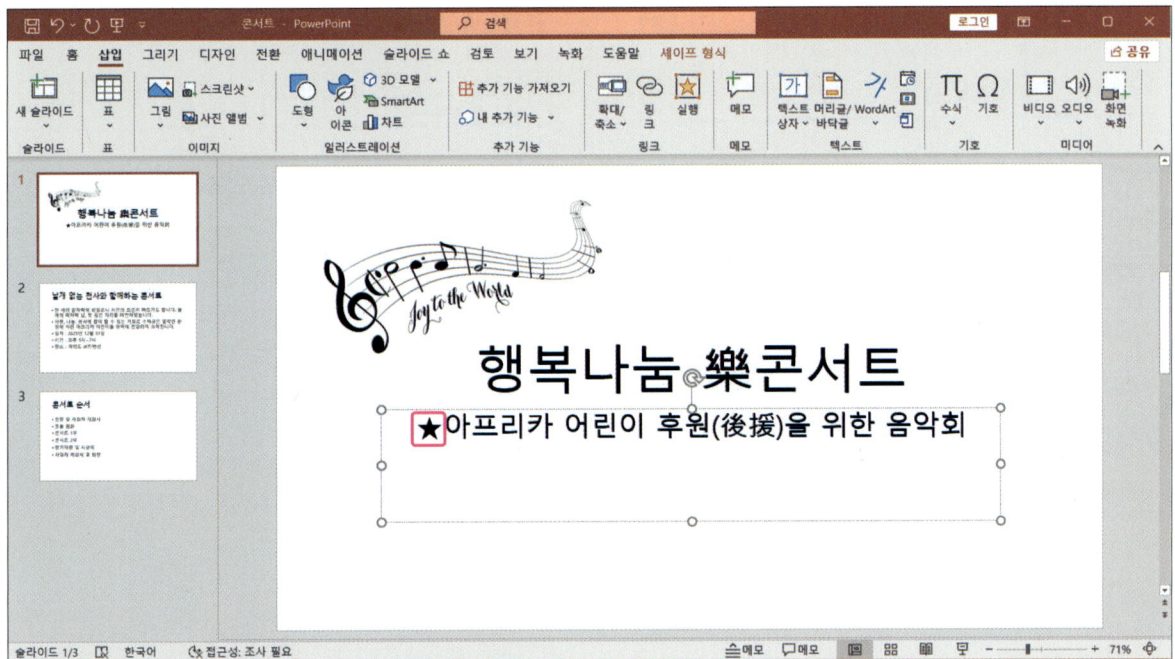

04 부제목 텍스트 상자의 맨 뒤에 커서를 위치한 후 클릭합니다. 한글 자음 'ㅁ'을 입력한 후 드래그하여 블록을 지정하고 한자 키를 누릅니다. 기호 목록이 나타나면 하단의 »(확장)을 클릭합니다.

05 다양한 기호들이 나타나면 '♪'를 선택합니다.

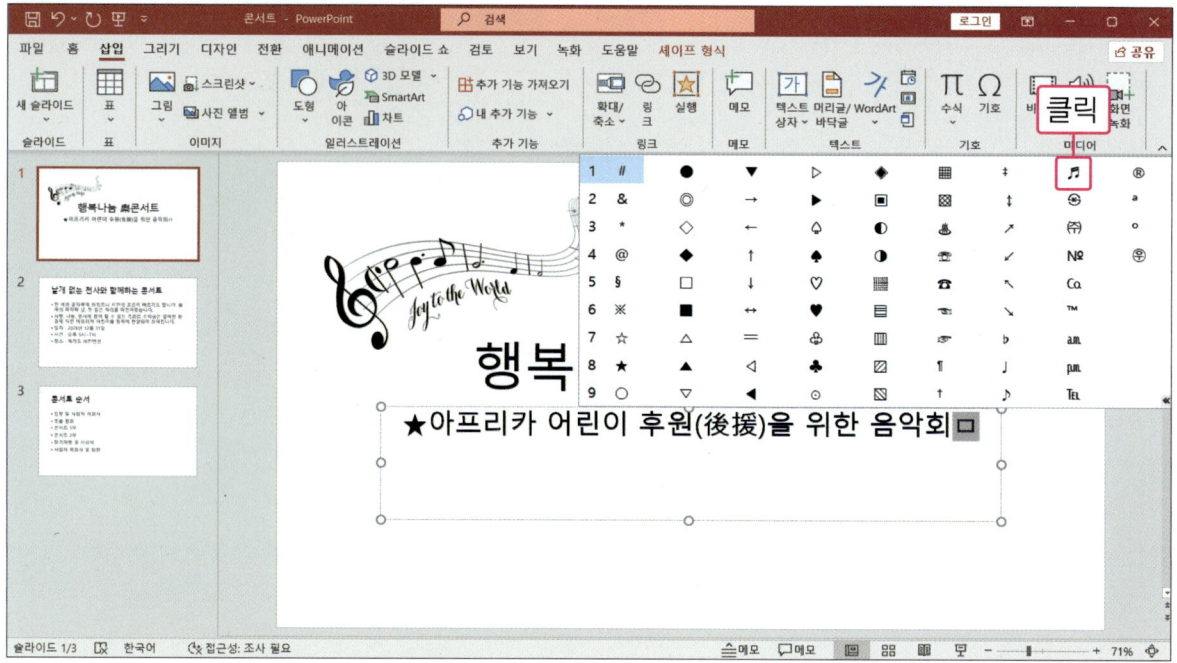

06 기호가 삽입된 것을 확인할 수 있습니다.

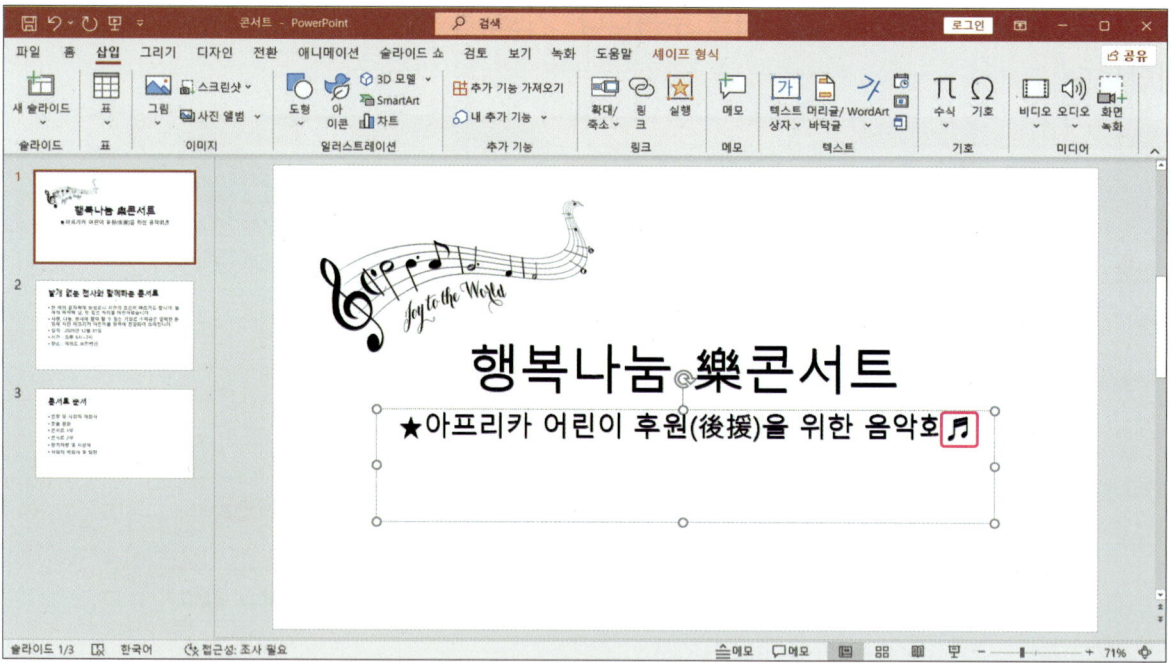

▶ 텍스트 꾸미기

01 2번 슬라이드를 클릭하여 선택하고 제목 텍스트 상자의 모든 문자를 꾸미기 위해 **제목 텍스트 상자를 클릭**합니다. [홈] 탭-[단락] 그룹에서 [가운데 맞춤(≡)]을 클릭합니다.

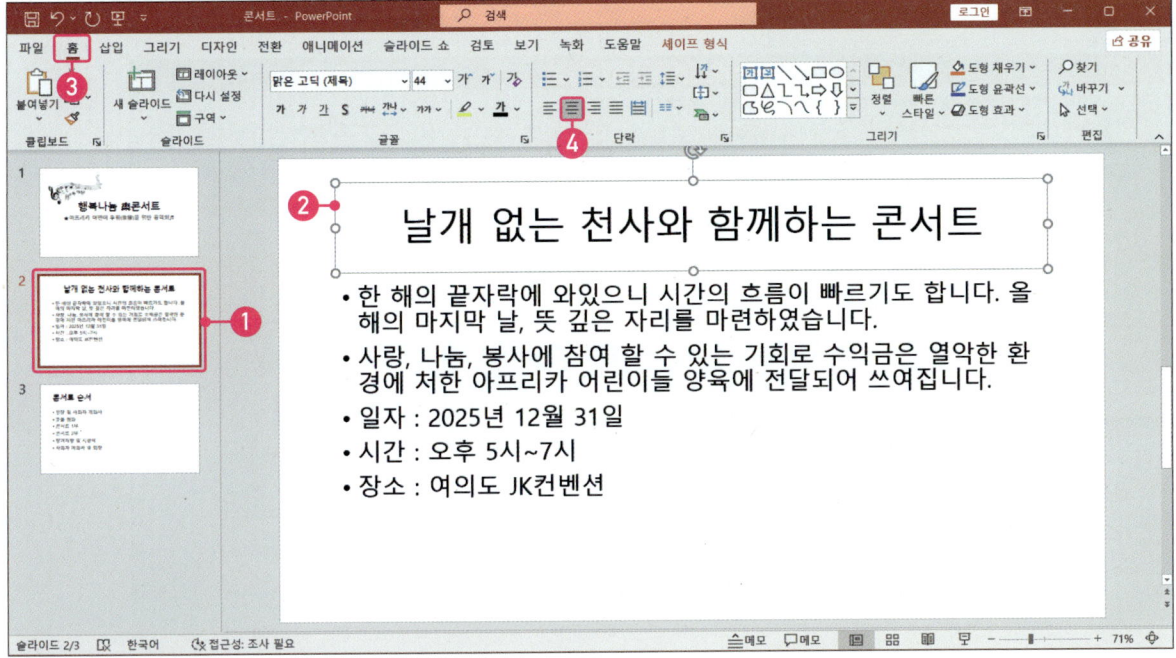

 텍스트 영역 지정
변경하려는 텍스트를 직접 드래그하여 블록으로 영역을 지정할 수 있습니다.

02 [홈] 탭-[글꼴] 그룹에서 [텍스트 그림자]를 클릭한 후 [글꼴 색]의 ⌄를 클릭하고 [자주]를 선택합니다.

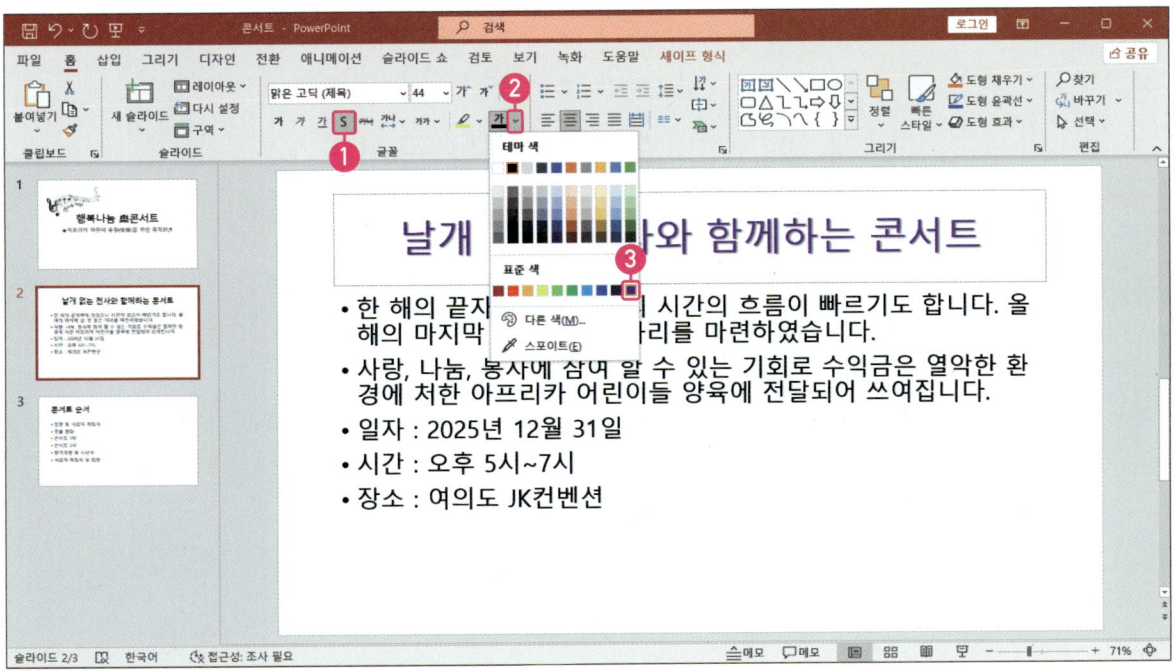

53

▶ 글머리 기호 설정하기

01 내용 텍스트 상자의 기본값인 글머리 기호를 해제하기 위해 내용 텍스트 상자의 **첫 번째 줄에서 네 번째 줄까지** 드래그하여 영역을 지정한 후 [홈] 탭-[단락] 그룹에서 [글머리 기호(▤)]를 클릭합니다.

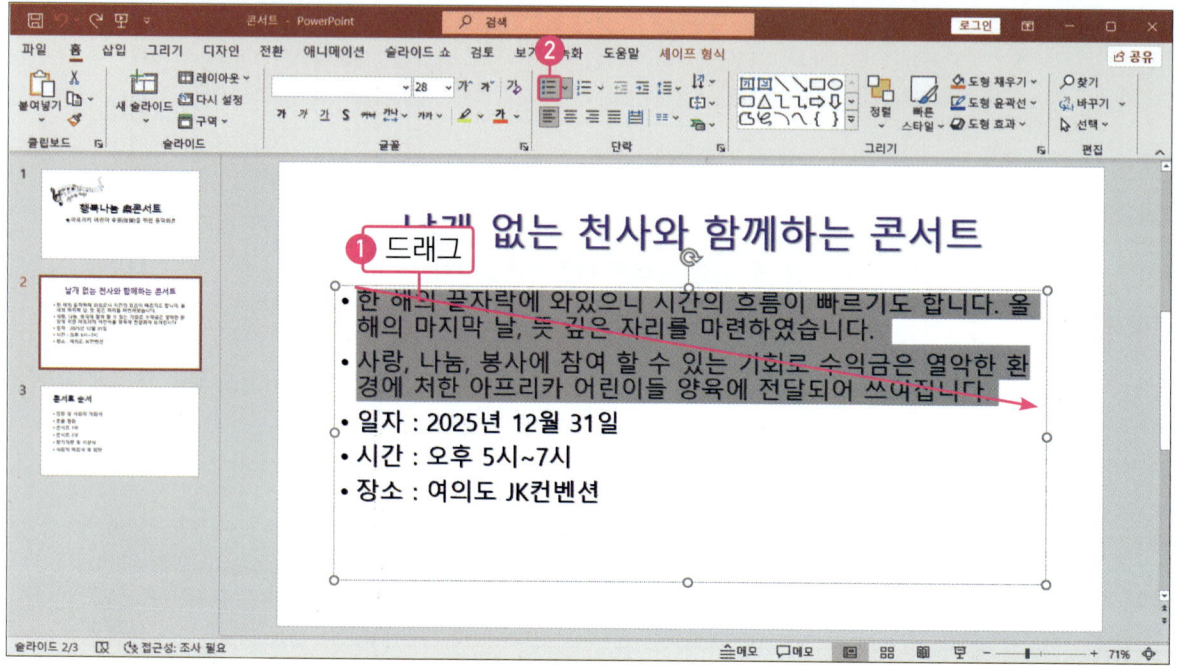

02 글머리 기호를 변경하기 위해 **다섯 번째 줄에서 일곱 번째 줄까지** 드래그하여 영역을 지정합니다. [홈] 탭-[단락] 그룹에서 [글머리 기호]의 ▼를 클릭하여 [글머리 기호 및 번호 매기기]를 선택합니다.

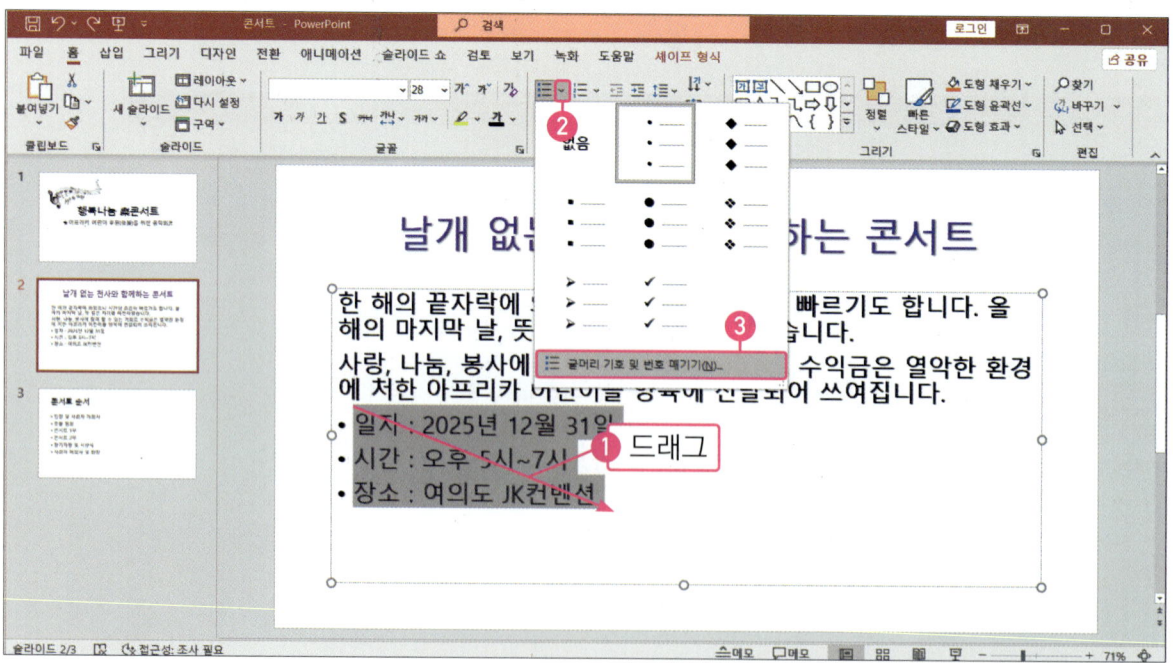

03 [글머리 기호 및 번호 매기기] 대화상자가 나타나면 [사용자 지정] 버튼을 클릭합니다.

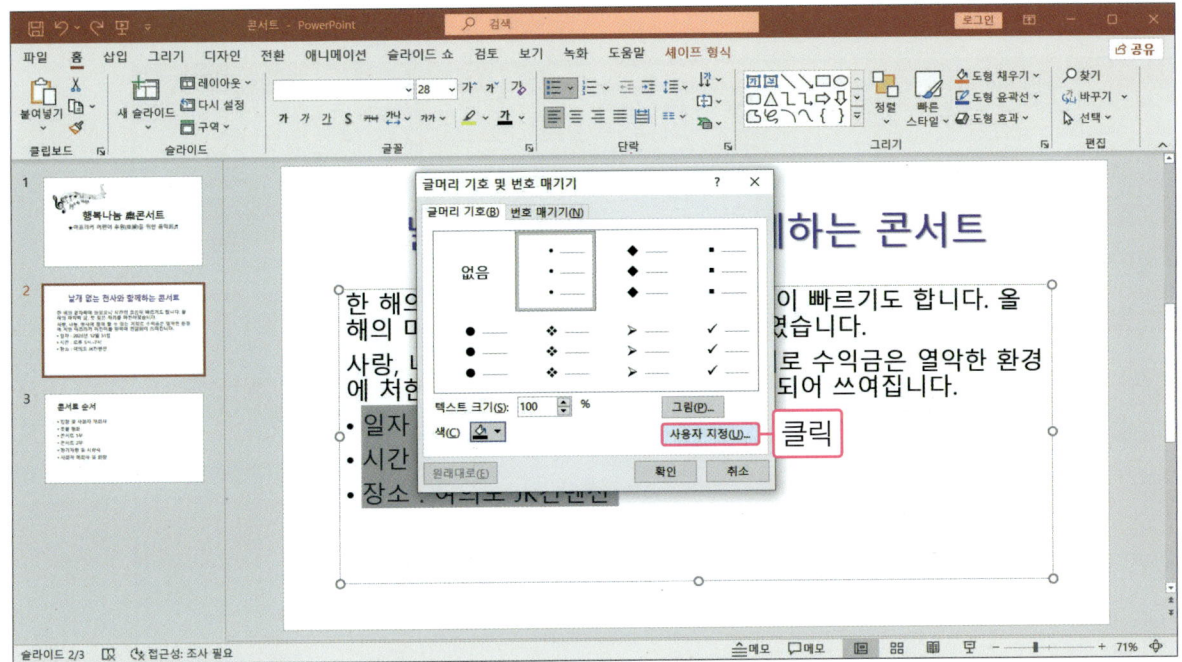

04 [기호] 대화상자가 나타나면 [글꼴]은 '(현재 글꼴)', [하위 집합]은 '기타 기호'로 설정하고 '♬' 를 선택한 후 [확인] 버튼을 클릭합니다.

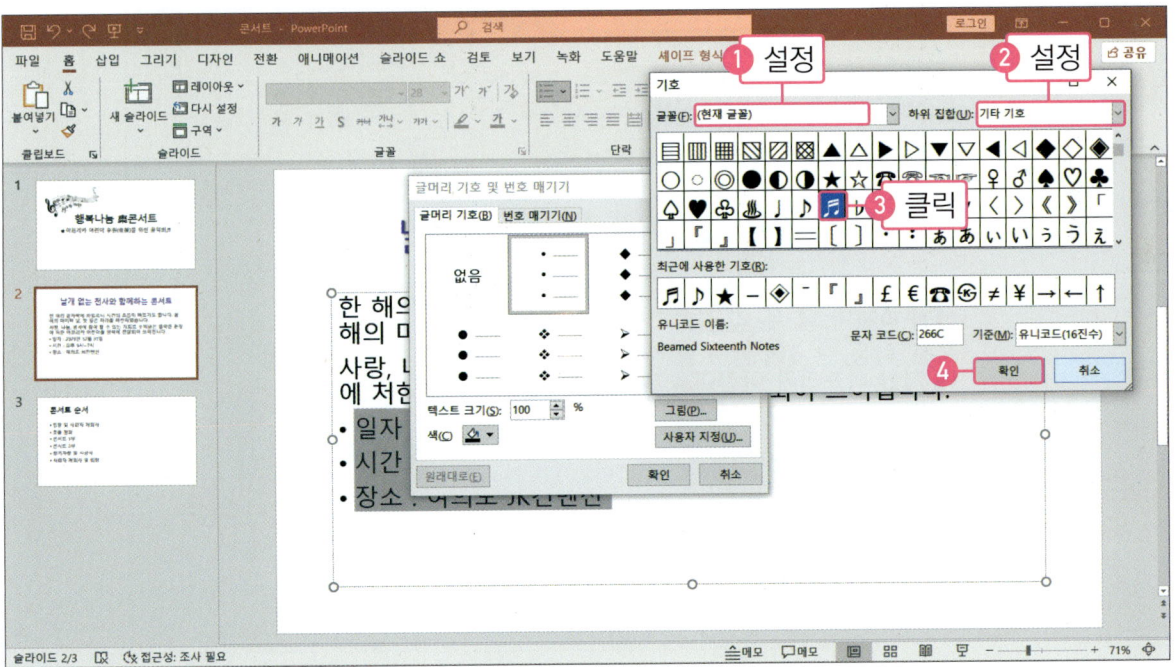

05 글머리 기호의 색상을 변경하기 위해 [색]의 ▼를 클릭하고 [자주]를 선택한 후 [확인] 버튼을 클릭 합니다.

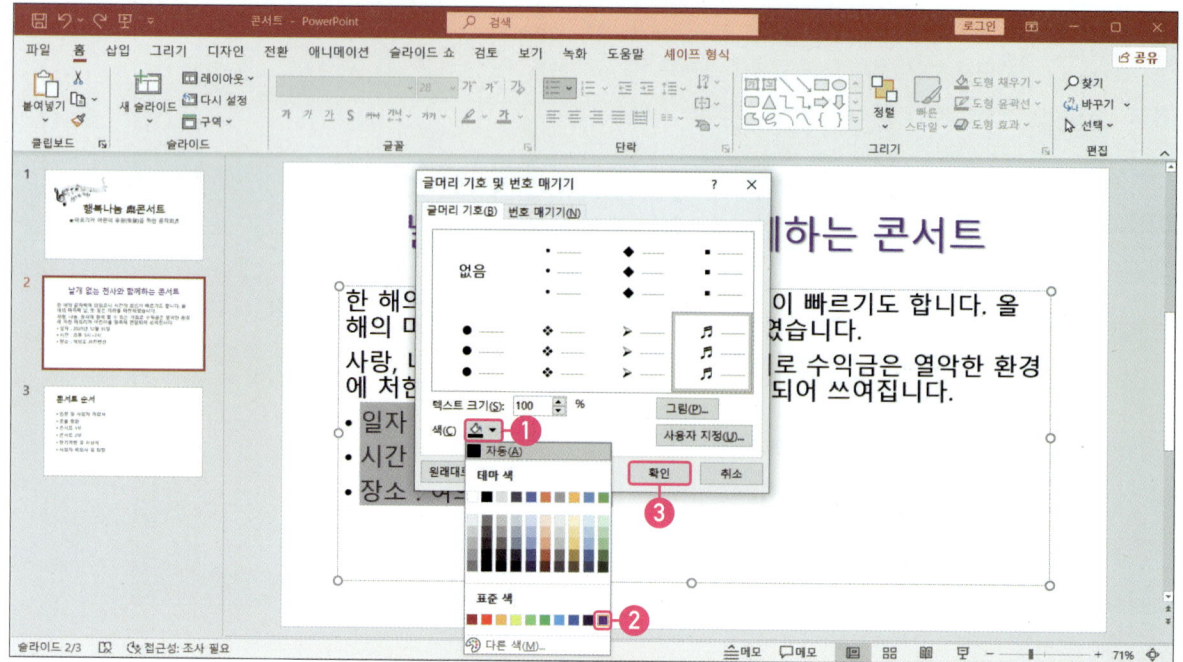

06 글머리 기호의 모양과 색상이 변경된 것을 확인할 수 있습니다.

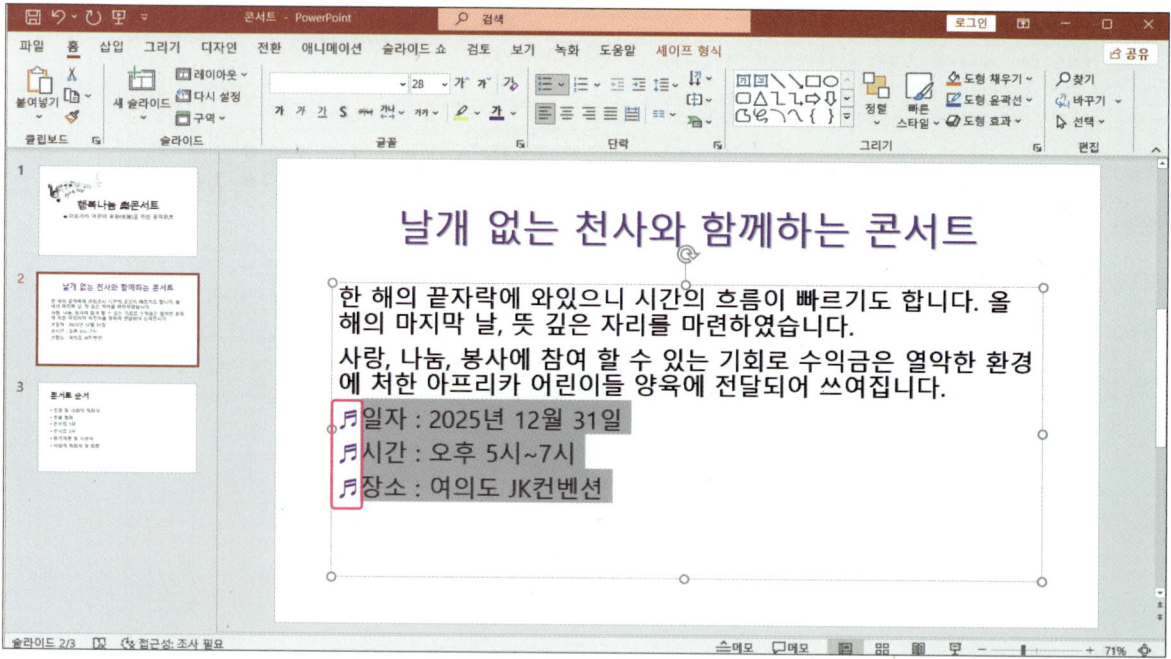

▶ 목록 수준 설정하기

01 목록 수준을 변경하기 위해 [홈] 탭-[단락] 그룹에서 [목록 수준 늘림(≣)]을 클릭합니다.

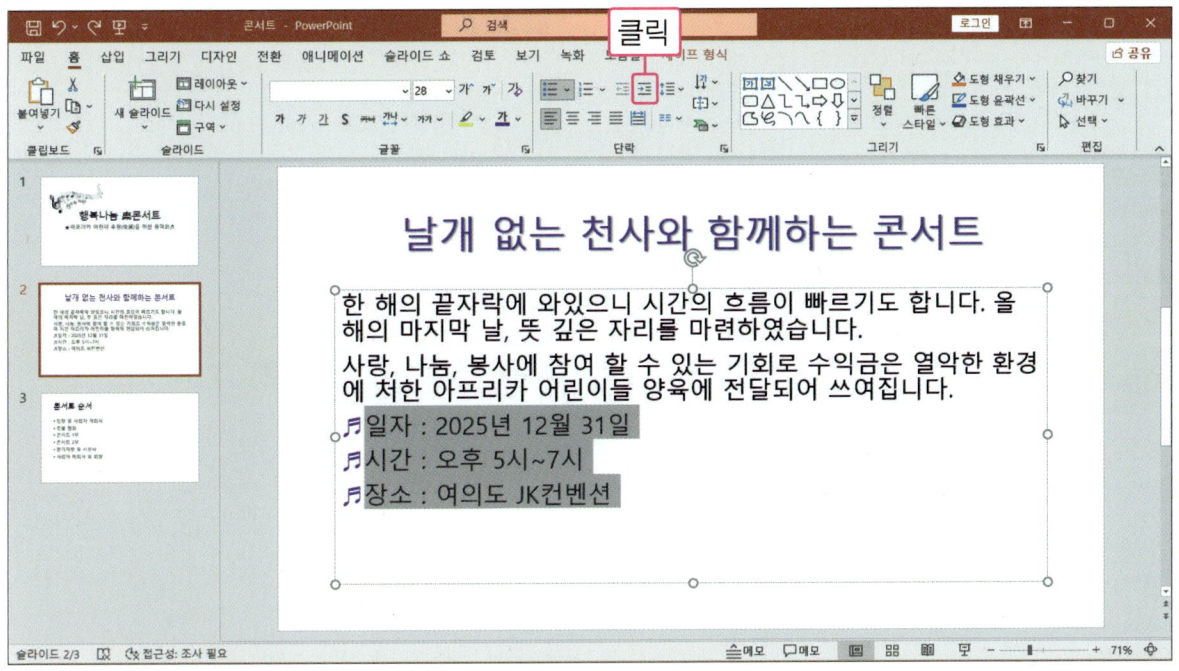

02 목록이 조절되어 **텍스트 크기가 한 단계 줄어들고 들여쓰기** 된 것을 확인할 수 있습니다.

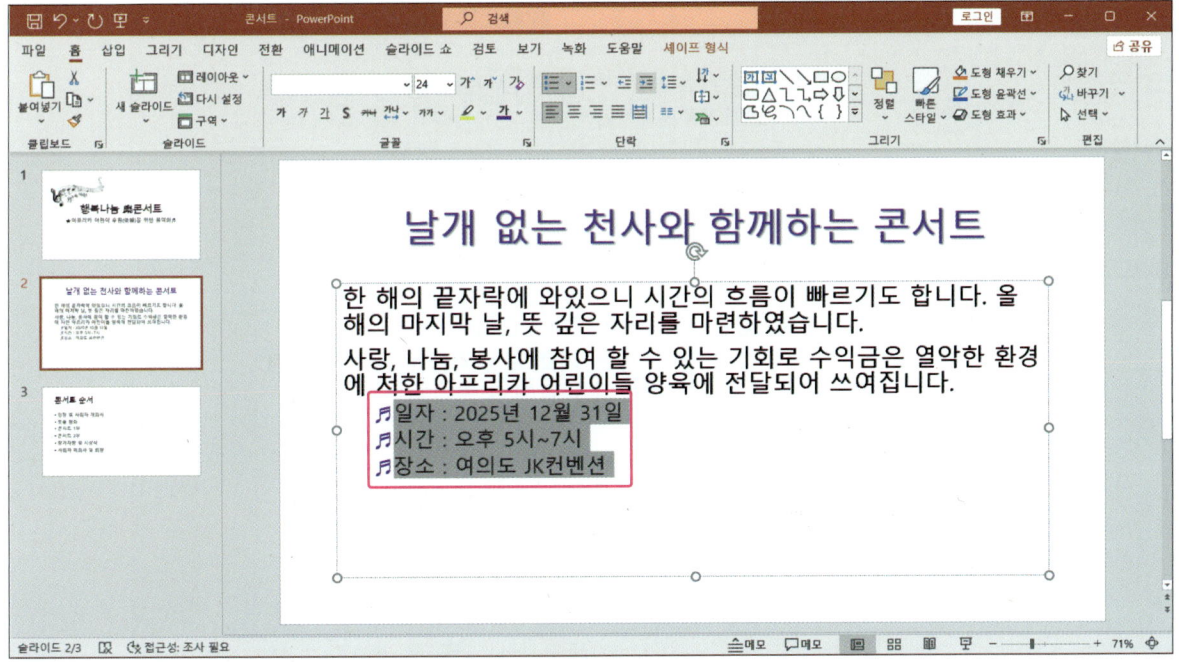

목록 수준 늘리기 / 목록 수준 줄이기
목록 수준을 늘리기 위해 텍스트를 영역으로 지정한 후 [tab] 키를 눌러도 됩니다. 반대로 목록 수준을 줄이기 위해서는 [Shift]+[tab] 키를 누릅니다.

▶ 줄 간격 조정하기

01 텍스트 줄 간격을 조절하기 위해 [홈] 탭-[단락] 그룹에서 [줄 간격]-[1.5]를 선택합니다.

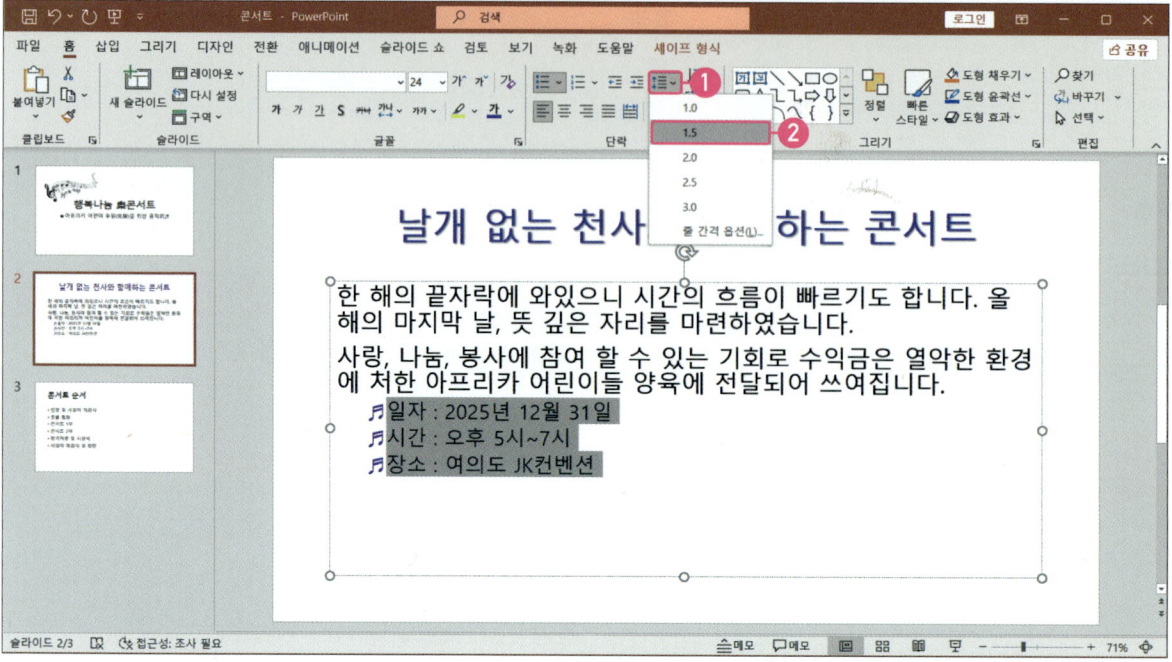

02 줄의 간격이 늘어난 것을 확인할 수 있습니다.

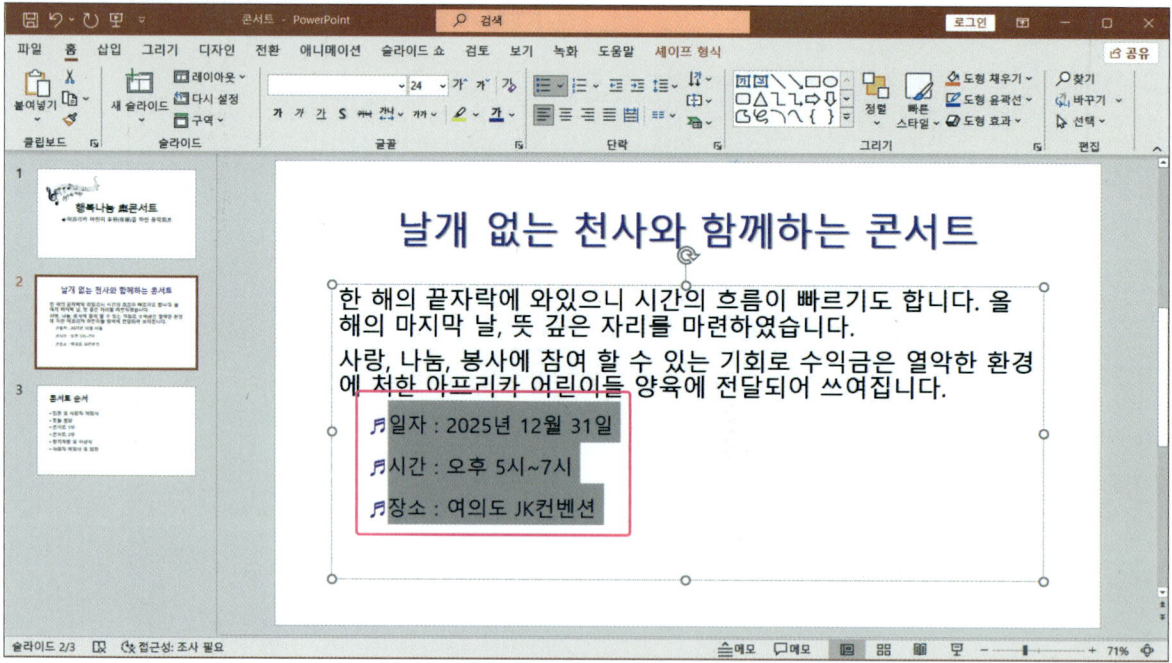

▶ 서식 복사 활용하기

01 서식을 복사하기 위해 제목 텍스트 상자 안의 텍스트 아무 곳이나 클릭(여기서는 '개'자 뒤)하여 커서를 위치한 후 [홈] 탭-[클립보드] 그룹에서 [서식 복사()]를 더블클릭합니다.

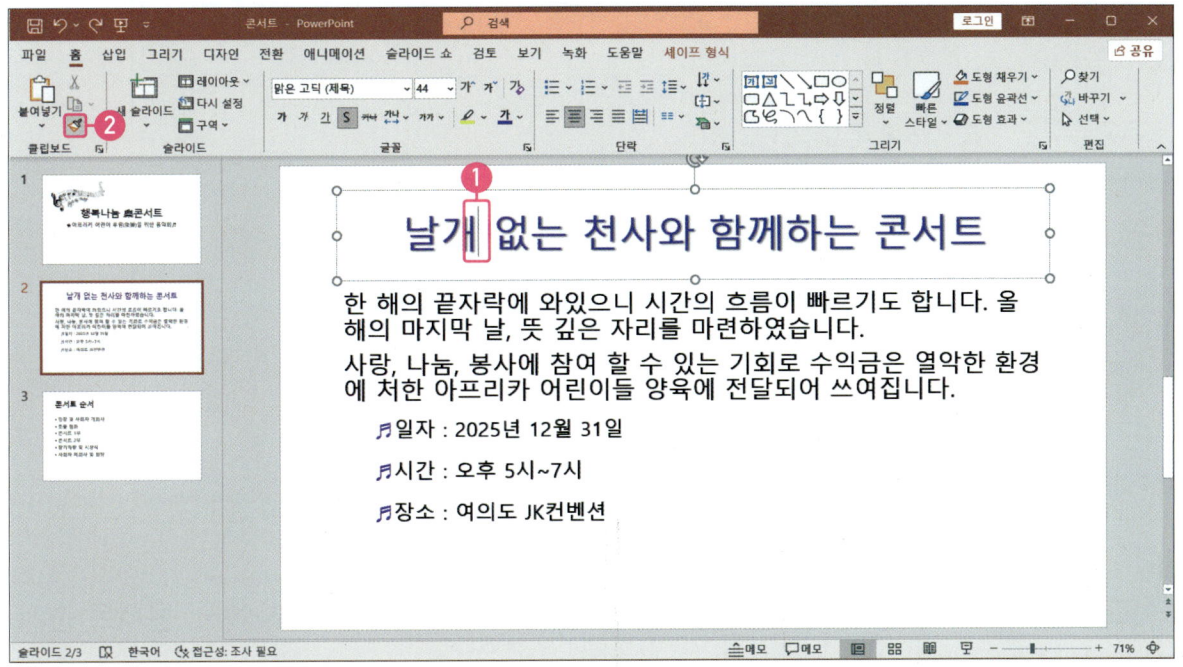

> **잠깐** 원하는 서식의 내용을 선택하고 [서식 복사(🖌)]를 더블클릭한 후 사용하면 여러 곳에 서식을 적용할 수 있지만 한 번만 클릭하면 한 번만 서식을 적용할 수 있습니다.

02 슬라이드 미리 보기 창에서 **1번 슬라이드를 선택**하고 제목 텍스트 상자에서 **'행복나눔'**을 드래그합니다.

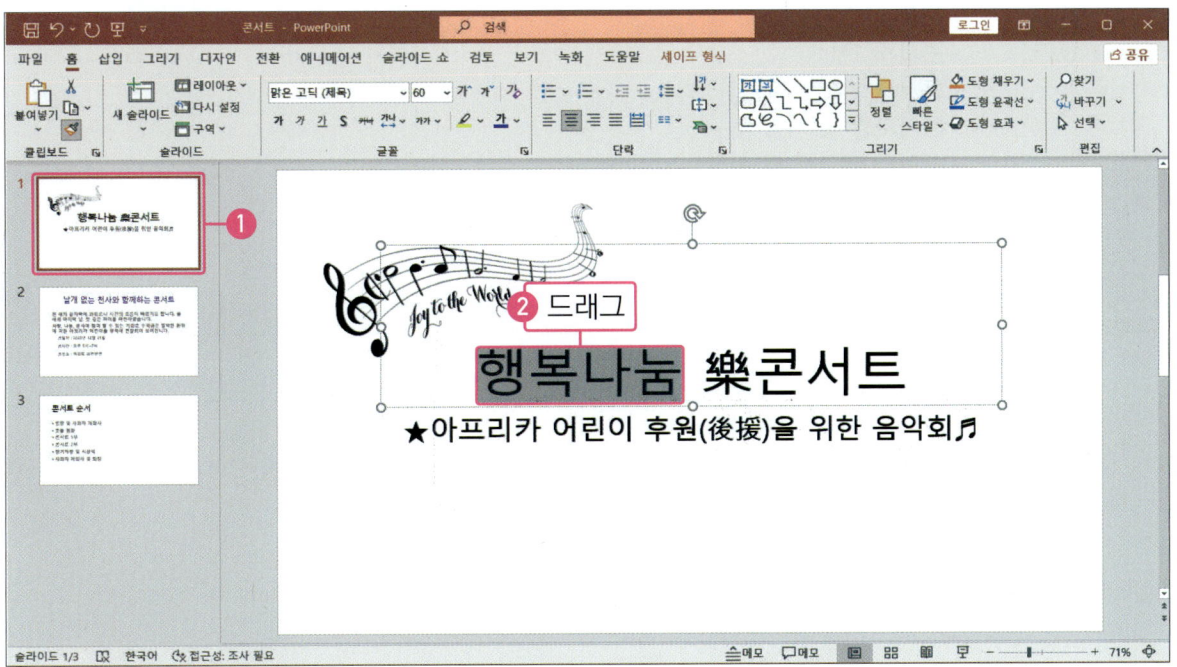

03 내용은 유지되면서 서식만 변경된 것을 확인할 수 있습니다.

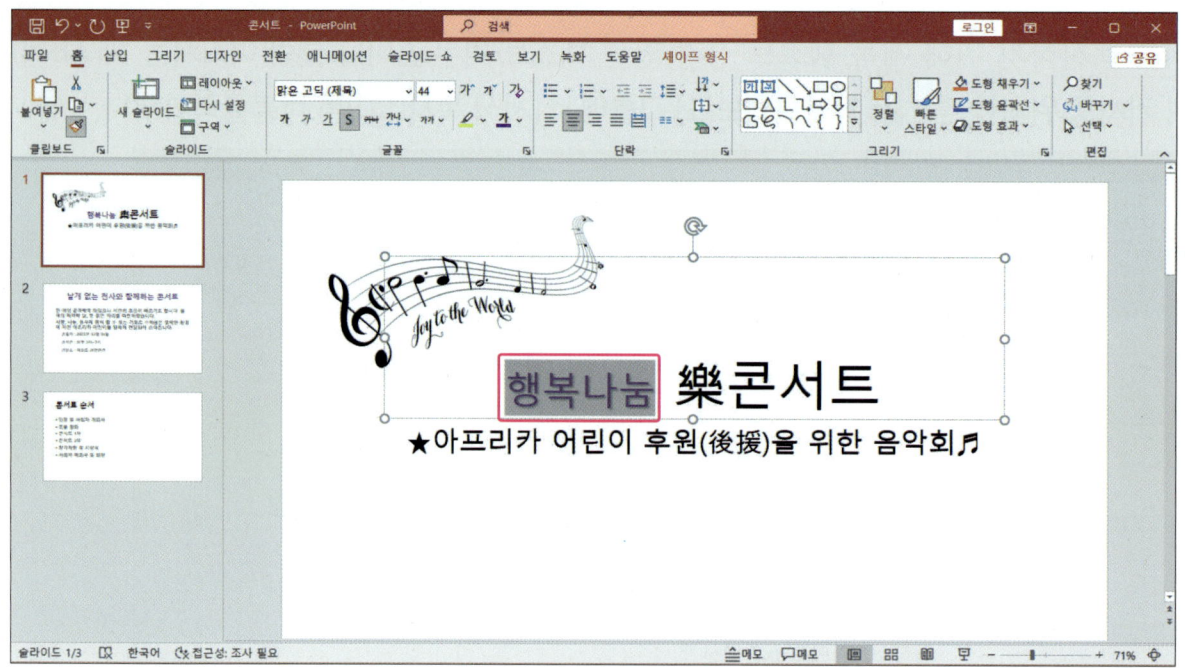

04 슬라이드 미리 보기 창에서 **3번 슬라이드**를 클릭하고 제목 텍스트 상자에서 '**콘서트 순서**'를 드래그합니다.

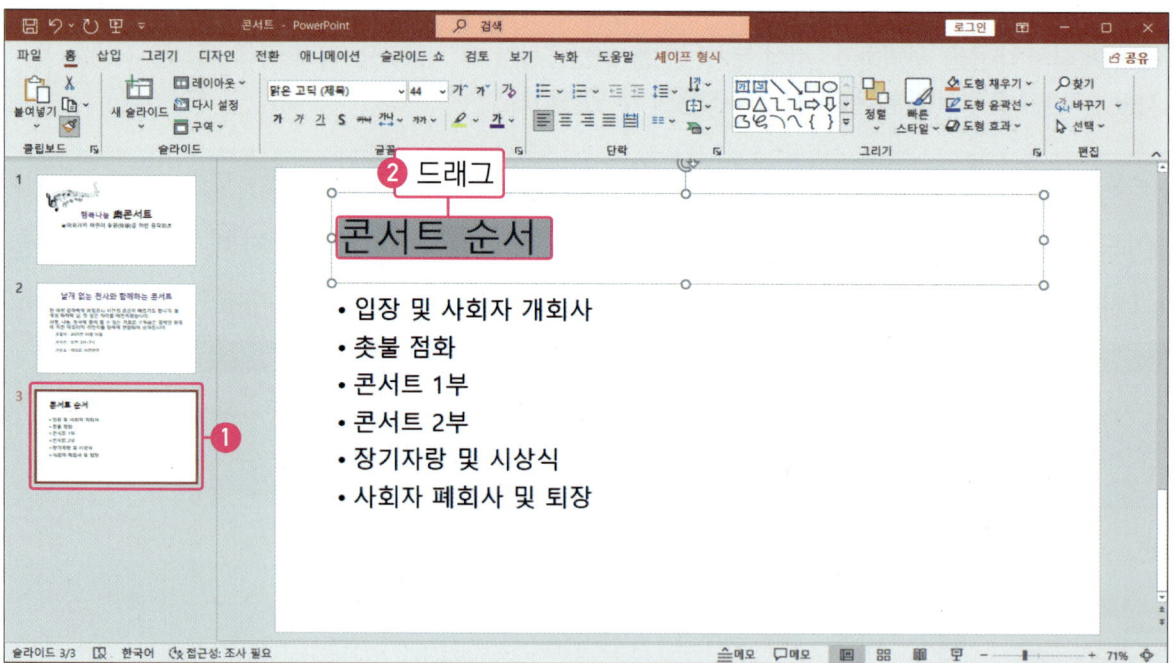

05 내용은 유지되면서 서식만 변경된 것을 확인할 수 있습니다. [홈] 탭-[클립보드] 그룹에서 [서식 복사()]를 클릭하여 활성화된 것을 해제합니다.

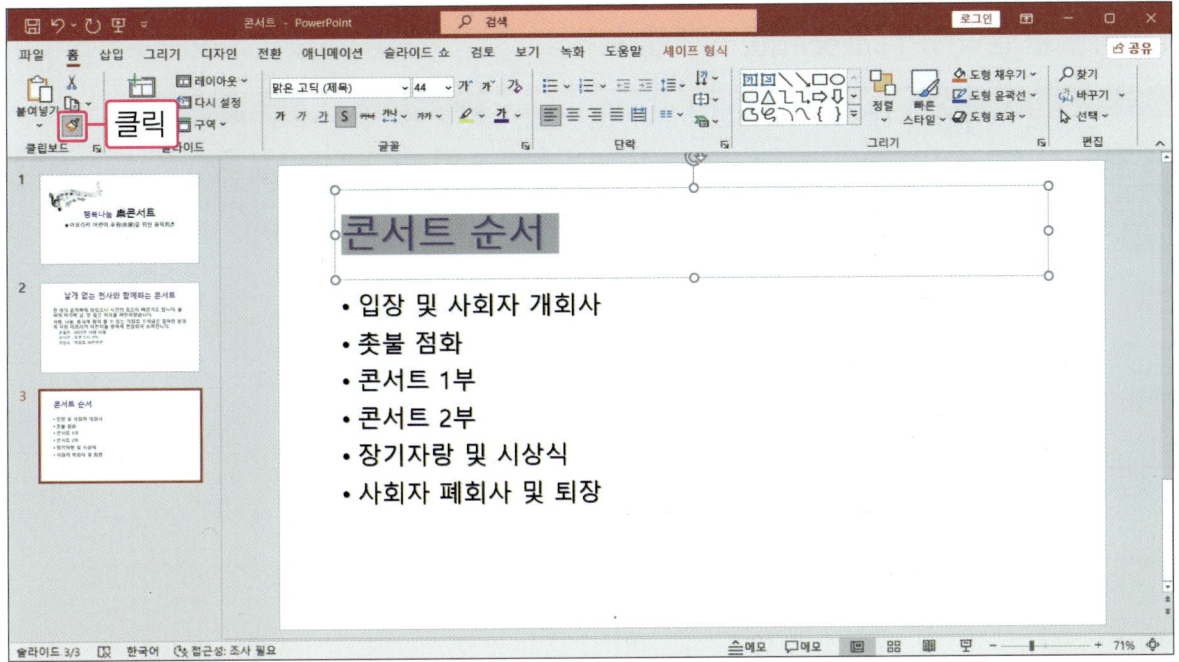

06 [홈] 탭-[단락] 그룹에서 [가운데 맞춤()]을 클릭합니다.

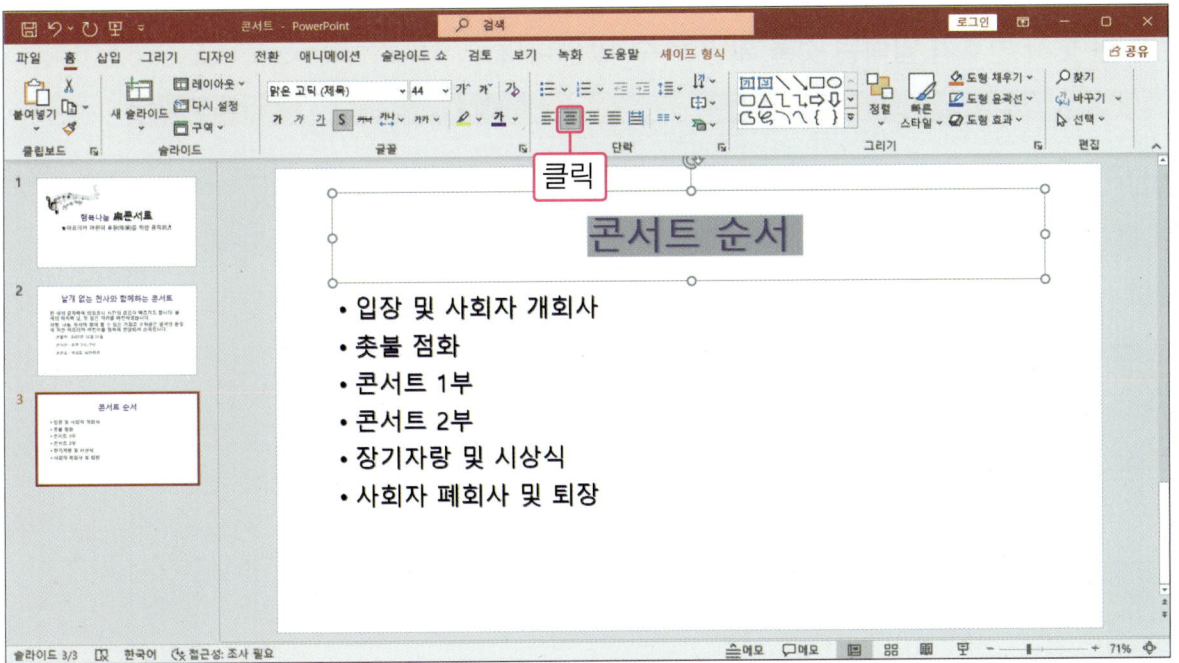

▶ 번호 매기기

01 번호를 매기기 위해 **내용 텍스트 상자**를 클릭하여 선택한 후 [홈] 탭-[단락] 그룹에서 [번호 매기기]의 ▽를 클릭하여 [원 숫자]를 선택합니다.

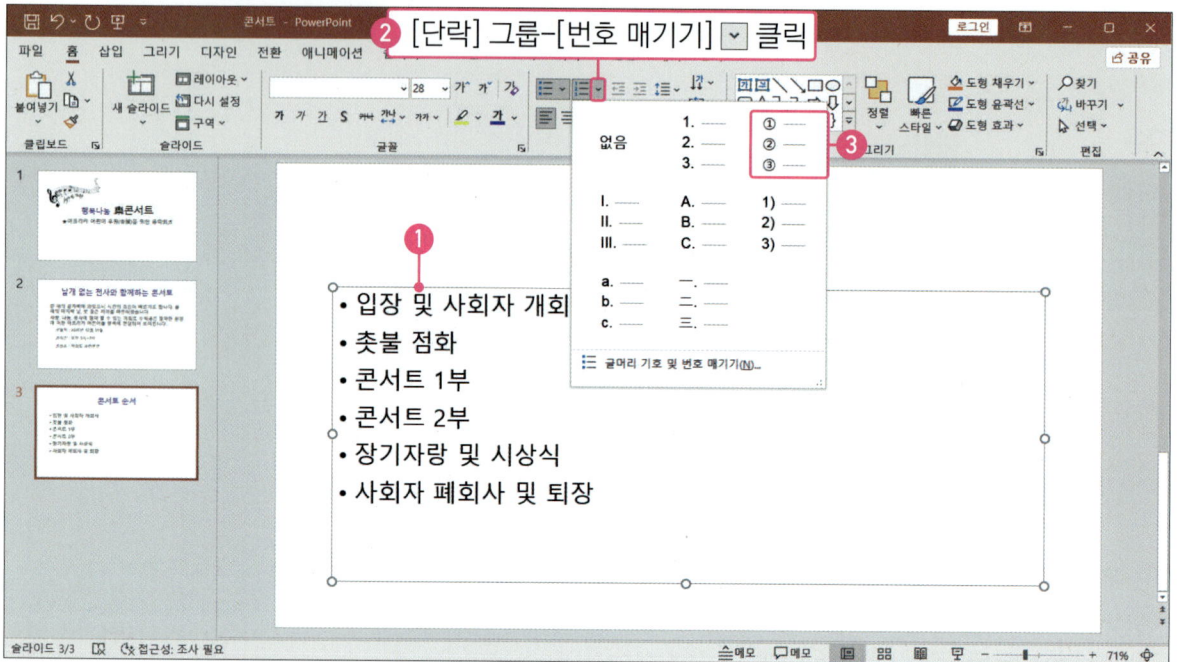

02 본문에 원 숫자 번호가 입력된 것을 확인할 수 있습니다.

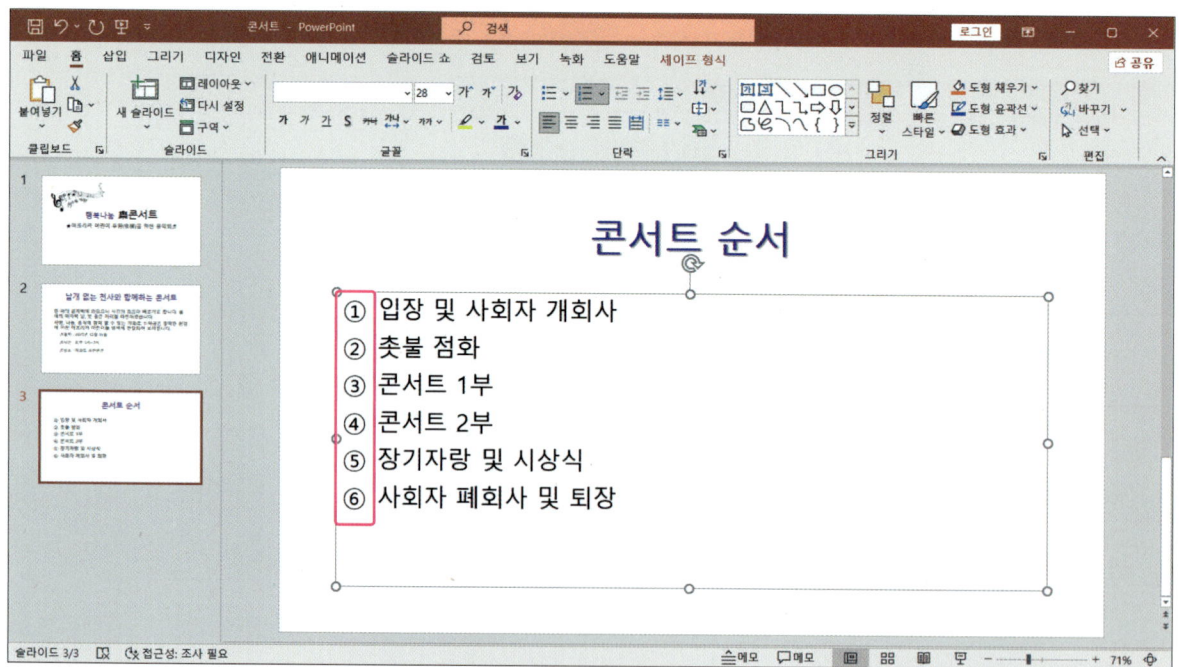

03 빠른 실행 도구 모음의 🖫(저장)을 클릭합니다.

01 '어린이박물관.pptx' 파일을 불러옵니다.

준비파일 어린이박물관.pptx

어린이박물관 입장 안내
어린이박물관 앞에서 입장 티켓 선착순 배부

02 다음처럼 1번 슬라이드의 텍스트를 변경해 봅니다.

- 제목 텍스트 상자의 '어린이박물관' : 텍스트 그림자 지정, 색상 변경(자주)
- 입장 : 한자로 변경, 색상 변경(빨강)
- 부제목 텍스트 상자 : ♡, ☆ 기호 삽입

어린이박물관 入場 안내
♡어린이박물관 앞에서 입장 티켓 선착순 배부☆

03 2번 슬라이드의 제목을 1번 슬라이드의 '어린이박물관'의 글꼴 서식을 서식 복사 명령을 이용하여 다음처럼 변경해 봅니다.

> **어린이박물관 입장 안내**
> - 입장방법
> - 어린이박물관 앞에서 티켓 배부
> - 배부시간: 매시 20분~30분
> - 배부 받은 티켓은 해당 시간에만 사용가능
> - 입장시간 인원
> - 오전 10시~오후5시
> - 회차별 선착순 50명

04 번호 매기기와 글머리 기호, 목록 수준 늘리기, 줄 간격을 이용하여 다음처럼 변경한 후 저장해 봅니다.

> **어린이박물관 입장 안내**
> 1. 입장방법
>   ➢ 어린이박물관 앞에서 티켓 배부
>   ➢ 배부시간: 매시 20분~30분
>   ➢ 배부 받은 티켓은 해당 시간에만 사용가능
> 2. 입장시간 인원
>   ➢ 오전 10시~오후5시
>   ➢ 회차별 선착순 50명

04 4단 디자인 자료 만들기

- 안내선 만들기
- 도형 생성, 이동과 복제
- 도형 색상 적용, 정렬
- 워드아트 생성
- 텍스트 상자에 워드아트 생성
- 워드아트로 생성하고 복제

미/리/보/기

완성파일 : 분석(완성).pptx

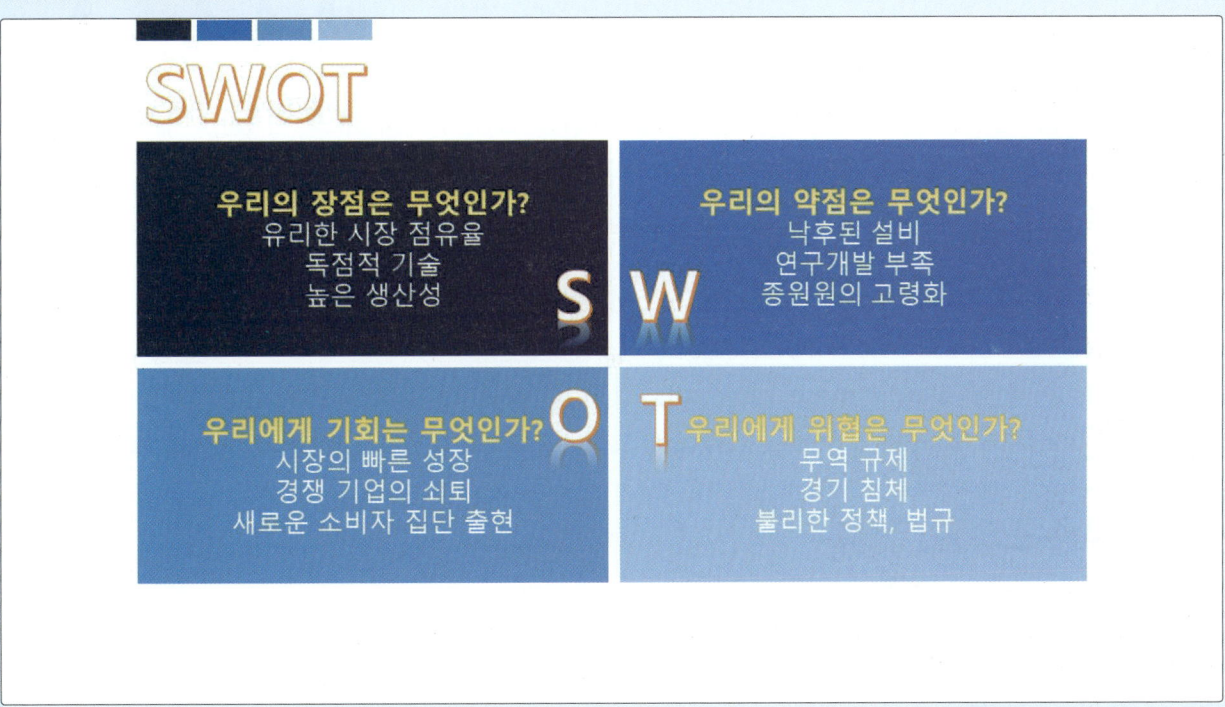

워드아트를 사용하면 특수 효과를 적용하여 빠르게 텍스트를 특별히 강조하거나 제목을 돋보이려 할 때 주로 사용합니다. 이번 장에서는 워드아트를 생성하는 방법과 변경하는 방법에 대해 알아봅니다.

 워드아트 관련 기능 알아보기

▶ 워드아트 삽입하기

[삽입] 탭-[텍스트] 그룹-[WordArt]를 클릭하고 WordArt 스타일 갤러리에서 원하는 스타일을 클릭합니다. 스타일이 적용된 워드아트 텍스트 상자가 나타나면 내용을 입력합니다.

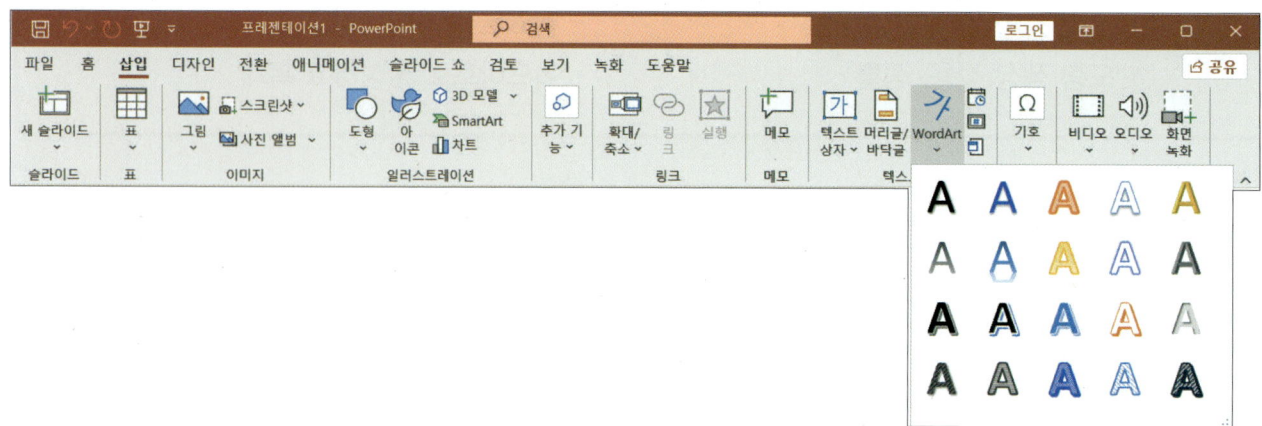

- 일반 텍스트를 선택한 후 [셰이프 형식(도형 서식)] 탭-[WordArt 스타일] 그룹에서 미리 준비된 빠른 스타일을 바로 적용할 수 있습니다. 또한, 사용자가 직접 텍스트 채우기, 텍스트 윤곽선, 텍스트 효과 등을 설정하여 사용할 수 있으며 기존의 적용된 워드아트를 수정하여 사용할 수도 있습니다.

 파워포인트 2021 버전은 업데이트 상황에 따라 '셰이프 형식'이나 '도형 서식' 탭으로 표시됩니다.

▶ [WordArt 스타일] 그룹

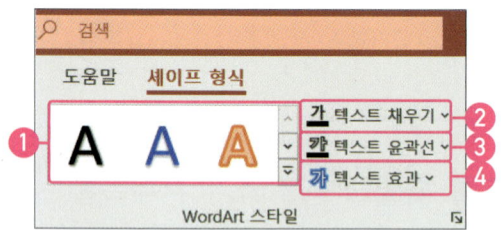

❶ **빠른 스타일** : 미리 준비된 WordArt 스타일 갤러리에서 워드아트 스타일을 선택할 수 있습니다. ▼(자세히)를 클릭하고 다양한 워드아트 스타일을 확인할 수 있습니다. 하단의 [WordArt 서식 지우기]를 선택하면 적용된 서식만 제거할 수 있습니다.

❷ **텍스트 채우기** : 텍스트 안에 색상, 그림, 그라데이션, 질감 등을 적용할 수 있습니다.

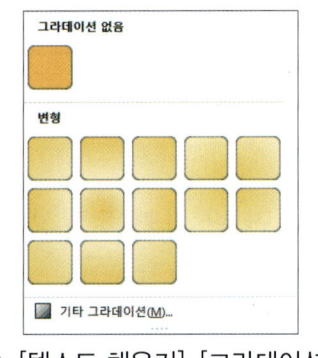
▲ [텍스트 채우기]-[그라데이션]

▲ [텍스트 채우기]-[질감]

❸ **텍스트 윤곽선** : 텍스트의 윤곽선에 색상, 두께, 대시와 같은 효과를 적용할 수 있습니다.

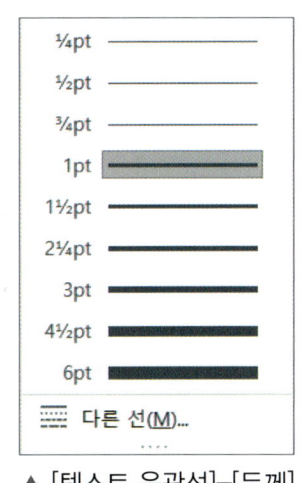
▲ [텍스트 윤곽선]-[두께]

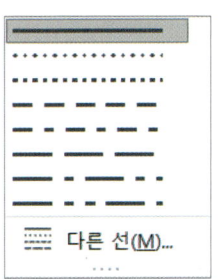
▲ [텍스트 윤곽선]-[대시]

❹ **텍스트 효과** : 텍스트에 그림자, 반사, 네온 등 특별한 효과를 적용할 수 있습니다.

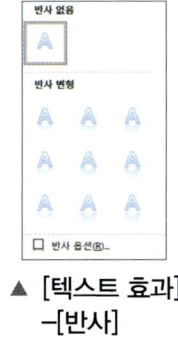
▲ [텍스트 효과] -[반사]

▲ [텍스트 효과]-[네온]

◀ [텍스트 효과]-[그림자]

 ## SWOT 분석 자료 만들기

▶ 안내선 만들기

01 파워포인트를 실행한 후 제목 슬라이드가 나타나면 빈 화면을 생성하기 위해 [홈] 탭-[슬라이드] 그룹에서 [레이아웃]을 클릭하고 [빈 화면]을 선택합니다.

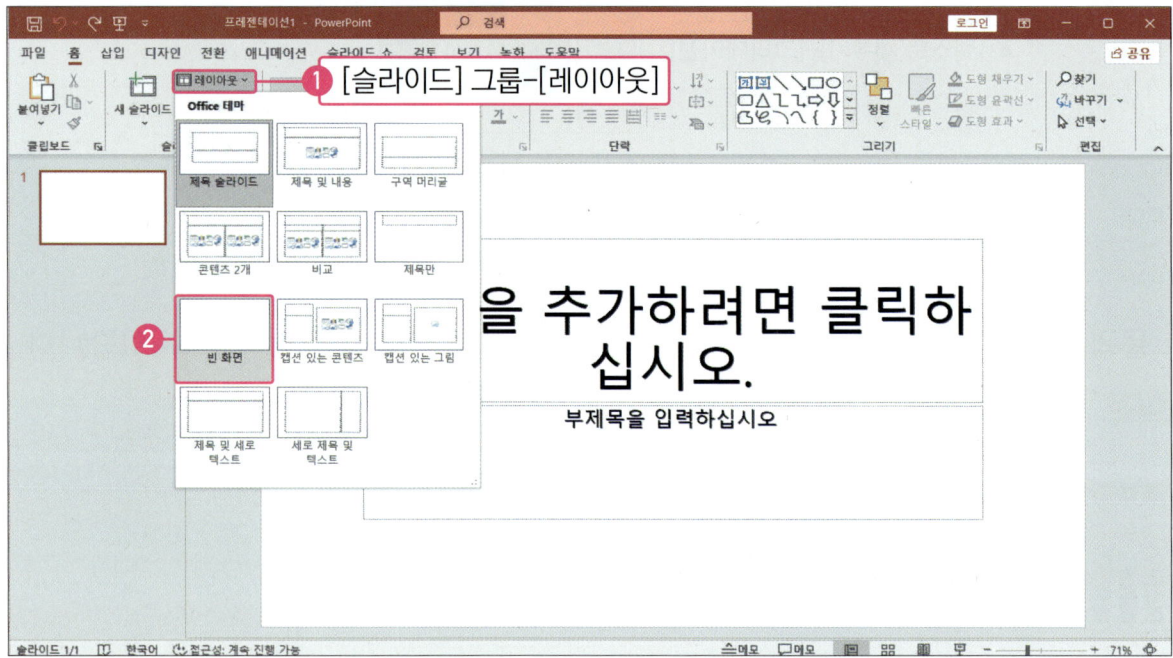

02 4등분 된 안내선을 꺼내기 위해 [보기] 탭-[표시] 그룹에서 [안내선]을 체크합니다.

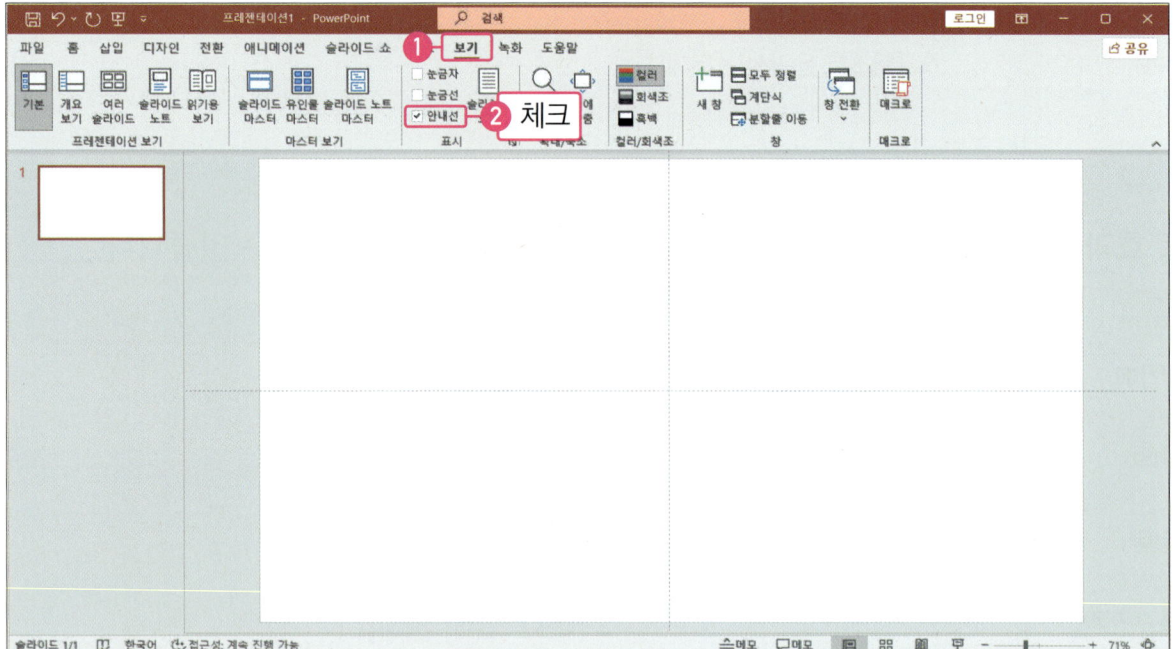

▶ 도형 만들기

01 [삽입] 탭-[일러스트레이션] 그룹에서 [도형]-[직사각형]을 선택하고 슬라이드에 드래그하여 사각형을 삽입합니다.

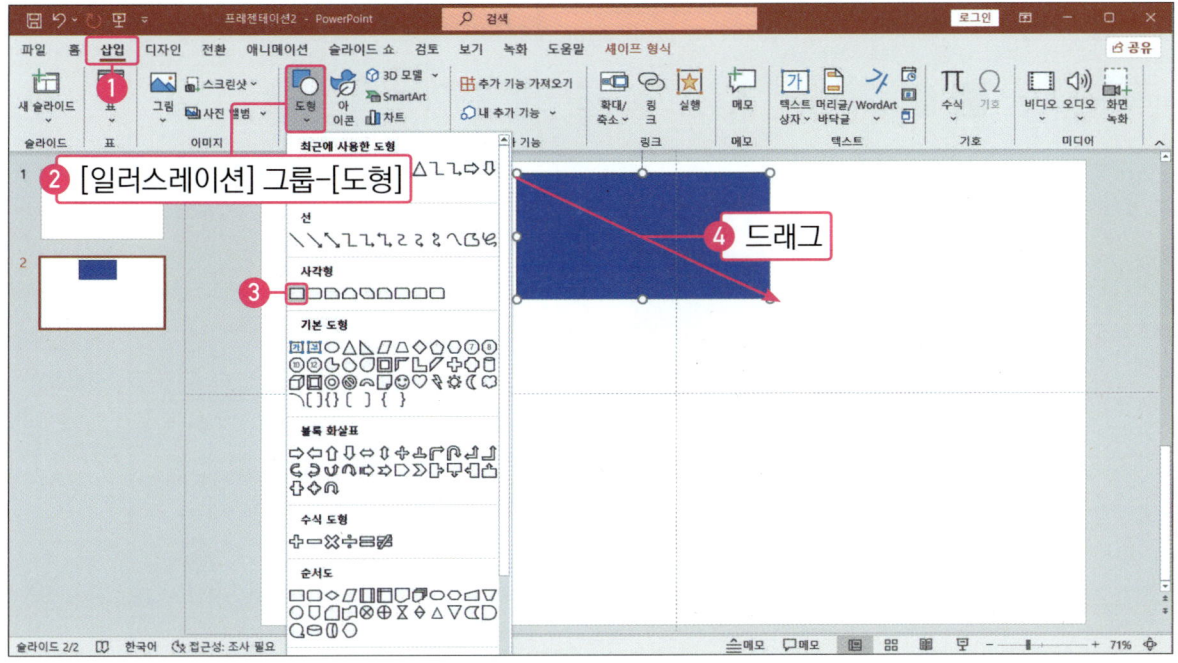

02 [셰이프 형식(도형 서식)] 탭-[크기] 그룹에서 [높이]를 '6cm', [너비]를 '13cm'로 설정합니다. 크기가 변경되면 직사각형의 오른쪽 아래 모서리가 안내선의 중심에 맞게 드래그합니다.

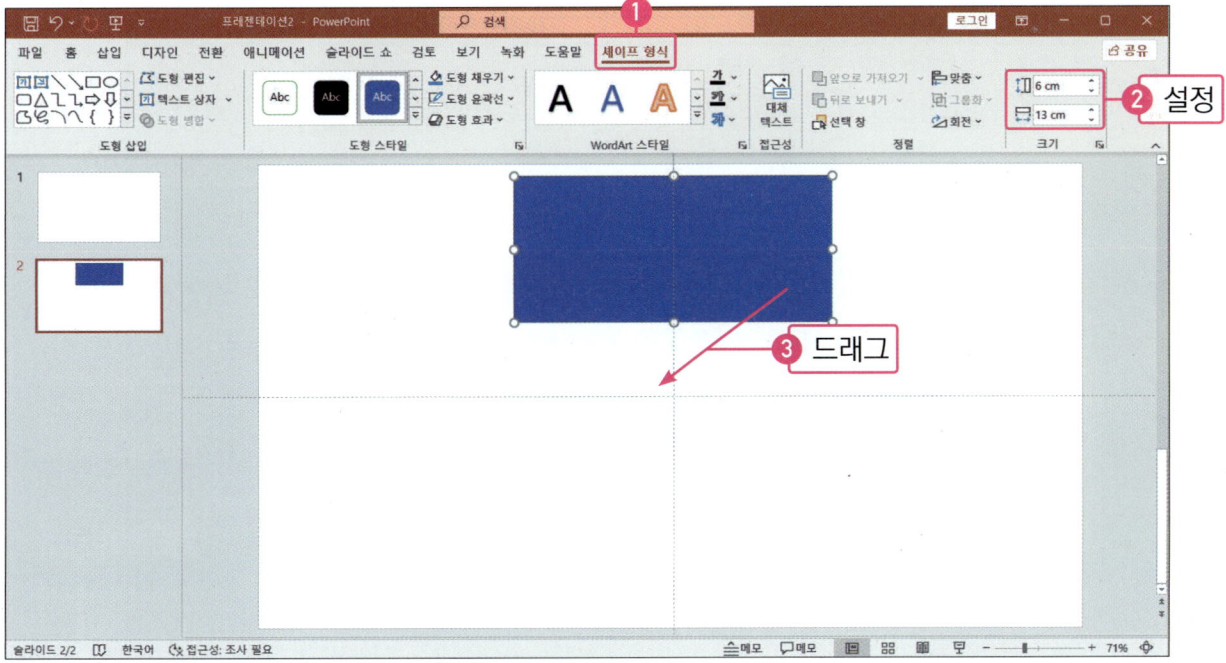

▶ **도형 이동과 복제하기**

01 중심에서 왼쪽 위로 조금 이동하기 위해 직사각형이 선택된 상태에서 키보드의 **왼쪽 방향키** ←를 5번 누르고, **위쪽 방향키** ↑도 5번 누릅니다.

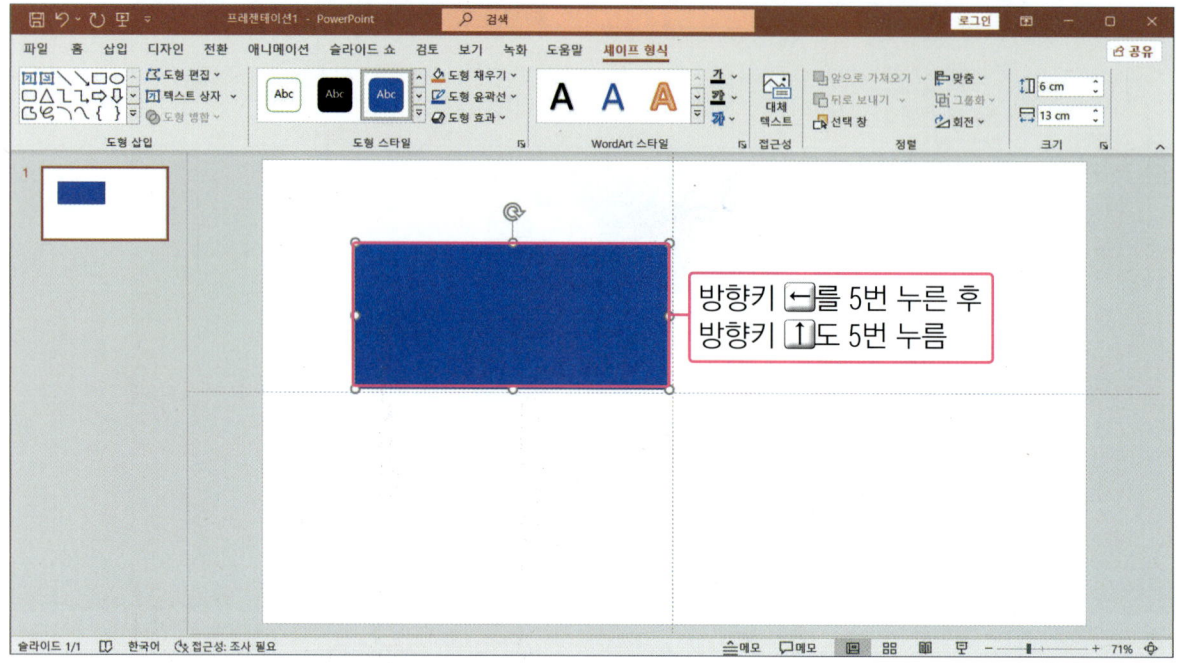

02 Ctrl 키를 누른 채 직사각형을 오른쪽 수평으로 드래그합니다. 이때 드래그하면서 빨간 스마트 가이드가 나타나면 우선 마우스에서 손을 떼고 키보드의 Ctrl 키를 나중에 뗍니다.

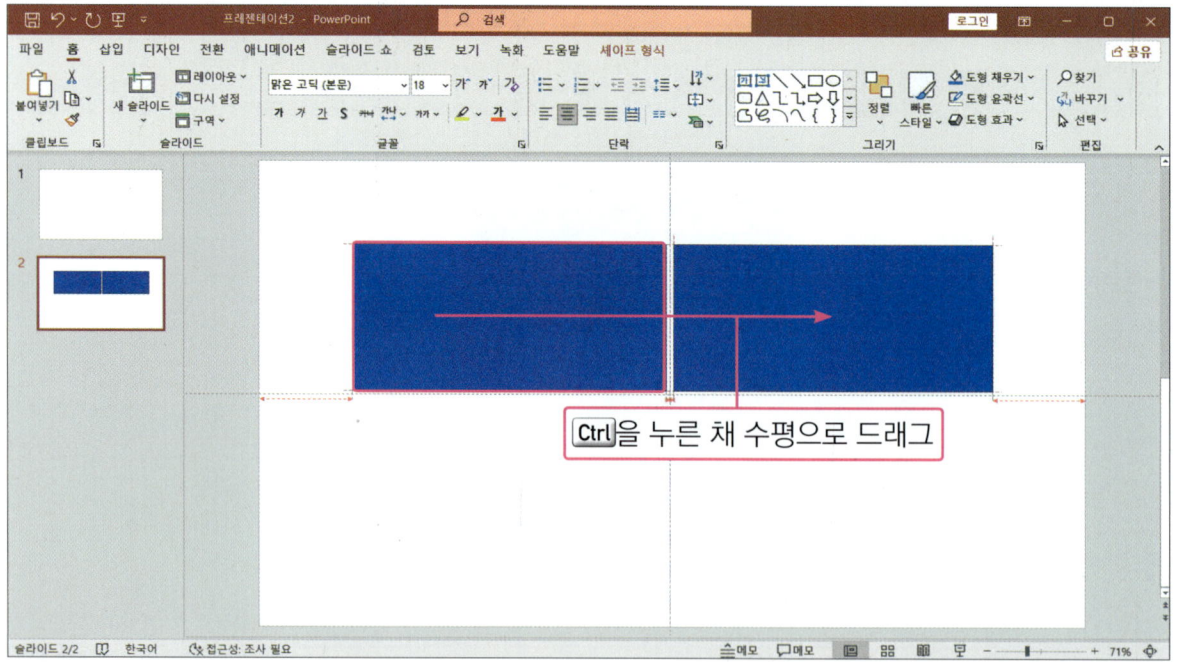

 스마트 가이드
스마트 가이드는 도형을 수직, 수평으로 이동하거나 3개 이상의 도형 간격을 일정하게 만들 때 빨간 점선으로 표시해 줍니다. 스마트 가이드는 자동으로 나타나지만 만약 나타나지 않을 경우 슬라이드에서 마우스 오른쪽 버튼을 클릭하여 [눈금 및 안내선]-[스마트 가이드]를 체크합니다.

03 두 직사각형을 모두 드래그하여 선택한 후 Ctrl 키를 누른 채 수직으로 드래그하여 2개의 도형을 복사합니다. 이때 드래그하면서 빨간 스마트 가이드가 나타나면 우선 마우스에서 손을 떼고 키보드의 Ctrl 키를 나중에 뗍니다.

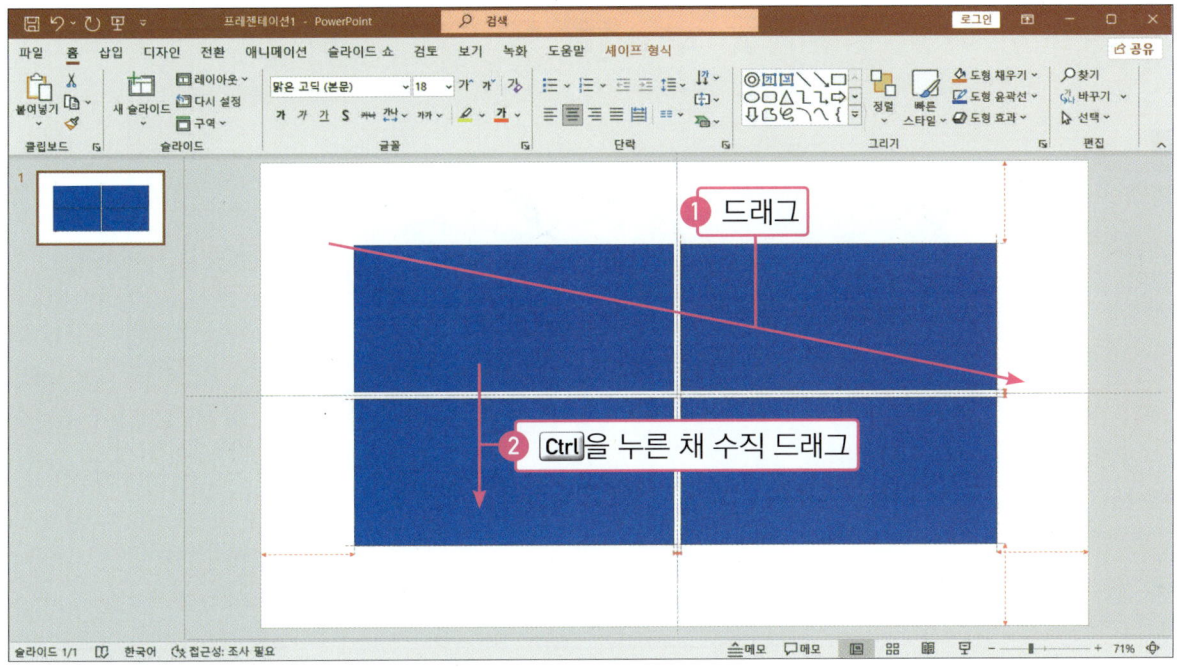

▶ 도형에 색상 넣기

01 왼쪽 위 사각형을 선택하고 색상을 적용하기 위해 [셰이프 형식(도형 서식)] 탭-[도형 스타일] 그룹-[도형 채우기]에서 [진한 파랑]을 선택합니다.

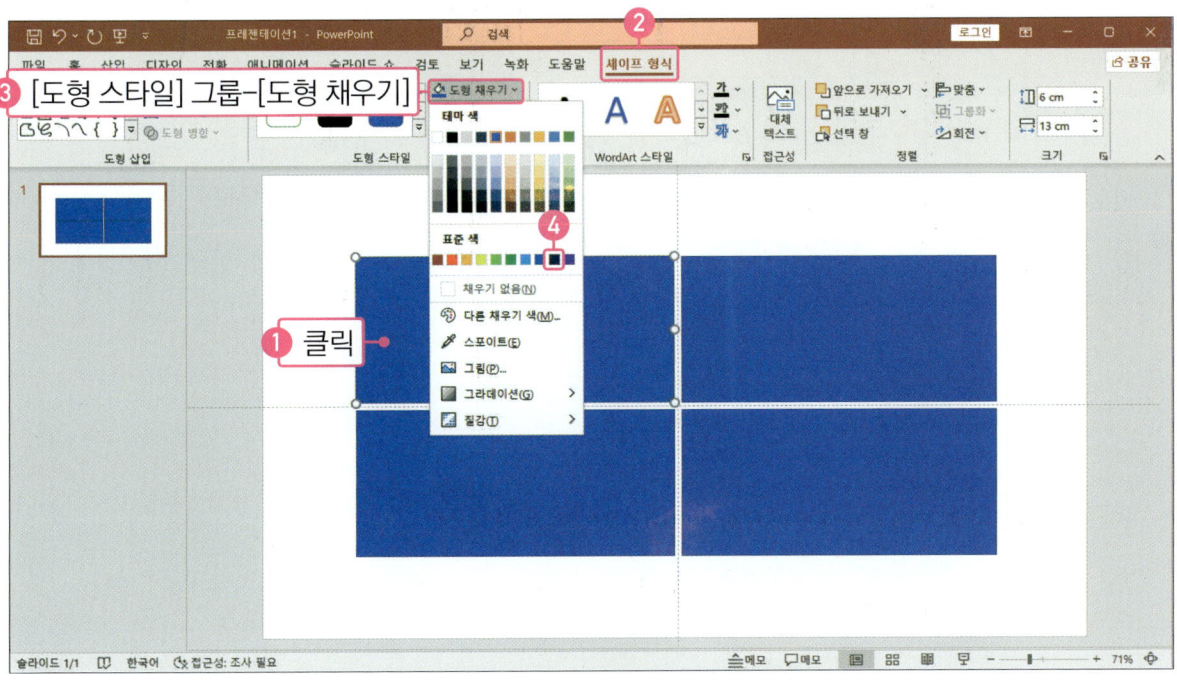

> Ctrl + D 키를 누른 채 드래그해도 복제됩니다.

02 같은 방법으로 **다음처럼 나머지 사각형에 색상을 적용**합니다. 사각형 전체를 선택하기 위해 Ctrl + A 키를 누릅니다.

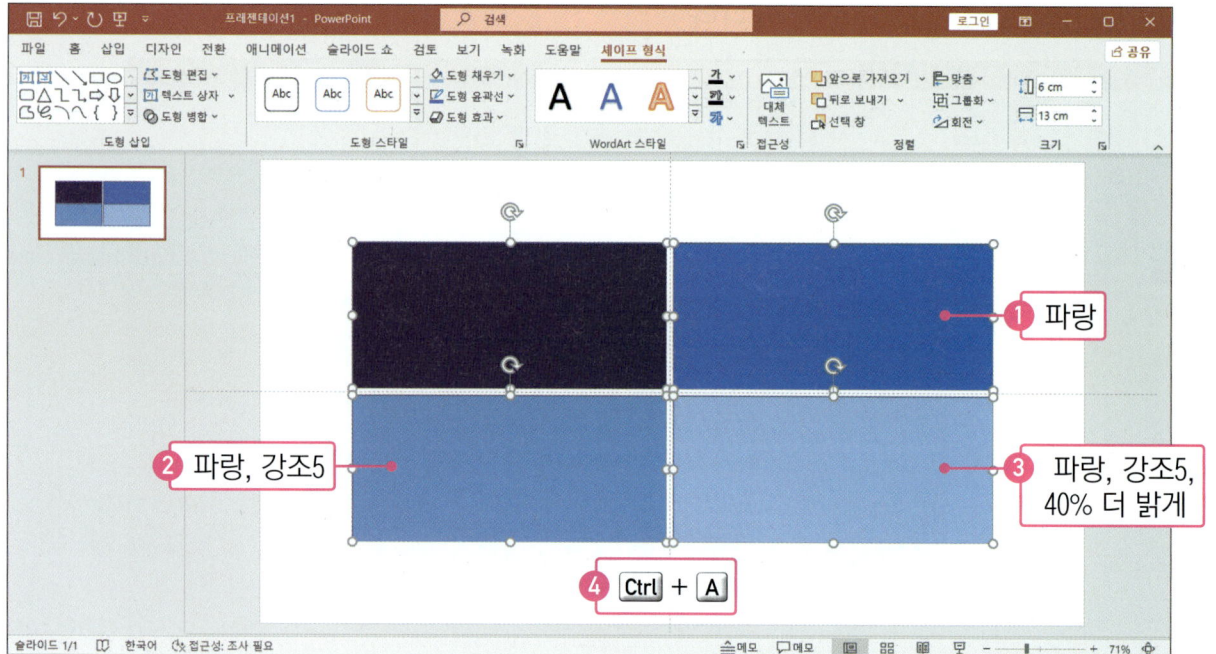

 워드아트 갤러리의 스타일들은 버전 업데이트 따라 다르게 표시될 수도 있습니다.

03 [셰이프 형식(도형 서식)] 탭-[WordArt 스타일] 그룹에서 [도형 윤곽선]-[윤곽선 없음]을 선택합니다.

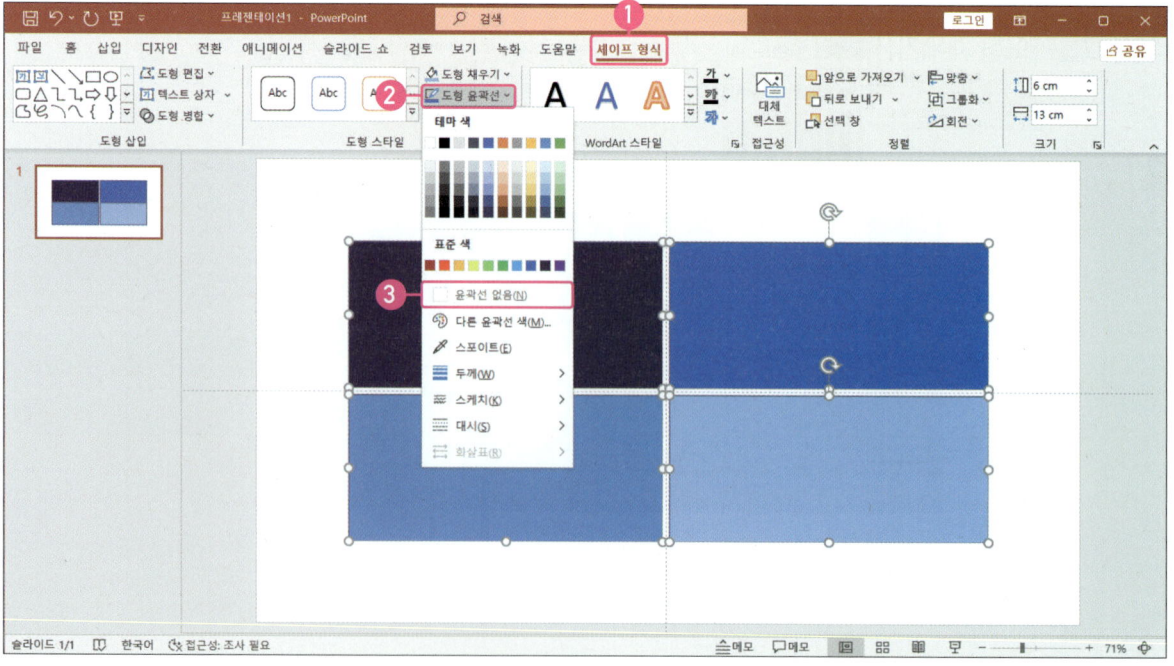

▶ 도형 정렬하기

01 복제하기 위해 Ctrl + D 키를 누릅니다. 복제된 사각형을 드래그하여 왼쪽 위로 이동합니다.

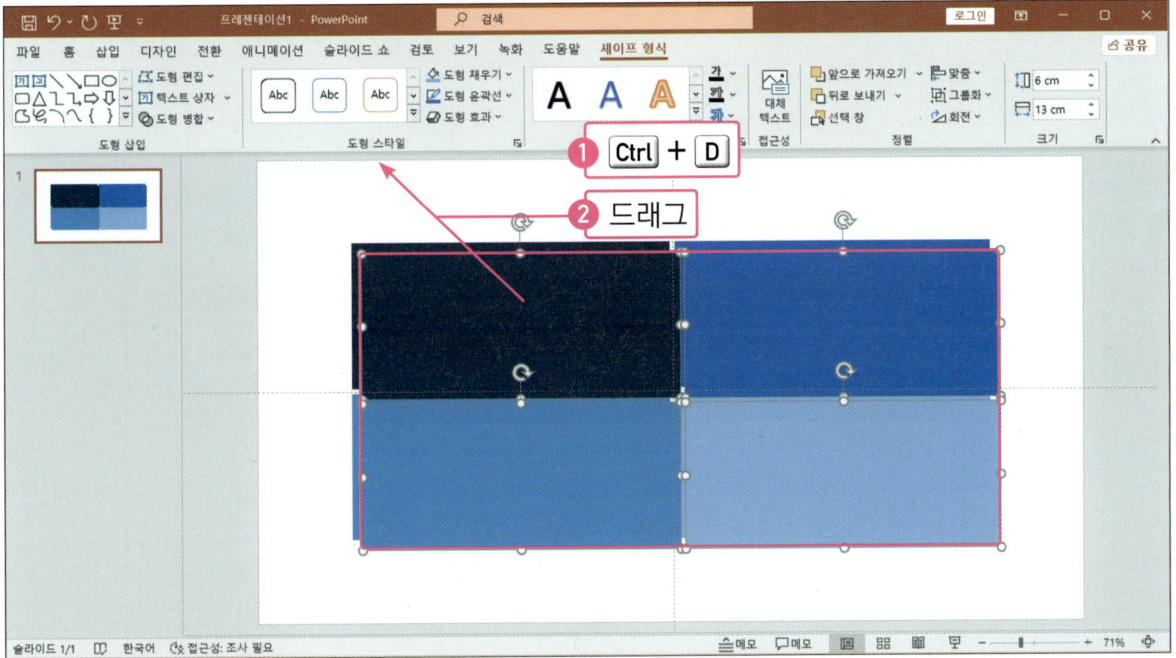

02 [셰이프 형식(도형 서식)] 탭-[크기] 그룹에서 [높이]를 '0.65cm', [너비]를 '1.5cm'으로 설정합니다.

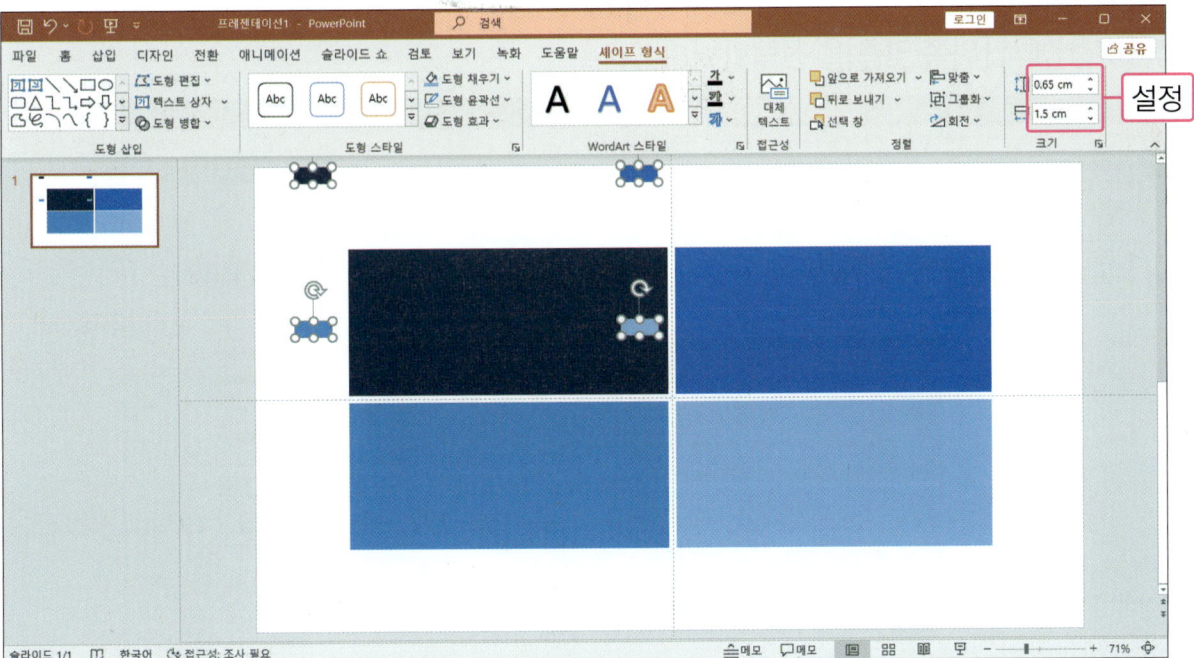

03 작은 직사각형들을 다음과 같은 색상 순서대로 간격을 두고 배치합니다. 가로 간격을 정렬하기 위해 작은 직사각형들을 드래그하여 모두 선택하고 [셰이프 형식(도형 서식)] 탭-[정렬] 그룹-[맞춤]에서 [가로 간격을 동일하게]를 선택합니다.

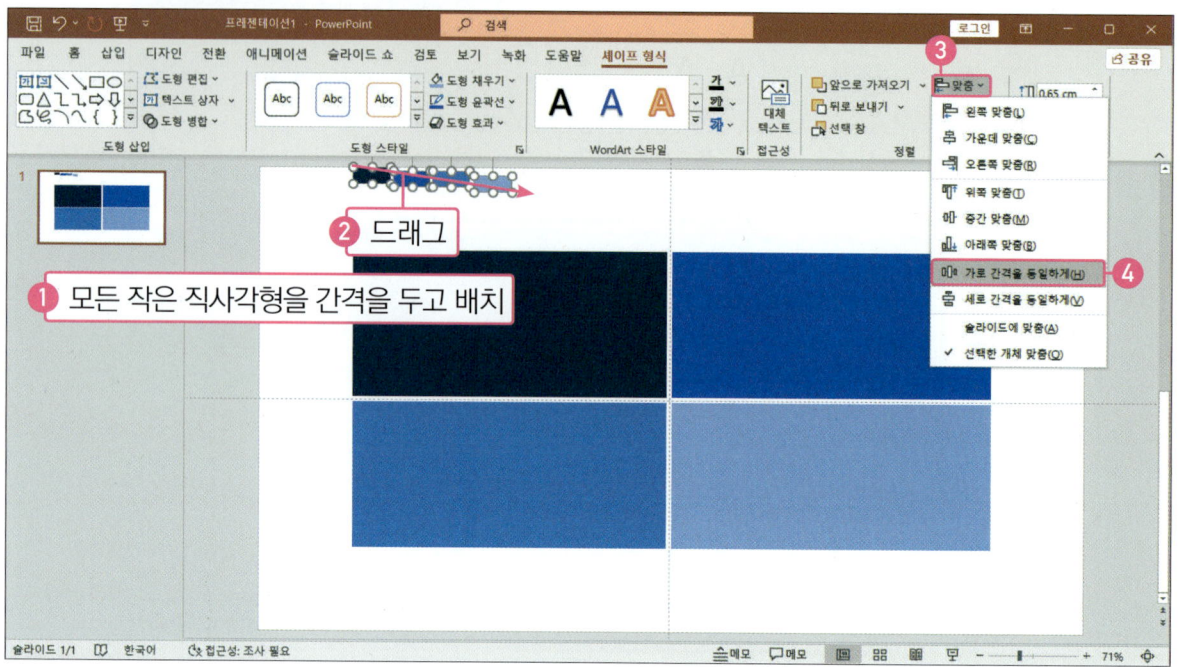

04 작은 직사각형들을 슬라이드 윗면에 맞추기 위해 [셰이프 형식(도형 서식)] 탭-[정렬] 그룹-[맞춤]에서 [슬라이드에 맞춤]을 선택하여 체크한 후 [셰이프 형식(도형 서식)] 탭-[정렬] 그룹-[맞춤]에서 [위쪽 맞춤]을 선택합니다.

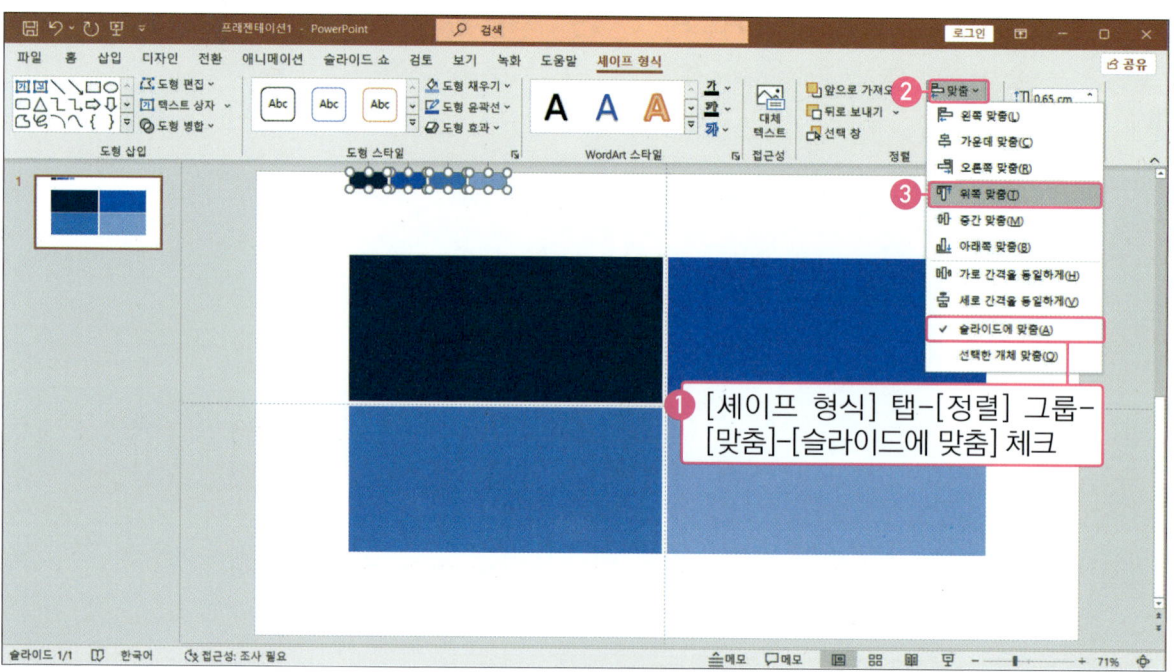

 슬라이드에 맞춤
슬라이드에 맞춤을 체크하면 정렬이나 간격의 기준이 '선택한 개체'에서 '슬라이드'로 변경됩니다.

▶ 워드아트 생성

01 워드아트 텍스트 상자를 생성하기 위해 [삽입] 탭-[텍스트] 그룹에서 [WordArt]-[채우기: 흰색, 윤곽선: 주황, 강조색 2, 진한 그림자: 주황, 강조색 2]를 선택합니다.

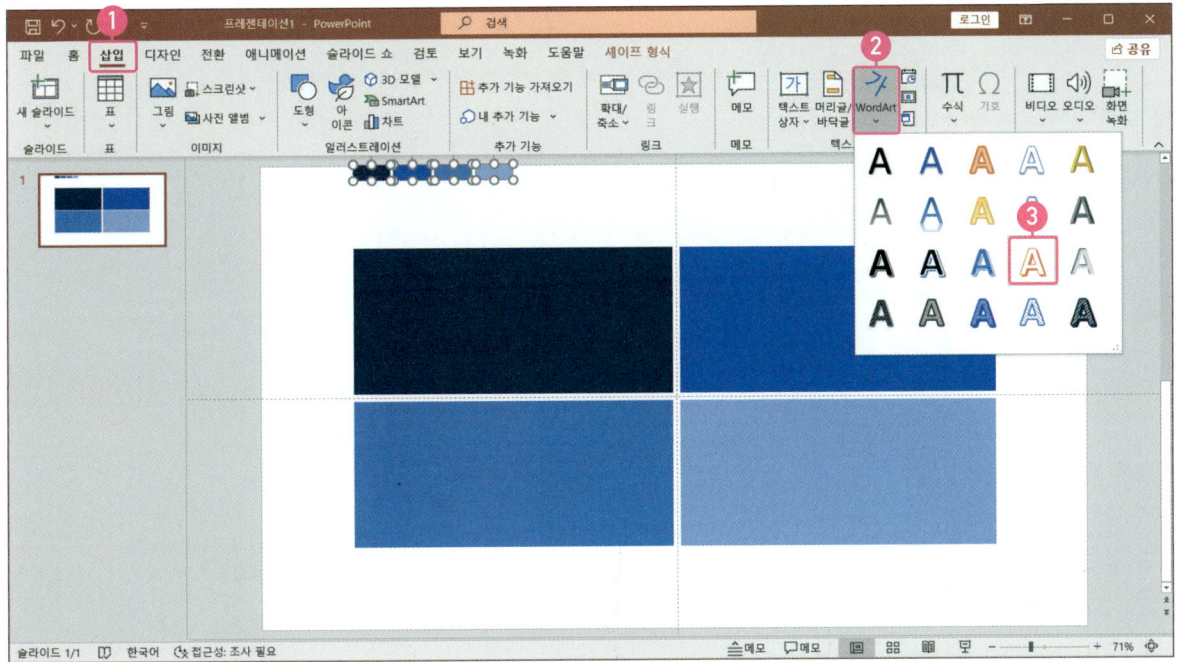

02 '필요한 내용을 적으십시오'라고 입력된 워드아트 상자가 삽입됩니다.

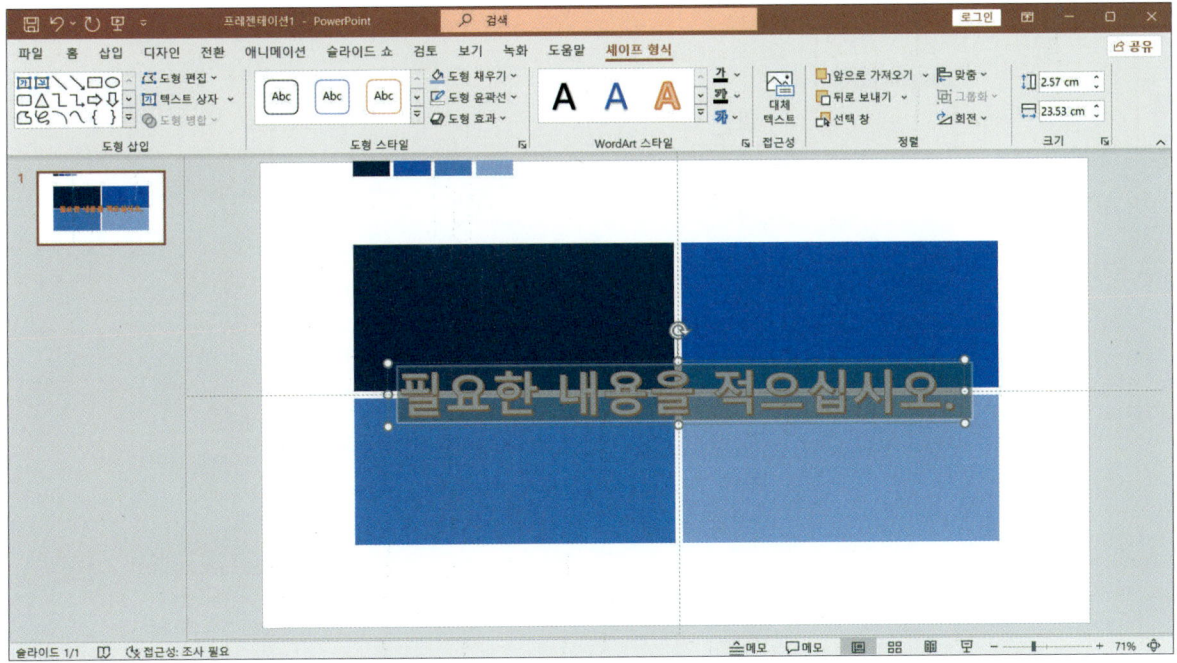

03 'SWOT'라고 입력한 후 테두리를 클릭하고 [홈] 탭-[글꼴] 그룹에서 [글꼴 크기]를 '60'으로 설정합니다. 워드아트를 왼쪽 위로 드래그하여 이동합니다.

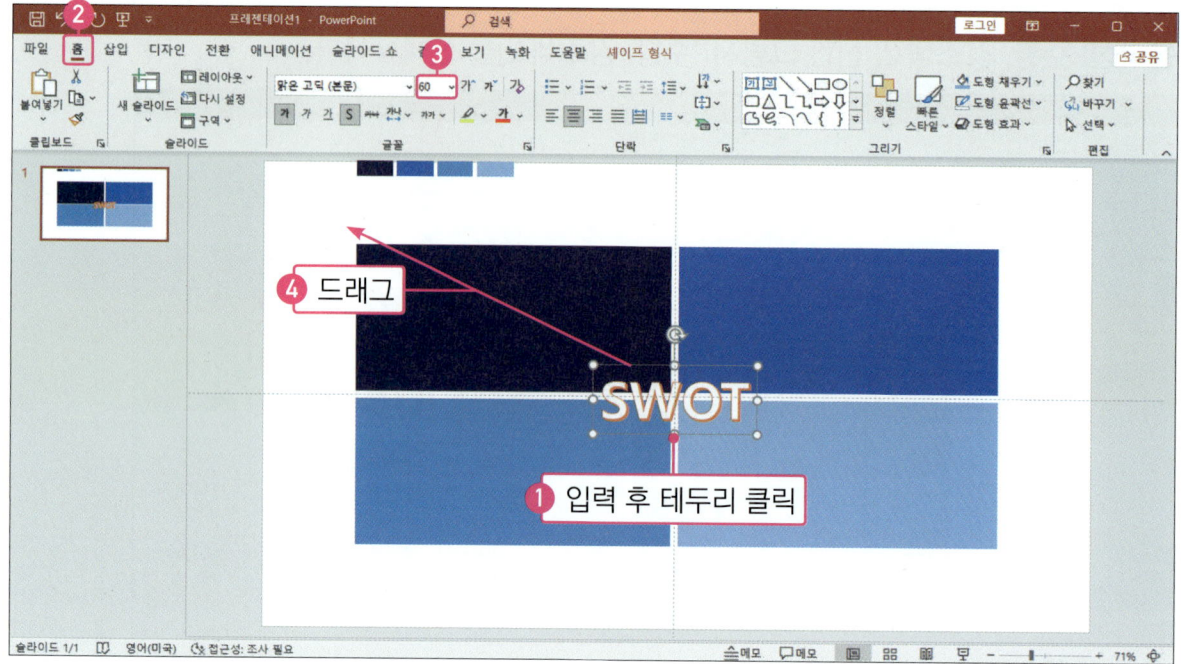

04 워드아트의 위치가 이동된 것을 확인할 수 있습니다.

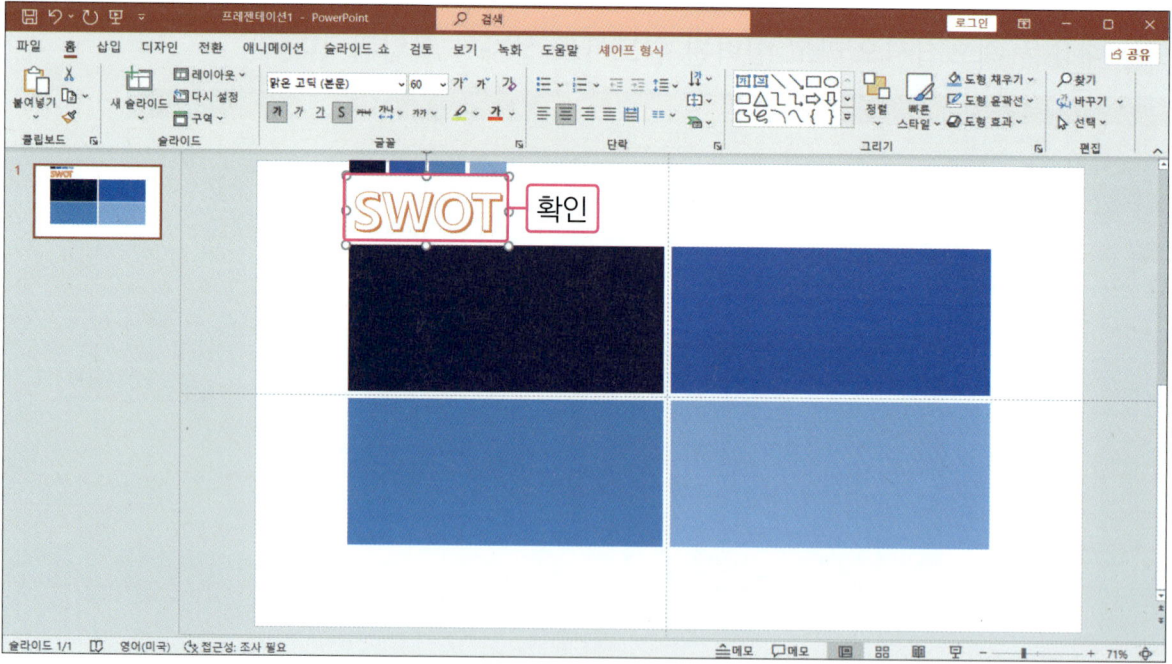

▶ 텍스트 상자 삽입하여 워드아트 만들기

01 [홈] 탭-[그리기] 그룹에서 [텍스트 상자]를 클릭한 후 다음처럼 드래그하여 텍스트 상자를 삽입합니다.

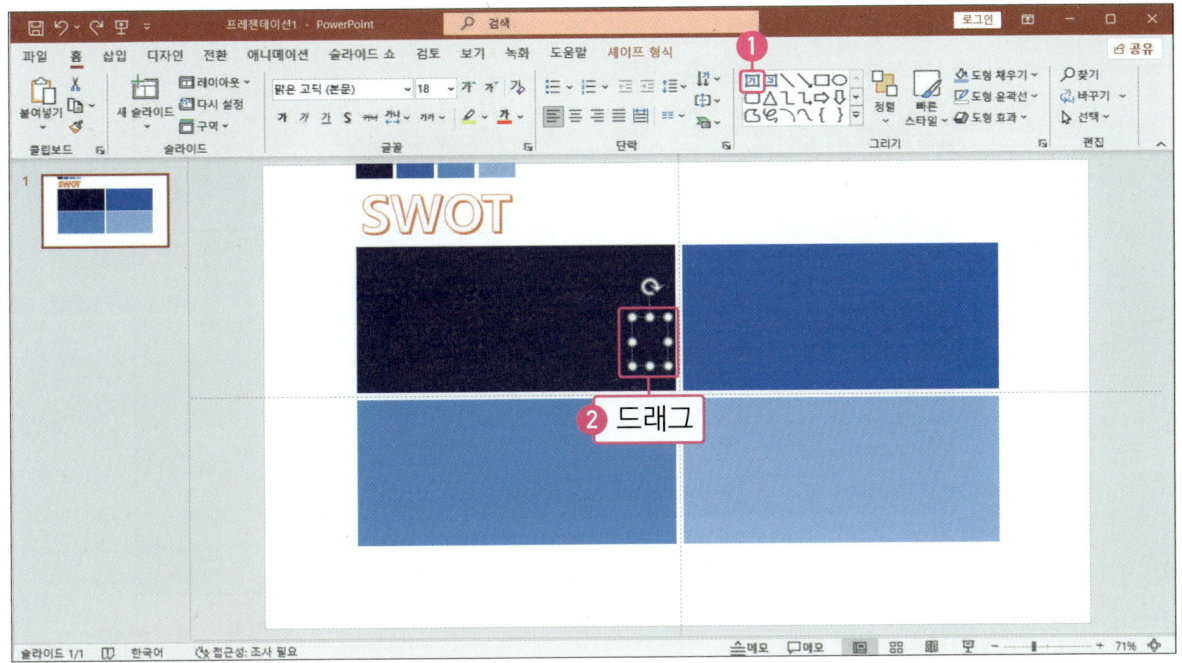

02 'S'라고 입력한 후 테두리를 클릭하여 텍스트 상자를 선택한 상태에서 [홈] 탭-[글꼴] 그룹에서 [글꼴 크기]를 '54'로 설정합니다.

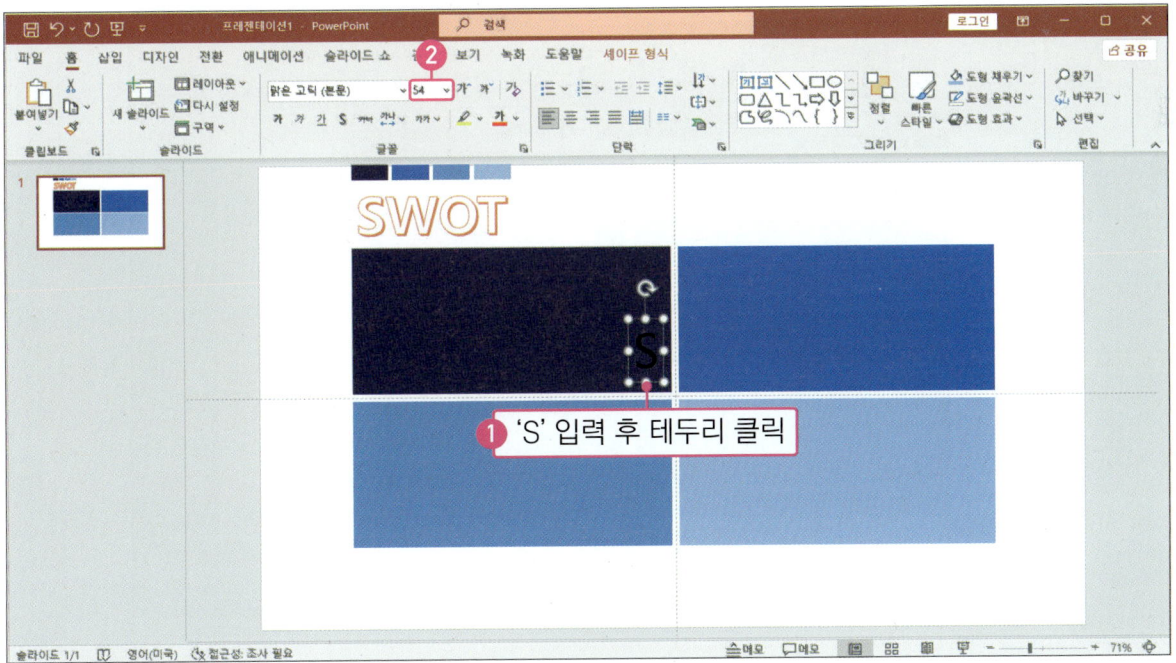

03 워드아트 스타일을 적용하기 위해 [셰이프 형식(도형 서식)] 탭-[WordArt 스타일] 그룹의 ▼ (자세히)를 클릭하고 [채우기: 흰색, 윤곽선: 주황, 강조색 2, 진한 그림자: 주황, 강조색 2]를 선택합니다.

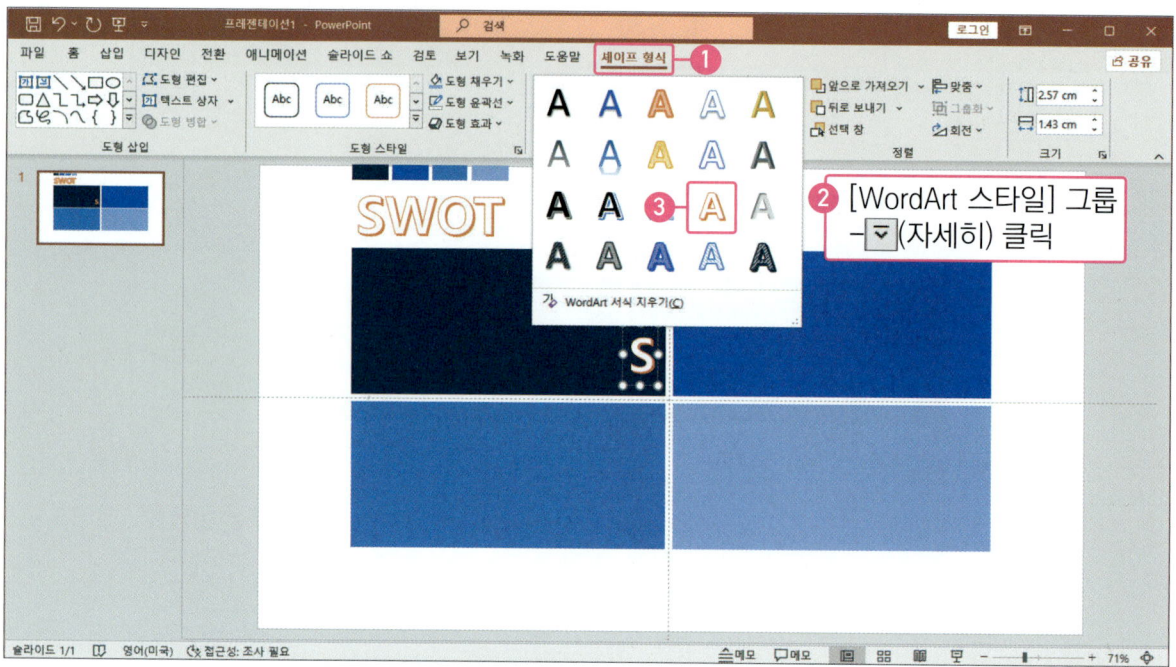

04 반사 효과를 적용하기 위해 [셰이프 형식(도형 서식)] 탭-[WordArt 스타일] 그룹에서 [텍스트 효과]-[반사]-[근접 반사: 터치]를 선택합니다.

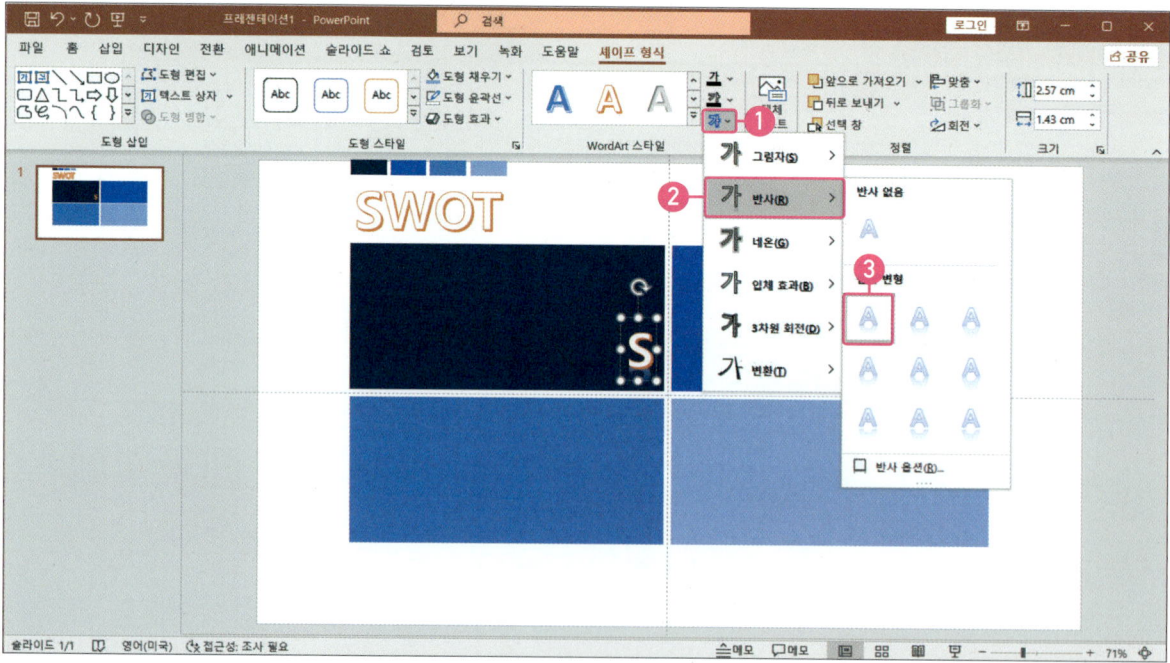

▶ **워드아트 복제하기**

01 복제하기 위해 Ctrl+D 키를 누릅니다. 복제된 워드아트를 드래그하여 다음처럼 오른쪽으로 이동합니다.

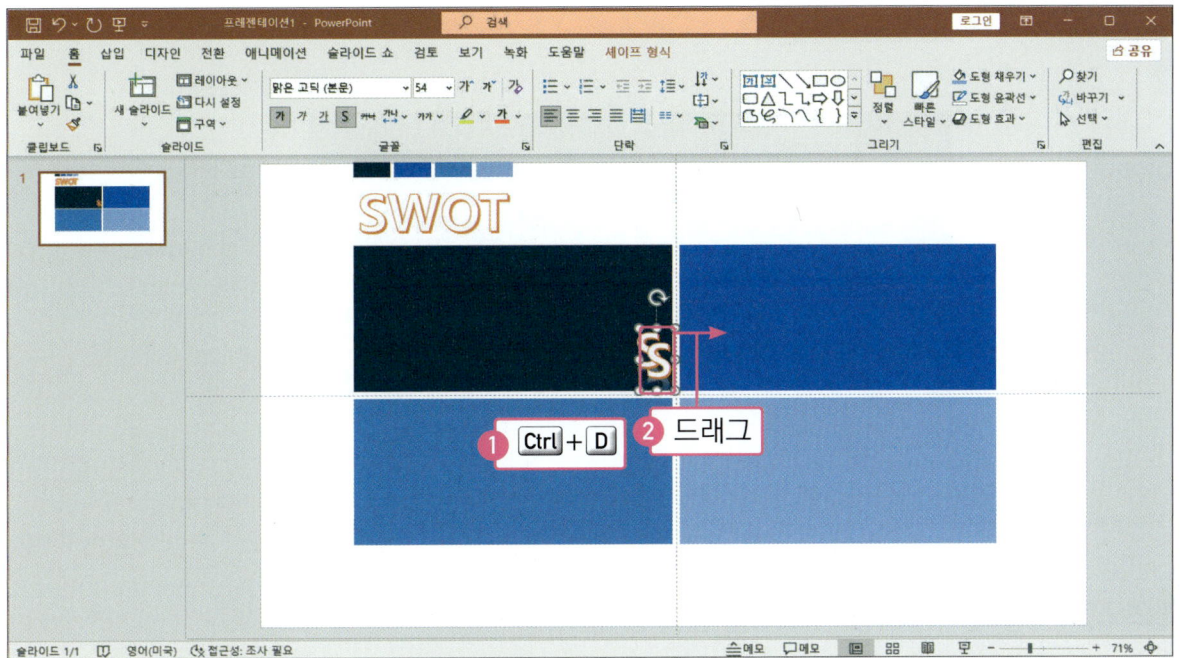

02 복제한 'S'를 드래그하여 블록으로 선택하고 'W'라고 입력합니다.

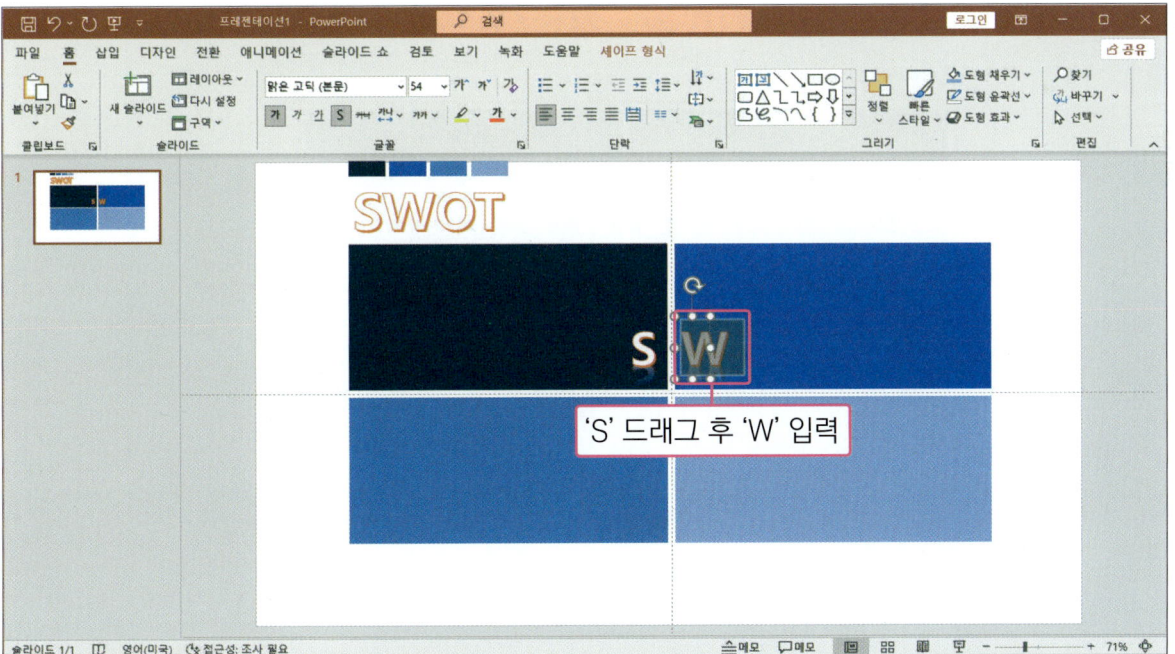

 서식 지우기
서식을 지우기 위해 [서식] 탭-[WordArt 스타일] 그룹에서 ▽(자세히)를 클릭하고 [WordArt 서식 지우기]를 선택합니다.

03 같은 방법으로 복사한 후 'O'와 'T'를 생성합니다.

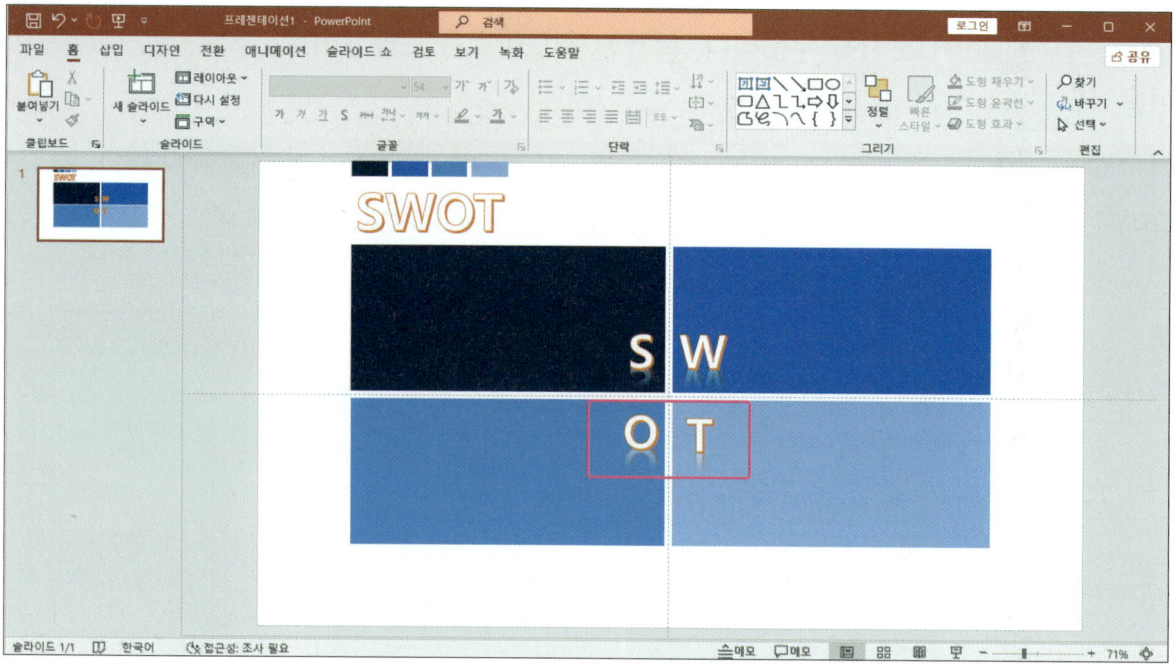

04 네 개의 직사각형에 다음처럼 텍스트를 입력합니다.

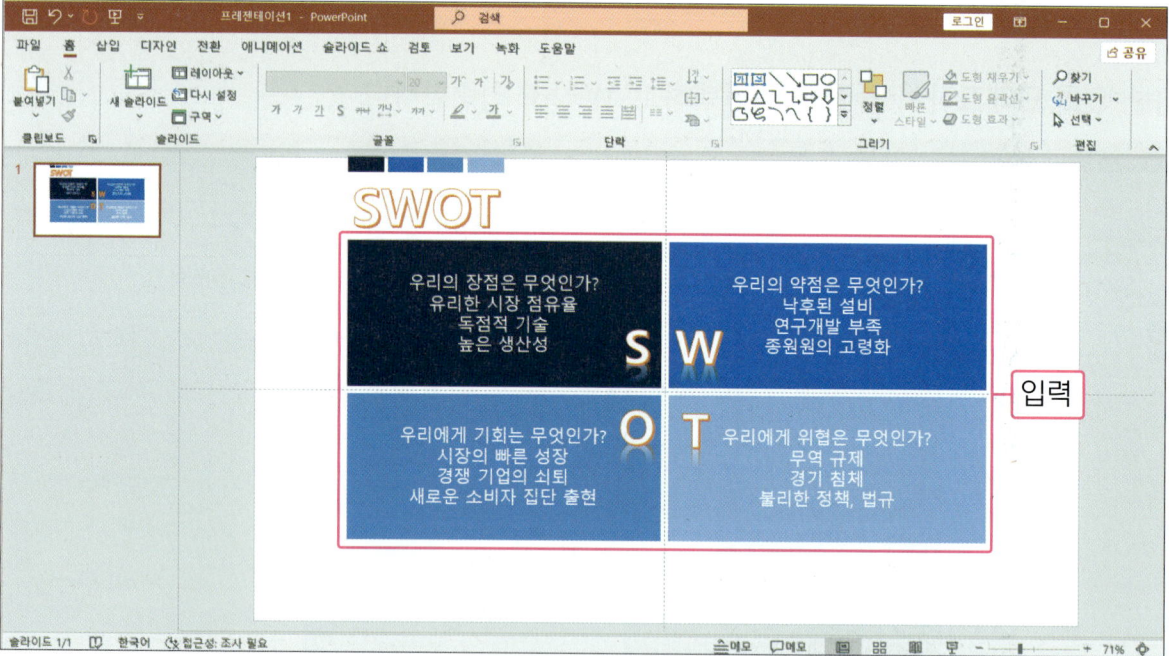

▶ 텍스트를 워드아트로 만들고 복제하기

01 첫 번째 사각형의 첫 줄을 드래그하여 [홈] 탭-[글꼴] 그룹에서 [글꼴 크기]를 '22'로 입력합니다.

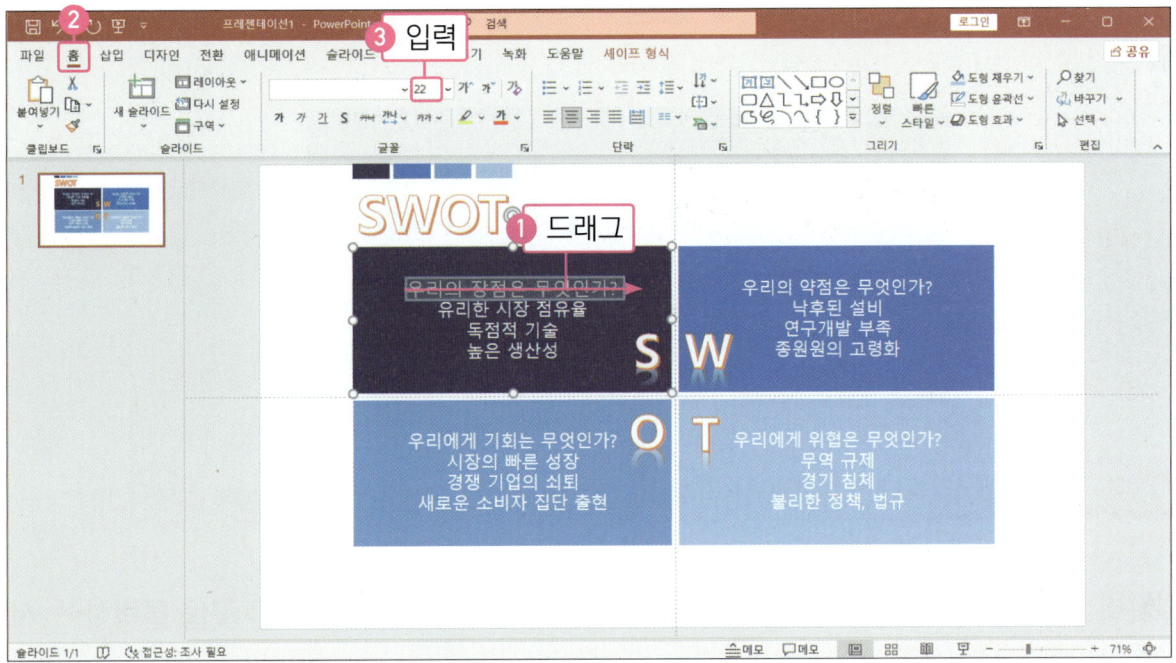

02 워드아트 스타일을 적용하기 위해 [셰이프 형식(도형 서식)] 탭-[WordArt 스타일] 그룹에서 ▼(자세히)를 클릭하고 [그라데이션 채우기: 황금색, 강조색 4, 윤곽선: 황금색, 강조색 4]를 선택합니다.

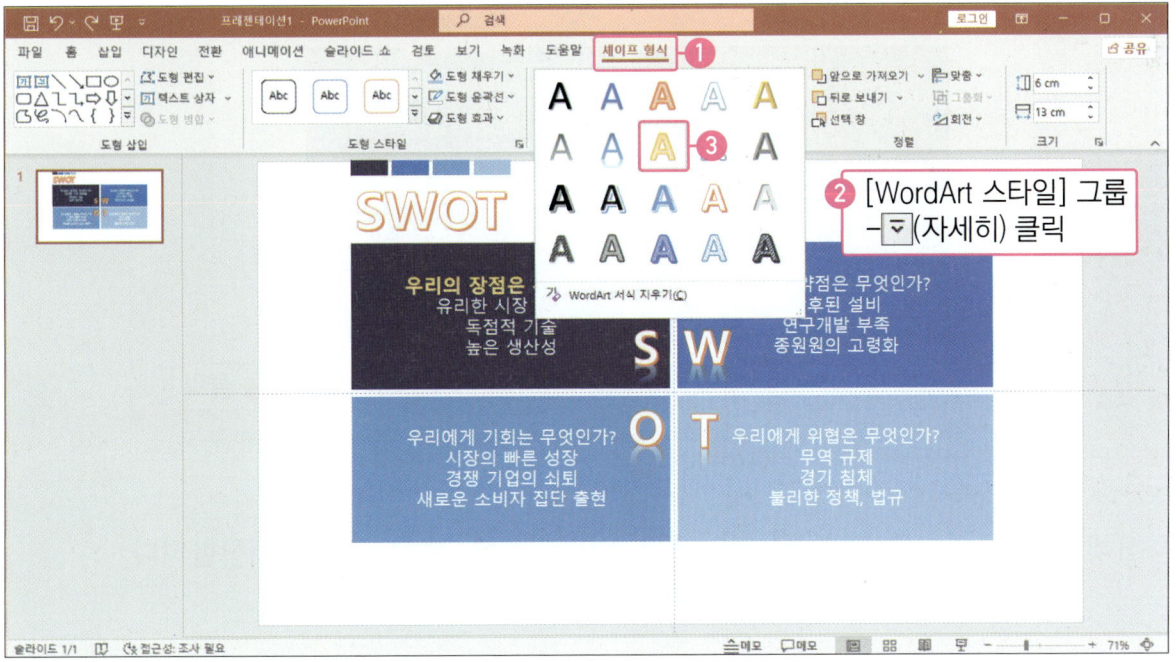

03 서식을 복사하기 위해 [홈] 탭-[클립보드] 그룹에서 [서식 복사(🖌)]를 더블클릭합니다.

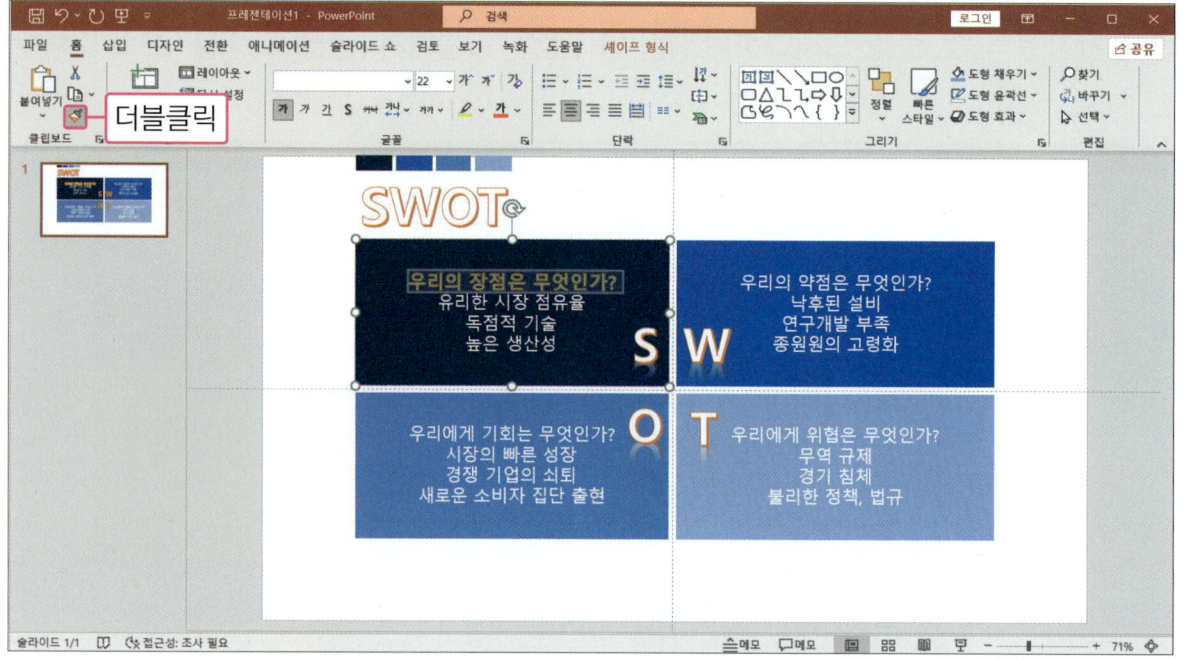

04 다음처럼 나머지 **직사각형의 첫 줄을 드래그**하여 서식을 적용합니다. **빈 곳을 클릭**하여 서식 복사 적용을 해제합니다.

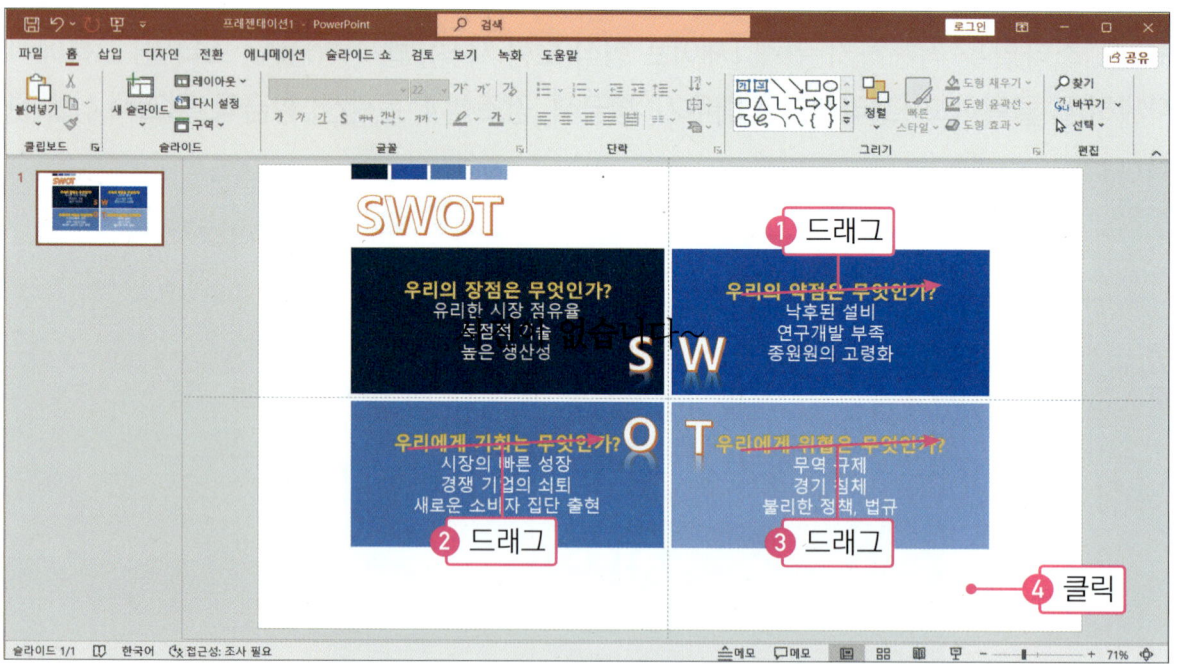

05 빠른 실행 도구 모음의 🖫(저장)을 클릭하여 파일 이름을 '분석.pptx'로 저장합니다.

응용력 키우기

01 새 프레젠테이션을 삽입하고 제목 슬라이드가 나타나면 빈 화면으로 레이아웃을 변경하고 안내선을 설정해 봅니다.

 [홈] 탭-[슬라이드] 그룹에서 [레이아웃]을 클릭한 후 [빈 화면]을 선택합니다. 안내선을 꺼내기 위해 [보기] 탭-[표시] 그룹에서 [안내선]을 체크합니다.

02 둥근 모서리의 사각형(가로: 7cm, 세로: 14cm)을 생성한 후 복제하여 다음처럼 배치하고 기존의 도형을 복제하여 작은 사각형도 생성해 봅니다.

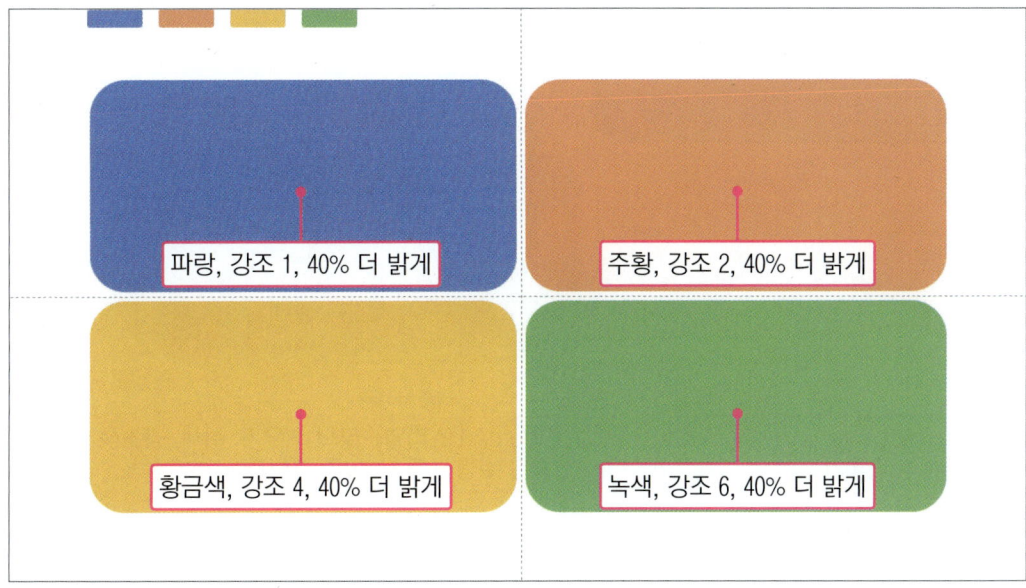

03 다음처럼 입력해 보고 글꼴을 설정하여 봅니다.

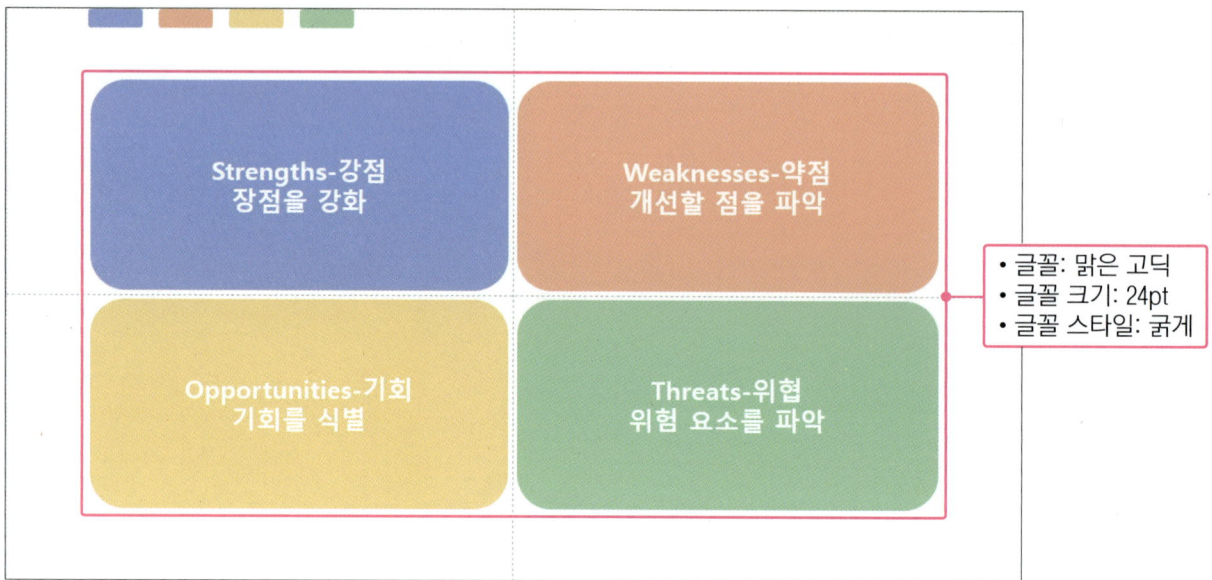

- 글꼴: 맑은 고딕
- 글꼴 크기: 24pt
- 글꼴 스타일: 굵게

04 다음처럼 워드아트(글꼴 크기: 100pt)를 삽입한 후 워드아트 스타일과 텍스트 효과를 적용해 봅니다.

- [WordArt 스타일]-[그라데이션 채우기: 황금색, 강조색 4, 윤곽선: 황금색, 강조색 4]
- [텍스트 효과]-[반사]-[근접 반사, 터치]

- [WordArt 스타일]-[채우기: 흰색, 윤곽선: 파랑, 강조색 1, 네온: 파랑, 강조 1]
- [텍스트 효과]-[반사]-[근접 반사, 터치]

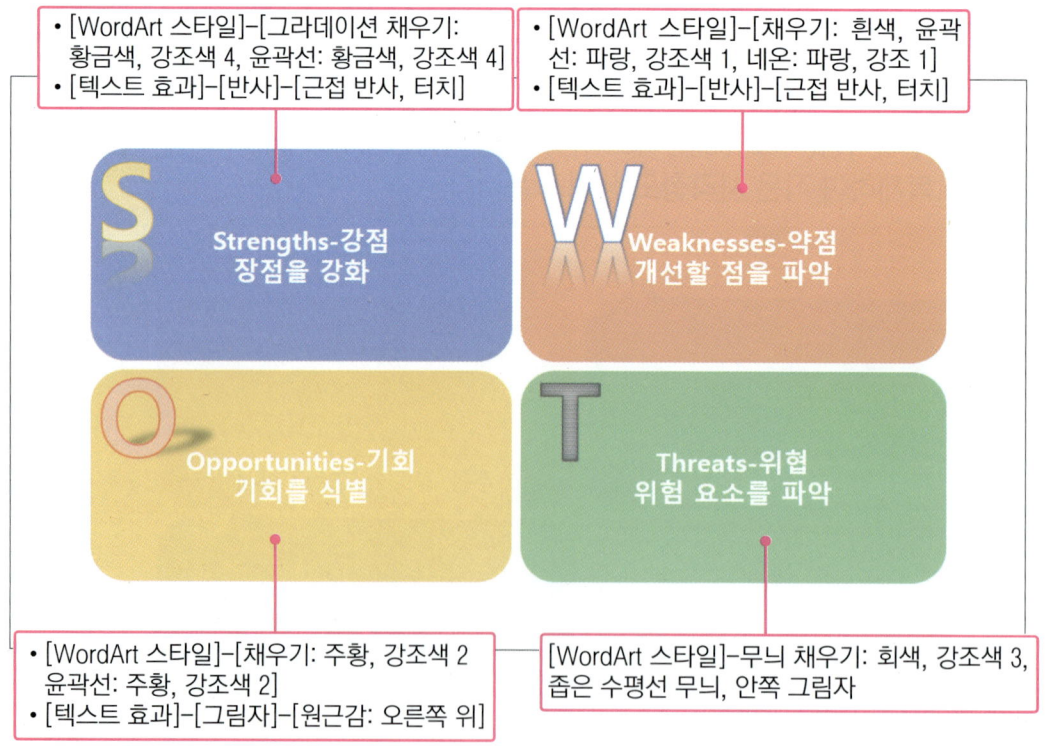

- [WordArt 스타일]-[채우기: 주황, 강조색 2 윤곽선: 주황, 강조색 2]
- [텍스트 효과]-[그림자]-[원근감: 오른쪽 위]

- [WordArt 스타일]-무늬 채우기: 회색, 강조색 3, 좁은 수평선 무늬, 안쪽 그림자

05 안내선을 삭제하기 위해 [보기] 탭-[표시] 그룹에서 [안내선]을 클릭하여 체크를 해제한 후 '강점.pptx'로 저장해 봅니다.

05 빠르게 발표 자료 만들기

- 서식 파일
- 테마 색
- 테마 갤러리
- 아이콘 삽입

미/리/보/기

완성파일 : 소포(완성).pptx, 냉방병(완성).pptx

▲ 예제 1

▲ 예제 2

이번 장에서는 빠르게 프레젠테이션 파일을 만들 수 있도록 미리 준비된 서식 파일과 테마 디자인을 활용하여 멋진 프레젠테이션용 자료를 만들어 보겠습니다.

01 테마 관련 기능 알아보기

▶ 테마와 서식 파일

'테마'란 텍스트 상자, 색, 글꼴, 효과 등을 미리 만들어 놓은 서식으로, 사용자가 간편하게 내용을 입력하여 사용할 수 있습니다.

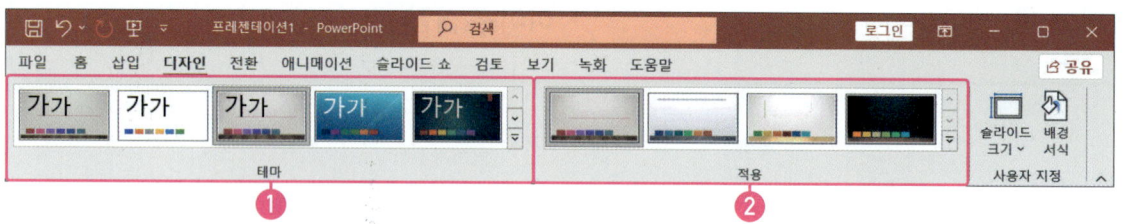

❶ [테마] 그룹 : 테마를 선택하면 슬라이드에 적용됩니다.

ⓐ 현재 슬라이드에 적용된 프레젠테이션을 보여줍니다.
ⓑ 이곳을 클릭하면 색상이 없는 Office 테마의 기본값으로 변경됩니다.
ⓒ 파워포인트에서 제공하고 있는 테마 갤러리입니다.
ⓓ ▽(자세히)를 클릭하면 더욱 다양한 테마 갤러리를 확인할 수 있습니다.

❷ [적용] 그룹

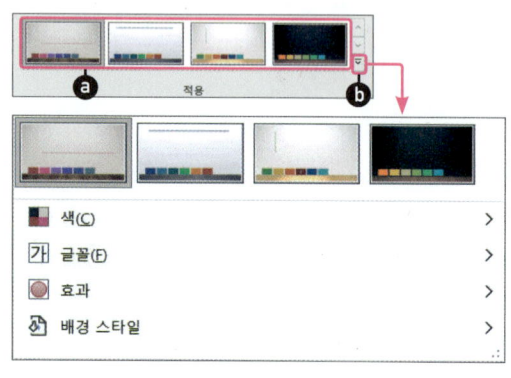

ⓐ 선택한 테마 갤러리의 또 다른 색상을 선택할 수 있습니다.
ⓑ ▽(자세히)를 클릭하면 색, 글꼴, 효과, 배경 스타일을 변경하여 적용할 수 있으며, 사용자가 지정하여 저장할 수도 있습니다.

▶ 테마 글꼴

① **테마 글꼴** : 파워포인트에서 기본적으로 제공하는 글꼴을 설정해 놓은 것으로, 테마 디자인의 서식에 따라 자동으로 변경됩니다. [디자인] 탭-[적용] 그룹의 ▼(자세히)를 클릭하여 [글꼴]에서 선택하거나 [글꼴 사용자 지정]에서 변경할 수 있습니다.

　ⓐ **테마 영문 글꼴** : 테마 글꼴에서 설정된 제목과 본문의 영문 글꼴입니다.

　ⓑ **테마 한글 글꼴** : 테마 글꼴에서 설정된 제목과 본문의 한글 글꼴입니다.

② **모든 글꼴** : 모든 글꼴을 사용하면 테마 글꼴이나 테마 디자인을 변경하여도 변경되지 않습니다.

▶ 테마 색

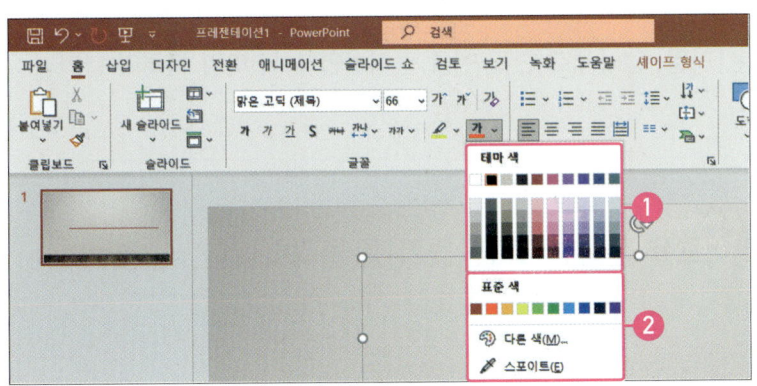

① **테마 색** : 테마 색은 파워포인트에서 기본적으로 제공되는 색으로 맨 위의 10개 색입니다. 그 아래에 있는 색들은 밝기를 조정한 색입니다. 테마 디자인을 사용하는 경우 자동 변경됩니다. [디자인] 탭-[적용] 그룹의 ▼(자세히)를 클릭하여 [색]에서 선택하거나 [색 사용자 지정]에서 변경할 수 있습니다.

② **표준 색** : 표준 색을 사용하면 테마 디자인을 변경해도 변하지 않기 때문에 색상을 변경하지 않으려면 표준 색을 사용합니다.

서식 파일을 활용한 발표 자료 만들기

▶ 서식 파일 선택하기

01 파워포인트를 실행한 후 [새로 만들기]를 클릭하여 화면이 변경되면 [소포]를 선택합니다.

 파워포인트가 이미 실행 중인 상태에서는 [파일] 탭-[새로 만들기]를 클릭하면 서식 파일 목록이 나타납니다.

02 [소포]의 테마가 열리면 첫 번째 슬라이드를 선택한 후 [만들기]를 클릭합니다.

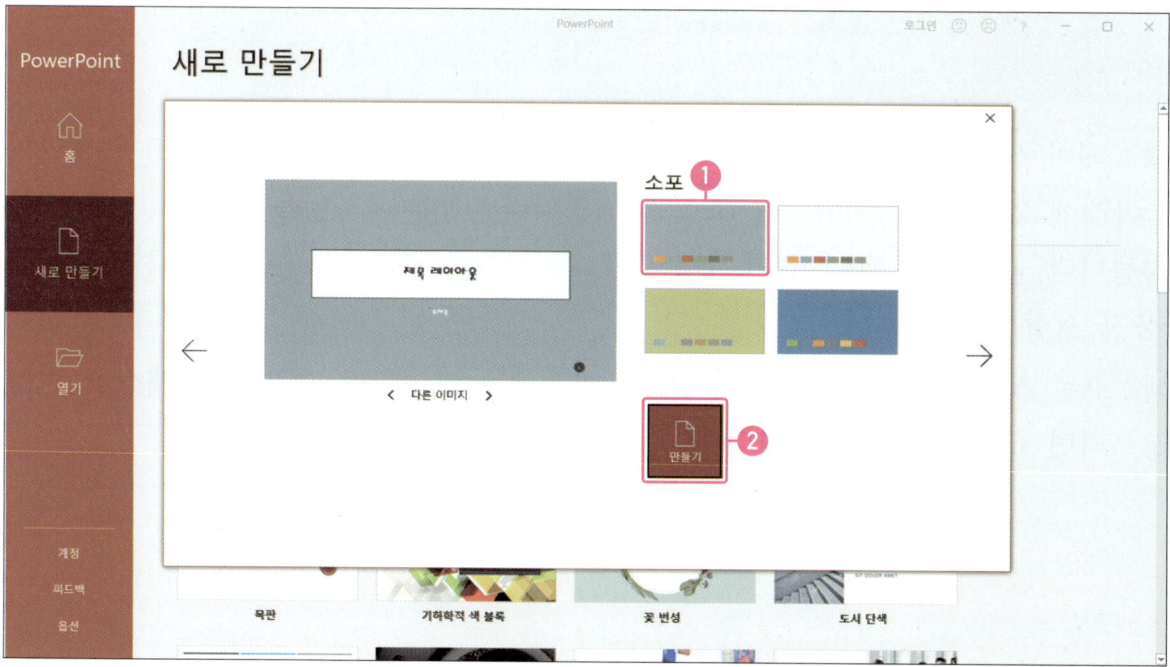

03 다음과 같은 서식 파일이 열립니다.

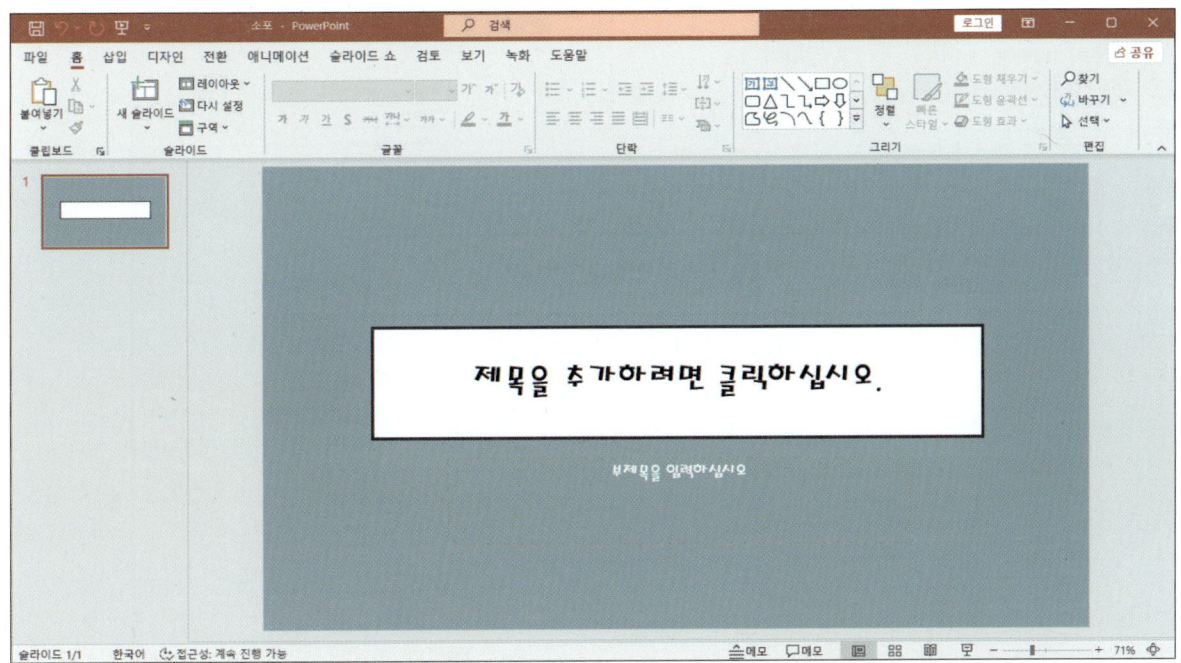

▶ **슬라이드에 내용 입력하기**

01 제목 슬라이드의 **제목 텍스트 상자와 부제목 텍스트 상자**에 각각 다음처럼 **입력**한 후 **글꼴 크기를 설정**합니다.

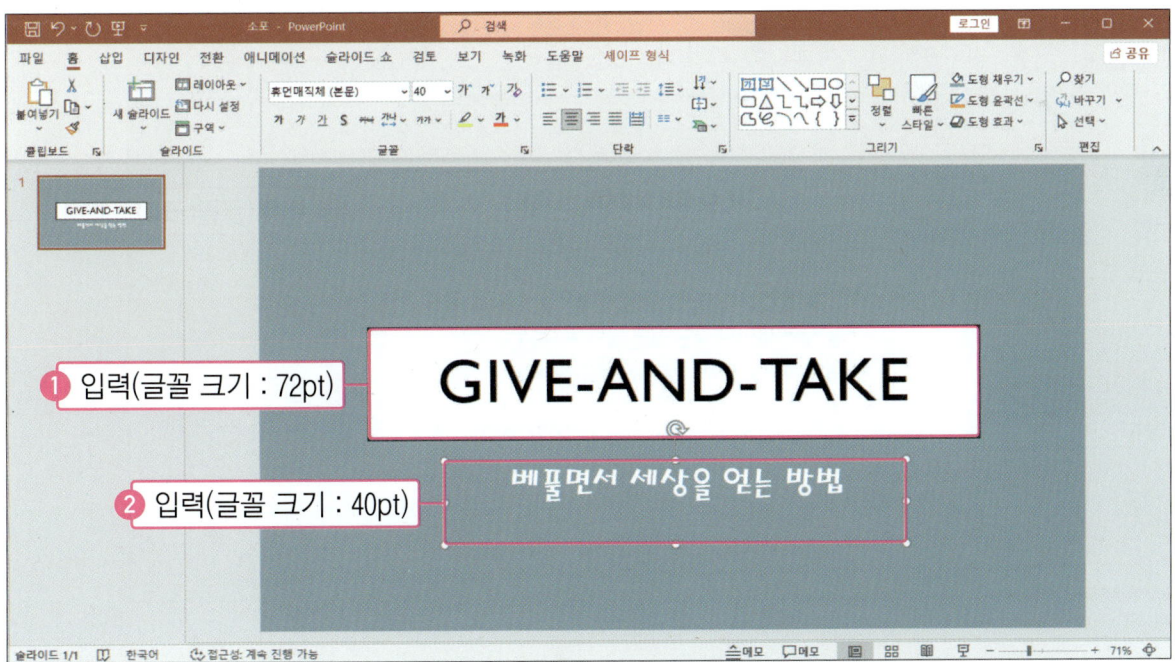

❶ 입력(글꼴 크기 : 72pt)
❷ 입력(글꼴 크기 : 40pt)

02 슬라이드 미리 보기 창을 선택하고 Enter 키를 눌러 2번 슬라이드를 생성합니다.

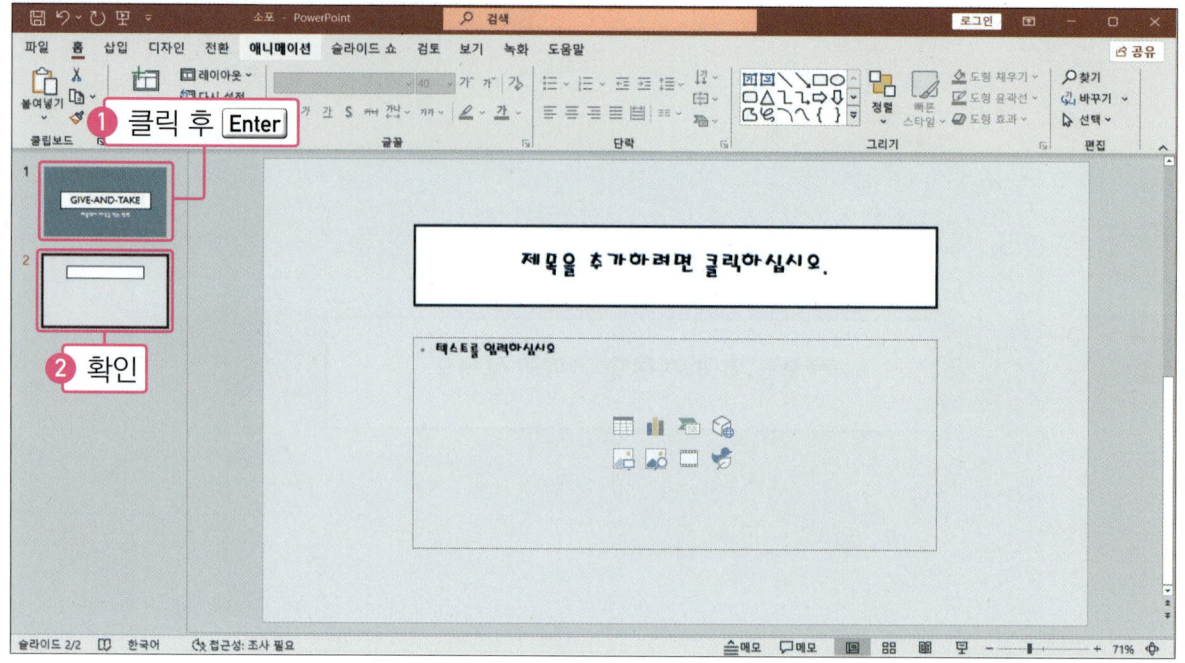

03 2번 슬라이드의 제목 텍스트 상자와 내용 텍스트 상자에 각각 다음처럼 입력한 후 글꼴 크기를 설정합니다.

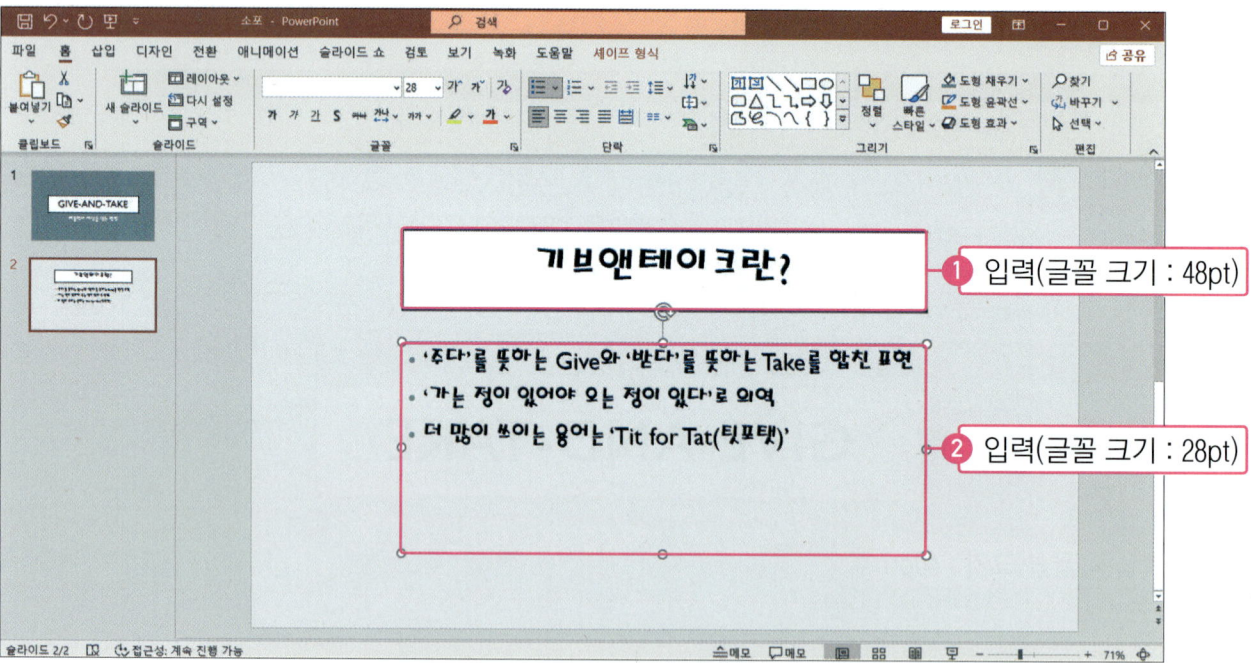

04 내용 텍스트 상자를 선택하고 텍스트 줄 간격을 조절하기 위해 [홈] 탭-[단락] 그룹에서 [줄 간격(   )]-[1.5]를 선택합니다.

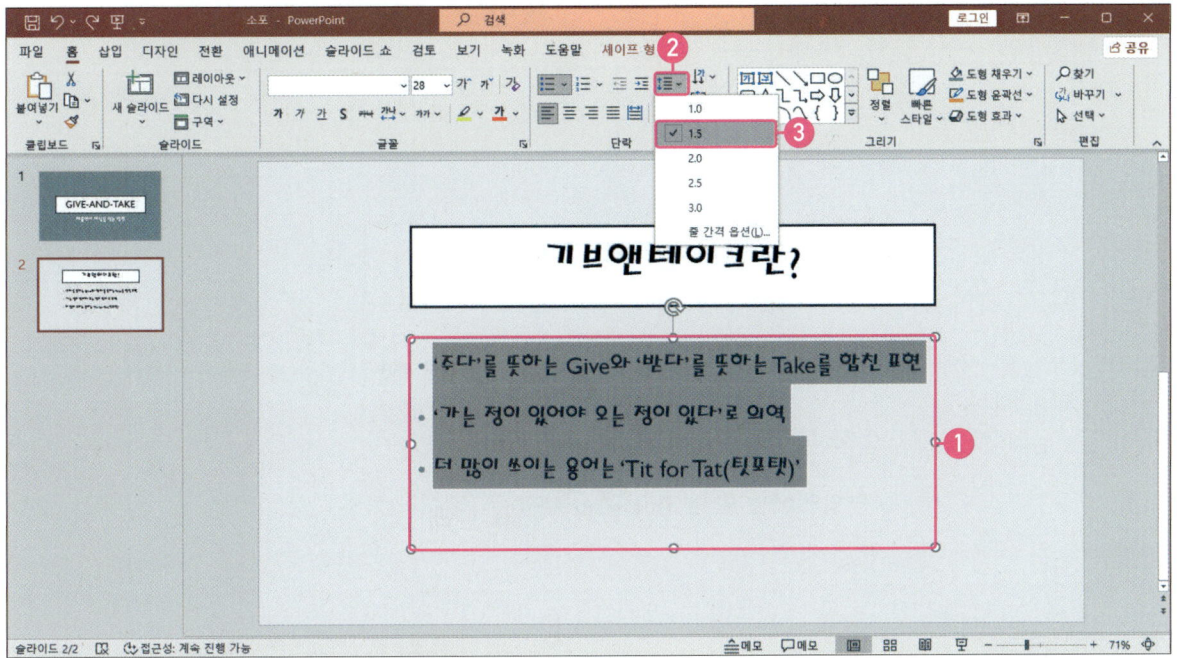

▶ 슬라이드에 아이콘 삽입하기

01 아이콘을 삽입하기 위해 [삽입] 탭-[일러스트레이션] 그룹에서 [아이콘]을 클릭합니다. [스톡 이미지] 대화상자가 나타나면 [아이콘]을 클릭하고 슬라이더를 아래로 이동합니다. 다음과 같은 아이콘을 선택하고 [삽입] 버튼을 클릭합니다.

02 [그래픽 형식] 탭-[크기] 그룹에서 [높이]를 '7cm', [너비]를 '7cm'로 설정합니다. 아이콘의 크기가 변경되면 **오른쪽 아래로 드래그하여 이동**합니다.

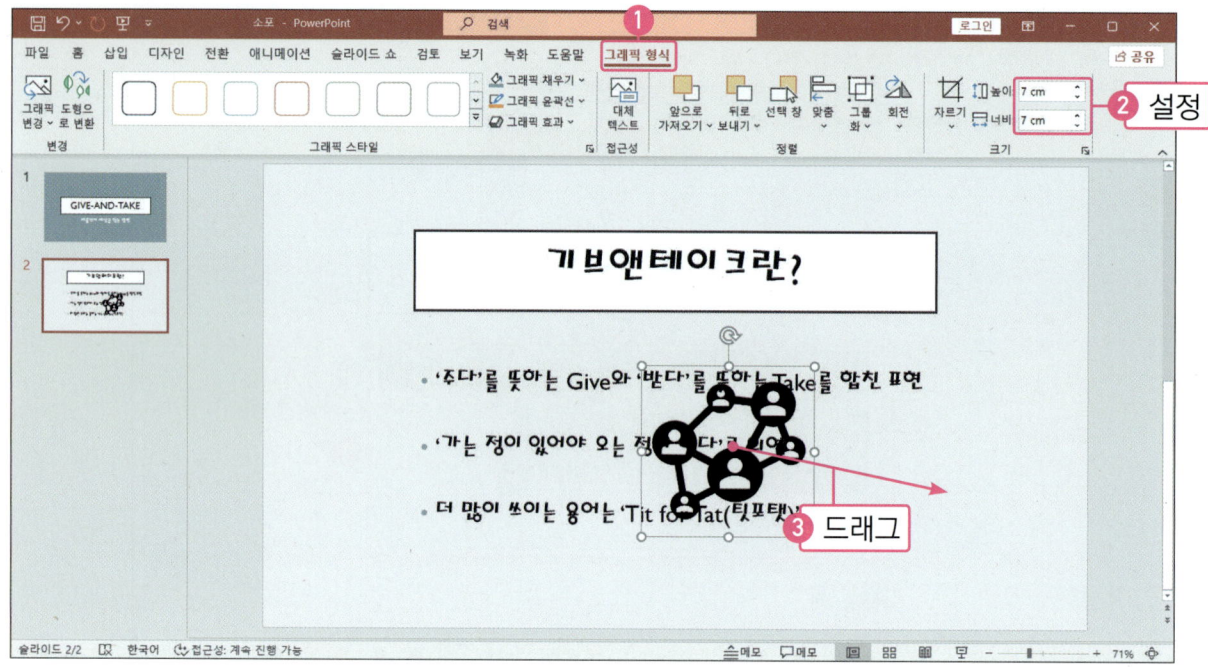

03 슬라이드 미리 보기 창에서 2번 슬라이드를 클릭한 후 [홈] 탭-[클립보드] 그룹에서 [복사]의 ✓를 클릭하여 [복제]를 선택합니다.

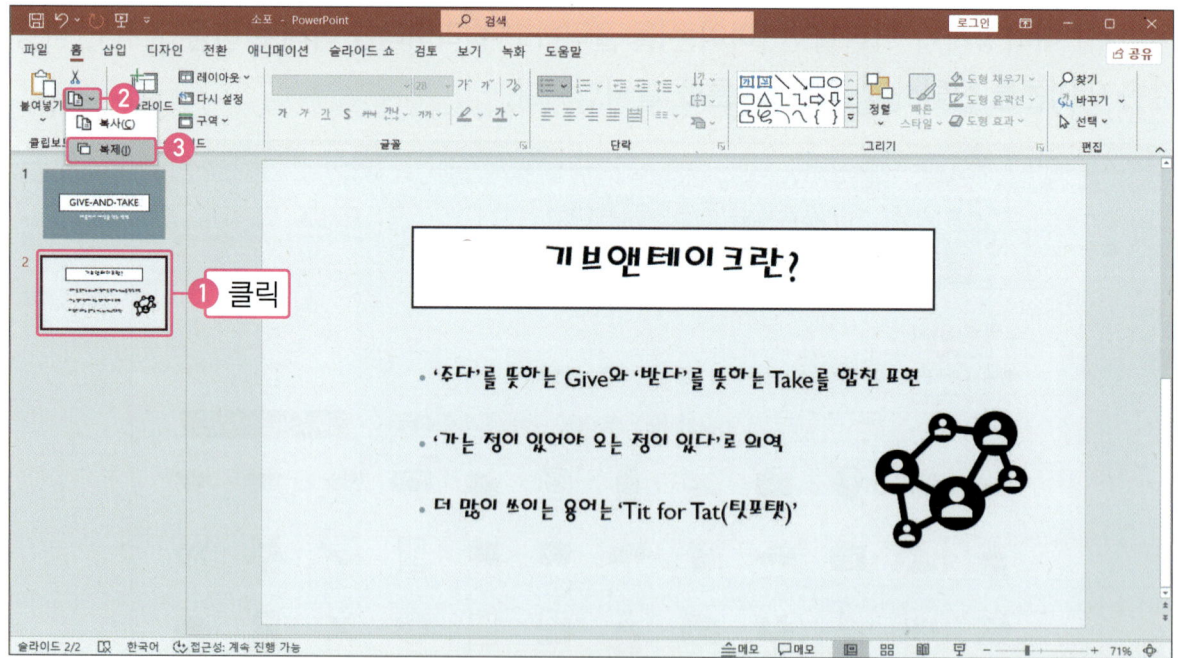

04 3번 슬라이드가 복제되면 **내용 텍스트 상자를 드래그하여 블록을 지정하고** Delete 키를 누른 후 다음처럼 **입력**합니다. Delete 키를 눌러 아이콘은 삭제합니다.

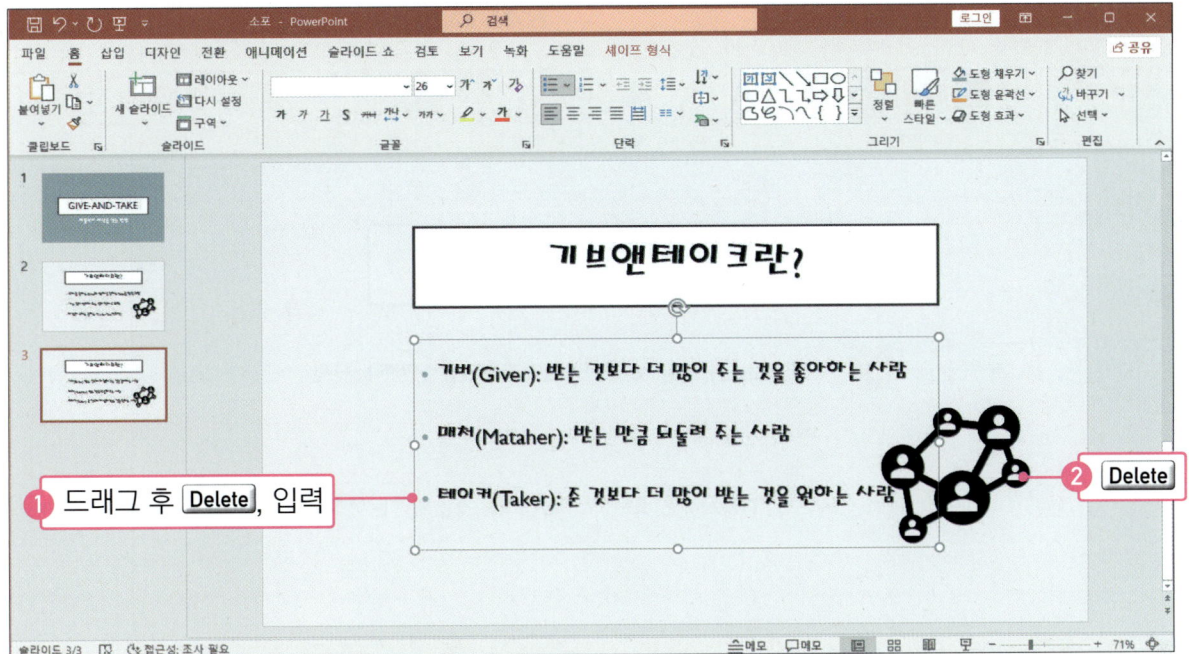

05 [삽입] 탭-[일러스트레이션] 그룹-[도형]에서 [웃는 얼굴]을 선택합니다.

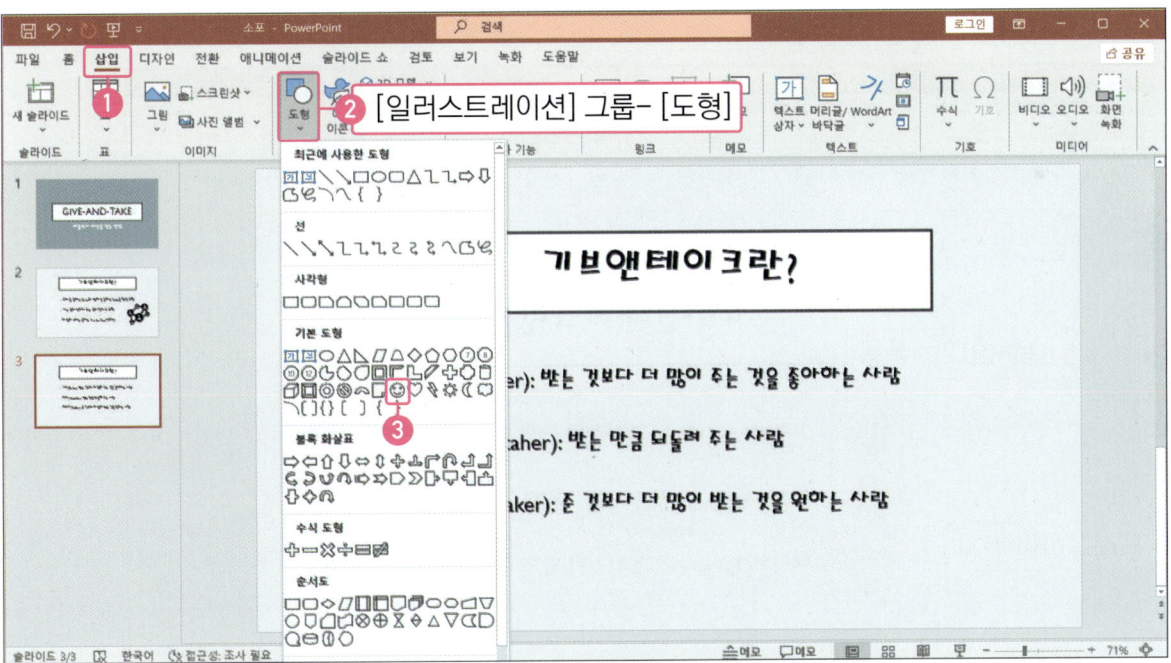

06 슬라이드 창에서 클릭하여 도형을 생성한 후 [셰이프 형식(도형 서식)] 탭-[크기] 그룹에서 [높이]를 '2cm', [너비]를 '2cm'로 설정합니다.

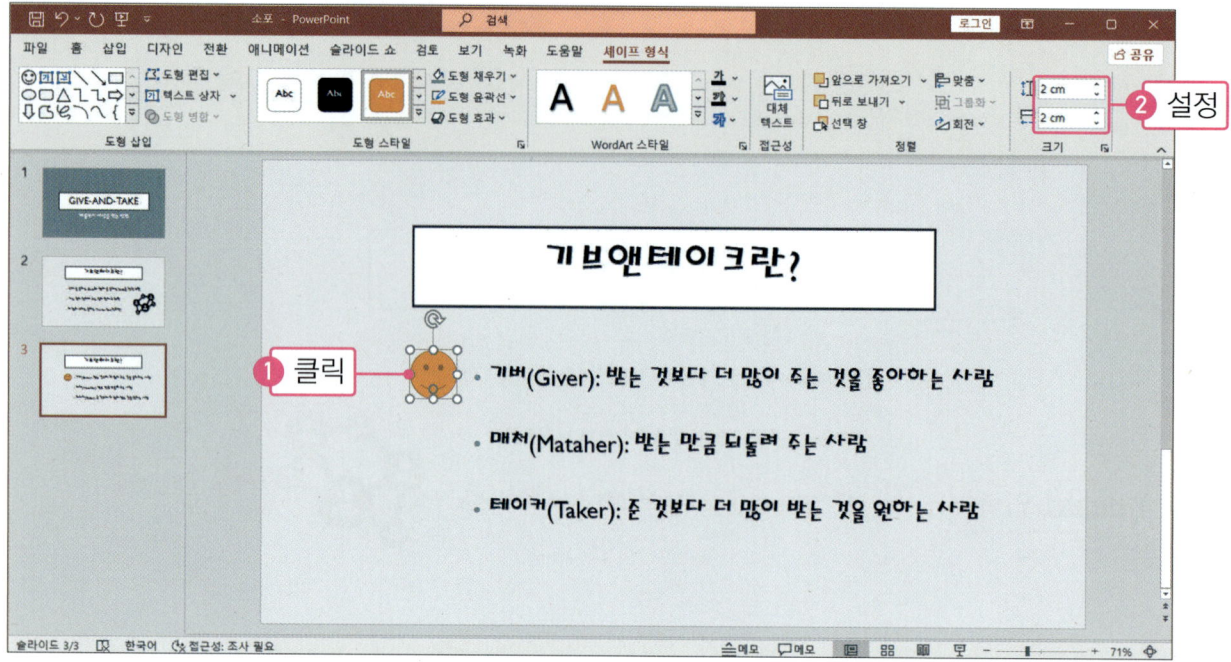

07 '웃는 얼굴' 도형을 2개 복제하기 위해 Ctrl+D 키를 2번 누릅니다. 드래그하여 다음처럼 이동하여 배치합니다.

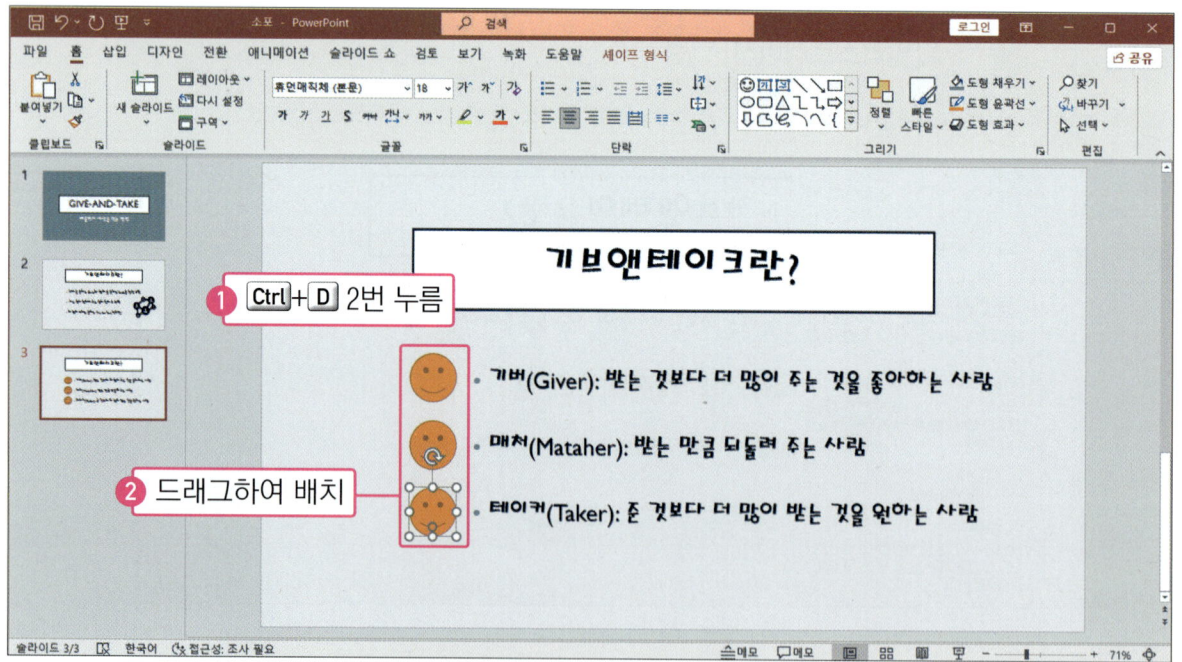

08 '웃는 얼굴' 도형의 세세한 작업을 위해 **확대/축소 슬라이더의 +를 여러 번 클릭**하여 현재 창을 확대합니다. 여기서는 '**170%**'로 설정하였습니다. 두 번째 웃는 얼굴에서 입의 조절점을 **위로 살짝 드래그**하여 무표정한 얼굴을 만듭니다.

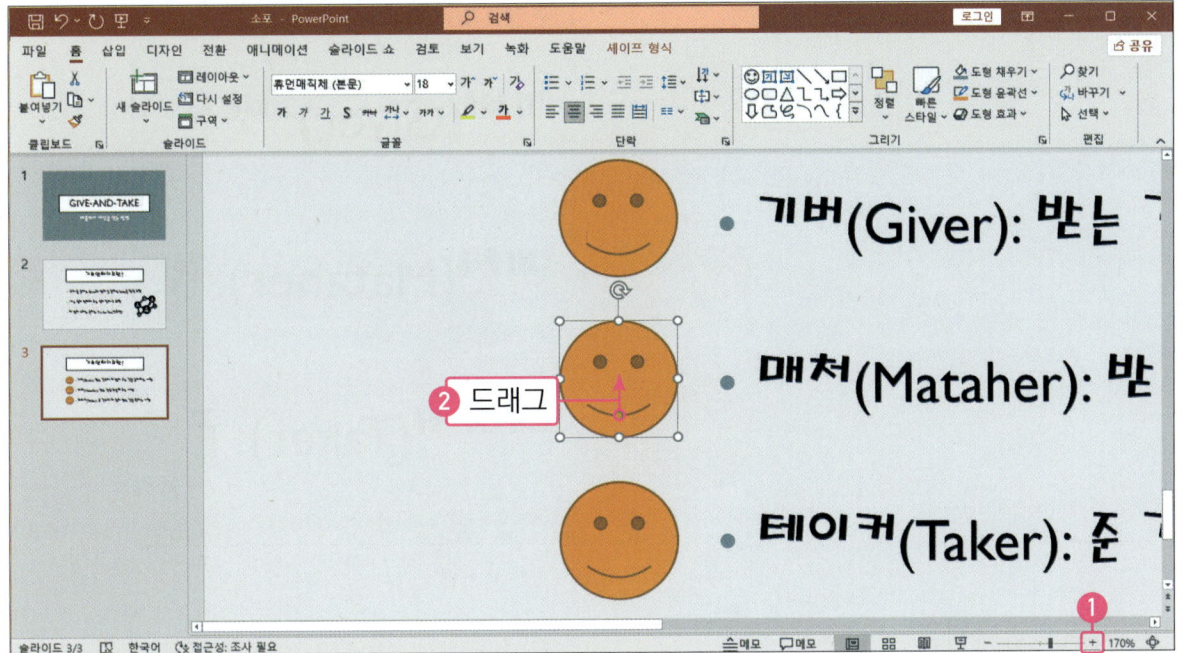

 사용자들의 환경에 따라 화면 보기 비율은 달라질 수 있습니다.

09 같은 방법으로 **세 번째 웃는 얼굴**도 입의 조절점을 위로 드래그하여 화난 얼굴을 만듭니다.

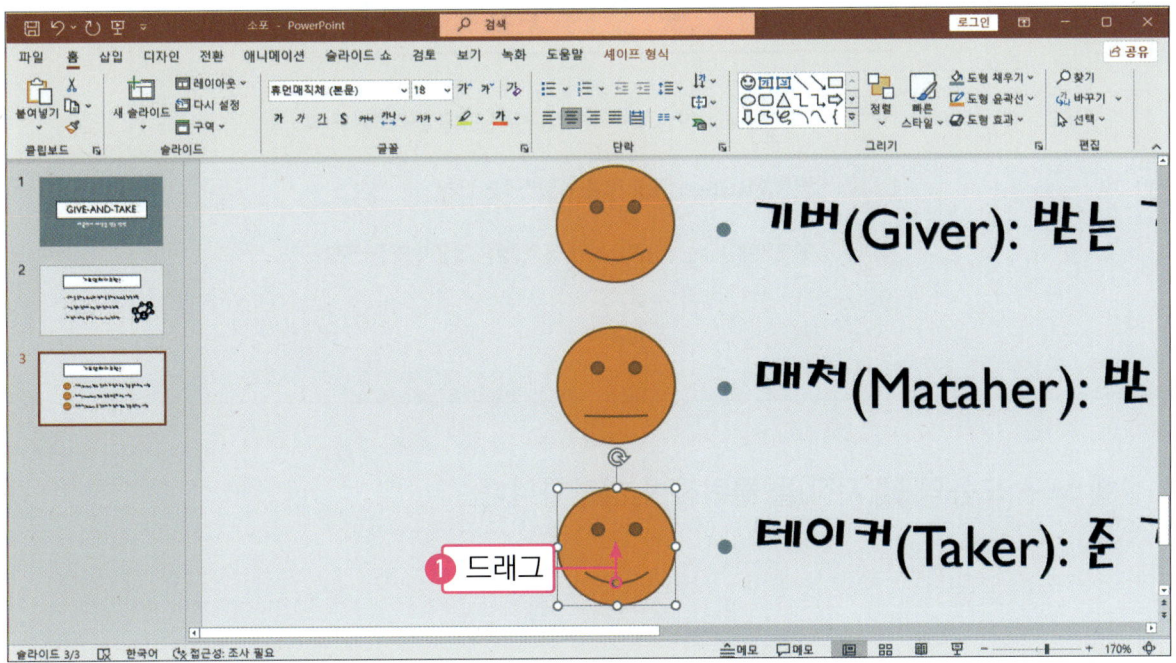

10 확대된 슬라이드를 현재 창 크기에 맞게 조절하기 위해 📱를 **클릭합니다.**

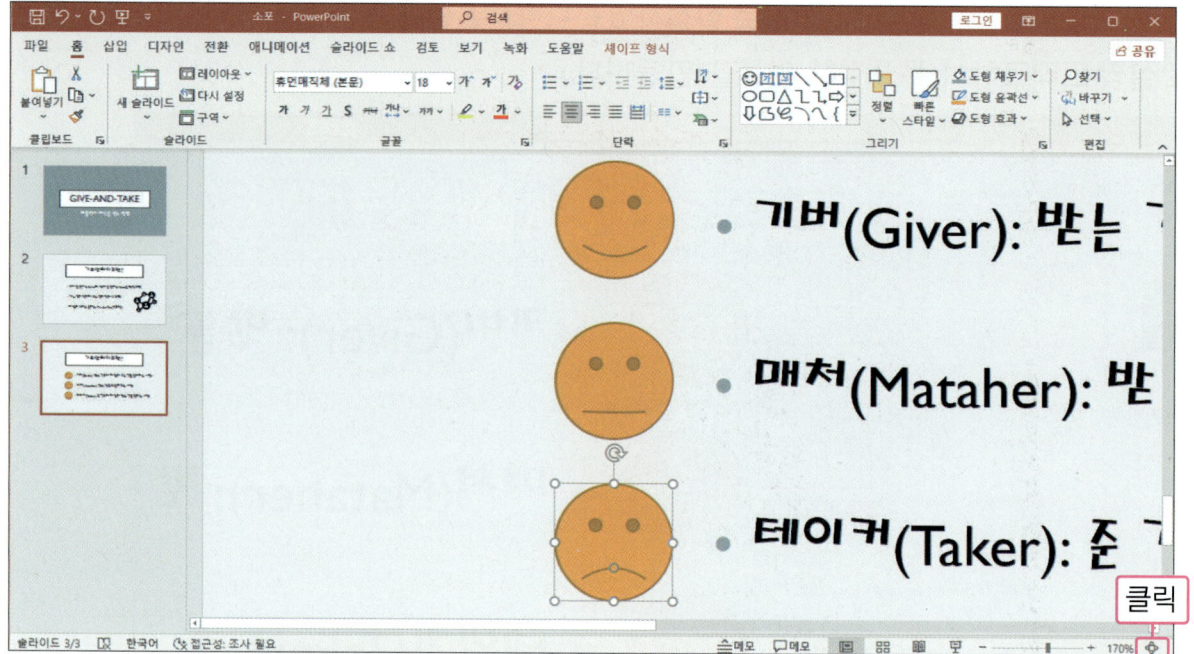

11 완성한 이미지입니다.

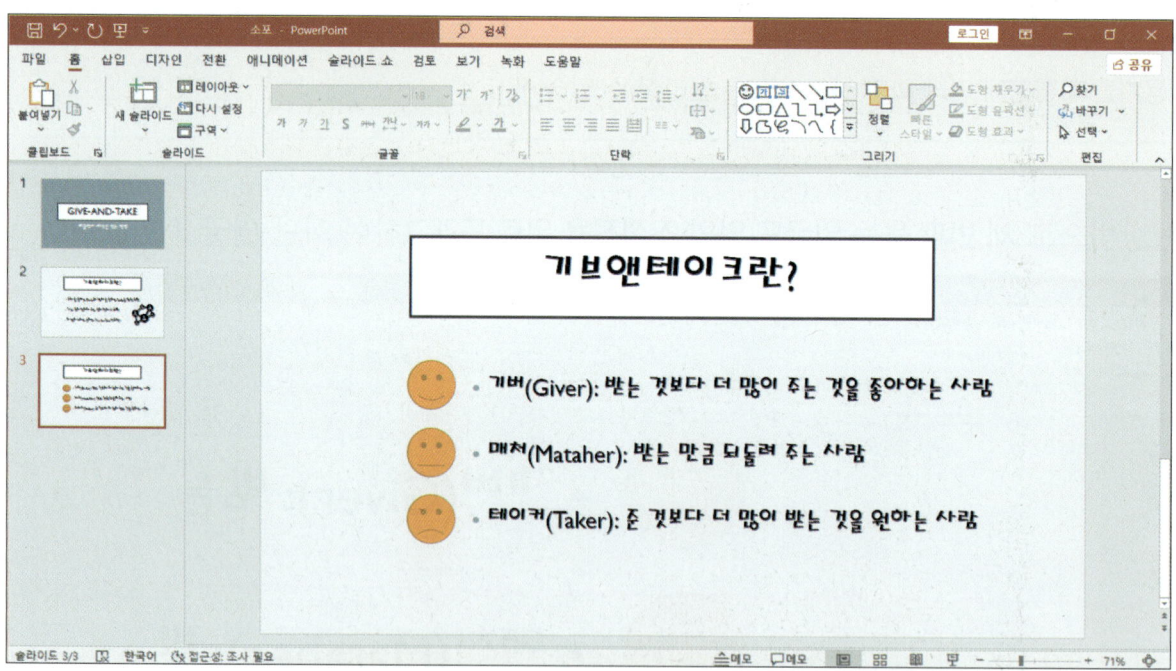

12 빠른 실행 도구 모음의 📱(저장)을 클릭하여 저장합니다.

 **테마 디자인을 활용한 설명 자료 만들기**

▶ 테마 선택하기

01 [파일] 탭-[새로 만들기]-[새 프레젠테이션]을 선택합니다. 새 프레젠테이션이 창이 나타나면 제목 슬라이드의 제목 텍스트 상자와 부제목 텍스트 상자에 다음처럼 입력합니다.

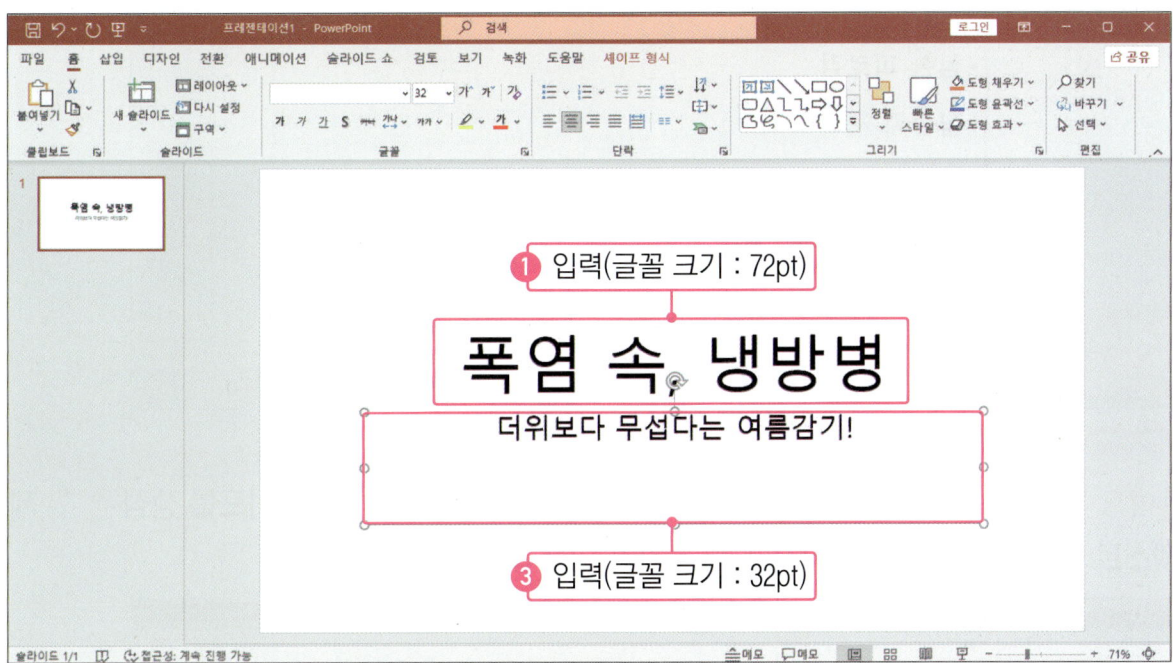

02 슬라이드 미리 보기 창을 클릭하여 선택하고 Enter 키를 눌러 슬라이드를 생성한 후 **제목 텍스트 상자와 내용 텍스트 상자에 다음처럼 입력합니다.**

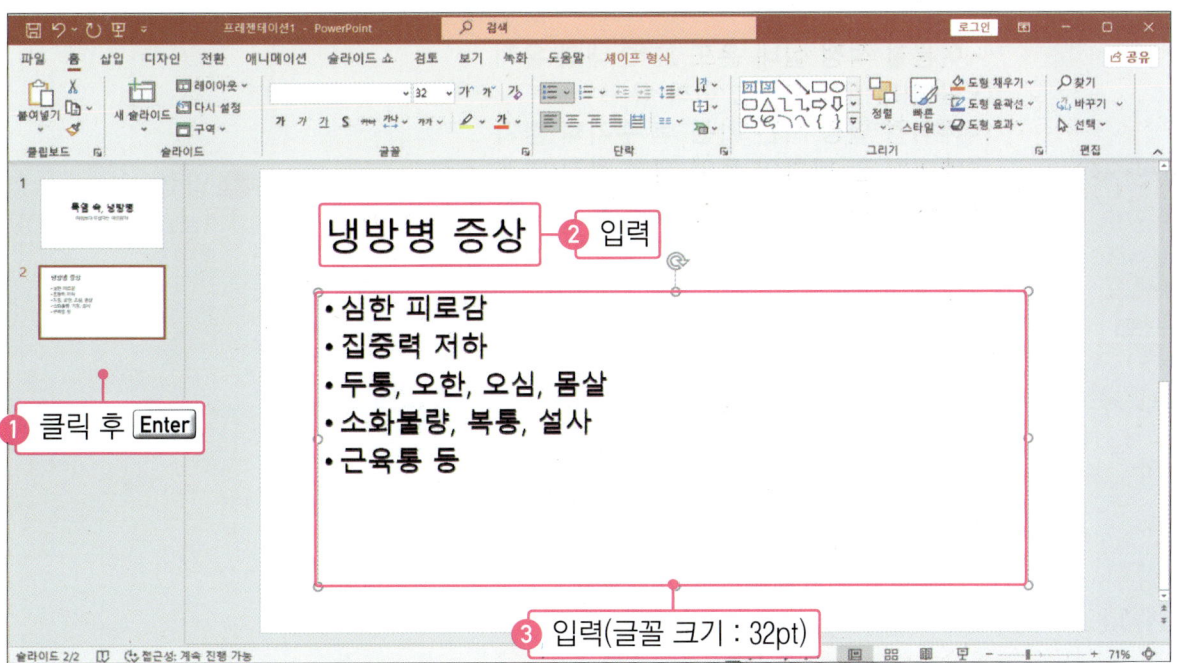

03 텍스트 줄 간격을 조절하기 위해 **내용 텍스트 상자를 클릭**하고 [홈] 탭-[단락] 그룹에서 [줄 간격(≡)]-[1.5]를 **선택**합니다.

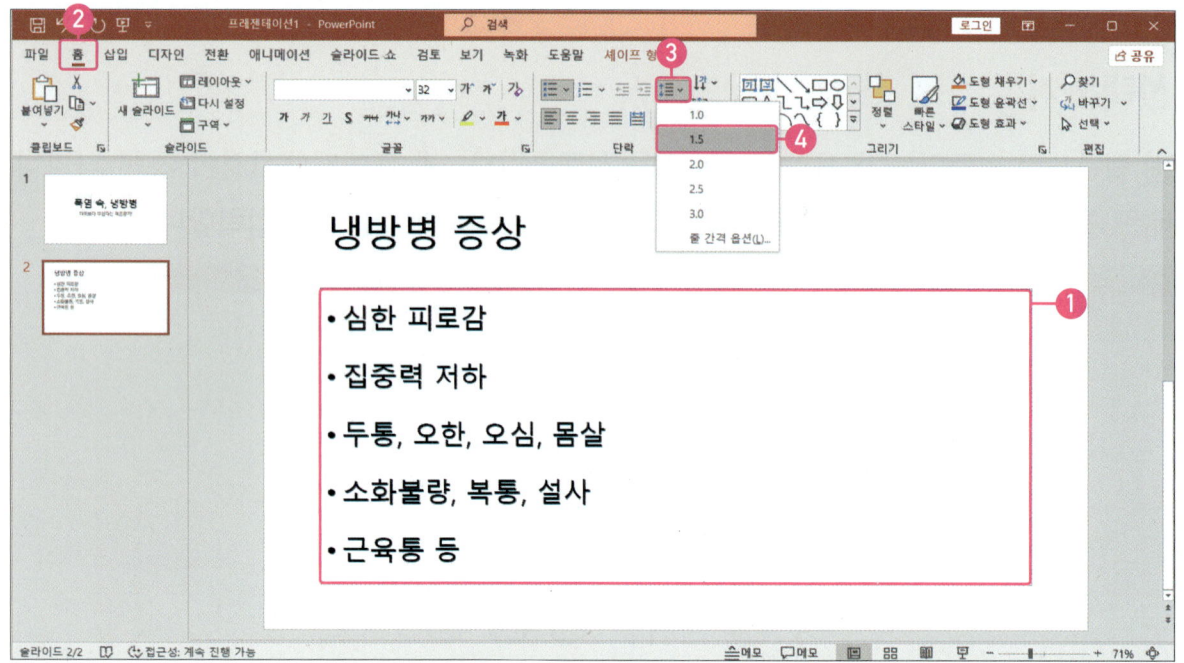

04 슬라이드 미리 보기 창을 클릭하여 선택하고 Enter 키를 눌러 3번 슬라이드를 생성한 후 제목 텍스트 상자와 내용 텍스트 상자에 다음처럼 **입력**합니다.

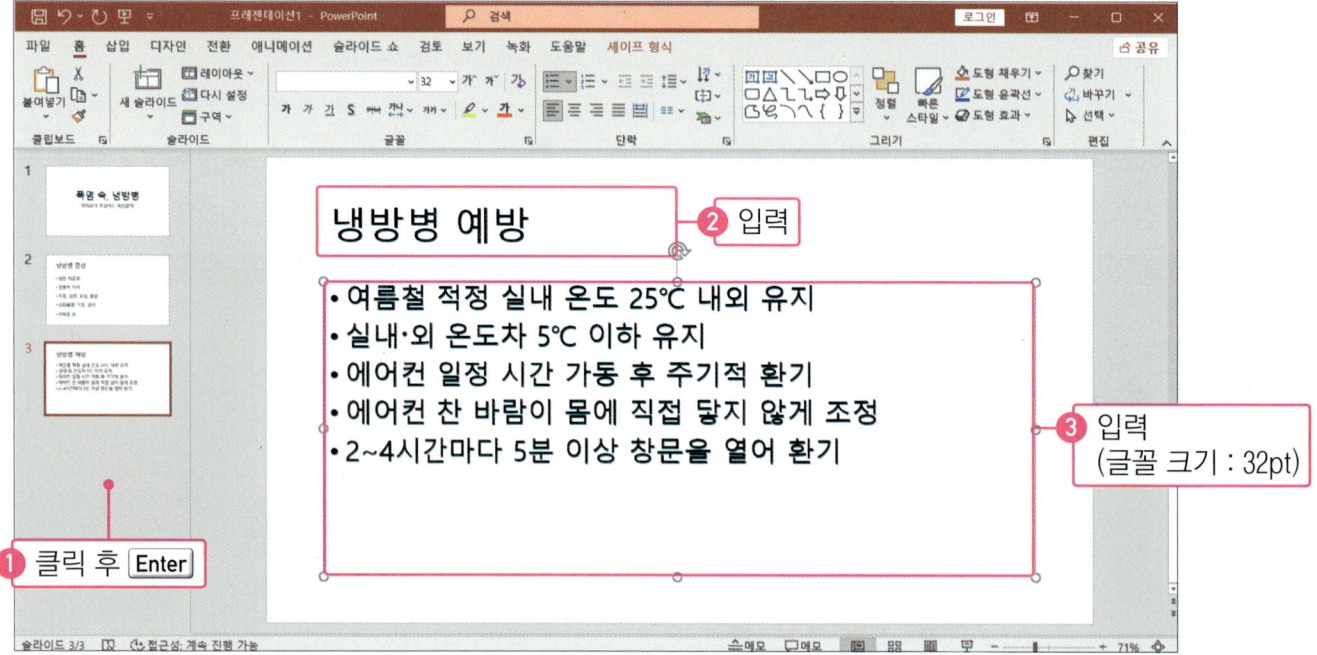

05 텍스트 줄 간격을 조절하기 위해 **내용 텍스트 상자를 선택**하고 [홈] 탭-[단락] 그룹에서 [줄 간격()]-[1.5]를 선택합니다.

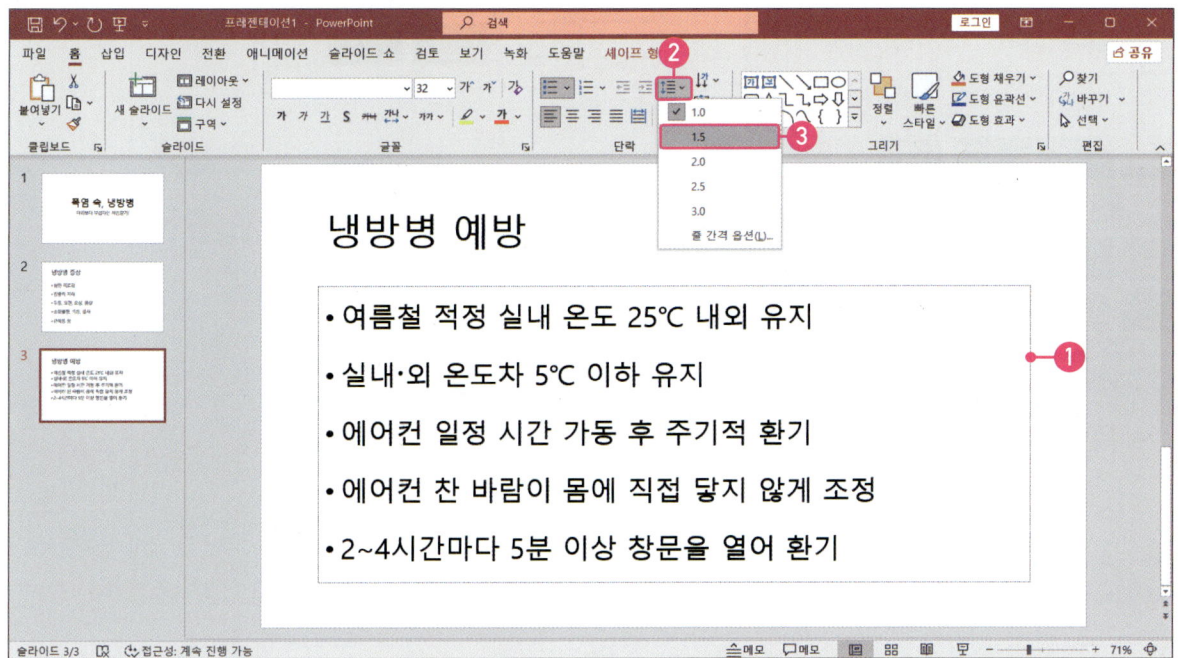

06 빠른 실행 도구 모음의 (저장)을 클릭하여 파일 이름을 '냉방병.pptx'로 저장합니다.

▶ 테마 선택하기

01 제목 슬라이드를 선택하고 [디자인] 탭-[테마] 그룹에서 (자세히)를 클릭합니다.

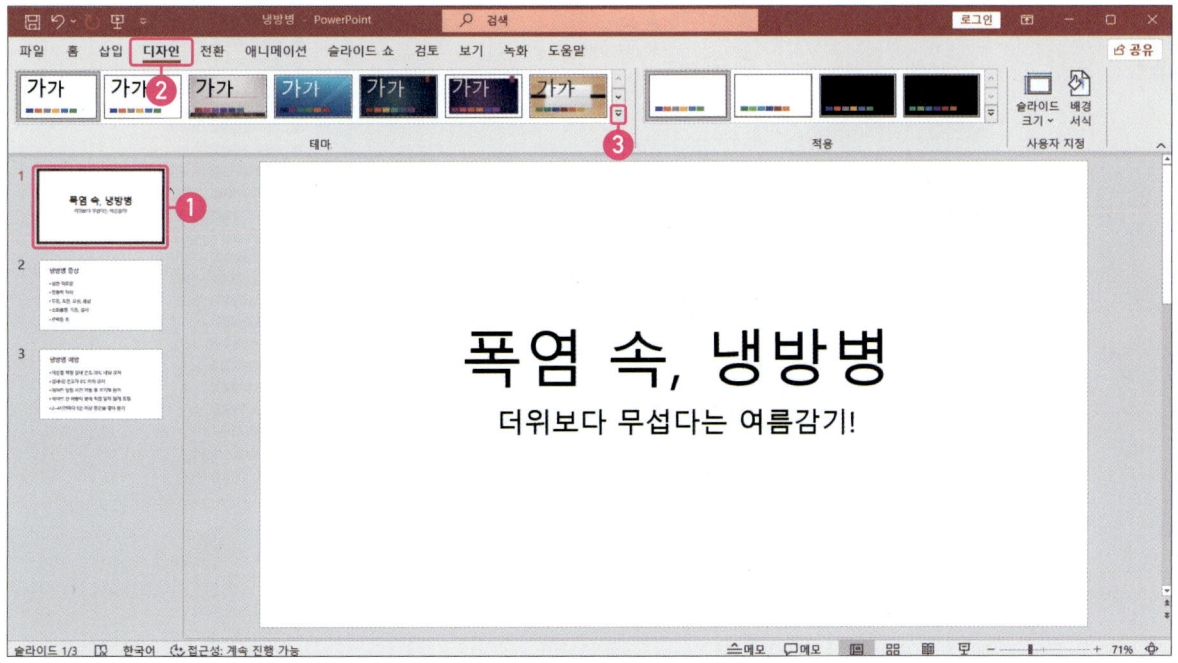

02 테마 갤러리에서 [메모 테마]를 선택합니다.

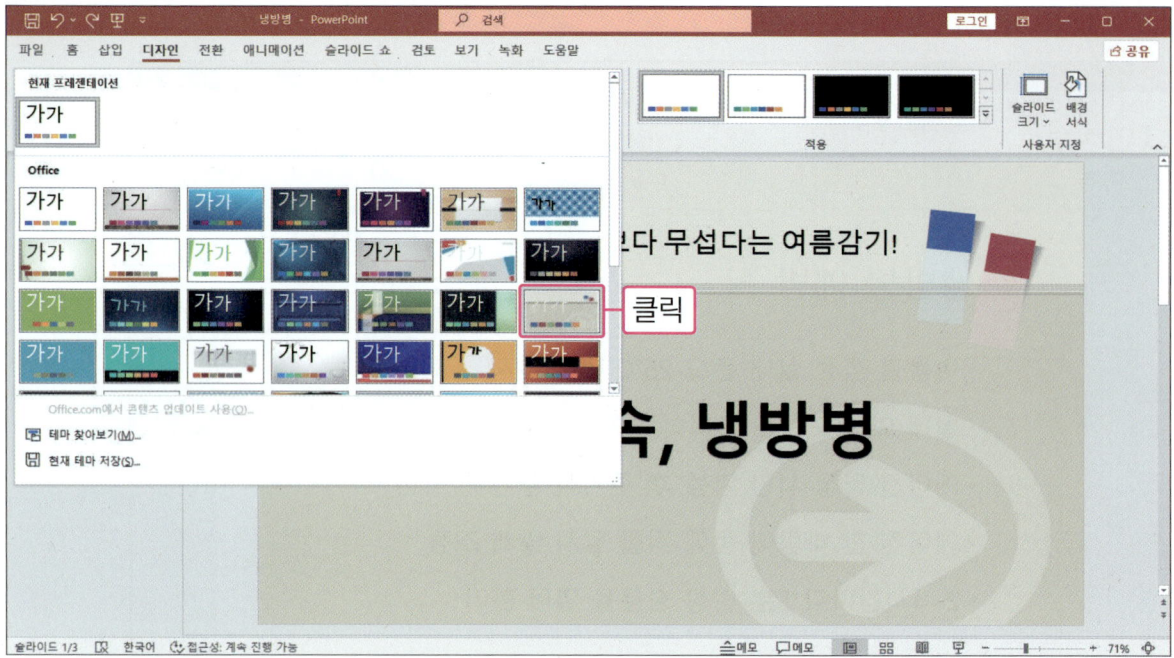

▶ **테마 색 변경하기**

01 [디자인] 탭-[적용] 그룹의 ▽(자세히)를 클릭하여 [색]-[파랑]을 선택합니다.

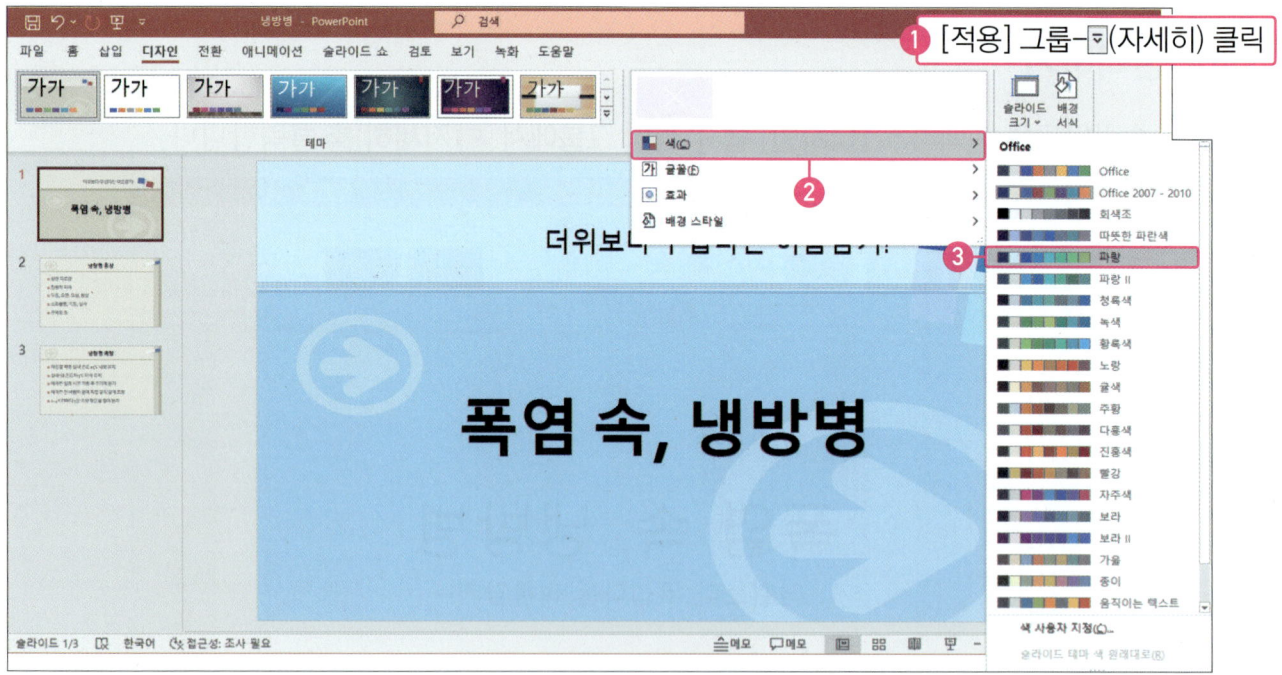

02 선택한 색으로 전체가 적용된 것을 확인할 수 있습니다.

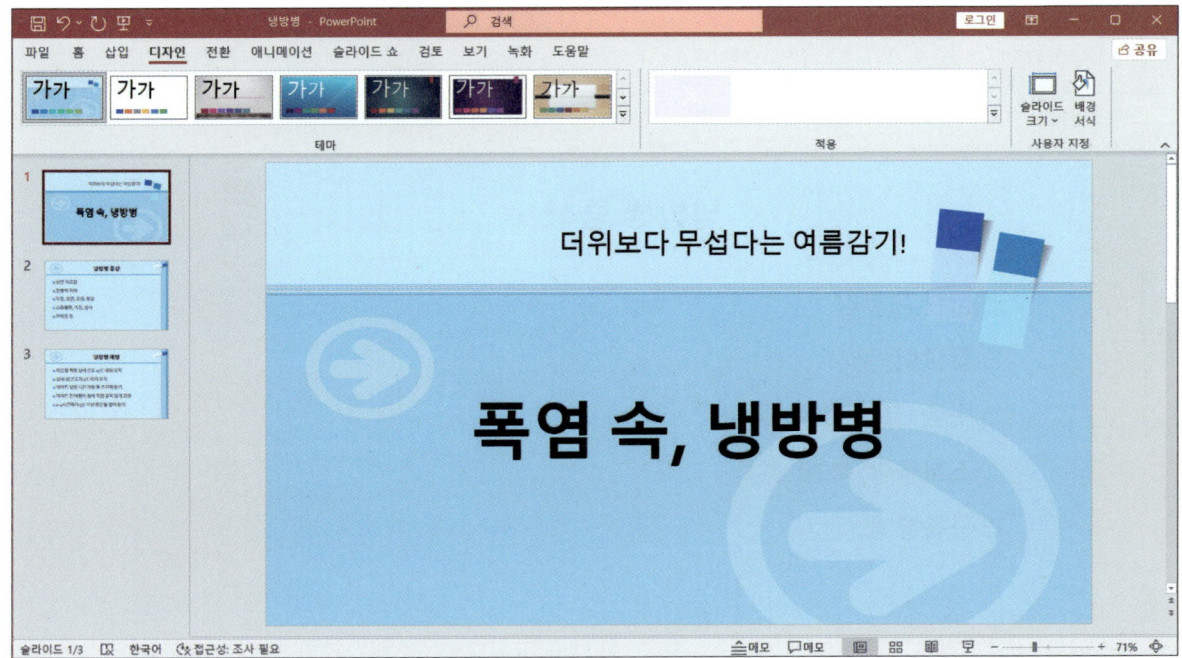

03 워드아트 스타일을 적용하기 위해 **제목 텍스트 상자를 클릭**하고 [셰이프 형식(도형 서식)] 탭-[WordArt 스타일] 그룹에서 (자세히)를 클릭하고 [채우기: 흰색, 윤곽선: 옥색, 강조색 2, 진한 그림자: 옥색, 강조색 2]를 선택합니다.

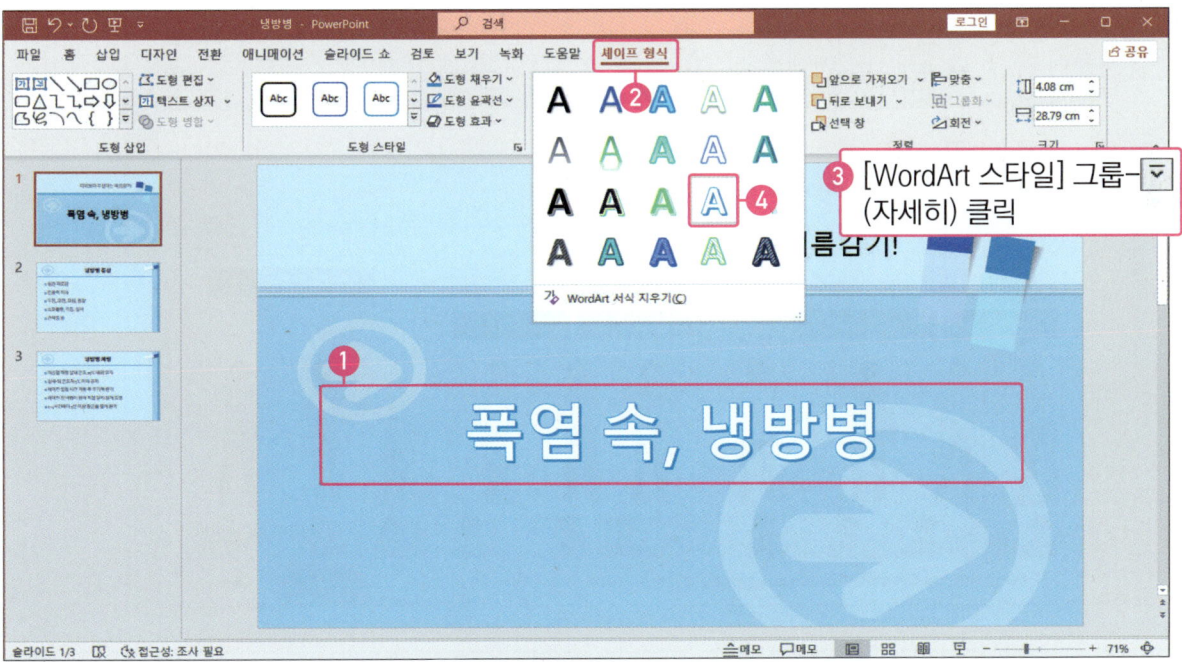

04 2번 슬라이드를 선택합니다. [삽입] 탭-[일러스트레이션] 그룹-[아이콘]을 클릭합니다.

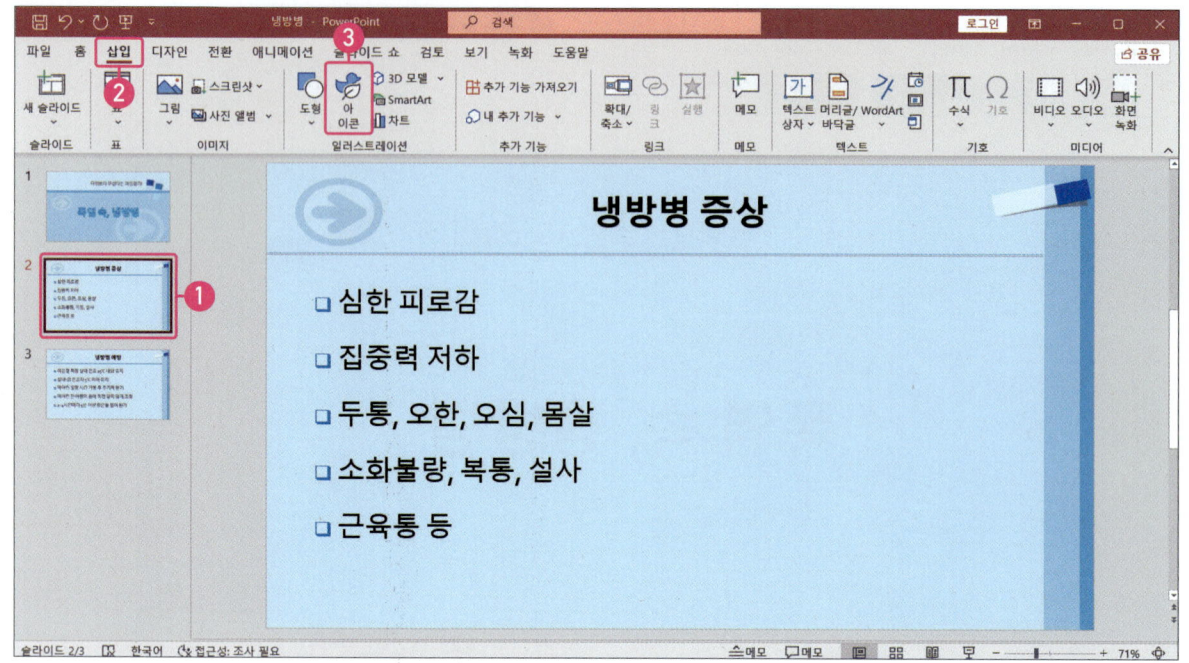

05 [스톡 이미지] 대화상자가 나타나면 [사람 컷아웃]-[진민]을 선택한 후 다음과 같은 이미지를 선택하고 [삽입] 버튼을 클릭합니다.

 이미지가 다를 경우 비슷한 이미지를 사용하면 됩니다.

06 이미지가 삽입되면 **오른쪽 위 조절점을 안쪽으로 드래그**하여 크기를 줄입니다.

07 [그림 형식(그림 서식)] 탭-[정렬] 그룹에서 [회전]-[좌우 대칭]을 선택합니다. 바운딩 박스 안에서부터 드래그하여 이동합니다.

 파워포인트 2021 버전은 업데이트 상황에 따라 '그림 형식'이나 '그림 서식' 탭으로 표시됩니다.

08 3번 슬라이드를 클릭합니다. [삽입] 탭-[일러스트레이션] 그룹에서 [아이콘]을 클릭합니다.

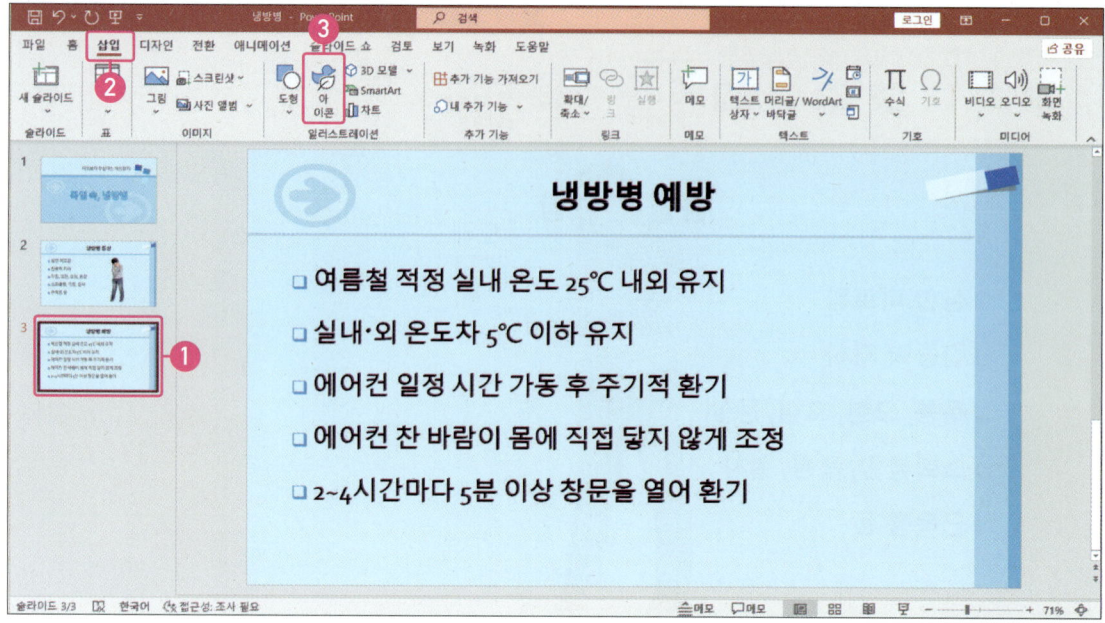

09 [스톡 이미지] 대화상자가 나타나면 [사람 컷아웃]-[진민]을 선택한 후 다음처럼 이미지를 선택하고 [삽입] 버튼을 클릭합니다.

10 이미지가 삽입되면 **오른쪽 위 조절점을 안쪽으로 드래그**하여 크기를 줄인 후 **오른쪽으로 드래그**하여 이동합니다.

11 완성한 이미지입니다.

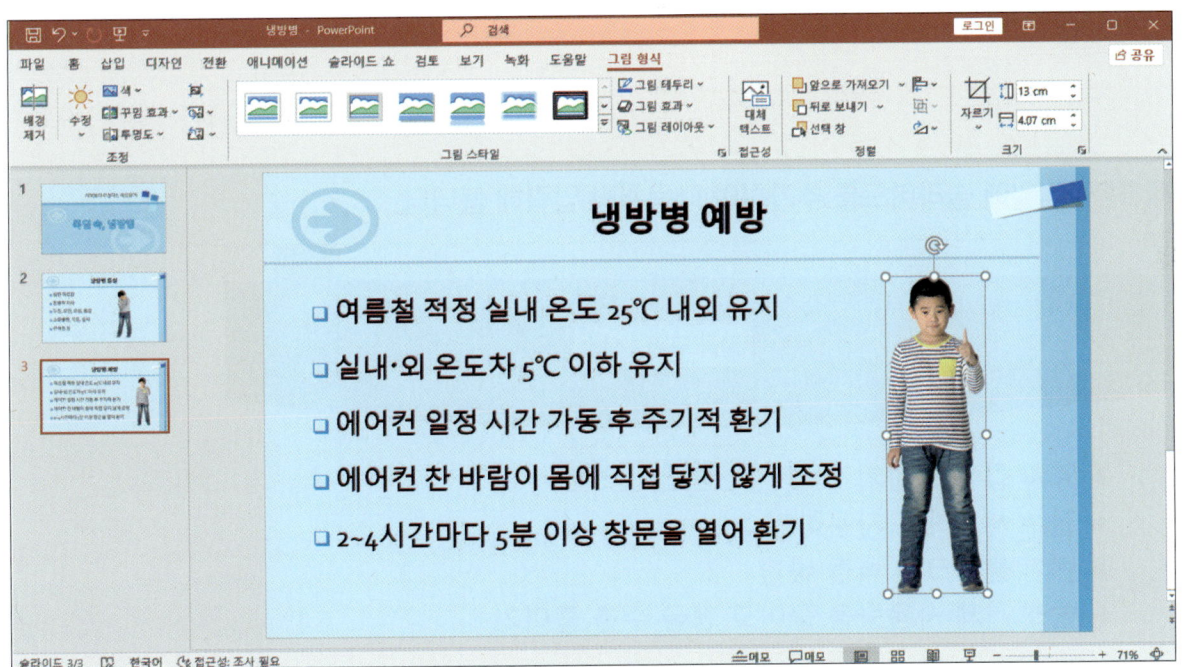

12 빠른 실행 도구 모음의 ■(저장)을 클릭하여 저장합니다.

응용력 키우기

01 서식 파일 목록 중에서 [이온(회의실)]을 선택한 후 다음처럼 제목과 부제목을 입력해 봅니다.

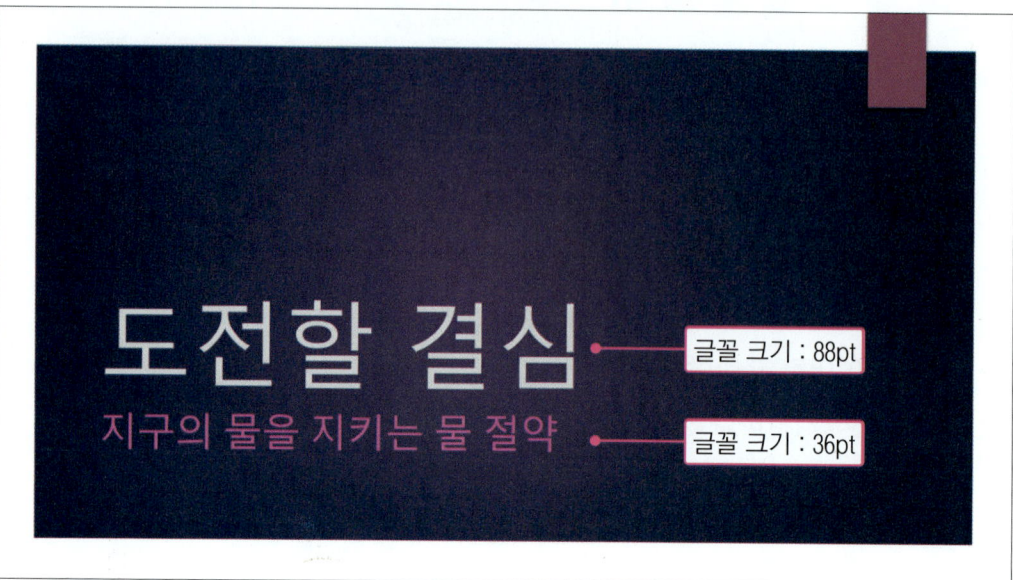

 파워포인트를 새로 시작하거나 [파일] 탭-[새로 만들기]를 클릭한 후 서식 파일을 선택합니다.

02 문제 **01**의 파일에 슬라이드를 추가하여 다음처럼 입력해 봅니다.

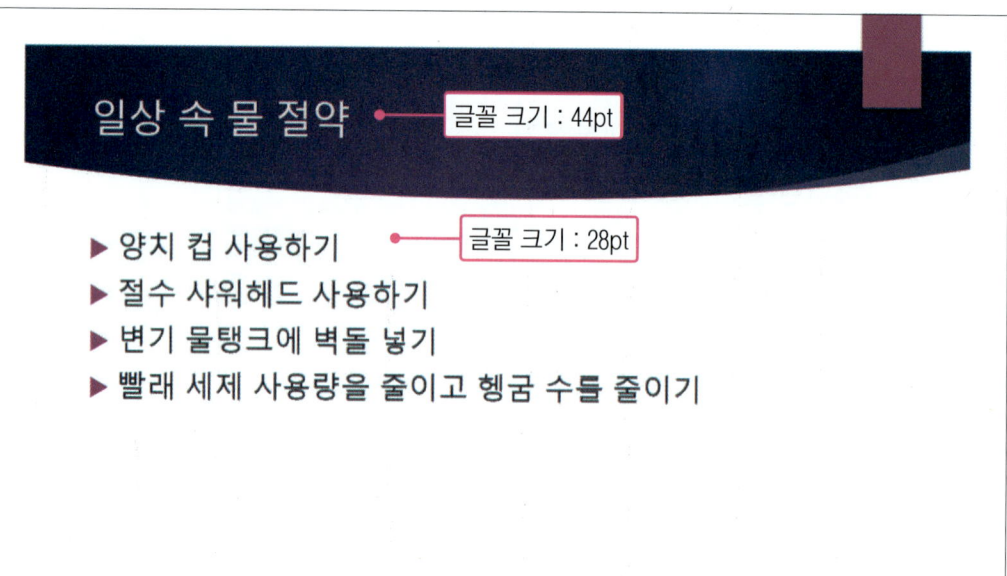

106

03 '물방울' 테마를 적용한 후 다음처럼 워드아트 스타일을 적용해 봅니다.

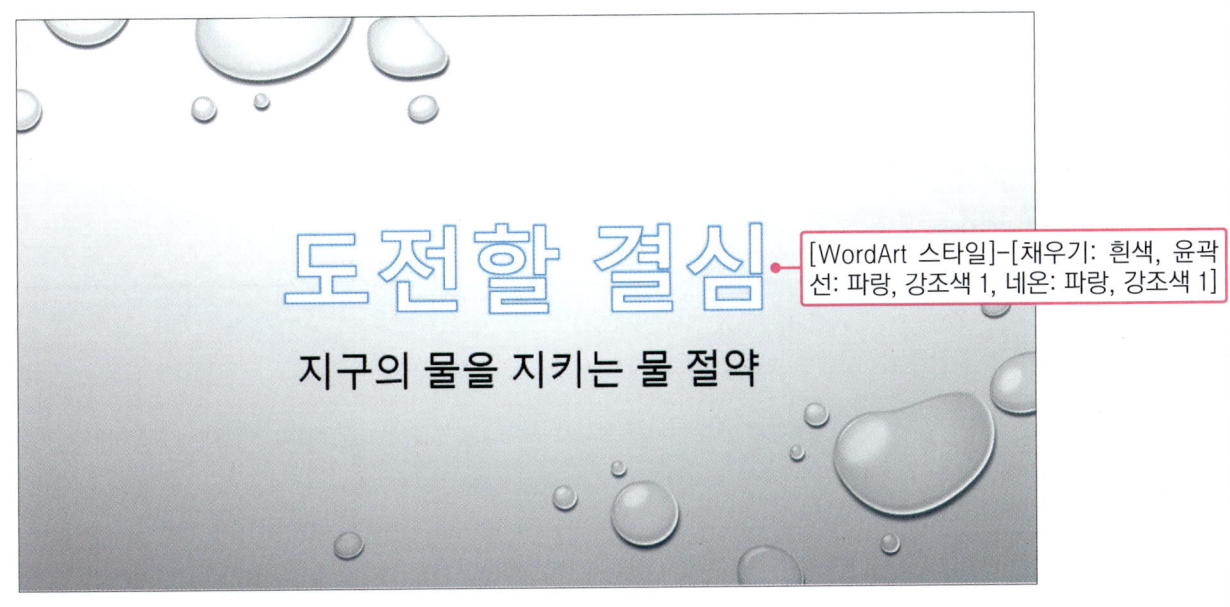

[WordArt 스타일]-[채우기: 흰색, 윤곽선: 파랑, 강조색 1, 네온: 파랑, 강조색 1]

> [디자인] 탭-[테마] 그룹의 갤러리에서 '물방울' 테마를 선택합니다.

04 제목을 다음처럼 워드아트 스타일로 적용해보고 아이콘을 삽입해 봅니다.

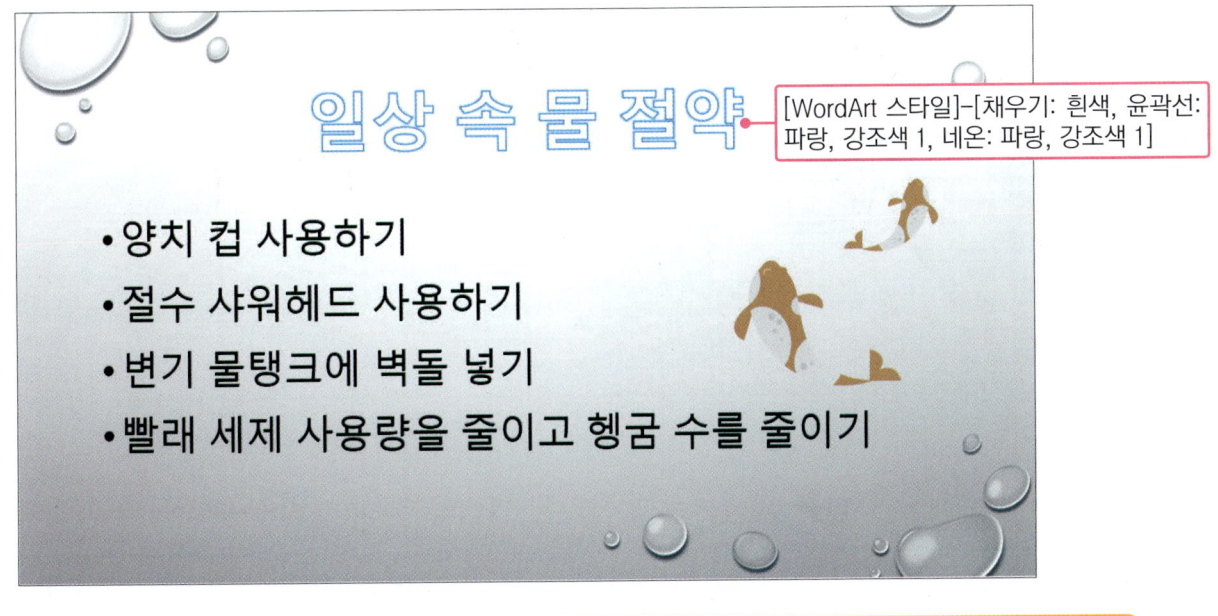

[WordArt 스타일]-[채우기: 흰색, 윤곽선: 파랑, 강조색 1, 네온: 파랑, 강조색 1]

> [삽입] 탭-[일러스트레이션] 그룹-[아이콘]-[일러스트레이션] 목록-[물고기]를 선택합니다.

107

06 웨딩 앨범 만들기

- 사진 앨범 생성
- 그림 배경 투명 적용
- 텍스트 변환으로 제목 만들기
- 도형으로 제목 꾸미기
- 그림 스타일 적용
- 그림 꾸밈 효과

미/리/보/기

준비파일 : 웨딩1.jpg, 웨딩2.jpg, 웨딩3.jpg, 웨딩4.jpg, 웨딩5.jpg, 웨딩6.jpg, 웨딩흑백.jpg, 웨딩배경.jpg,
완성파일 : 웨딩(완성).pptx

▲ 1번 슬라이드

▲ 2번 슬라이드

▲ 3번 슬라이드

▲ 4번 슬라이드

이번 장에서는 사진 앨범을 생성해보고 삽입된 그림을 통해 그림의 배경을 투명하게 적용하는 방법, 그림 스타일을 적용하는 방법 등 그림과 관련된 기능에 대하여 알아보도록 하겠습니다.

01 그림 관련 기능 알아보기

▶ 그림 삽입

[삽입] 탭-[이미지] 그룹에서 그림을 여러 가지 방법으로 삽입할 수 있습니다.

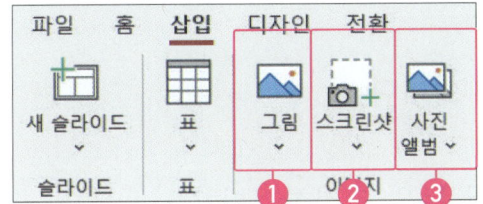

1 그림
- **이 디바이스** : 컴퓨터에 미리 준비되어 있는 그림을 삽입하여 사용합니다.
- **스톡 이미지** : 라이브러리를 이용하여 무료·유료의 프리미엄 이미지를 사용할 수 있습니다. 다이아몬드 마크(💎)가 붙은 이미지는 비용을 지불해야 합니다.
- **온라인 그림** : 인터넷이 연결되어 있을 경우 사용하며, 검색어를 이용하여 사용할 수 있지만 저작권에서 자유롭지는 않습니다.

2 스크린샷 : 현재 열린 창을 캡처해 현재 슬라이드에 삽입합니다.

3 사진 앨범 : [사진 앨범] 대화상자에서 [파일/디스크] 버튼을 클릭하여 여러 사진을 선택한 후 그림 레이아웃을 설정하면 앨범 형식의 새 프레젠테이션이 생성됩니다.

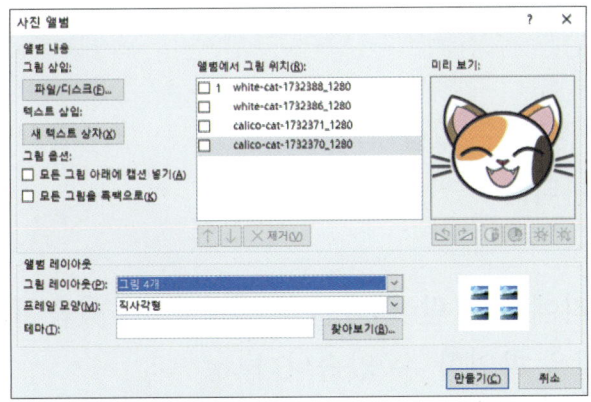

▲ [사진 앨범] 대화상자

▲ 생성된 사진 앨범

> **잠깐**
>
> **도형에 그림 삽입하기**
> 도형을 선택하고 [셰이프 형식(도형 서식)] 탭-[도형 스타일] 그룹-[도형 채우기]-[그림]을 선택하면 도형 안에 그림을 가져 올 수 있습니다.
>
>

▶ [그림 도구]-[그림 형식(그림 서식)] 탭 살펴보기

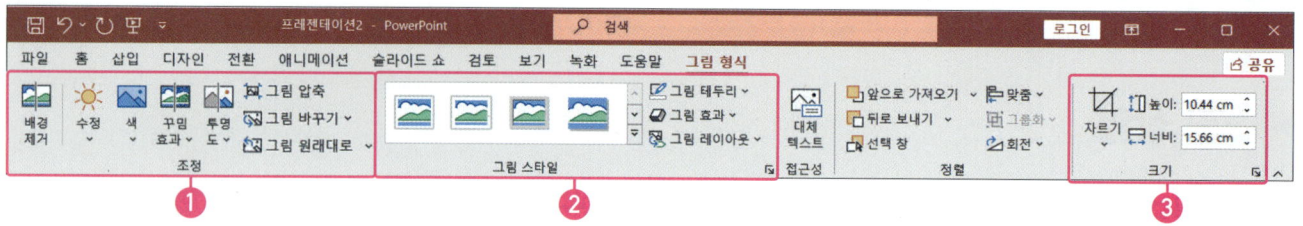

❶ [조정] 그룹
- 배경 제거 : 그림의 특정 부분을 제거하여 보이지 않게 합니다.
- 수정 : 그림의 선명도 조절, 밝기/대비를 조절합니다.
- 색 : 그림의 채도, 색조, 톤, 기타 변형, 투명한 색 설정 등을 조절합니다.
- 꾸밈 효과 : 그림에 회화적인 꾸밈 효과를 적용합니다.
- 투명도 : 그림의 투명도를 적용합니다.

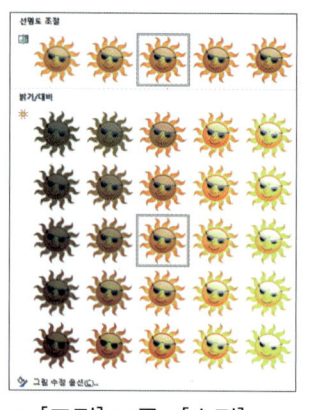
▲ [조정] 그룹-[수정]   ▲ [조정] 그룹-[색]

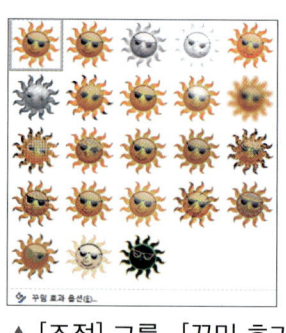
▲ [조정] 그룹-[꾸밈 효과]

- 그림 압축 : 선택한 그림을 압축합니다.
- 그림 바꾸기 : 선택한 그림을 다른 그림으로 변경할 수 있습니다.
- 그림 원래대로 : 그림에 적용된 효과를 제거합니다.

❷ [그림 스타일] 그룹
- 빠른 스타일 : 미리 준비된 그림 스타일 갤러리에서 그림 스타일을 선택할 수 있습니다. ▽(자세히)를 클릭하면 다양한 그림 스타일을 확인할 수 있습니다.

- 그림 테두리 : 그림 테두리의 색, 두께, 대시 스타일을 적용합니다.
- 그림 효과 : 그림자, 반사, 네온 등의 효과를 적용합니다.
- 그림 레이아웃 : 여러 개의 그림을 선택하고 명령을 실행하면 그림이 포함된 SmartArt로 변경할 수 있습니다.

❸ [크기] 그룹
- **자르기** : 그림에서 필요 없는 부분을 잘라냅니다. 자르기(자르기)를 클릭하여 나타나는 메뉴에서 [도형에 맞춰 자르기]를 이용하면 사각형뿐만 아니라 다양한 모양의 도형으로 잘라낼 수 있습니다.
- **높이/너비** : 그림의 높이와 너비를 지정할 수 있습니다.

02 나만의 웨딩 앨범 만들기

▶ 사진 앨범 만들기

01 파워포인트를 실행한 후 [새 프레젠테이션]을 클릭합니다. [삽입] 탭-[이미지] 그룹에서 [사진 앨범(🖼)]을 클릭합니다.

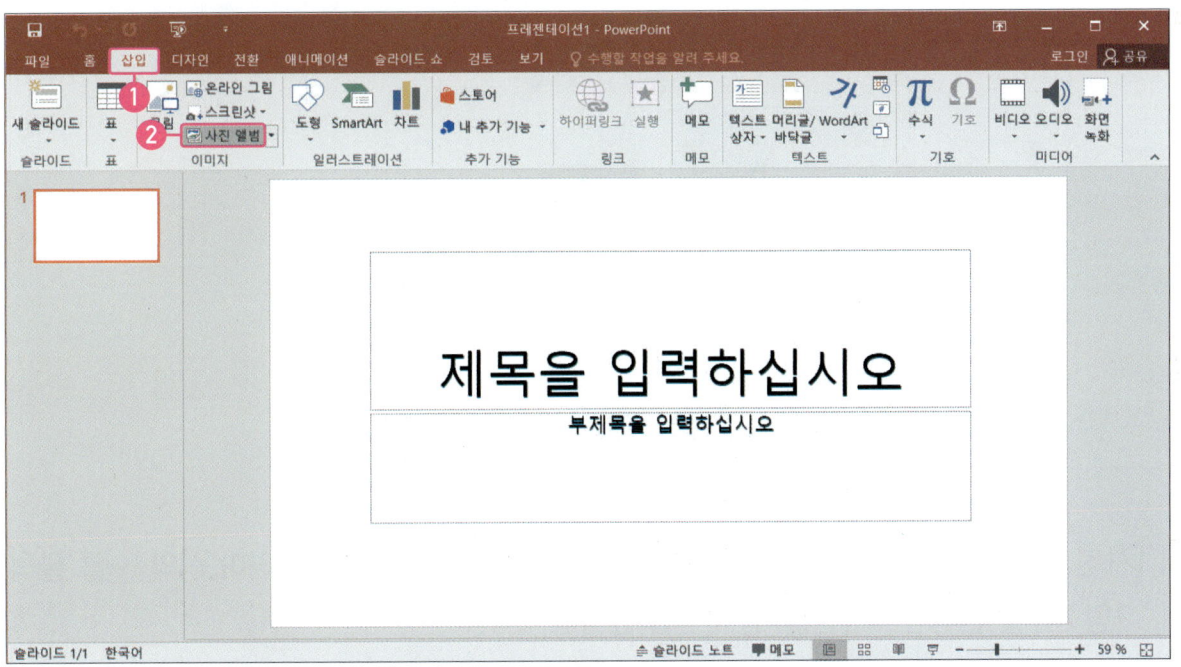

02 [사진 앨범] 대화상자가 나타나면 [파일/디스크] 버튼을 클릭합니다.

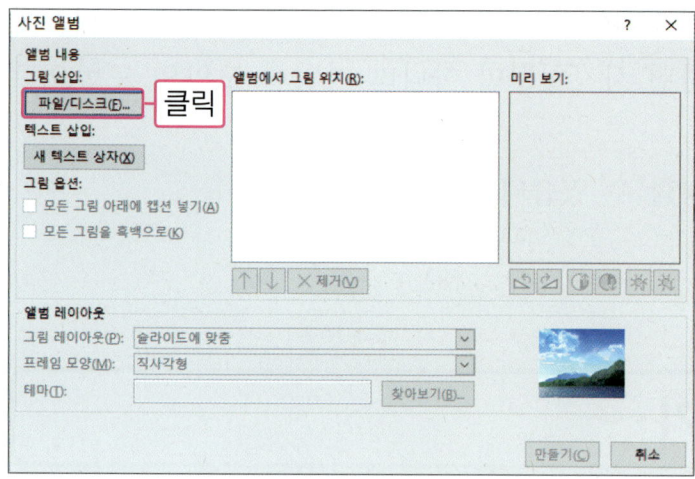

03 [새 그림 삽입] 대화상자가 나타나면 **경로 위치를 지정**하고 6개의 파일을 연속해서 선택하기 위해 '웨딩1'을 클릭하고 Shift 키를 누른 채 '웨딩6'를 클릭합니다. [삽입] 버튼을 클릭합니다.

04 다시 [사진 앨범] 대화상자가 나타나면 [앨범 레이아웃]에서 [그림 레이아웃]의 ▼를 클릭하여 '**그림 2개**'를 **선택**한 후 [만들기] 버튼을 클릭합니다.

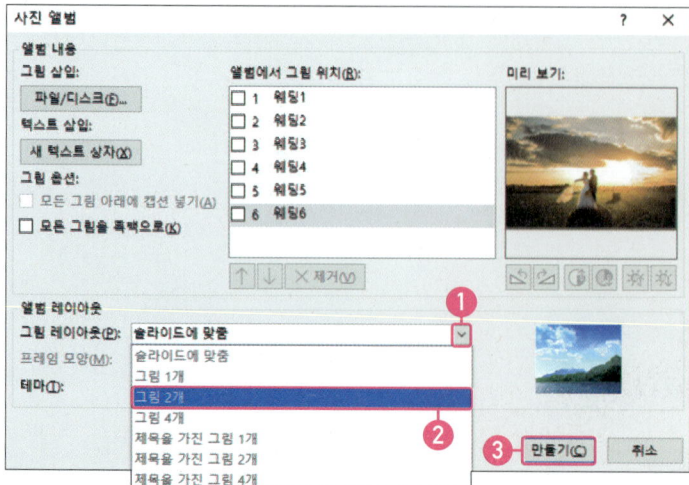

▶ 사진 앨범 배경 변경하기

01 선택한 그림들로 새 프레젠테이션 생성됩니다. **마우스 오른쪽 버튼을 클릭**하여 바로 가기 메뉴가 나타나면 **[배경 서식]을 선택**합니다. 아래쪽의 ▣(메모)를 클릭하여 창을 닫습니다.

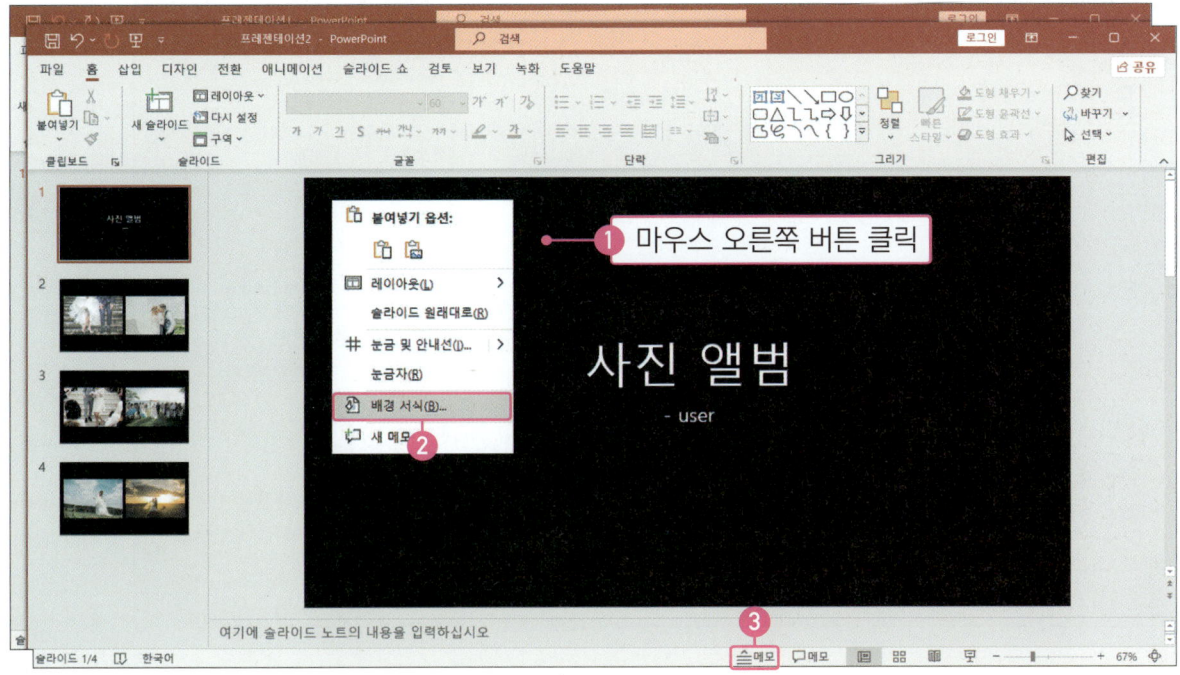

02 배경 서식 창이 나타나면 [채우기]-[그라데이션 채우기]를 클릭합니다. [그라데이션 중지점]에서 '**중지점 4/4**'를 선택하고 '**색**'을 클릭하여 '**다른 색**'을 선택합니다. [색] 대화상자가 나타나면 [육각]을 '**#FFCCFF**'로 입력하고 [확인] 버튼을 클릭합니다.

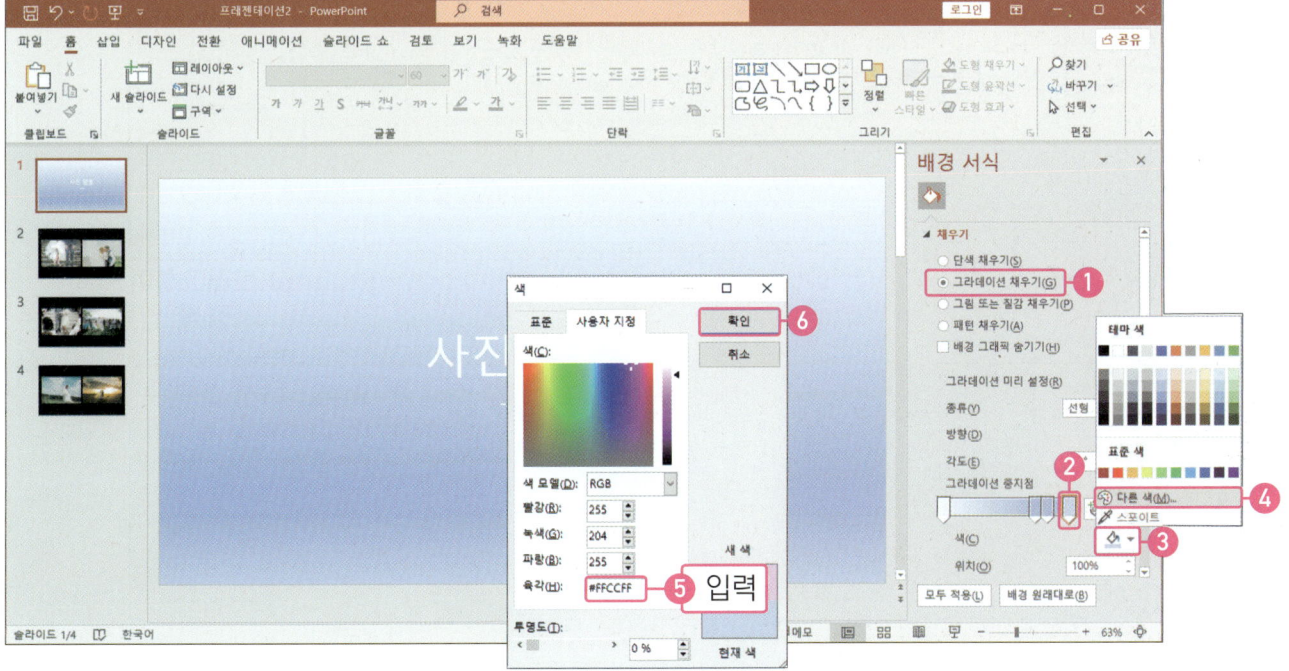

113

03 배경 아래가 변경한 색상으로 그라데이션이 적용된 것을 확인할 수 있습니다. [모두 적용] 버튼을 클릭하여 모든 슬라이드에 배경을 적용합니다. 화면을 넓게 쓰기 위해 [배경 서식] 창의 ⊠(닫기)를 클릭합니다.

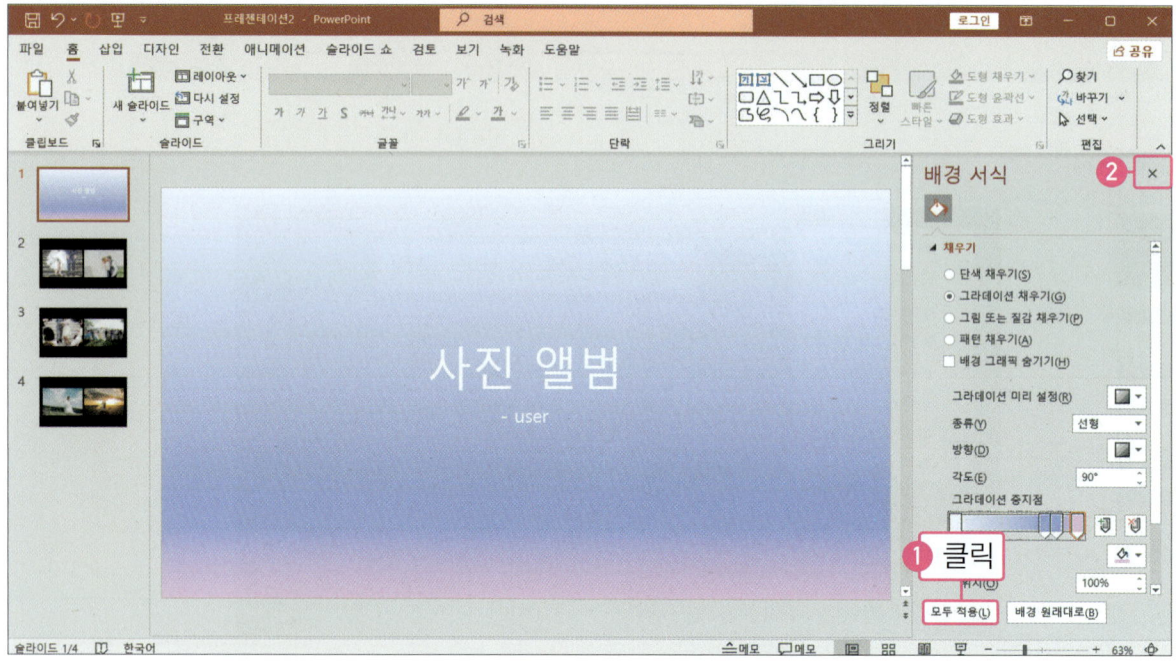

▶ 앨범 제목 만들기

01 제목 텍스트 상자에 다음처럼 입력한 후 부제목 텍스트 상자를 선택합니다. Delete 키를 누르고 다시 부제목 텍스트 상자를 선택하고 Delete 키를 눌러 삭제합니다.

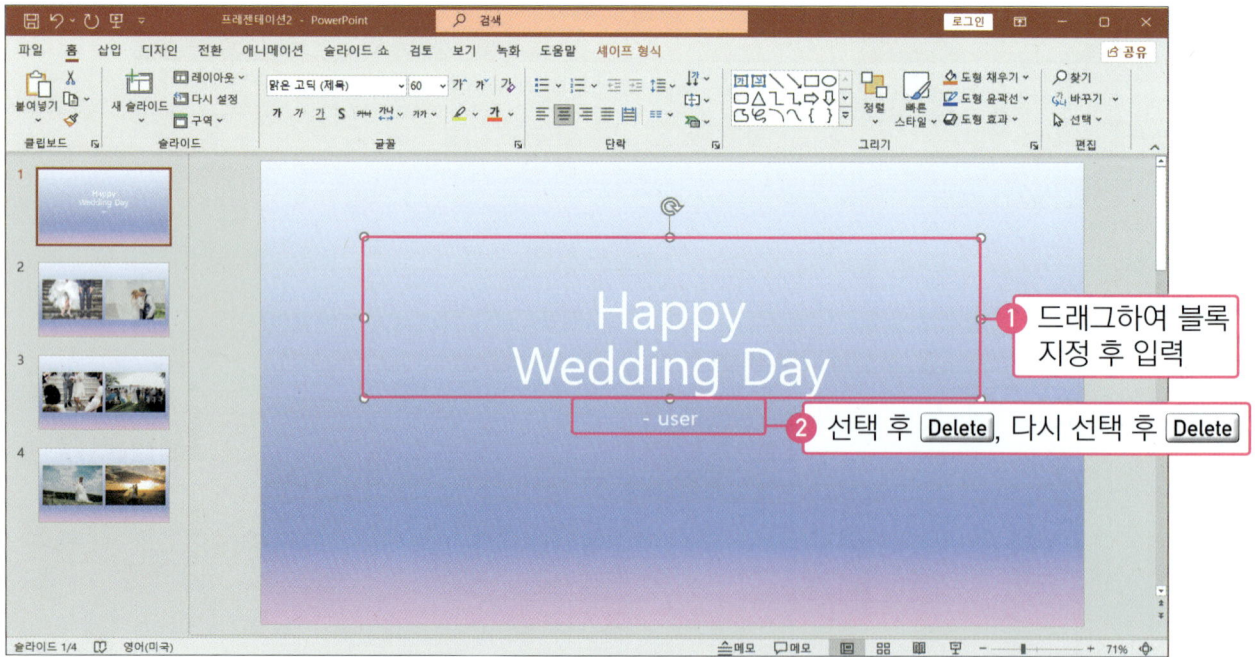

02 제목 상자를 선택한 후 [셰이프 형식(도형 서식)] 탭-[WordArt 스타일] 그룹에서 [채우기: 흰색, 윤곽선: 파랑, 강조색 5, 그림자]를 클릭합니다.

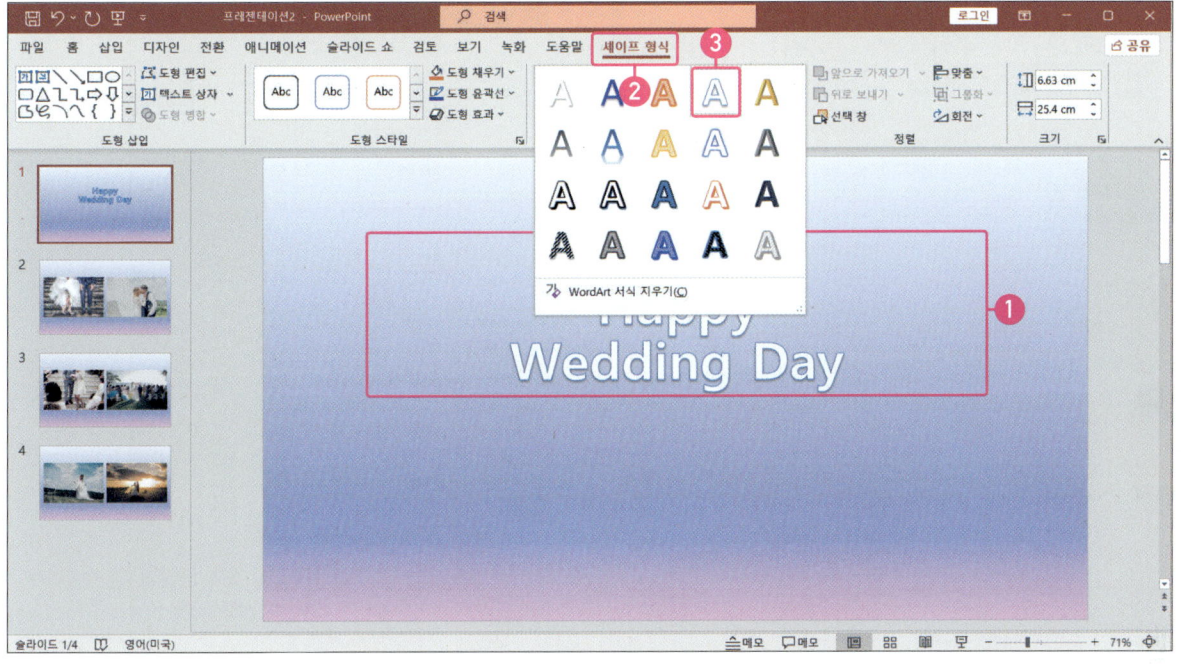

03 윤곽선의 색상을 변경하기 위해 [셰이프 형식(도형 서식)] 탭-[WordArt 스타일] 그룹-[텍스트 윤곽선]의 ⌄를 클릭하여 [최근에 사용한 색]에서 '연보라'를 클릭합니다.

04 워드아트의 변형을 주기 위해 [셰이프 형식(도형 서식)] 탭-[WordArt 스타일] 그룹에서 [텍스트 효과]-[변환]에서 '원호'를 선택합니다.

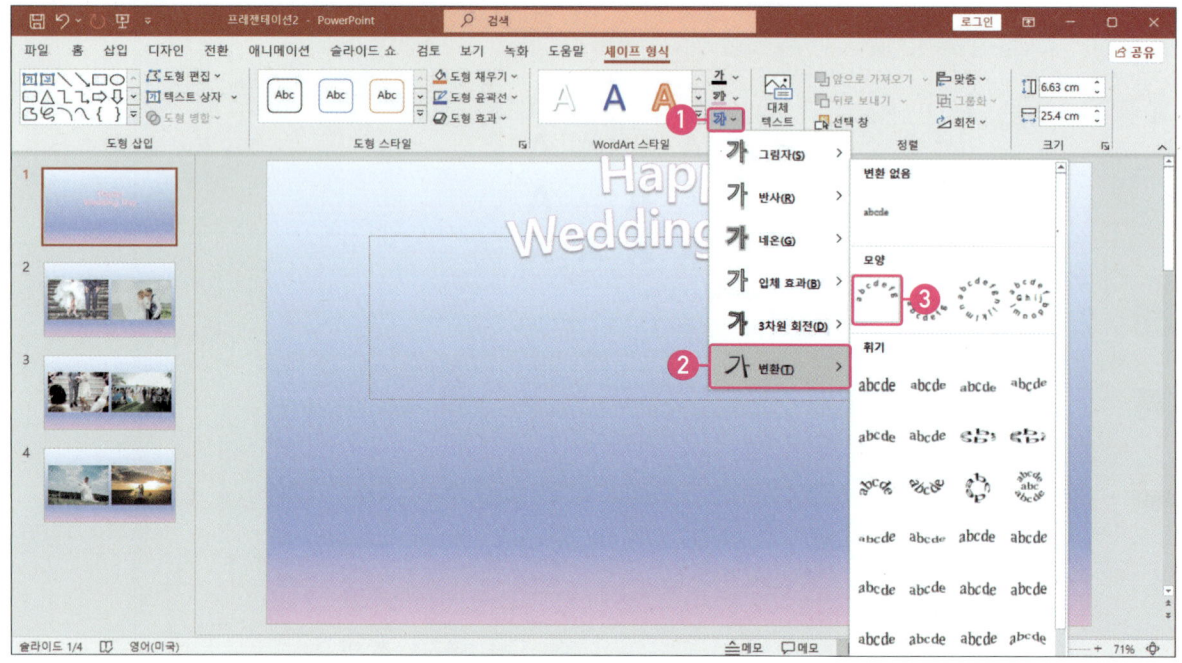

05 제목을 둥글리기 위해 제목 텍스트 상자의 가로 넓이를 안쪽으로 드래그합니다. 텍스트가 둥글게 변경되면 상단 중앙으로 배치하기 위해 오른쪽 아래로 드래그합니다.

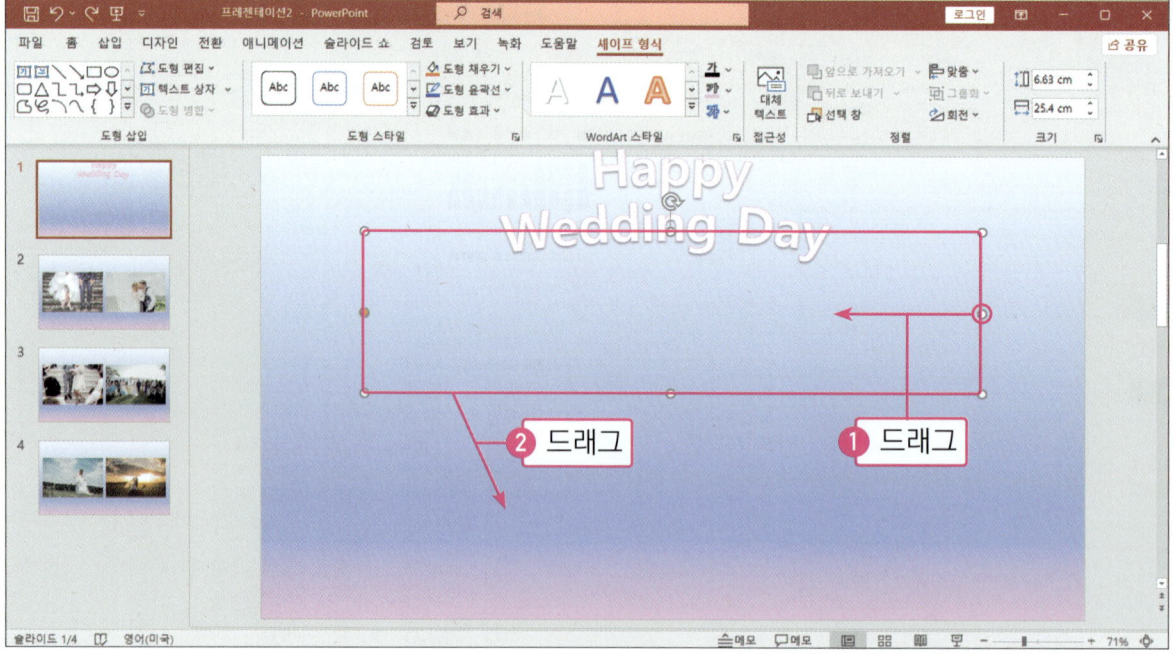

 [변환]-[원호]를 사용한 후 생성된 노란색 변형점은 텍스트가 많을 때 사용하면 유용합니다. 텍스트 상자 대비 텍스트가 적을 때는 가로 넓이를 줄여 둥글기를 조절합니다.

▶ 앨범 제목 꾸미기

01 도형을 삽입하기 위해 [셰이프 형식(도형 서식)] 탭-[도형 삽입] 그룹에서 ▼(자세히)를 클릭하여 [하트]를 선택한 후 슬라이드에서 클릭하여 생성합니다.

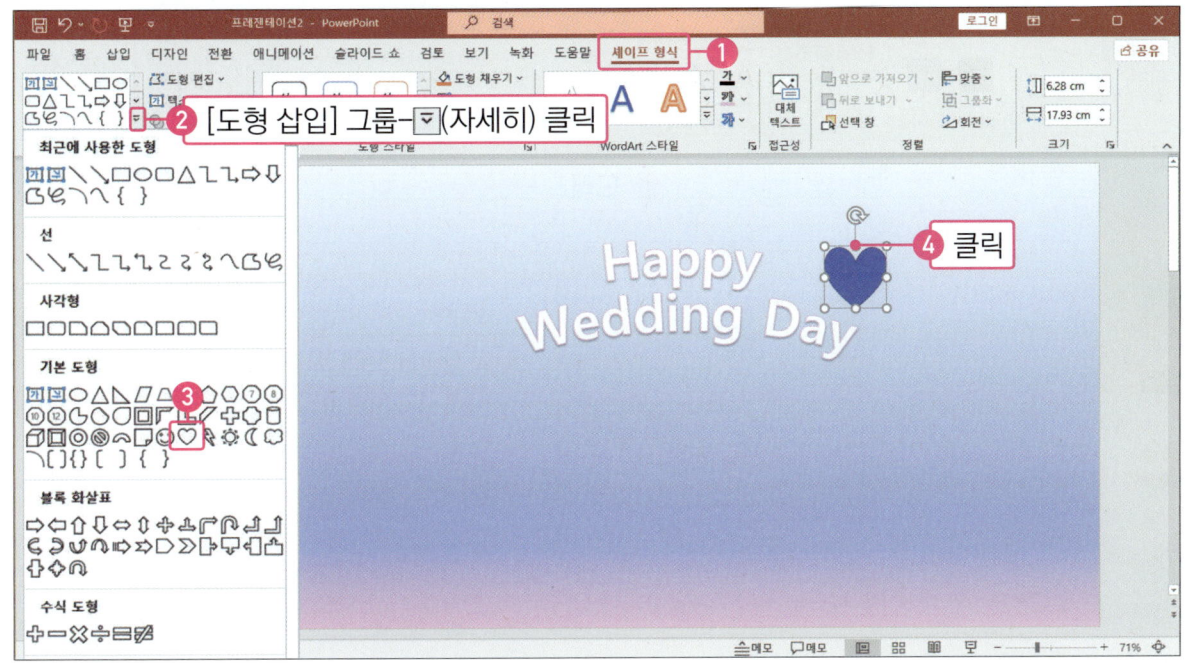

02 하트 도형의 채우기 색상과 윤곽선 색상을 다음처럼 변경합니다. 윤곽선의 두께를 두껍게 적용하기 위해 [셰이프 형식(도형 서식)] 탭-[도형 스타일] 그룹에서 [도형 윤곽선]-[두께]를 '6pt'를 선택합니다. 회전 조절점(⟳)을 왼쪽으로 드래그하여 회전합니다.

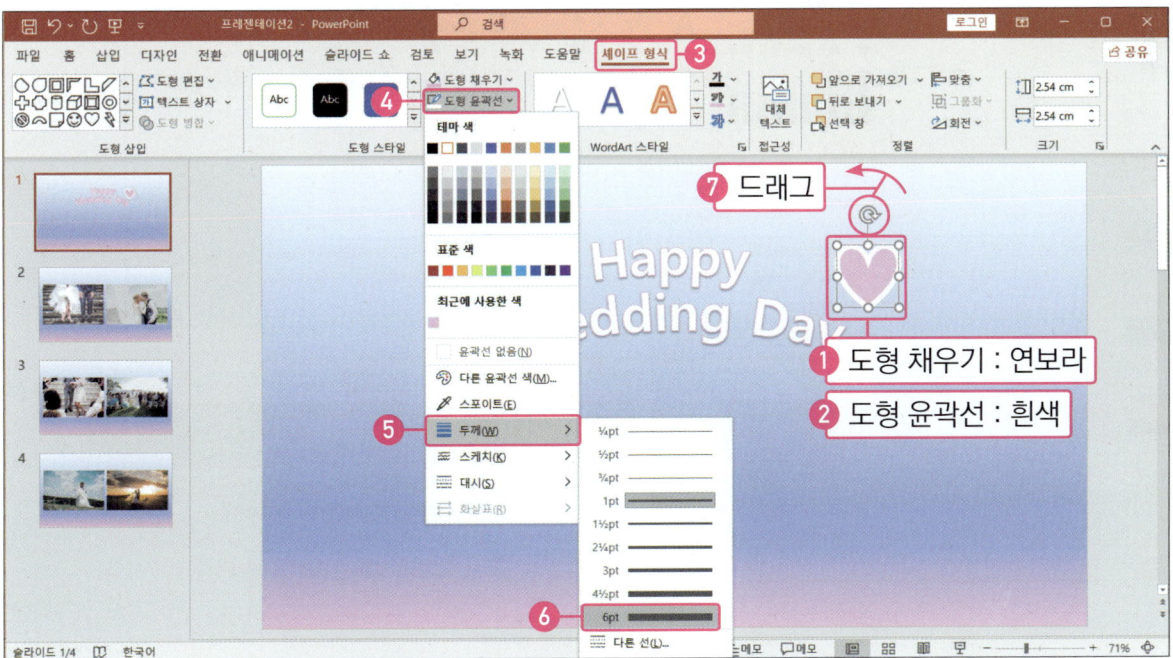

03 Ctrl+D 키를 눌러 하트 도형을 복제한 후 바운딩 박스의 오른쪽 아래 조절점을 Shift 키를 누른 채 바깥쪽으로 드래그하여 크기를 확대하고 회전 조절점(⟳)을 오른쪽으로 드래그하여 회전합니다.

04 큰 하트 도형을 선택하고 [셰이프 형식(도형 서식)] 탭-[도형 스타일] 그룹에서 [도형 채우기]-[그림]을 클릭합니다. [그림 삽입] 대화상자가 나타나면 [파일에서]를 선택합니다.

05 새로운 [그림 삽입] 대화상자가 나타나면 저장된 경로를 찾아 '웨딩배경.jpg' 파일을 선택한 후 [삽입] 버튼을 클릭합니다. [셰이프 형식(도형 서식)] 탭-[정렬] 그룹에서 [뒤로 보내기]를 클릭합니다.

06 작은 하트를 선택하고 Ctrl 키를 누른 채 드래그하여 복제한 후 [셰이프 형식(도형 서식)] 탭-[도형 스타일] 그룹에서 [도형 윤곽선]-[윤곽선 없음]을 선택합니다.

07 도형에 투명도를 적용하기 위해 **마우스 오른쪽 버튼을 클릭**하여 바로 가기 메뉴가 나타나면 [도형 서식]을 **선택**합니다. [도형 서식] 창에서 **[단색 채우기]-[색]-[투명도]**를 '**50%**'로 설정합니다.

08 작은 하트 도형을 여러 개 복사하고 크기와 회전, 투명도를 각각 다르게 적용하여 다음처럼 'Happy Wedding Day' 제목 주위에 배치해 봅니다. [도형 서식] 창의 ✕(닫기)를 클릭합니다.

▶ 그림 배경 투명하게 만들기

01 [삽입] 탭-[이미지] 그룹에서 [그림]을 클릭하여 [이 디바이스]를 선택합니다. [그림 삽입] 대화상자가 나타나면 저장된 경로를 찾아 '웨딩흑백.jpg' 파일을 선택한 후 [삽입] 버튼을 클릭합니다.

02 그림이 삽입되면 [그림 형식(그림 서식)] 탭-[조정] 그룹에서 [색]-[투명한 색 설정]을 선택합니다.

03 마우스 포인터가 로 변경되면 **흰색 배경을 클릭**하여 배경을 투명하게 만든 후 그림의 **조절점을 안쪽으로 드래그**하여 크기를 줄입니다.

04 [그림 형식(그림 서식)] 탭-[조정] 그룹에서 [색]-[파랑, 밝은 강조색 5]를 선택합니다.

▶ 그림 스타일 적용하기

01 슬라이드 미리 보기 창에서 **2번 슬라이드를 선택**하고 각 그림의 **회전 조절점(◉)**을 드래그하여 다음처럼 회전하고 배치합니다. **그림 두 개를 드래그**하여 선택합니다.

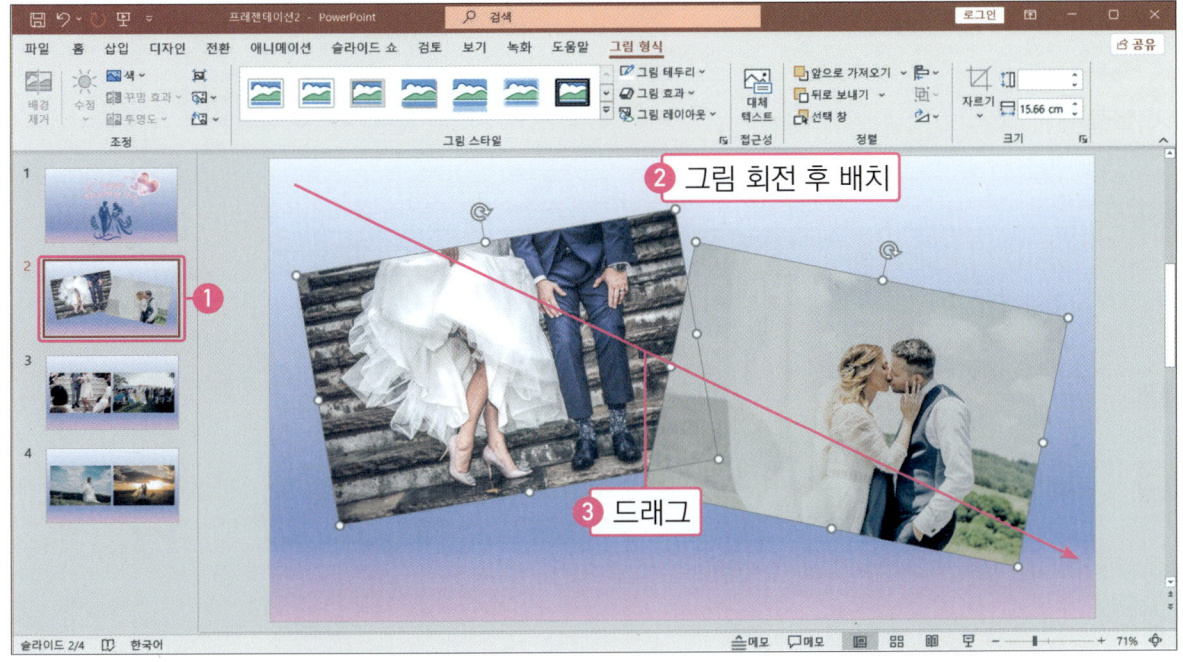

02 [그림 형식(그림 서식)] 탭-[그림 스타일] 그룹의 ▼(자세히)를 클릭하여 [반사형 입체, 흰색]을 선택합니다.

▶ 서식 복사 연속 사용하기

01 첫 번째 그림을 선택하고 서식 복사를 연속해서 사용하기 위해 [홈] 탭-[클립보드] 그룹에서 [서식 복사(🖌)]를 더블클릭합니다.

02 슬라이드 미리 보기 창에서 **3번 슬라이드를 선택**한 후 슬라이드 창에서 **두 그림을 각각 클릭**하여 서식을 적용합니다. 연속 서식 복사를 해제하기 위해 [홈] 탭-[클립보드] 그룹에서 [서식 복사(🖌)]를 클릭합니다.

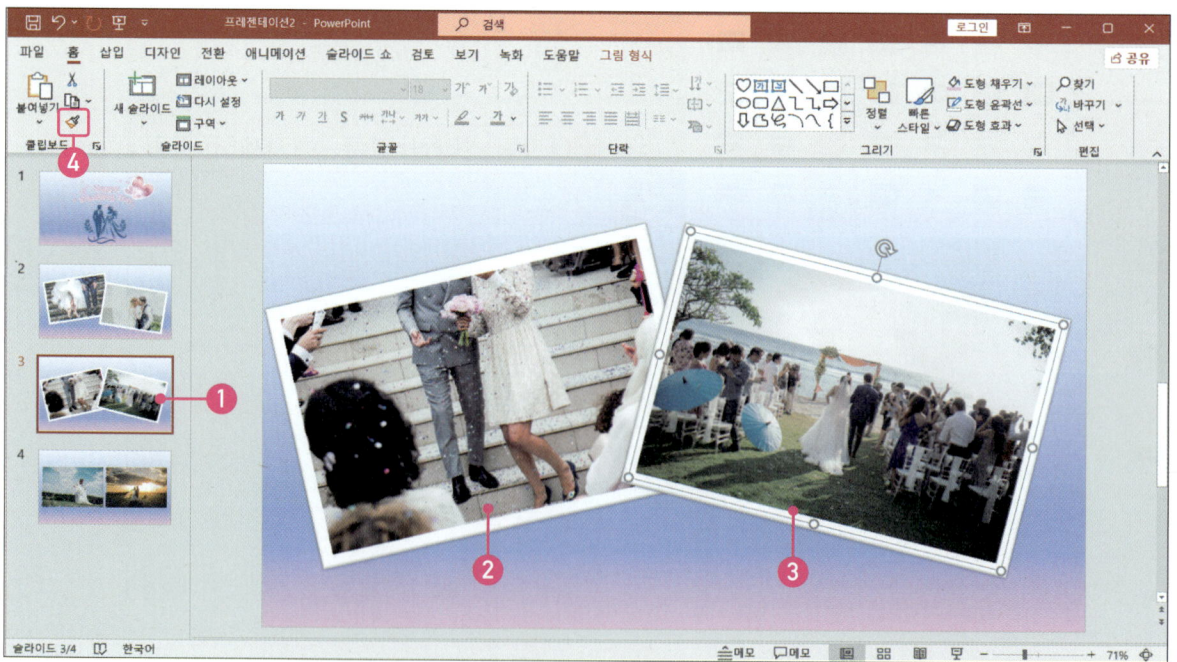

> **잠깐**
>
> **서식 복사를 한 번만 사용**
> 서식 복사를 한 번만 사용하려면 [서식 복사(🖌)]를 한 번만 클릭하고 해제는 안해도 됩니다.

▶ **꾸밈 효과 주기**

01 슬라이드 미리 보기 창에서 **4번 슬라이드를 선택**한 후 슬라이드 창에서 **첫 번째 그림을 선택**합니다. [그림 형식(그림 서식)] 탭-[조정] 그룹에서 [꾸밈 효과]-[복사]를 선택합니다.

02 두 번째 그림을 선택한 후 [서식] 탭-[조정] 그룹에서 [꾸밈 효과]-[연필 스케치]를 선택합니다.

03 빠른 실행 도구 모음의 🔲(저장)을 클릭한 후 파일 이름을 '웨딩.pptx'로 저장합니다.

응용력 키우기

01 다음처럼 사진 앨범을 활용하여 그림 여섯 장을 삽입해 봅니다.

준비파일 캣1.jpg~캣7.jpg

- 앨범 레이아웃 : 그림 레이아웃(그림 4개) 설정
- 배경 색 : 그라데이션

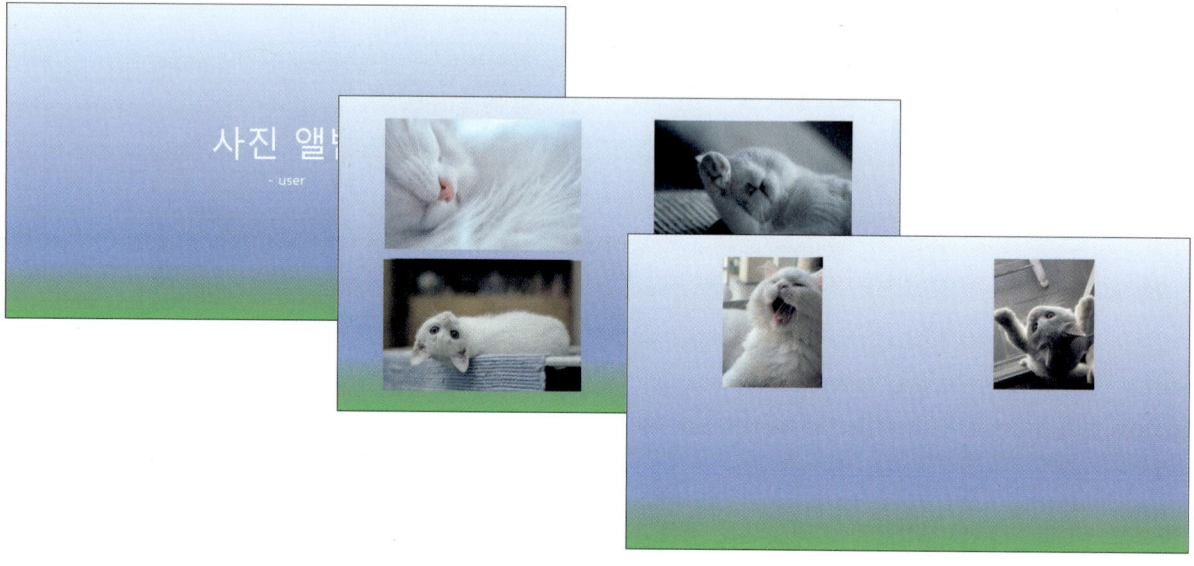

 [그라데이션 중지점]에서 '중지점 4/4'를 선택하고 '색'을 '연한 녹색'으로 선택합니다.

02 문제 **01**의 파일에서 다음처럼 1번 슬라이드의 제목과 부제목을 입력하여 워드아트 스타일을 적용해보고 '캣7.jpg'을 삽입해 봅니다.

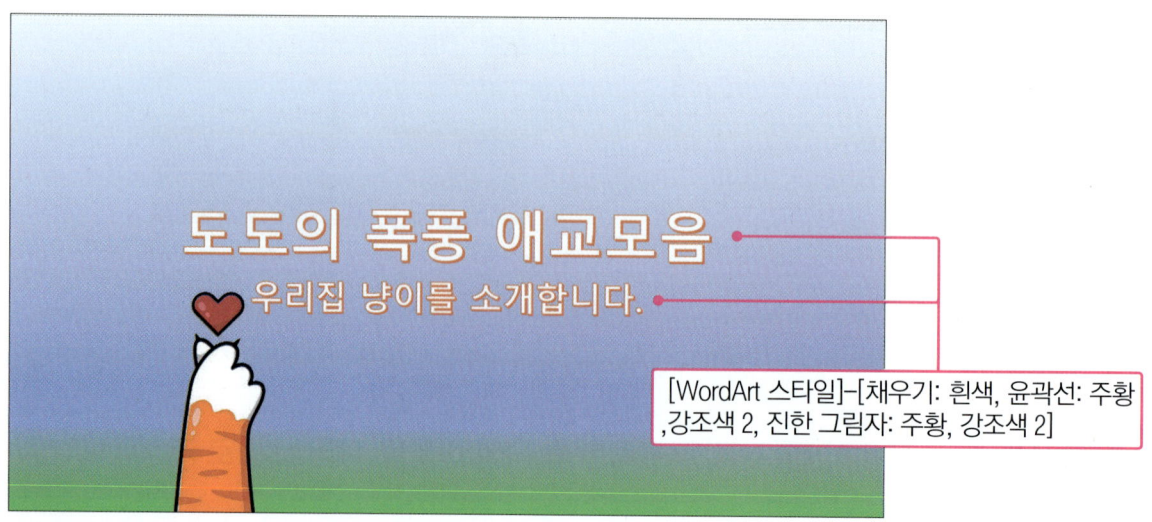

[WordArt 스타일]-[채우기: 흰색, 윤곽선: 주황,강조색 2, 진한 그림자: 주황, 강조색 2]

 [그림 형식(그림 서식)] 탭-[조정] 그룹에서 [색]-[투명한 색 설정]을 선택합니다.

03 문제 **02**의 파일에서 다음처럼 2번 슬라이드의 그림에 그림 스타일을 적용한 후 '캣8.jpg'를 삽입해 봅니다.

준비파일 캣8.jpg

- 그림 스타일 : [그림 도구]-[그림 형식(그림 서식)] 탭-[그림 스타일] 그룹의 ▼(자세히)를 클릭 → 그림 스타일 갤러리에서 [회전, 흰색] 선택
- 그림 회전 각도 조절 : ⟳ 시계 방향과 반시계 방향으로 드래그

04 문제 **03**의 파일에서 다음처럼 3번 슬라이드의 그림에 그림 스타일을 적용한 후 '캣9.jpg'를 삽입하고, 파일 이름을 '고양이.pptx'로 저장해 봅니다.

준비파일 캣9.jpg

07 제안서 만들기

- 도형 병합
- 도형 점 편집
- 도형에 그림 삽입하기
- 텍스트에 그림 삽입하기
- 도형 그룹 묶기
- 도형 간격 배치하기

미/리/보/기

 준비파일 : 빌딩.jpg
 완성파일 : 스타트업(완성).pptx

▲ 1번 슬라이드

▲ 2번 슬라이드

도형을 생성하는 방법과 변형하여 새로운 도형으로 만드는 방법 등의 도형을 응용하는 방법에 대해 알아보도록 합니다.

01 도형 관련 기능 알아보기

▶ 도형 삽입

[삽입] 탭-[일러스트레이션] 그룹에서 [도형]을 클릭하여 도형 갤러리가 나타나면 원하는 도형을 선택하여 삽입할 수 있습니다. [홈] 탭-[그리기] 그룹에서도 도형을 생성할수 있습니다.

▶ [셰이프 형식(도형 서식)] 탭 살펴보기

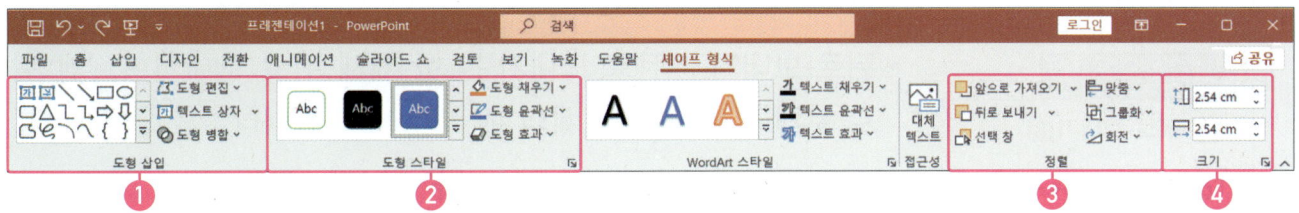

❶ [도형 삽입] 그룹 : 최근에 사용한 도형이 표시되고 (자세히)를 클릭하여 도형 갤러리에서 다양한 도형을 선택할 수 있습니다.

- **도형 편집** : 도형을 선택한 후 하위 메뉴를 통해 도형을 변경합니다.
  - **도형 모양 변경** : 선택한 도형을 다른 도형으로 변경합니다.
  - **점 편집** : 점 편집 명령을 실행하면 도형의 가장자리 점이 검은색으로 변경되는데, 이때 도형의 점을 이동하거나 방향 조절점을 조정하여 도형의 모양을 변경합니다.
  - **연결선 바꾸기** : 연결선을 사용한 경우 연결선을 변경합니다.
- **텍스트 상자** : 텍스트 상자를 삽입하여 텍스트를 입력할 수 있습니다.
- **도형 병합** : 2개 이상의 도형을 일부분이 겹치도록 배치한 후 모두 선택하고 하위 메뉴를 통해 병합 방법을 선택합니다.
  - **통합** : 선택한 도형을 하나의 도형으로 만듭니다.
  - **결합** : 도형의 교차한 부분을 삭제하고 하나의 도형으로 만듭니다.
  - **조각** : 교차한 부분을 조각냅니다.
  - **교차** : 교차한 부분은 남기고 모두 제거합니다.
  - **빼기** : 첫 번째 선택한 도형에서 두 번째 도형을 뺍니다.

❷ [도형 스타일] 그룹
- **빠른 스타일** : 미리 준비된 도형 스타일 갤러리에서 도형 스타일을 선택할 수 있습니다. (자세히)를 클릭하면 다양한 도형 스타일을 확인할 수 있습니다.

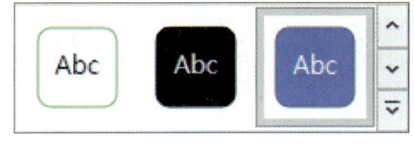

- **도형 채우기** : 도형에 색, 그림, 그라데이션, 질감 등을 채울 수 있습니다.
- **도형 윤곽선** : 윤곽선에 색, 두께, 대시, 화살표 등을 설정합니다.
- **도형 효과** : 도형에 그림자, 반사, 네온, 부드러운 가장자리, 입체효과, 3차원 회전 등을 설정할 수 있습니다.

❸ [정렬] 그룹

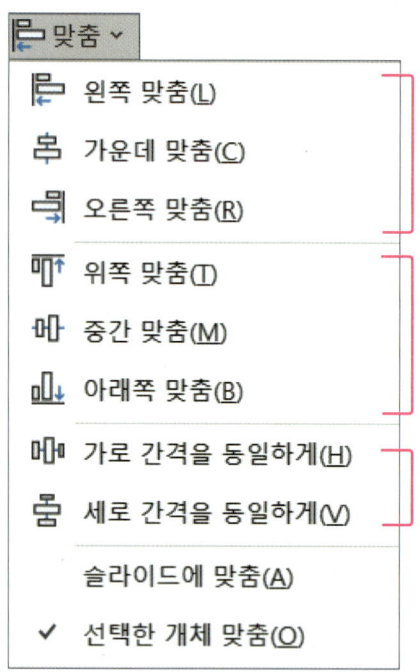

- **앞으로 가져오기** : '앞으로 가져오기'는 한 개체 앞으로 가져오고, '맨 앞으로 가져오기'는 모든 개체의 맨 앞으로 가져옵니다.
- **뒤로 보내기** : '뒤로 보내기'는 한 개체 뒤로 보내지며, '맨 뒤로 보내기'는 모든 개체의 맨 뒤로 보내집니다.
- **선택 창** : 선택 창을 표시하거나 숨기기 합니다.
- **맞춤** : 선택한 개체를 정렬하거나 간격을 정렬합니다.
  - **왼쪽 맞춤/가운데 맞춤/오른쪽 맞춤** : 선택한 개체 중 가장 왼쪽, 가운데, 가장 오른쪽 개체의 위치에 맞추어 이동합니다.
  - **위쪽 맞춤/중간 맞춤/아래쪽 맞춤** : 선택한 개체 중 가장 위쪽, 중간, 가장 아래쪽 개체의 위치에 맞추어 이동합니다.
  - **가로 간격을 동일하게/세로 간격을 동일하게** : 3개 이상 선택한 개체들의 가로, 세로 간격을 동일하게 정렬합니다.
  - **슬라이드에 맞춤** : '슬라이드에 맞춤'을 체크하고 정렬을 실행하면 슬라이드를 기준으로 정렬됩니다.
  - **선택한 개체 맞춤** : '선택한 개체 맞춤'을 체크하고 정렬을 실행하면 선택한 개체를 기준으로 정렬됩니다.
- **그룹화** : 개체를 묶어서 그룹화하거나 해제합니다.
- **회전** : 개체를 회전하거나 상하, 좌우 대칭합니다.

❹ **크기** : 개체의 높이와 너비를 지정합니다.

 파워포인트에서의 '개체'는 도형, 그림, 사진, 텍스트 상자, 워드아트, 차트 같은 것들을 지칭할 때 사용합니다.

 ## 도형을 이용한 PPT 만들기

▶ **도형 삽입하기**

01 파워포인트를 실행한 후 [제목 텍스트 상자]에 'START'를 입력하고 Space bar 키를 3번 눌러 세 칸을 띄우고 'P'를 입력합니다. 글꼴을 'Arial Black'으로 설정하고 글꼴 크기는 '100'을 설정한 후 부제목 텍스트 상자에 '협업 제안서'를 입력합니다.

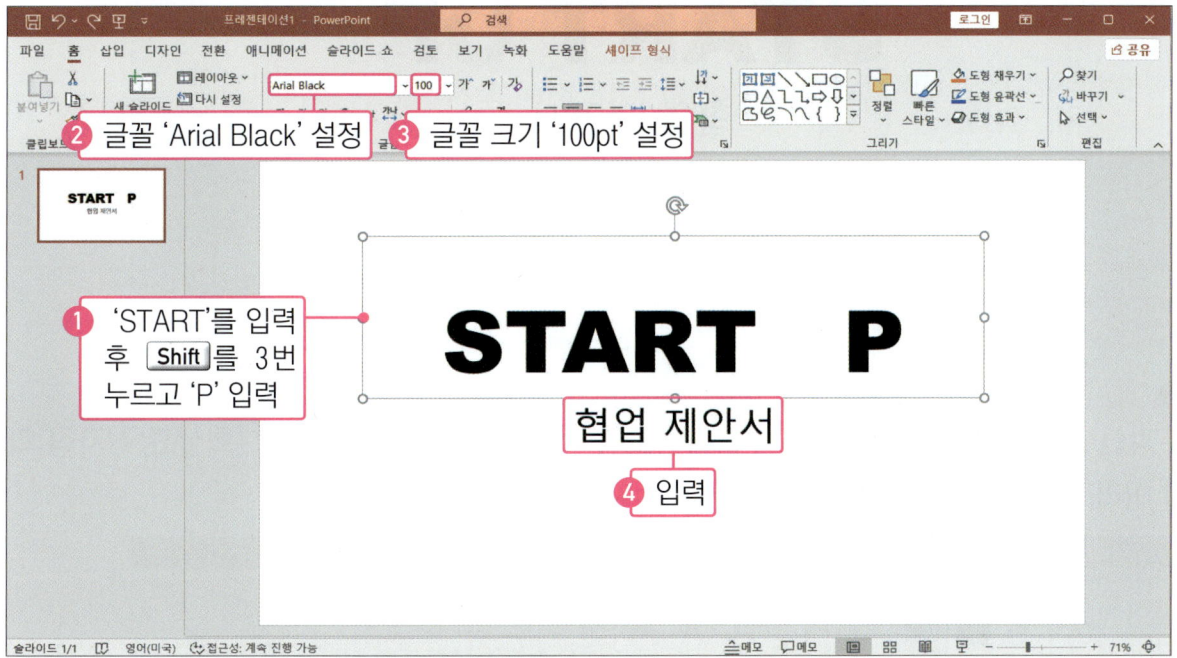

02 도형을 이용하여 U자 모양의 화살표를 만들기 위해 [삽입] 탭-[일러스트레이션] 그룹에서 [도형]-[화살표: U자형]을 선택하고 다음처럼 드래그합니다.

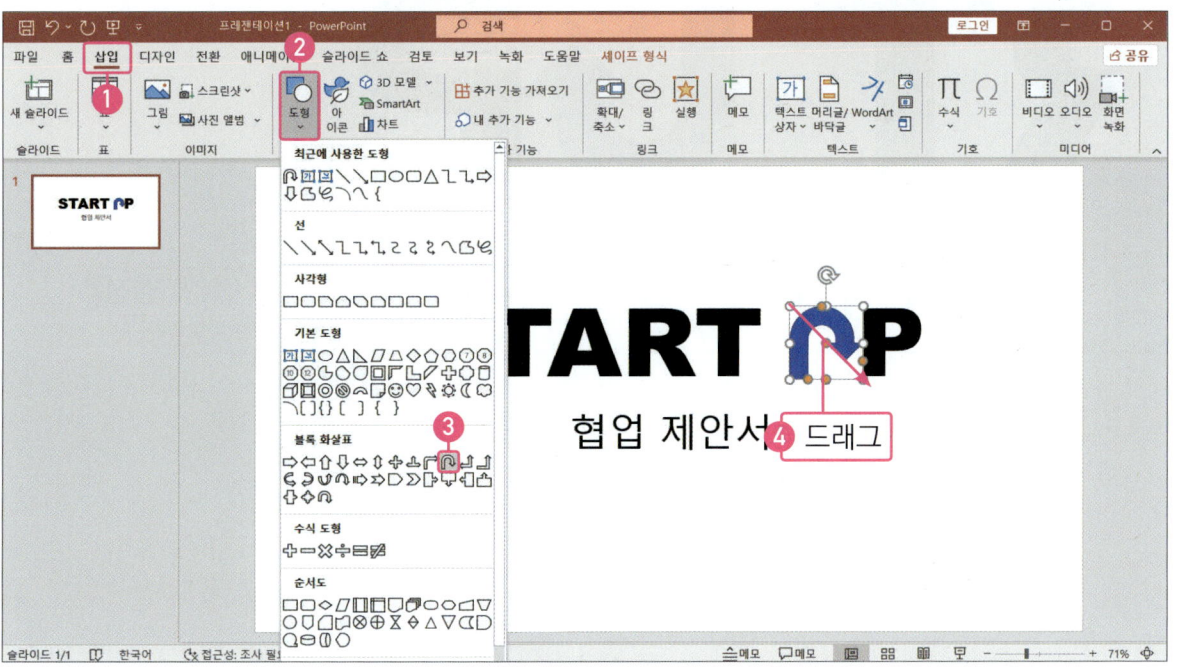

03 도형을 상하로 뒤집기 위해서 [셰이프 형식(도형 서식)] 탭-[정렬] 그룹에서 [회전]-[상하 대칭]을 선택합니다.

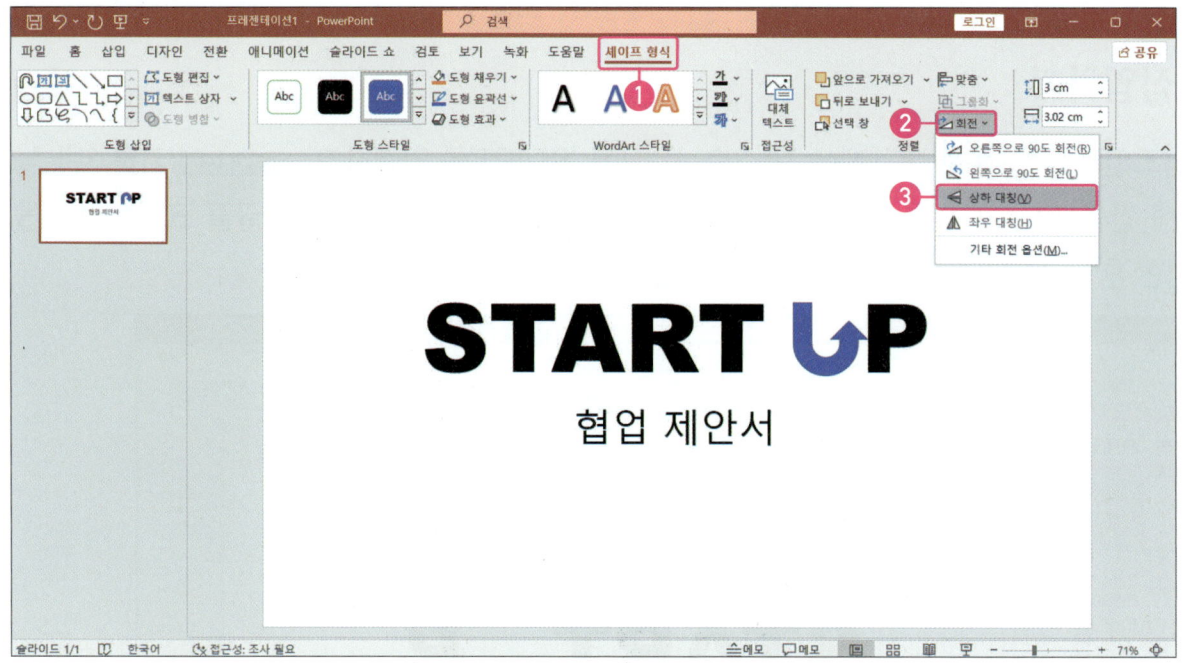

04 세부적인 작업을 위해서 확대/축소 슬라이드의 비율을 200%로 설정하고 [화살표: U자형]의 화살 머리 왼쪽 조절점을 위로 드래그합니다.

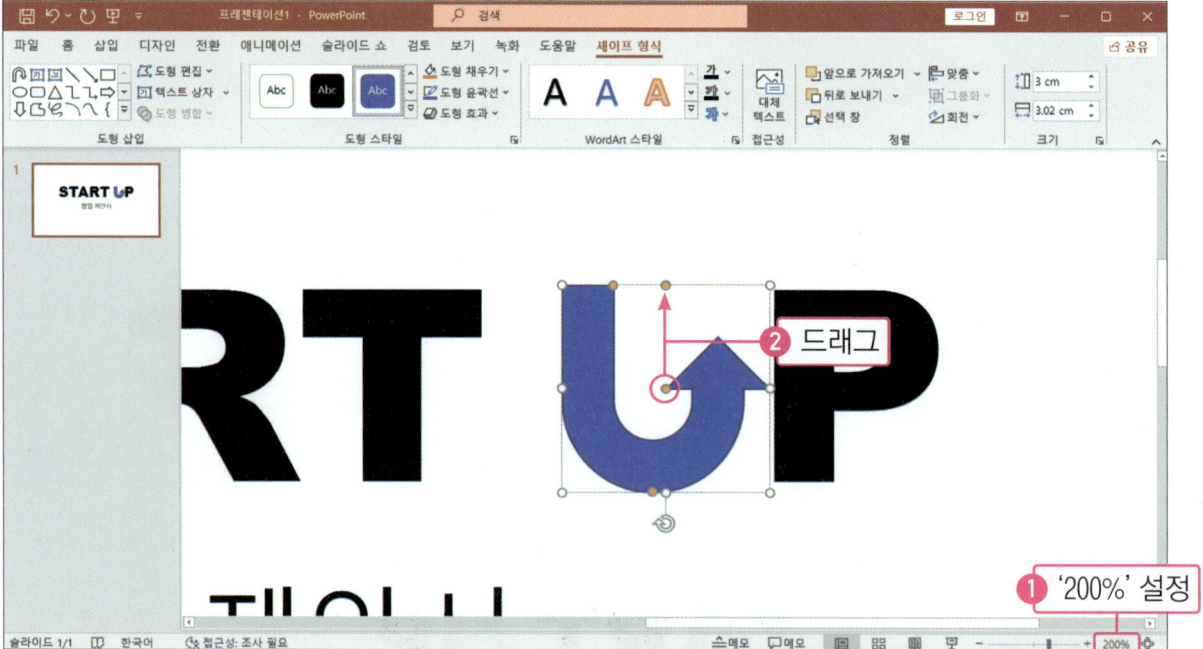

05 도형을 삽입하기 위해 [셰이프 형식(도형 서식)] 탭-[도형 삽입] 그룹에서 [화살표: 위쪽]을 선택합니다.

06 다음처럼 드래그하여 화살표를 만듭니다. 두 개의 도형을 합치기 위해 두 개의 도형을 드래그하여 선택하고 [셰이프 형식(도형 서식)] 탭-[도형 삽입] 그룹에서 [도형 병합]-[통합]을 선택합니다. (현재 창 크기에 맞춤)을 클릭합니다.

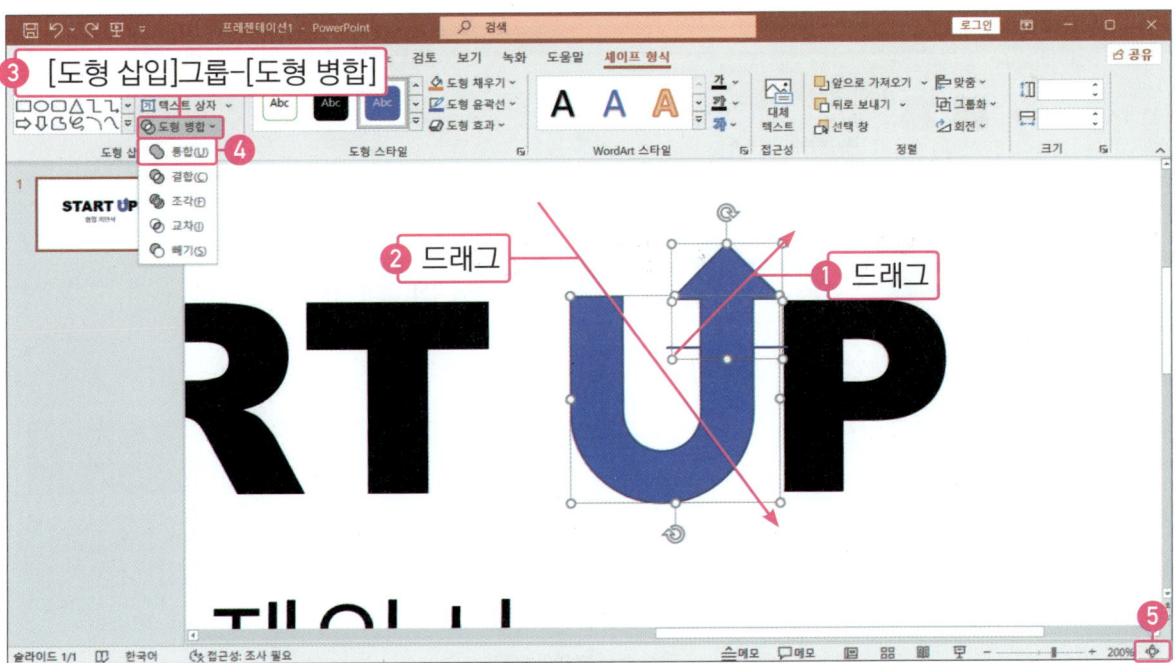

07 부제목 텍스크 상자에 '협업 제안서'라고 입력하고 글꼴 크기를 '44'로 설정합니다. 제목 텍스트 상자와 도형, 부제목 텍스트 상자를 선택하고 다음처럼 배치합니다.

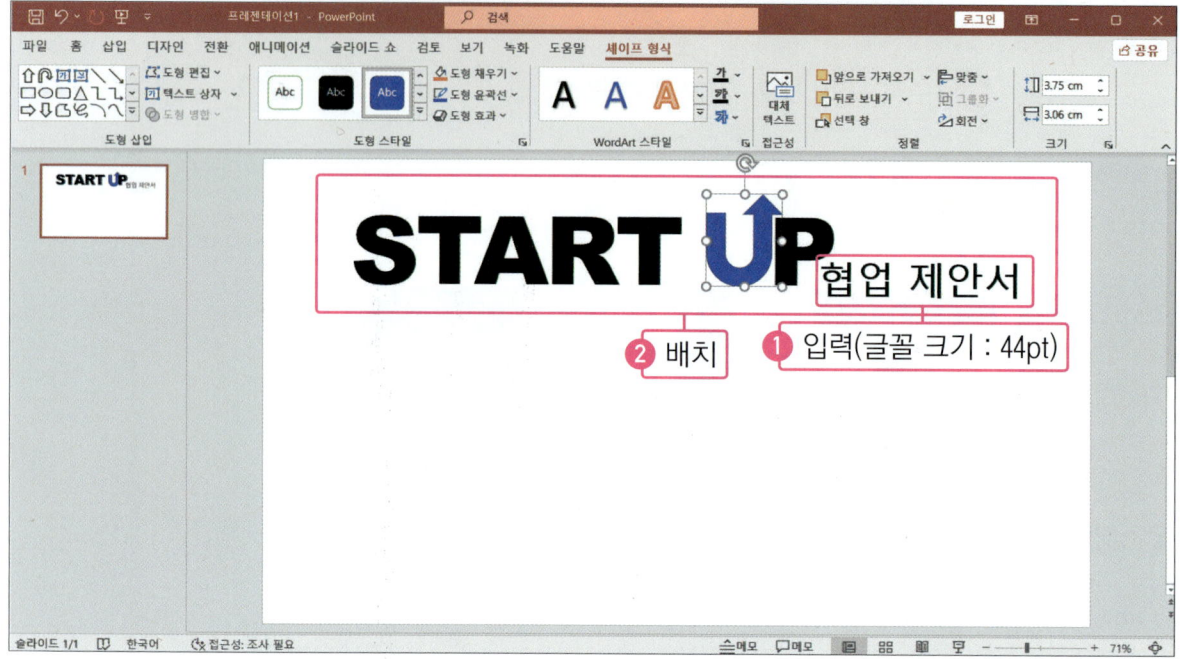

▶ 도형, 텍스트에 그림 삽입하고 효과 적용하기

01 도형에 그림을 삽입하기 위해 **도형을 선택**한 후 [셰이프 형식(도형 서식)] 탭-[도형 채우기] 그룹에서 [그림]을 선택합니다. [그림 삽입] 대화상자가 나타나면 **[파일에서]**를 선택합니다.

02 새로운 [그림 삽입] 대화상자가 나타나면 '빌딩.jpg' 파일을 찾아 선택한 후 [삽입] 버튼을 클릭합니다. 도형 안으로 그림이 삽입된 것을 확인할 수 있습니다.

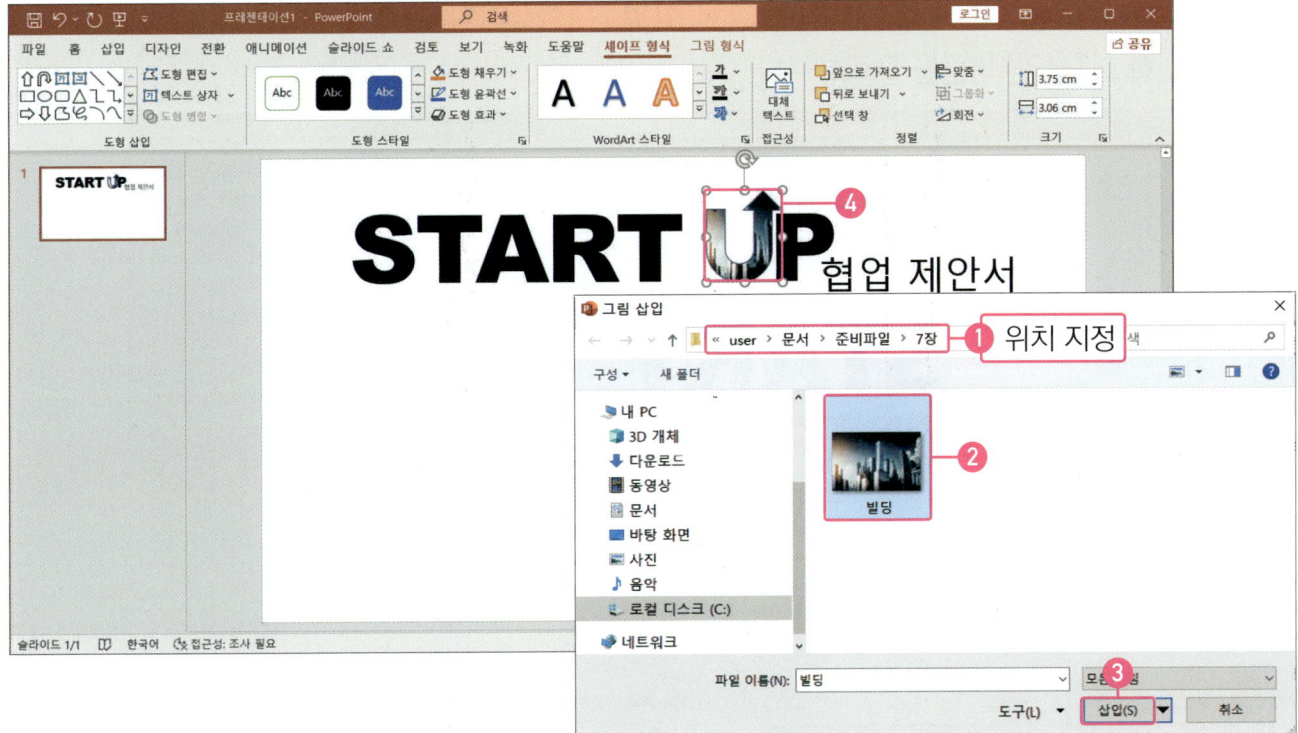

03 삽입된 그림의 색상을 변경하기 위해 [그림 형식(그림 서식)] 탭-[조정] 그룹에서 [색]-[주황, 밝은 강조색 2]를 선택합니다.

04 제목 텍스트 상자를 선택하고 그림을 삽입하기 위해 [셰이프 형식(도형 서식)] 탭-[WordArt 스타일] 그룹에서 [텍스트 채우기]-[그림]을 선택합니다. [그림 삽입] 대화상자가 나타나면 [파일에서]를 선택합니다. 새로운 [그림 삽입] 대화상자가 나타나면 '빌딩.jpg' 파일을 찾아 선택하고 [삽입] 버튼을 클릭합니다.

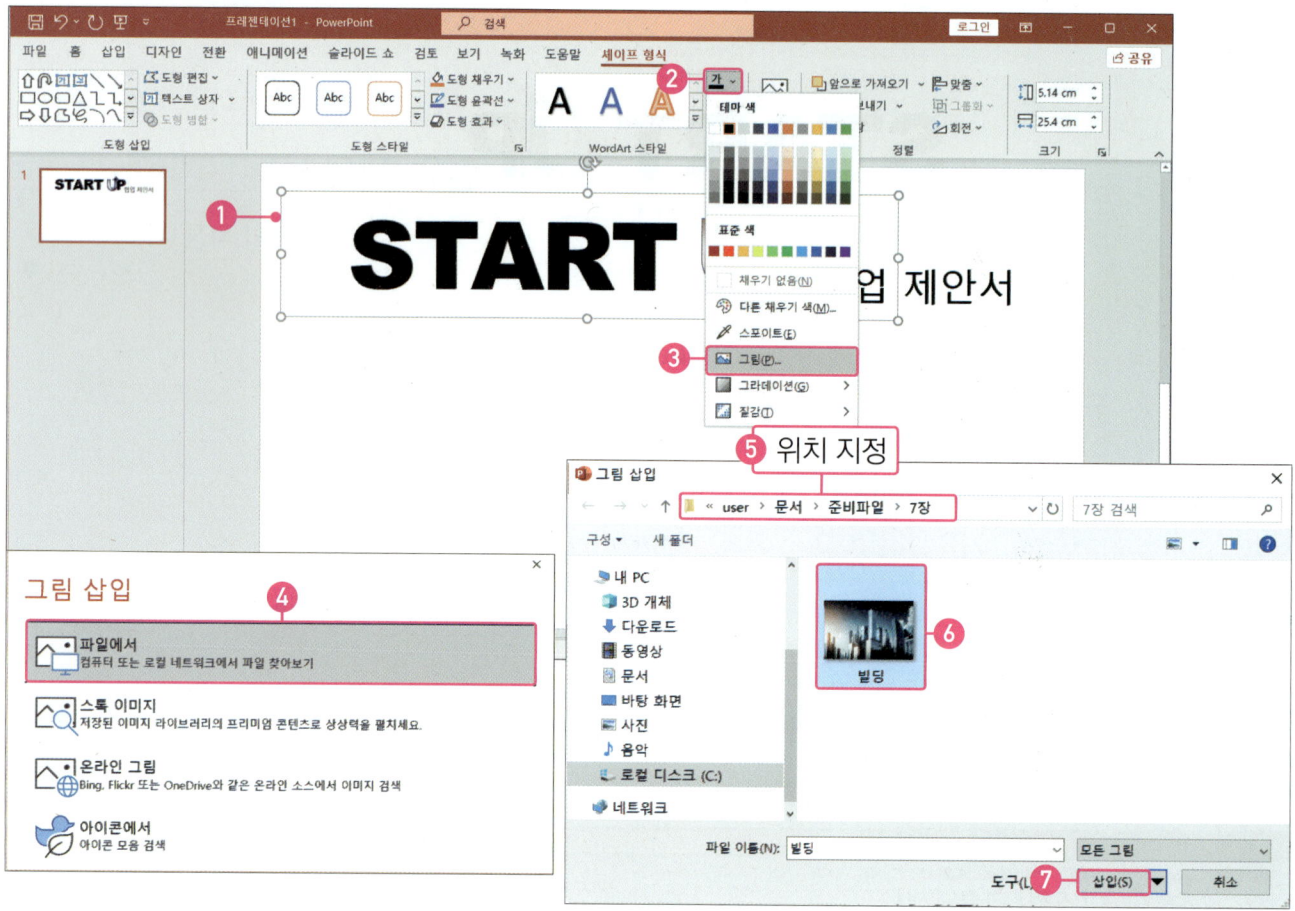

05 텍스트에 그림자 효과를 주기 위해 [셰이프 형식(도형 서식)] 탭-[WordArt 스타일]그룹-[텍스트 효과]를 클릭하여 [그림자]에서 [안쪽: 왼쪽 위]를 선택합니다.

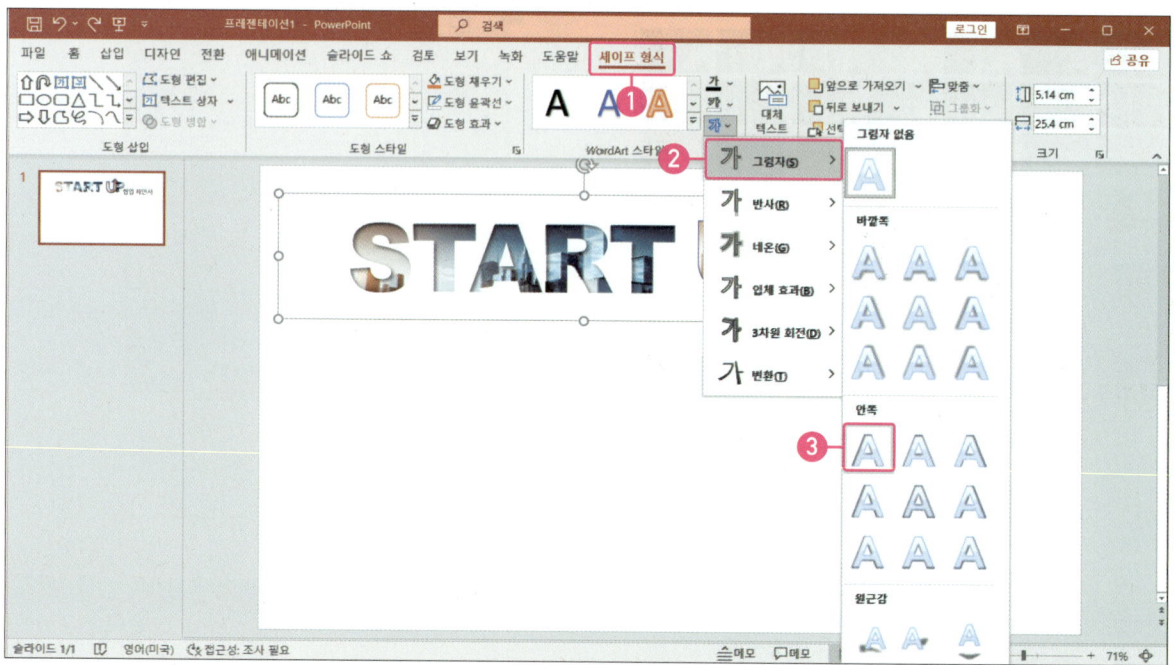

06 텍스트에 반사 효과를 주기 위해 [셰이프 형식(도형 서식)] 탭-[WordArt 스타일]그룹-[텍스트 효과]를 클릭하여 [반사]에서 [근접 반사: 터치]를 선택합니다.

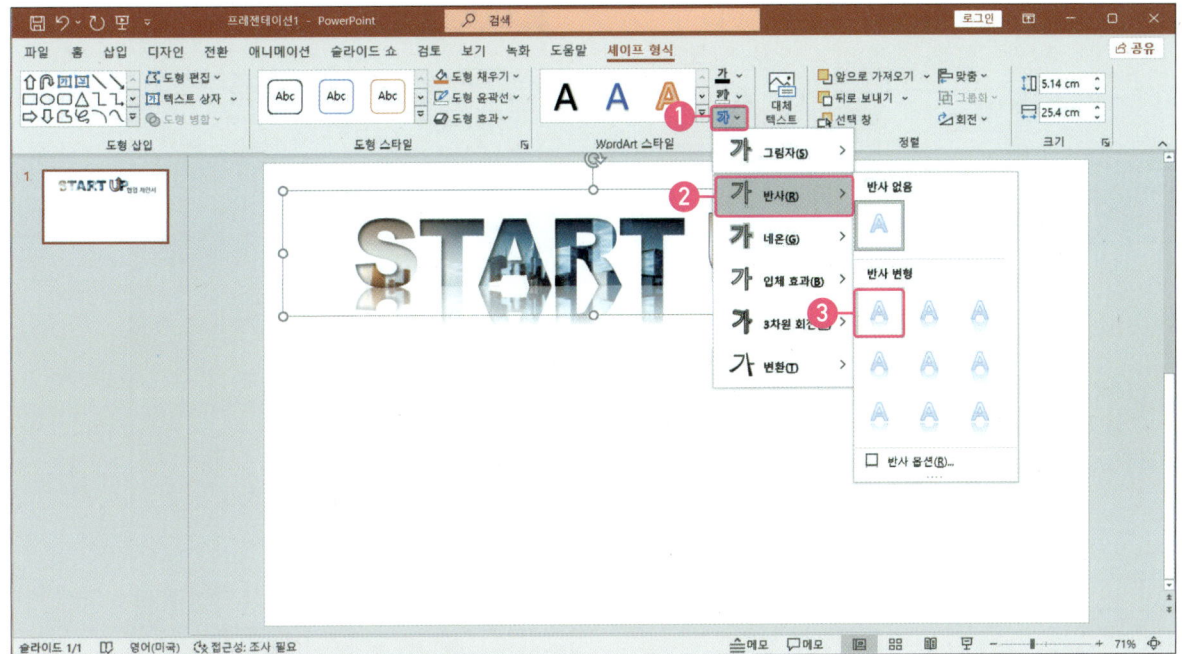

07 U자 도형을 선택하고 [셰이프 형식(도형 서식)] 탭-[도형 스타일] 그룹에서 [도형 윤곽선]-[윤곽선 없음]을 선택합니다.

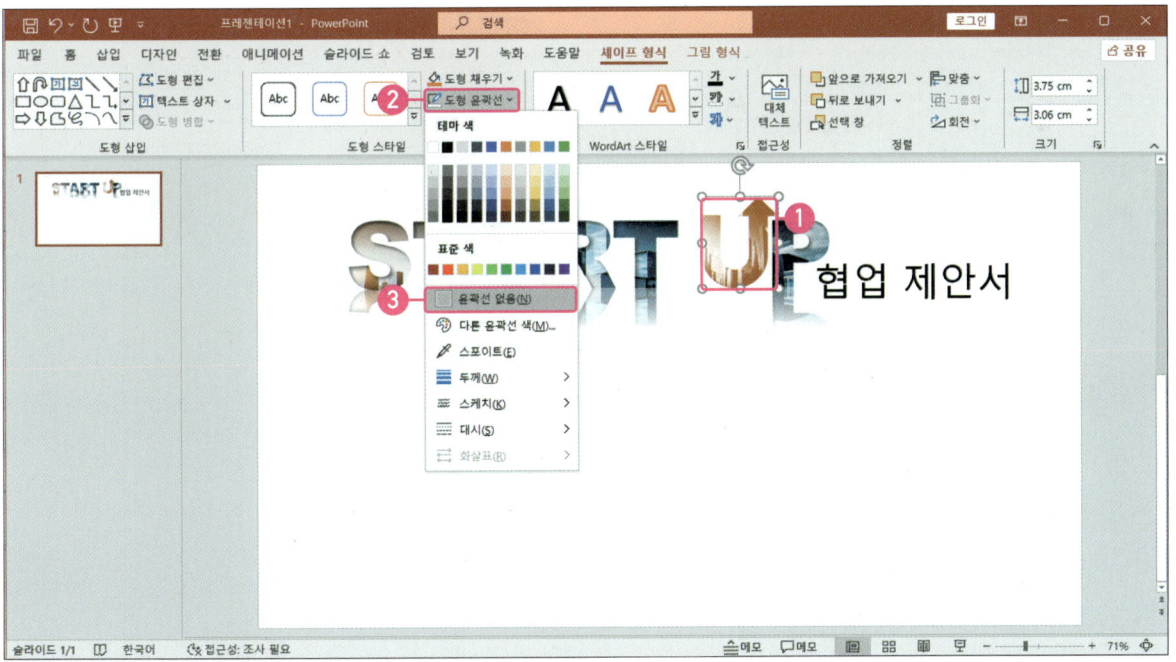

08 U자 도형에 그림자 효과를 주기 위해 [셰이프 형식(도형 서식)] 탭-[도형 스타일] 그룹에서 [도형 효과]를 클릭하여 [그림자]에서 '안쪽: 왼쪽 위'를 클릭합니다.

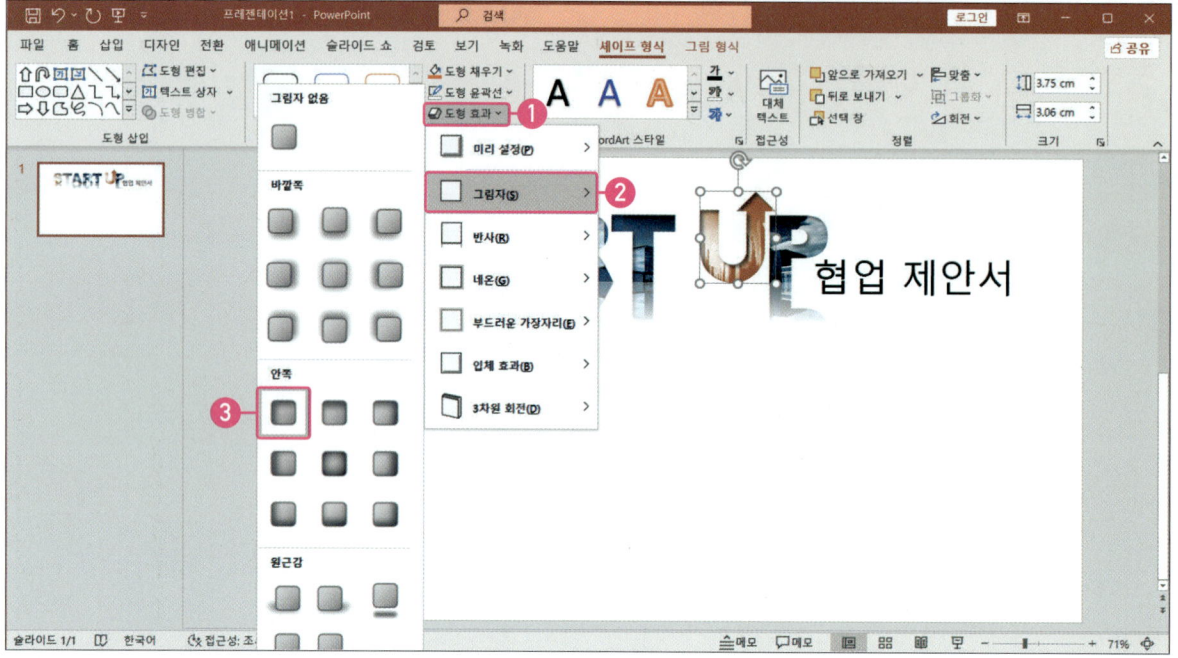

09 도형에 반사 효과를 주기 위해 [셰이프 형식(도형 서식)] 탭-[도형 스타일] 그룹에서 [도형 효과]를 클릭하여 [반사]-[근접 반사: 터치]를 선택합니다.

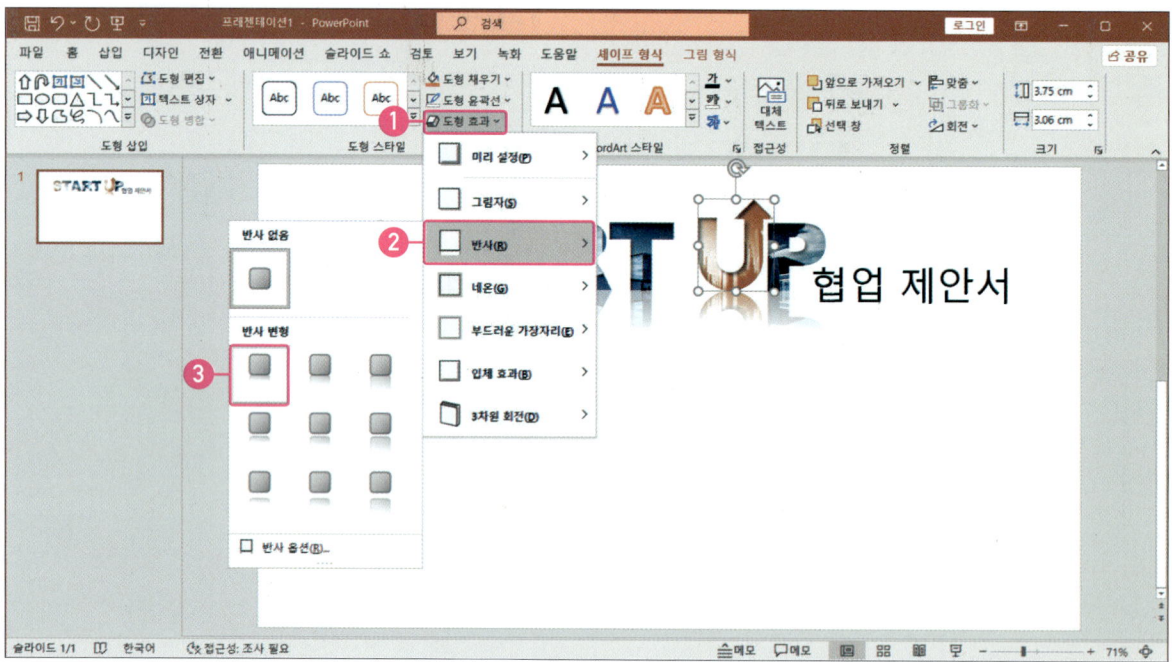

▶ 물결 도형에 이미지 삽입하기

01 도형을 삽입하기 위해 [셰이프 형식(도형 서식)] 탭-[도형 삽입] 그룹의 ▽(자세히)를 클릭하여 [물결]을 선택하고 다음처럼 드래그합니다.

02 도형의 색상을 변경하기 위해 [셰이프 형식(도형 서식)] 탭-[도형 스타일] 그룹에서 [도형 채우기]-[파랑, 강조 1, 80% 더 밝게]를 선택합니다.

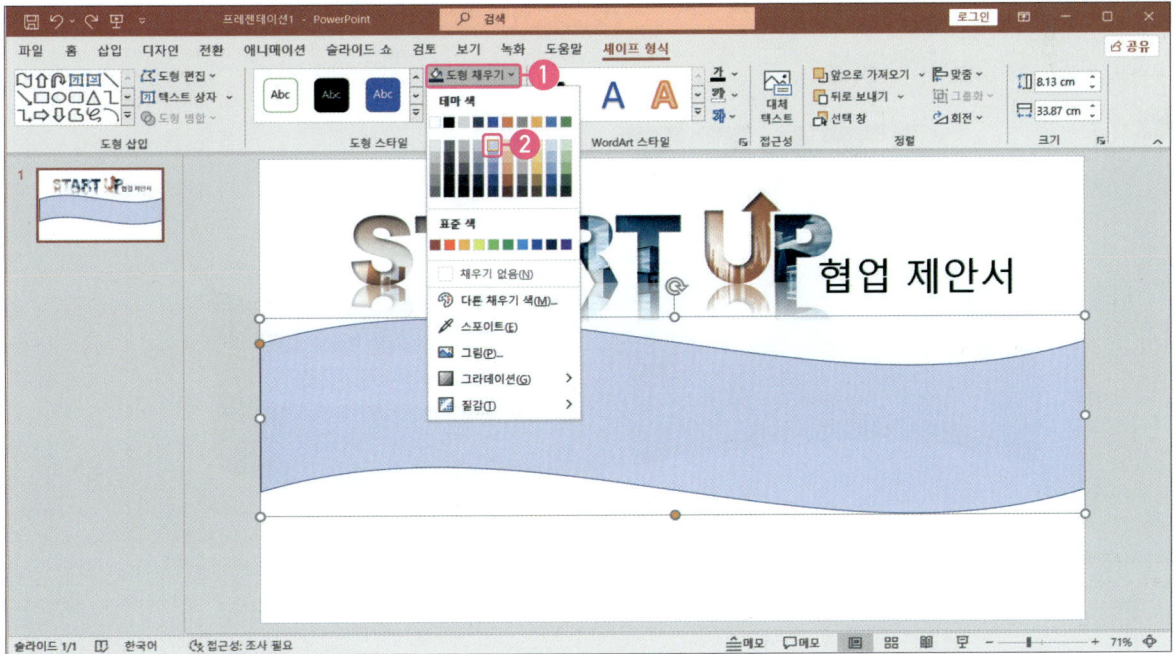

03 도형을 복제하기 위해 Ctrl 키를 누른 채 아래로 드래그하여 도형을 생성합니다. 도형의 색상을 변경하기 위해 [셰이프 형식(도형 서식)] 탭-[도형 스타일] 그룹에서 [도형 채우기]-[진한 파랑]를 선택합니다.

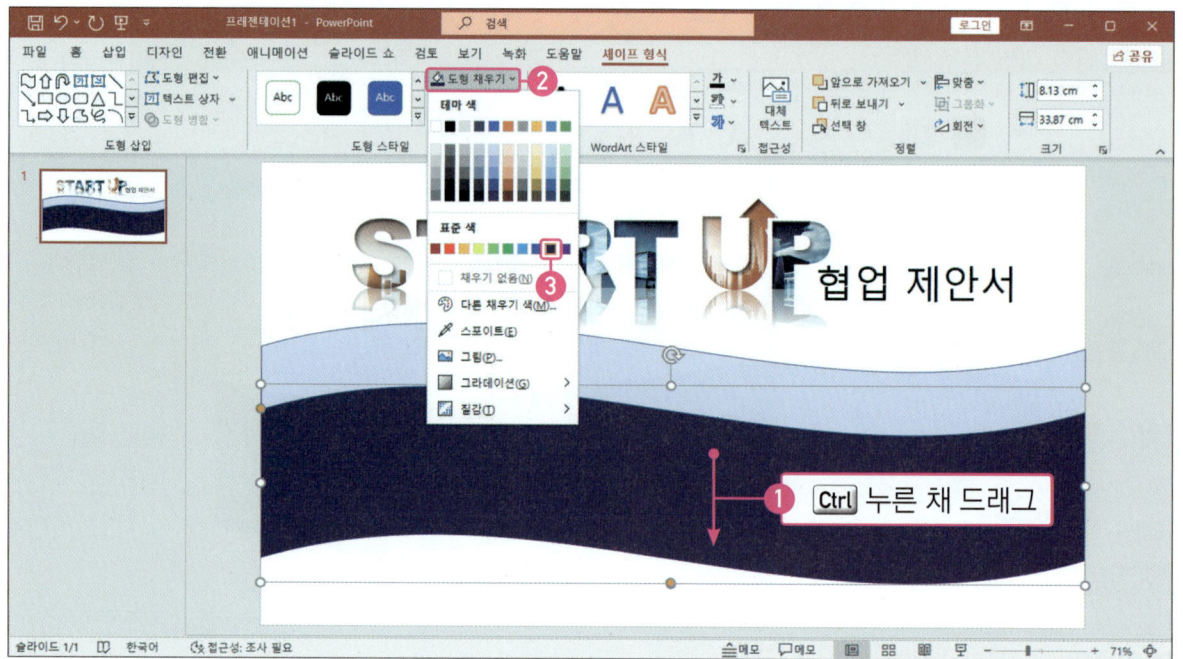

04 다시 도형을 복제하기 위해 Ctrl 키를 누른 채 위로 드래그하여 도형을 복제합니다.

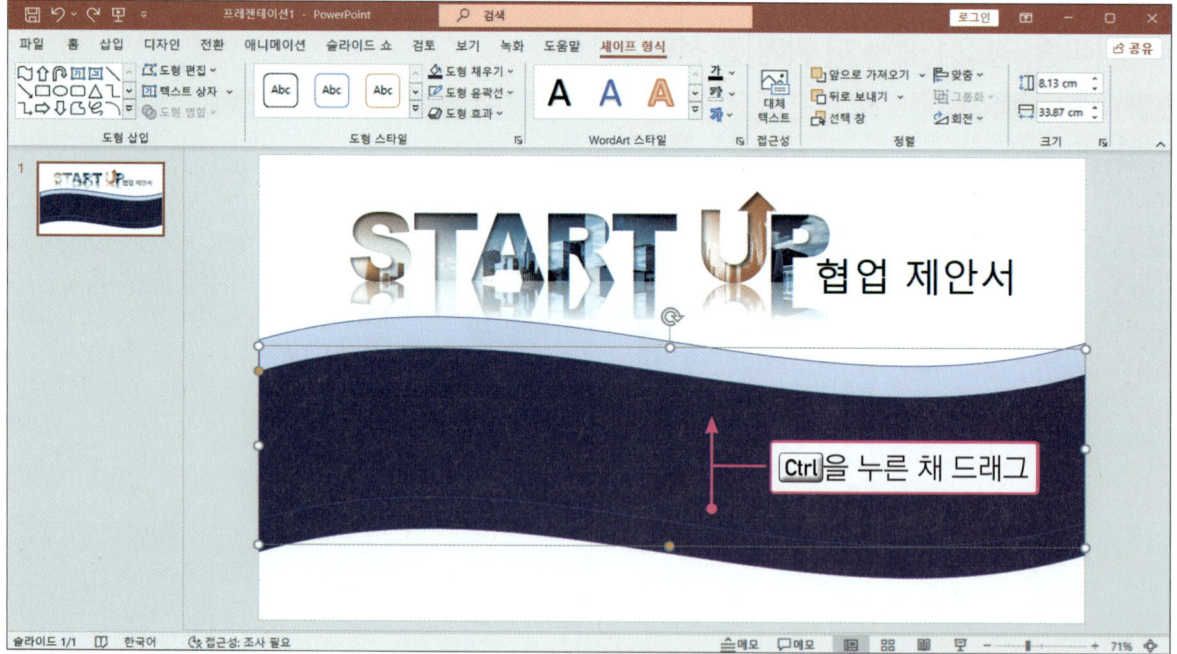

05 도형 서식을 복제하기 위해 U자 도형을 클릭하여 선택하고 [홈] 탭-[클립보드] 그룹에서 [서식 복사(🖌)]를 클릭합니다.

06 복제한 도형을 클릭하여 서식을 적용합니다.

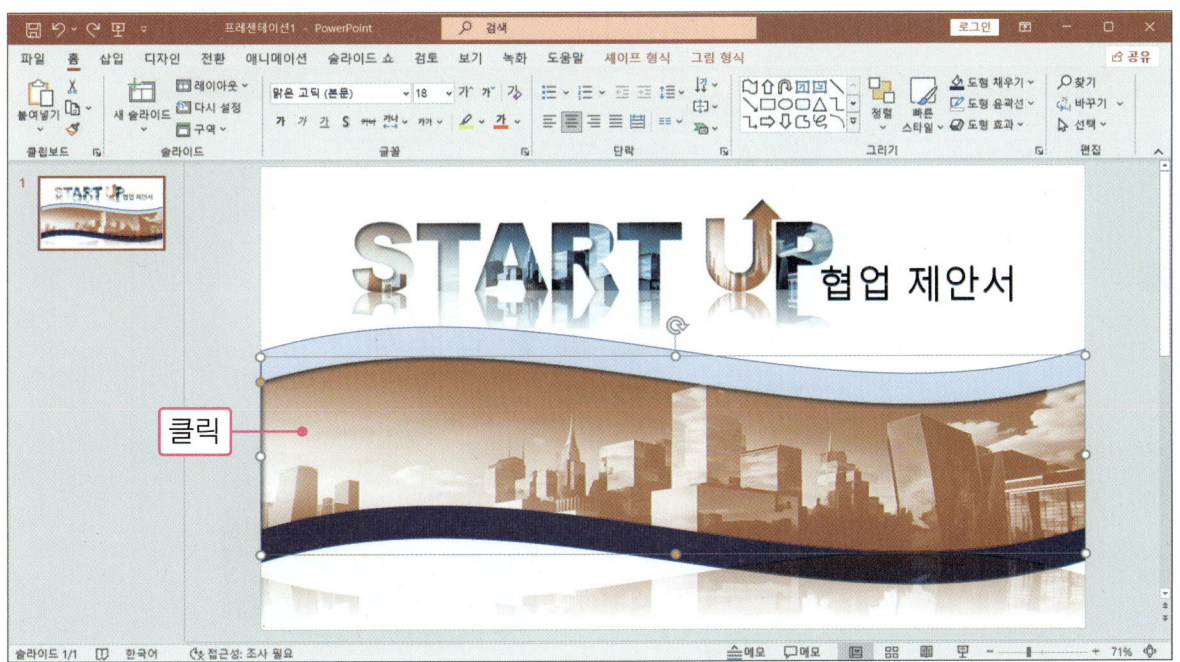

07 삽입된 그림에 적용된 색상을 제거하기 [그림 형식(그림 서식)] 탭-[조정] 그룹에서 [그림 원래대로]를 클릭합니다.

08 삽입된 그림의 그림자 적용을 제거하기 위해 [셰이프 형식(도형 서식)] 탭-[도형 스타일] 그룹에서 [도형 효과]-[그림자]-[없음]을 선택합니다.

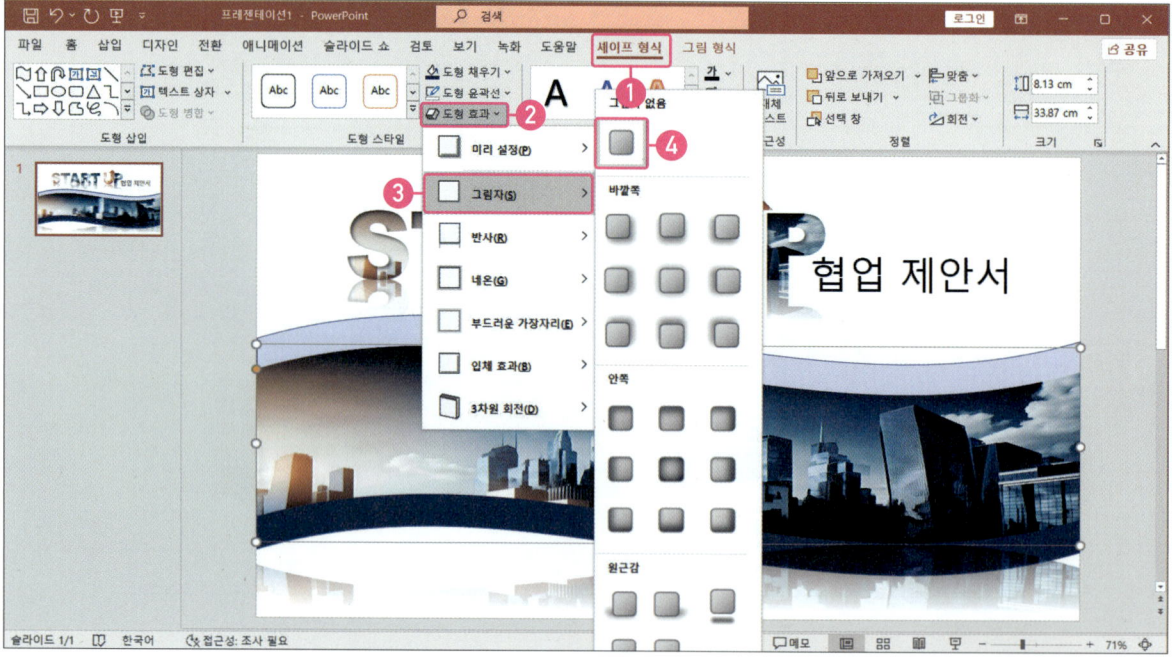

09 삽입된 그림의 비율과 위치를 조정하기 위해 [그림 형식(그림 서식)] 탭-[크기] 그룹의 [자르기]를 클릭하고 [채우기]를 선택합니다. 위로 드래그하여 위치를 조정한 후 슬라이드 밖을 클릭하여 자르기 편집 상태를 해제합니다.

▶ 물결 도형을 정밀하게 편집하기

01 그림이 삽입된 물결 도형을 클릭하여 선택한 후 [셰이프 형식(도형 서식)] 탭-[도형 삽입] 그룹에서 [도형 편집]-[점 편집]을 선택합니다.

02 도형의 각 꼭짓점이 검은색 사각형 모양(■)으로 변경된 것을 확인합니다.

03 왼쪽 위의 검은색 사각형 조절점(■)을 클릭하여 선택합니다. 오른쪽 흰색 사각형 조절점(□)을 위로 드래그하여 곡선을 조절합니다.

04 오른쪽 아래의 검은색 사각형 조절점(■)을 클릭하여 선택합니다. 흰색 사각형 조절점(□)을 아래로 드래그하여 곡선을 조절합니다. 빈 여백을 선택하여 점 편집 상태를 해제합니다.

- 꼭짓점이 검은색 사각형 모양(■)으로 변경된 상태가 점 편집 상태인데, 꼭짓점이 작아서 실수로 임의의 다른 곳을 클릭하면 점 편집 상태가 해제될 수 있습니다. 둥근 조절점(○)으로 보이면 일반 도형 상태이므로 편집할 수 없습니다.
- 점 편집 상태에서 Ctrl 키를 누른 채 빨간 선 위를 클릭하면 검은색 사각형 조절점(■)이 생성됩니다.

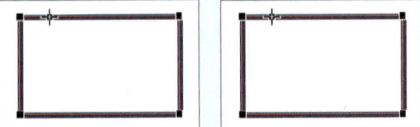

- 검은색 사각형 조절점(■)을 삭제하고 싶다면 Ctrl 키를 누른 채 검은색 사각형 조절점(■)을 클릭합니다.

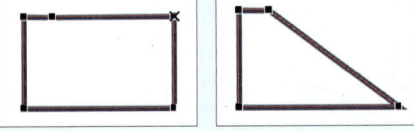

- 흰색 사각형 조절점(□)을 드래그하여 방향 및 길이를 조절하면 더욱 다양한 모습의 도형으로 변경할 수 있습니다.

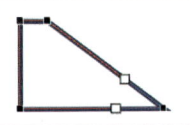 

05 윤곽선을 제거하기 위해 물결 도형을 모두 선택하고 [셰이프 형식(도형 서식)] 탭-[도형 스타일] 그룹에서 [도형 윤곽선]-[윤곽선 없음]을 선택합니다.

06 제목 텍스트 상자와 U자 도형을 같이 드래그하여 선택합니다. [홈] 탭-[클립보드] 그룹에서 [복사]를 클릭합니다.

07 [홈] 탭-[슬라이드] 그룹에서 [새 슬라이드]-[제목만]을 선택합니다.

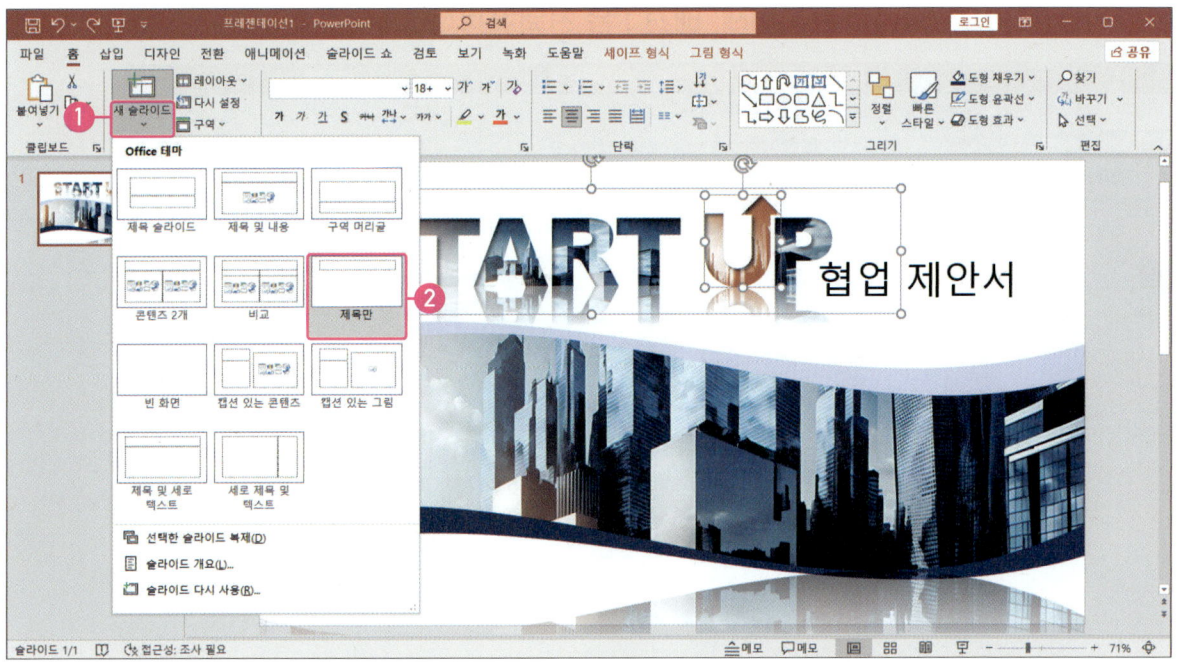

08 [홈] 탭-[슬라이드] 그룹에서 [붙여넣기]-[🖼(그림)]을 선택합니다. 축소하기 위해 조절점을 안쪽으로 드래그하고 이동하기 위해 오른쪽 위로 이동합니다.

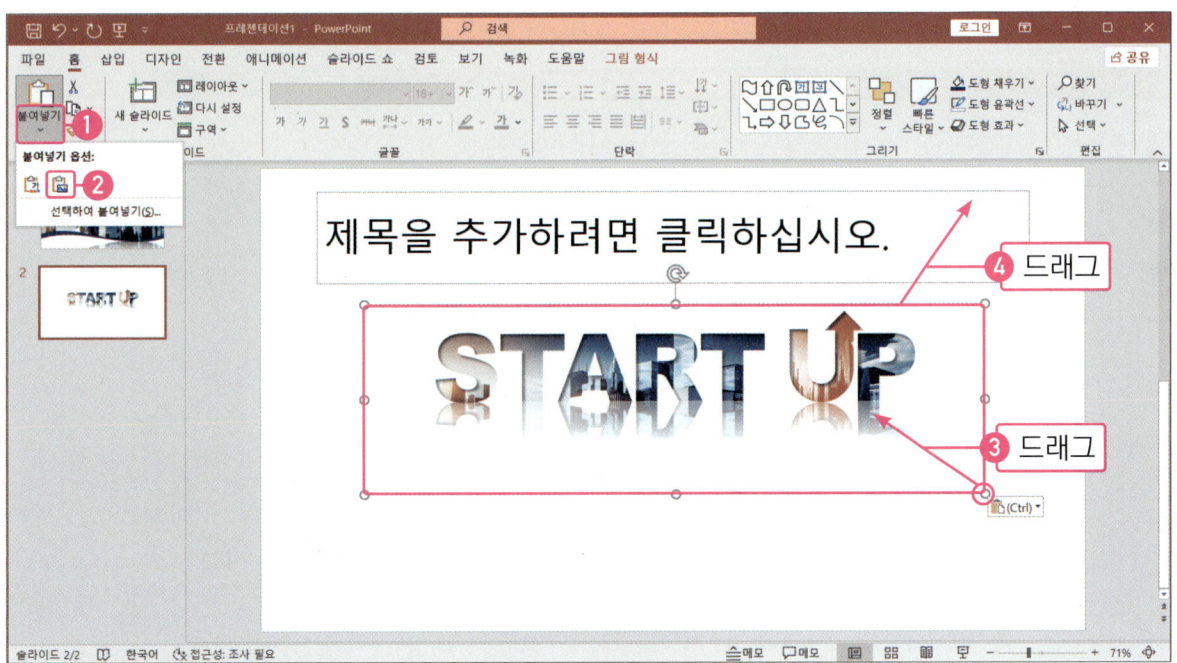

09 제목 텍스트 상자를 클릭하고 활성화한 상태에서 '단계별 추진 전략'이라고 입력하고 글꼴은 '굵게', '텍스트 그림자', 글꼴 색은 '흰색, 배경 1'을 선택합니다.

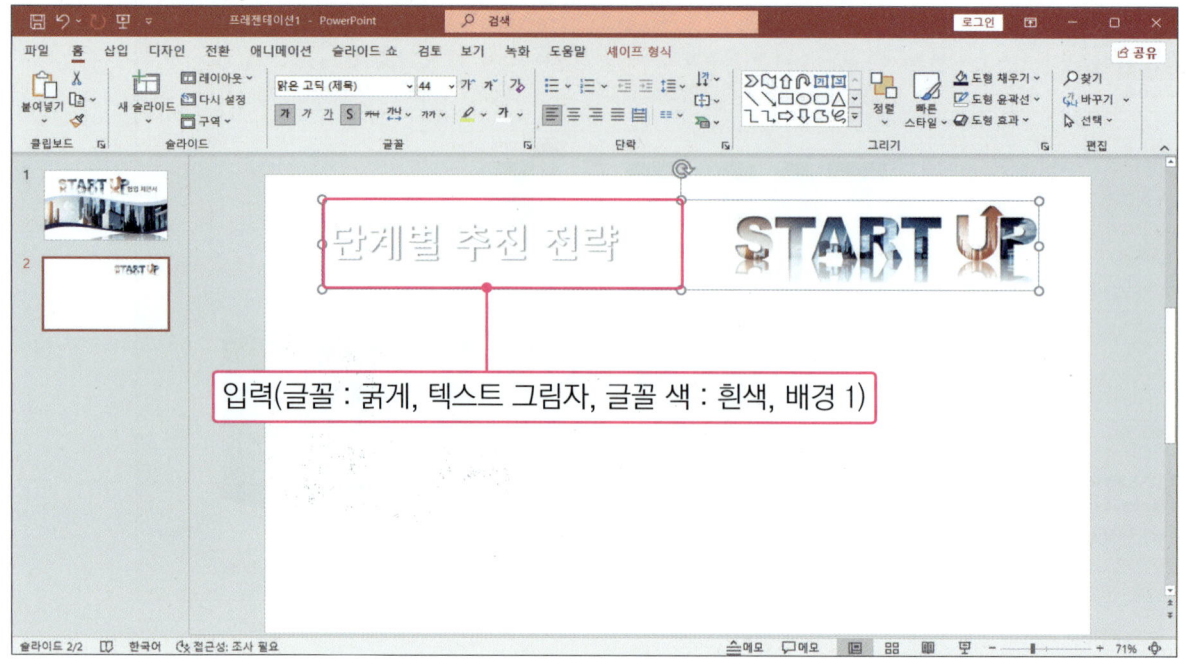

10 배경을 선택하고 마우스 오른쪽 버튼을 클릭하여 바로 가기 메뉴가 나타나면 [배경 서식]을 선택합니다.

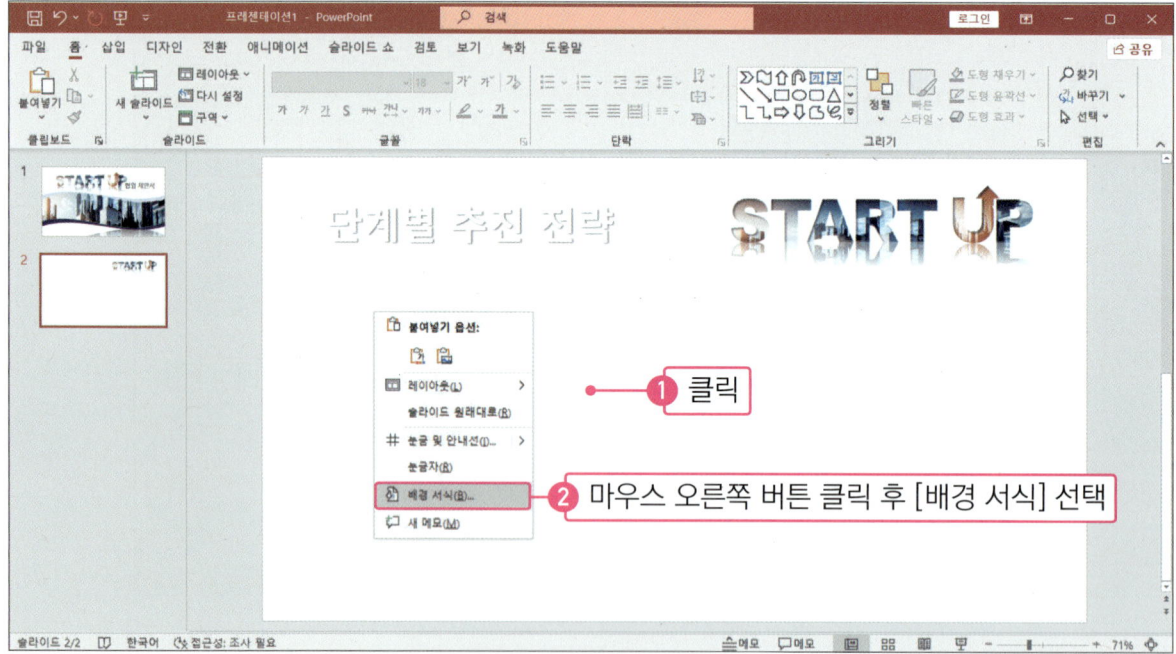

11 [배경 서식] 창이 나타나면 [채우기]-[그림 또는 질감 채우기]-[삽입] 버튼을 클릭합니다. [그림 삽입] 대화상자가 나타나면 [파일에서]를 선택합니다. 새로운 [그림 삽입] 대화상자가 나타나면 '빌딩.jpg' 파일을 찾아 선택하고 [삽입] 버튼을 클릭합니다.

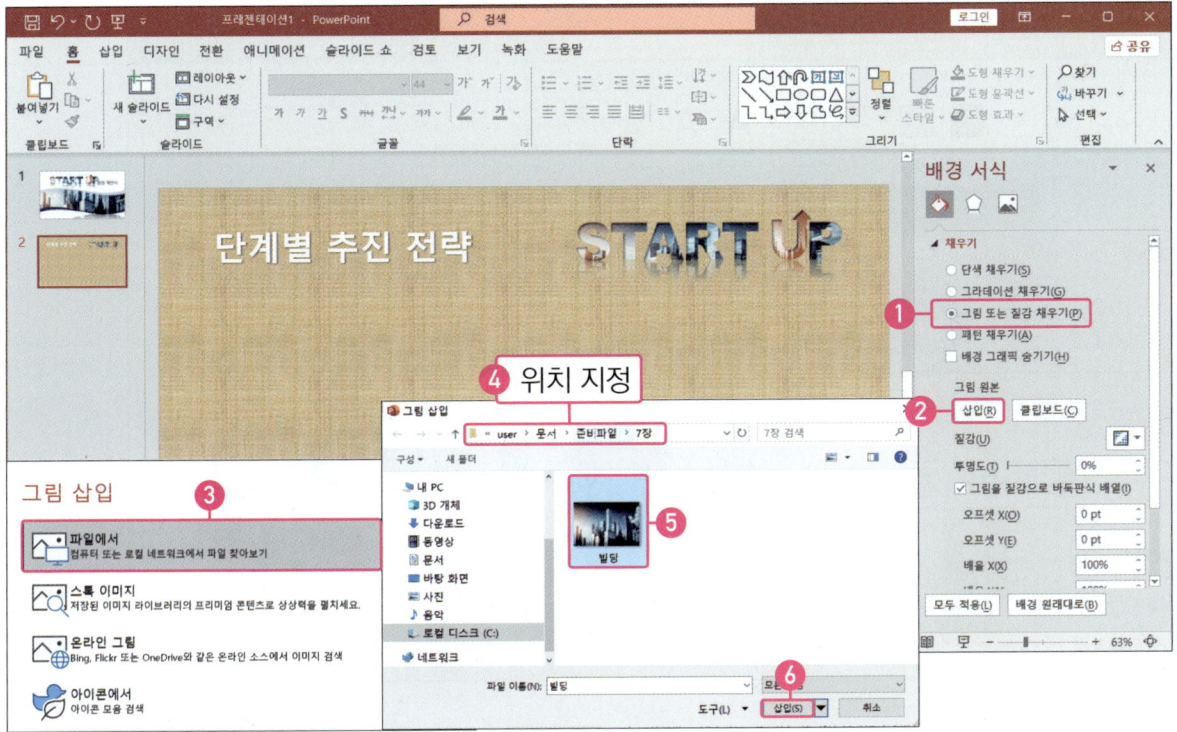

12 [채우기]-[투명도]를 '20%'로 설정하여 배경 이미지를 흐리게 합니다. ☒(닫기)를 클릭하여 배경 서식 창을 닫습니다.

▶ 목차 도형 만들기

01 직사각형 도형을 삽입 한 후 [셰이프 형식(도형 서식)] 탭-[도형 삽입] 그룹의 ▼(자세히)를 클릭-[화살표: 갈매기형 수장]을 선택하고 직사각형 위에 그림처럼 드래그합니다.

02 두 도형을 선택하고 [셰이프 형식(도형 서식)] 탭-[도형 삽입] 그룹-[도형 병합]-[조각]을 선택합니다.

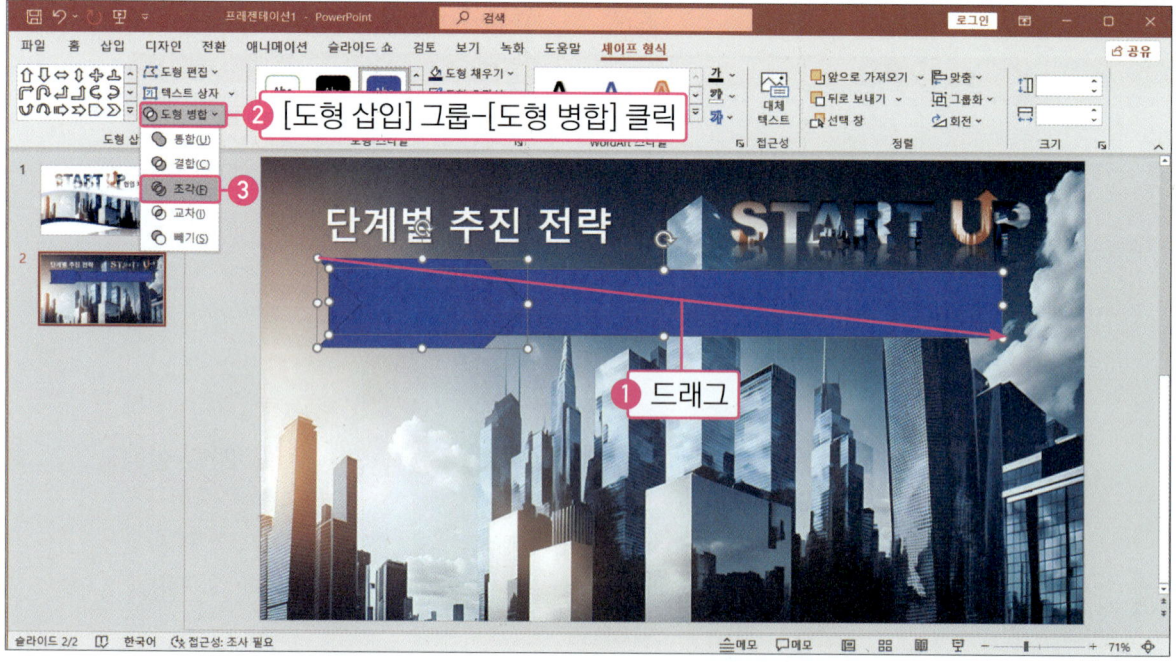

03 선택된 도형의 선택을 해제하고 삭제할 조각 면을 그림처럼 선택한 후 Delete 키를 눌러 삭제합니다.

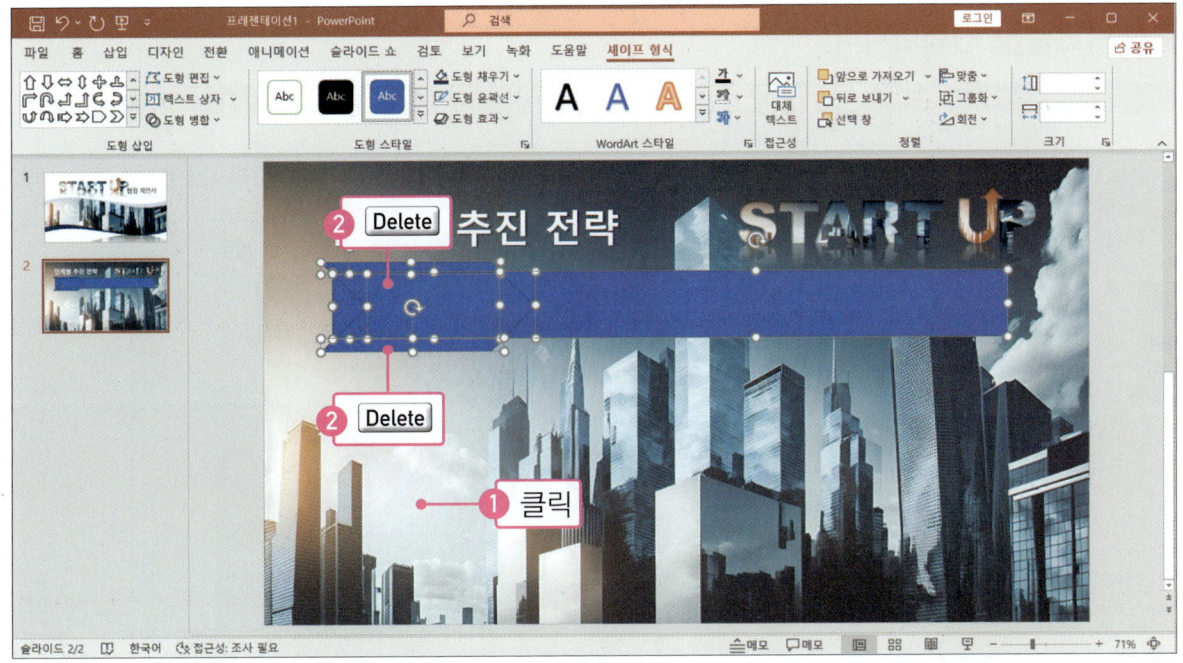

04 왼쪽 도형을 [진한 파랑]으로 도형 채우기를 적용하고 맨 오른쪽 도형을 선택하여 [흰색, 배경 1]로 도형 채우기를 적용합니다. 다음처럼 두 도형에 텍스트를 입력한 후 글꼴 크기와 색상을 변경합니다.

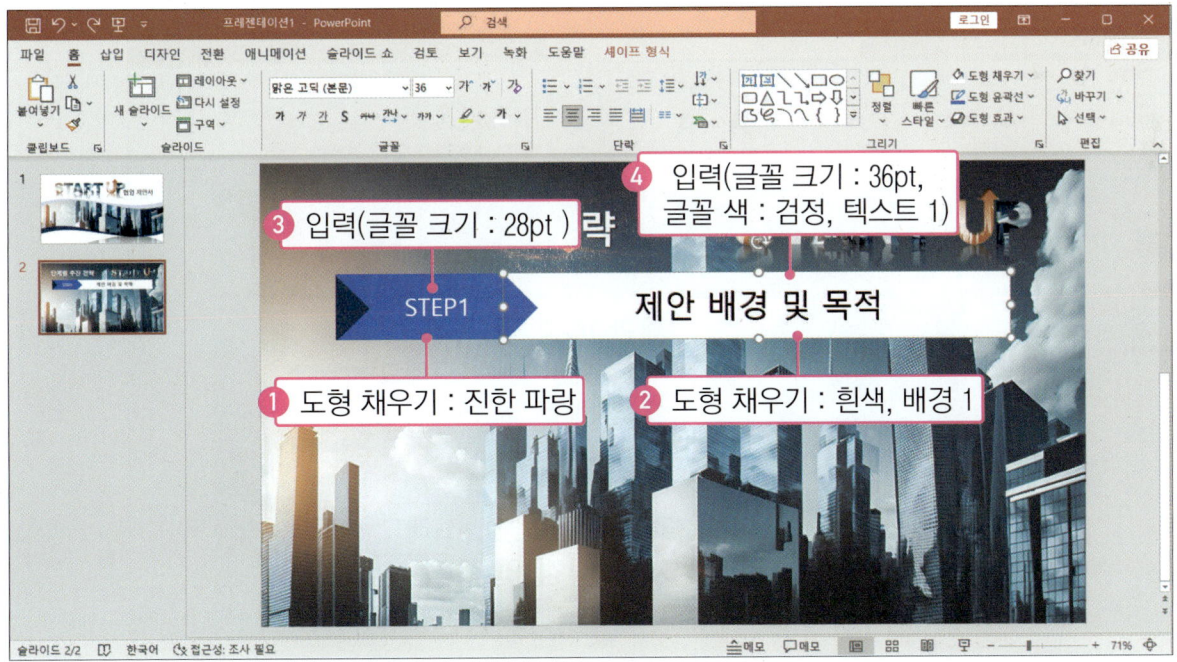

▶ **도형을 그룹으로 묶고 이동하며 복제하기**

01 도형이 모두 포함되도록 드래그하여 선택한 후 [셰이프 형식(도형 서식)] 탭-[정렬] 그룹에서 [그룹화]-[그룹]을 선택합니다.

02 Ctrl + Shift 키를 누른 채 드래그하여 복제합니다. 이 같은 과정을 2번 더 반복하여 그림처럼 복제합니다.

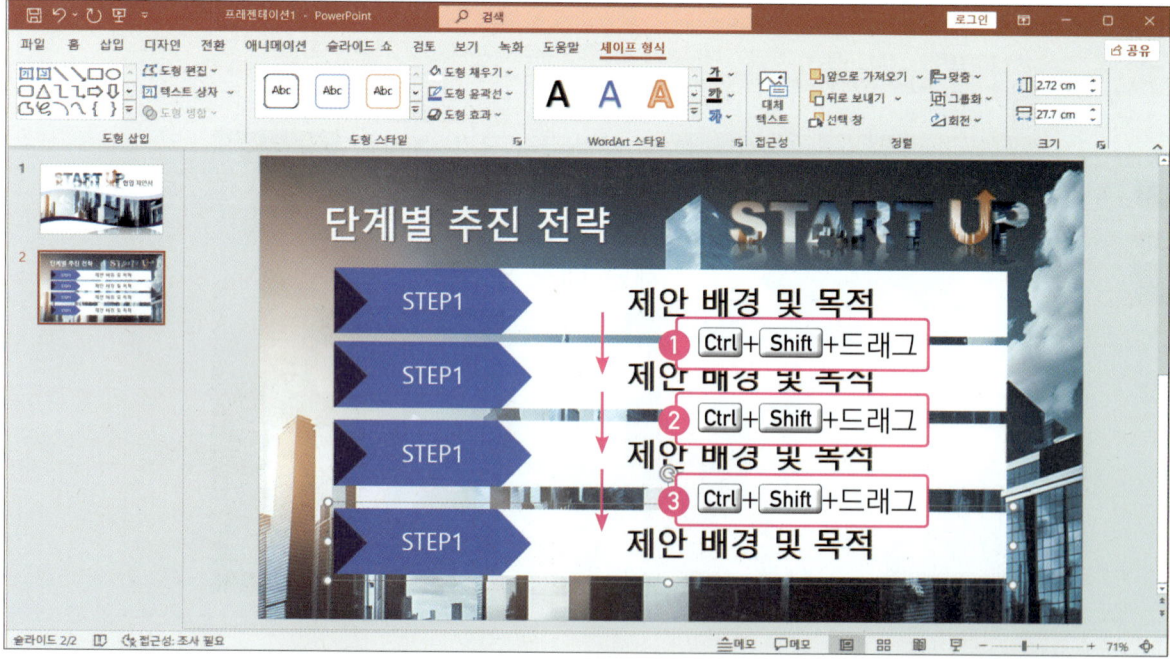

▶ 간격을 동일하게 배치하기

01 도형이 모두 포함되도록 드래그하여 선택한 후 [셰이프 형식(도형 서식)] 탭-[정렬] 그룹에서 [맞춤]-[세로 간격을 동일하게]를 선택합니다.

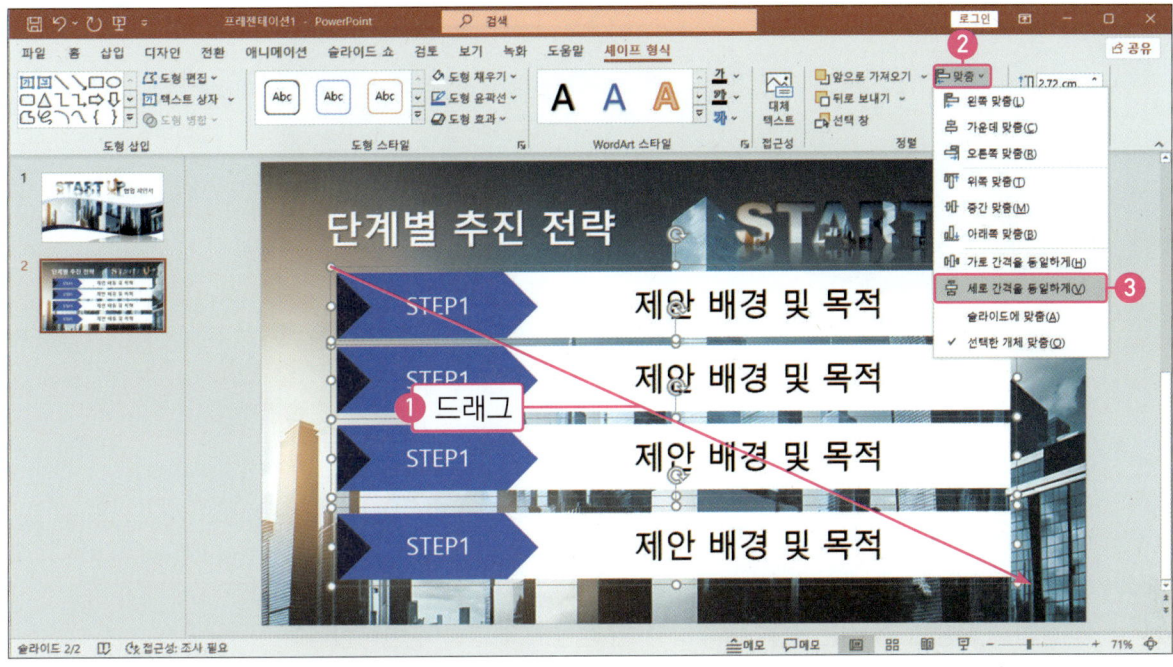

02 임의의 빈 곳을 클릭하여 선택을 해제한 후 마우스 커서를 두 번째 도형의 텍스트 위로 이동하면 I(입력 커서)로 변경됩니다. 이때 드래그하여 블록으로 지정한 후 입력을 수정합니다. 같은 방법으로 다른 도형도 블록으로 지정하고 텍스트를 수정합니다.

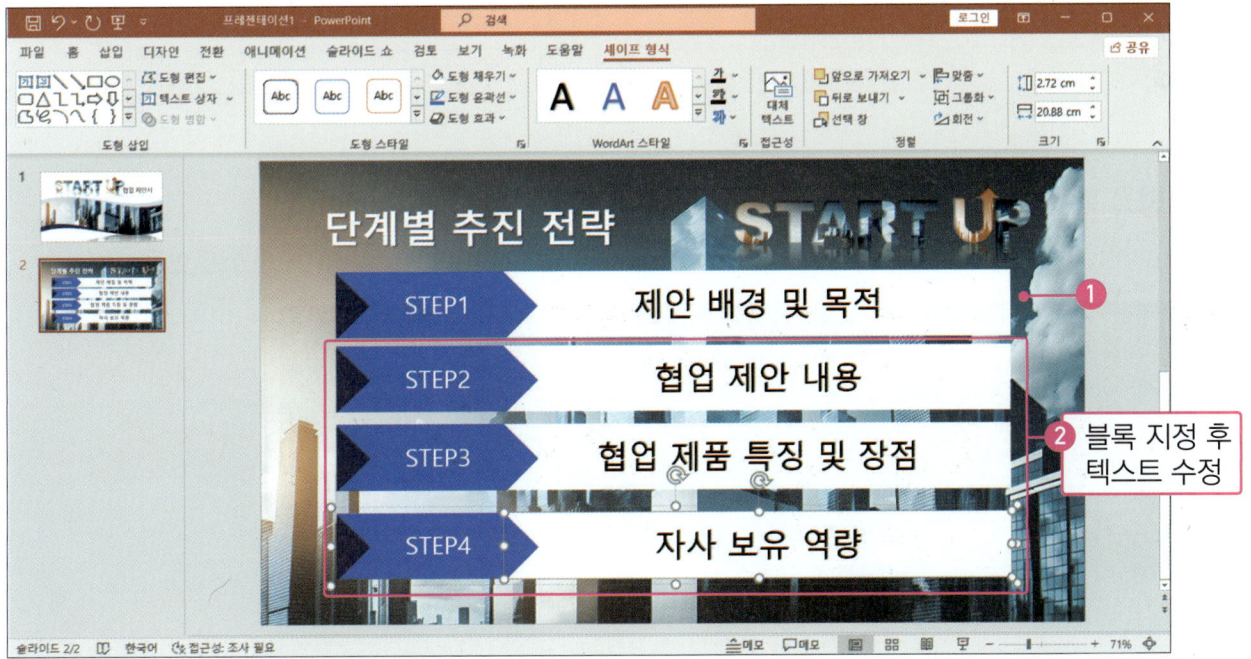

03 빠른 실행 도구 모음의 (저장)을 클릭하여 파일 이름을 '스타트업.pptx'로 저장합니다.

응용력 키우기

01 새 프레젠테이션을 생성한 후 직사각형은 점 편집으로 이용하여 다음처럼 변형해 봅니다.

힌트 점 편집을 실행한 후 검은 점을 클릭하고 흰 점을 드래그하여 변형합니다.

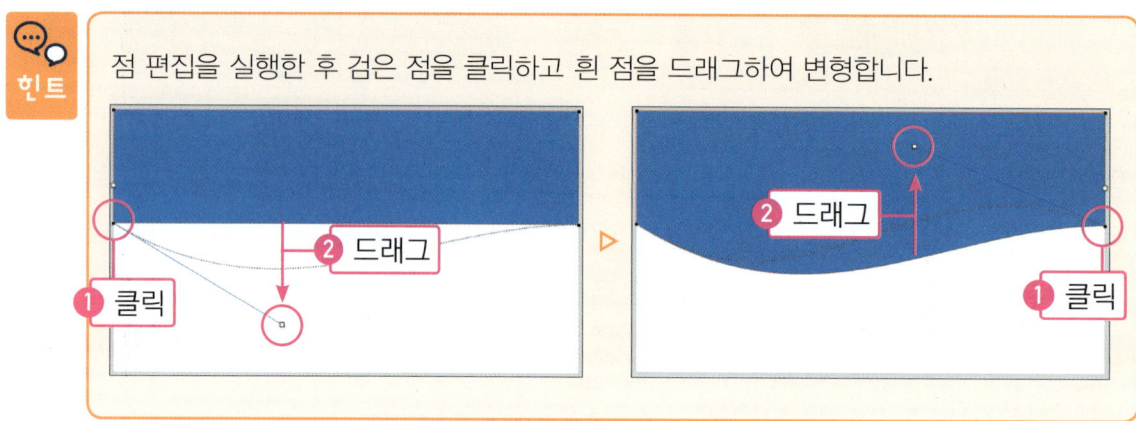

02 도형을 복제하고 도형에 그림을 삽입해 봅니다.

준비파일 인공 불빛.jpg

154

03 텍스트를 입력한 후 그림을 텍스트에 채우기 해보고 윤곽선과 그림자, 네온 효과를 적용해 봅니다.

04 2번 슬라이드를 생성하고 다음처럼 제목을 생성합니다. '평행 사변형' 도형과 '하트' 도형을 이용하여 다음처럼 만든 후 '인공 불빛.pptx'로 저장해 봅니다.

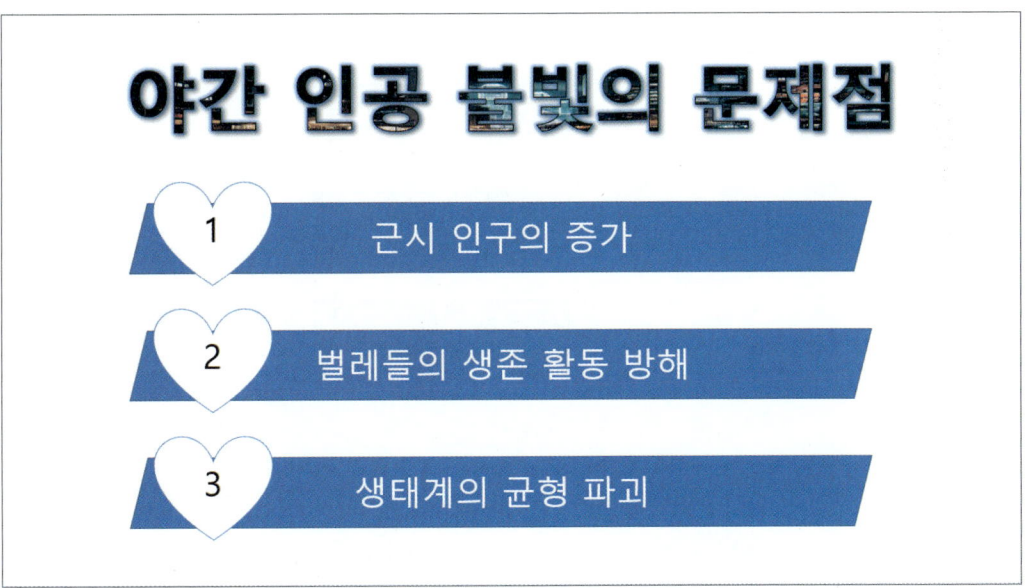

08 조직도 만들기

- 스마트아트 생성
- 스마트아트 도형 추가
- 스마트아트 색 변경
- 스마트아트 스타일 적용

미/리/보/기

 완성파일 : 회사 조직도(완성).pptx

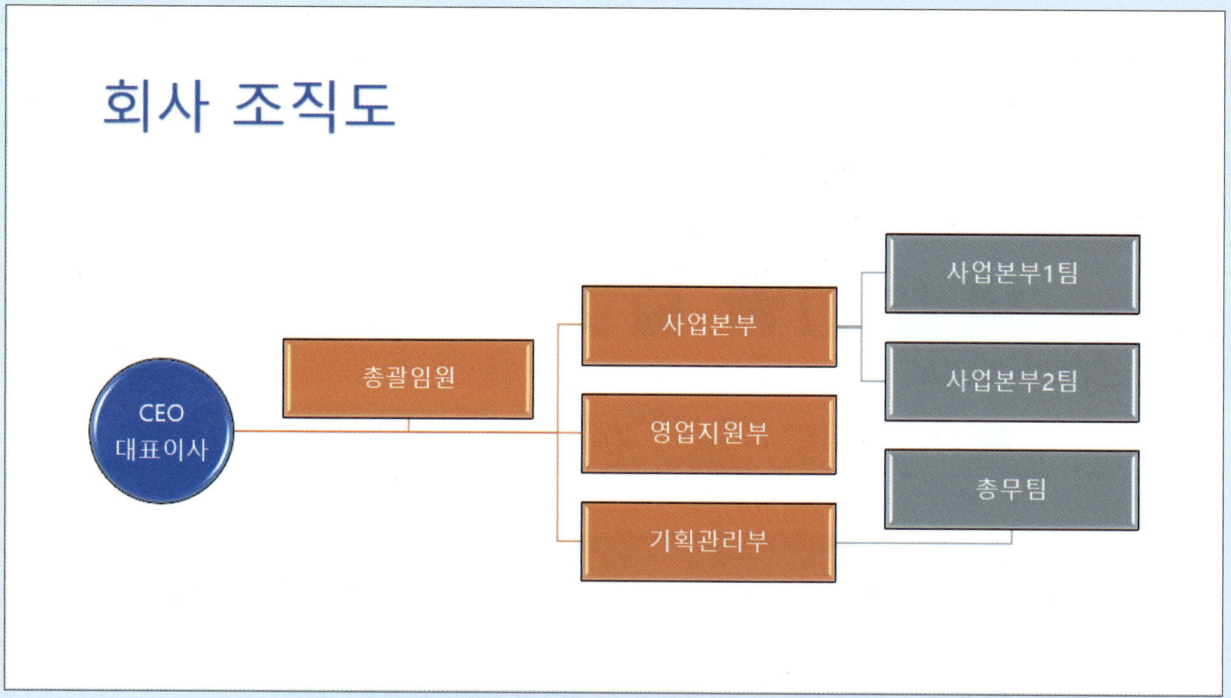

스마트아트를 생성하여 도형을 추가해 보고 생성된 스마트아트에 색을 변경하고 스타일을 적용하는 방법에 대하여 알아보도록 하겠습니다.

 # 스마트아트 기능 알아보기

▶ 스마트아트란?

스마트아트는 텍스트로 구성되는 내용을 그래픽 도형을 사용하여 시각적으로 표현한 것으로 다양한 레이아웃 중에 선택하여 사용할 수 있으며, 청중들에게 내용을 쉽고 빠르게 시각적으로 표현할 수 있습니다.

▶ 스마트아트를 생성하는 방법

- [삽입] 탭-[일러스트레이션] 그룹에서 [SmartArt]를 클릭하면 나타나는 [SmartArt 그래픽 선택] 대화상자에서 스마트아트 종류를 선택하여 생성할 수 있습니다.

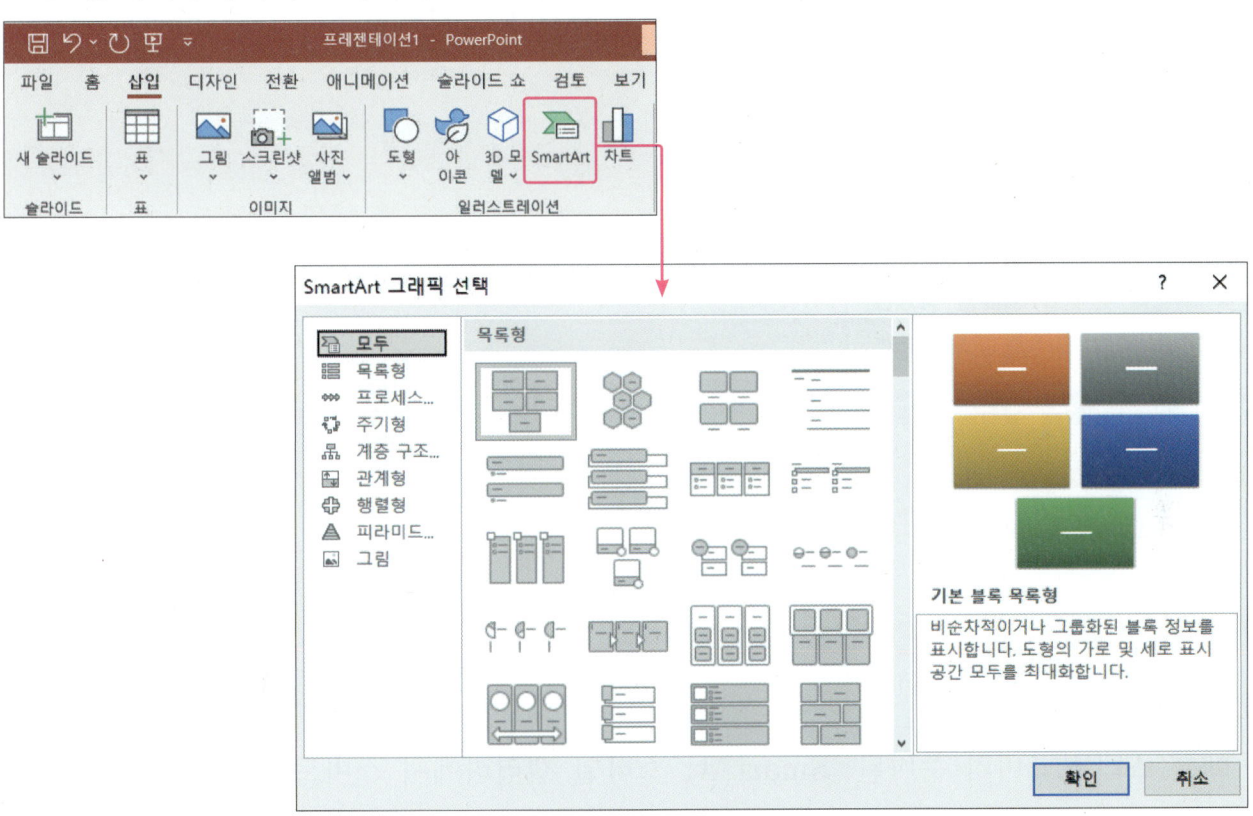

- 기존의 입력된 문장을 SmartArt로 구성할 수도 있습니다. 먼저, 목록 수준이 다른 단락으로 구성된 텍스트 상자를 선택하고 [홈] 탭-[단락] 그룹-[SmartArt로 변환]을 클릭한 후 SmartArt 그래픽을 선택하면 생성할 수 있습니다.

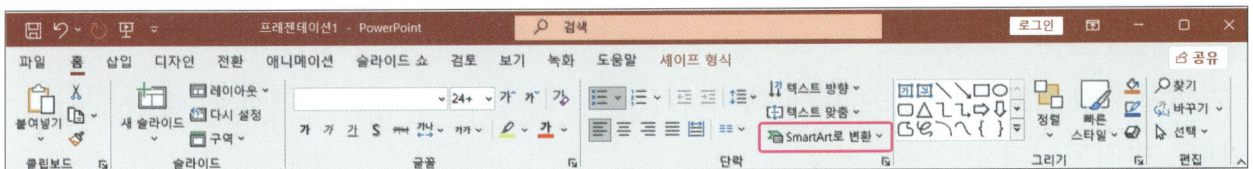

▶ [SmartArt 디자인] 탭 살펴보기

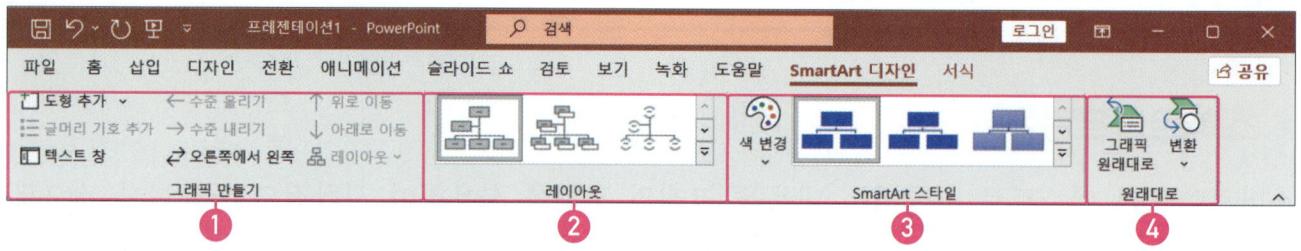

❶ [그래픽 만들기] 그룹 : 생성된 스마트아트에 도형을 추가, 글머리 기호 추가, 텍스트 창을 보이게 하기, 도형의 수준이나 위치를 이동하는 등의 메뉴들이 있습니다.

❷ [레이아웃] 그룹 : 생성된 스마트아트의 레이아웃을 변경하여 다른 종류의 스마트아트를 생성합니다.

❸ [SmartArt 스타일] 그룹
- 색 변경 : 미리 준비된 여러 가지 색의 조합 목록에서 선택하여 스마트아트의 모든 도형 색상을 변경할 수 있습니다.

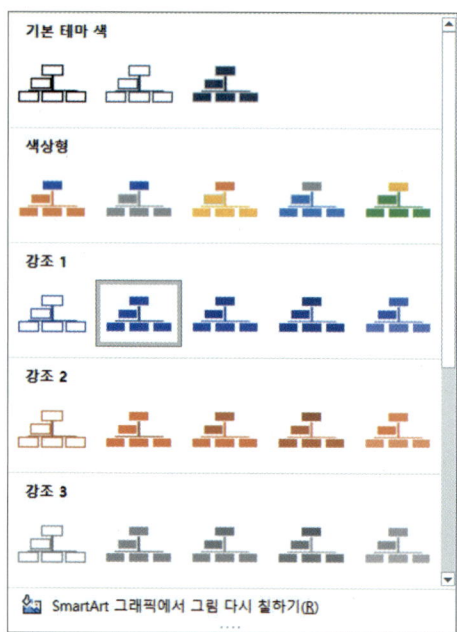

- 빠른 스타일 : 미리 준비된 SmartArt 스타일 갤러리에서 스마트아트 스타일을 선택할 수 있고, ▼(자세히)를 클릭하면 다양한 스마트아트 스타일을 확인할 수 있습니다.

❹ [원래대로] 그룹
- 그래픽 원래대로 : 스마트아트에 색이나 글꼴 등과 같은 속성을 변경했을 때 초깃값 상태로 변경됩니다.
- 변환 : 스마트아트를 텍스트나 도형으로 변환할 수 있습니다.

회사 조직도 만들기

▶ **스마트아트 생성하기**

01 파워포인트를 실행한 후 [새 프레젠테이션]을 클릭합니다. [홈] 탭-[슬라이드] 그룹에서 [레이아웃]-[제목 및 내용]을 선택해 슬라이드를 변경합니다.

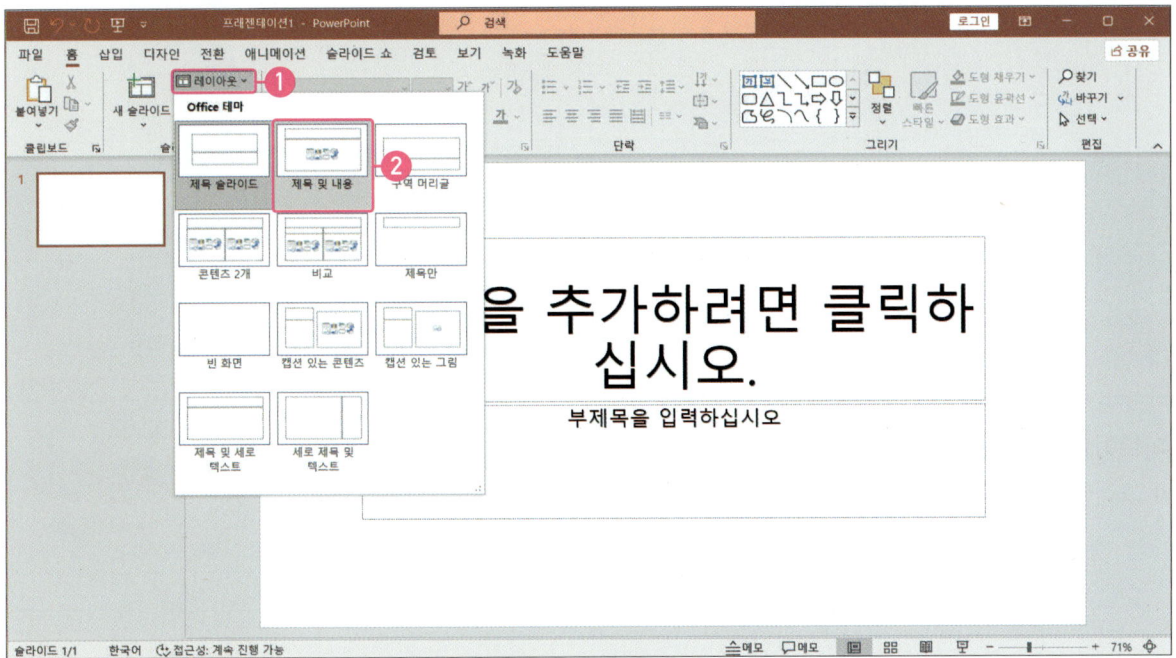

02 다음처럼 제목을 입력한 후 [셰이프 형식(도형 서식)] 탭-[WordArt 스타일] 그룹에서 WordArt 스타일 갤러리 중 [채우기: 파랑, 강조색 1, 그림자]를 선택합니다.

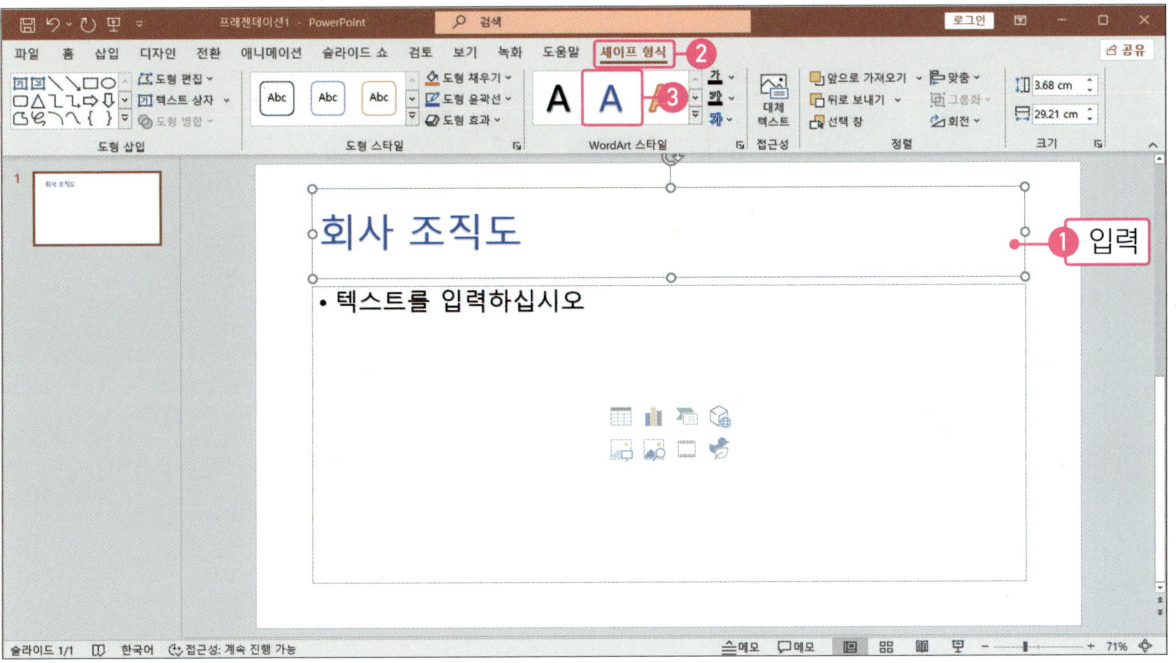

03 [삽입] 탭-[일러스트레이션] 그룹에서 [SmartArt]를 클릭합니다.

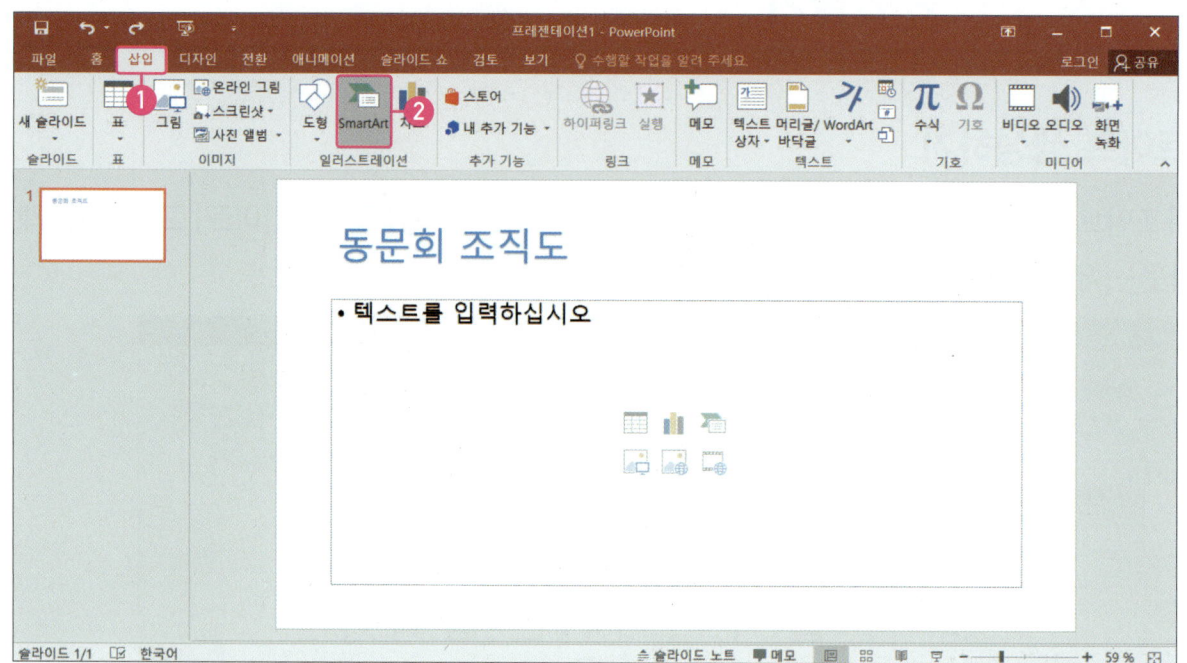

 스마트아트를 생성하기 위해 내용 텍스트 상자에 표시된 목록 중 (SmartArt 그래픽 삽입)을 클릭해도 생성할 수 있습니다.

04 [SmartArt 그래픽 선택] 대화상자가 나타나면 [계층 구조형]-[가로 조직도형]을 선택한 후 [확인] 버튼을 클릭합니다.

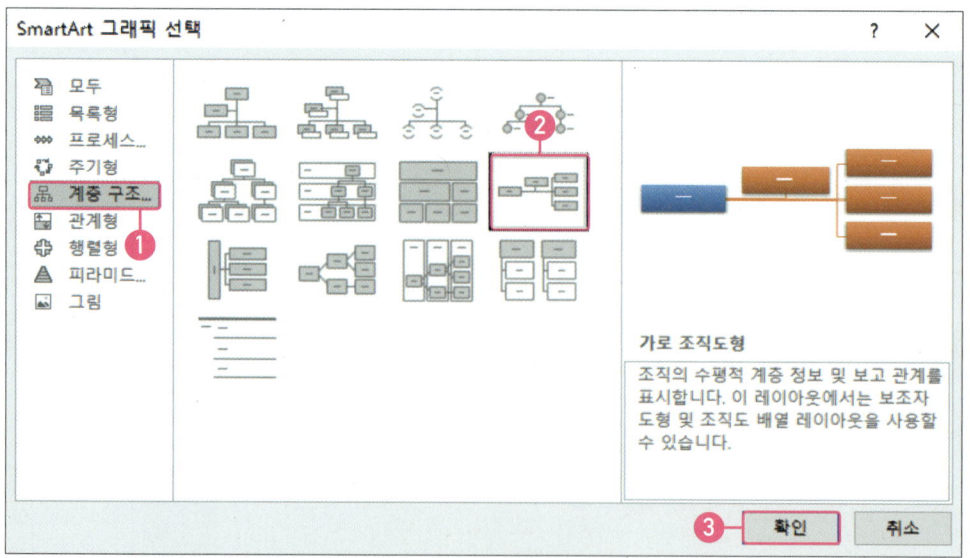

05 가로 조직도형 스마트아트가 슬라이드에 삽입된 것을 확인할 수 있습니다.

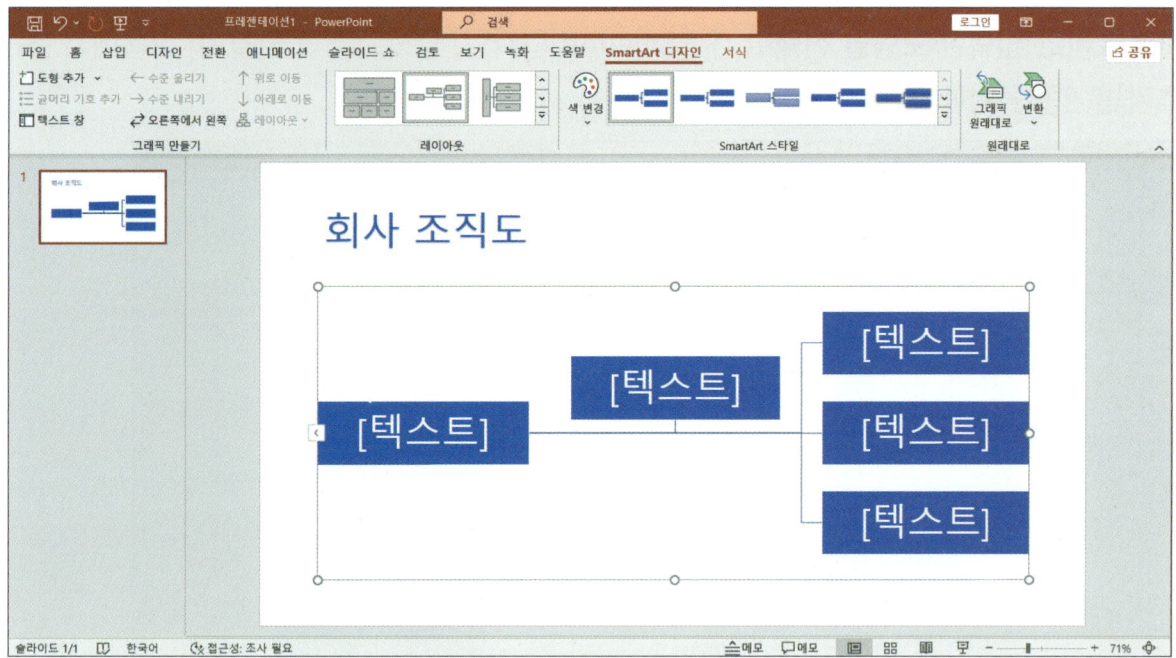

06 스마트아트 도형을 각각 클릭하여 **다음처럼 입력**합니다.

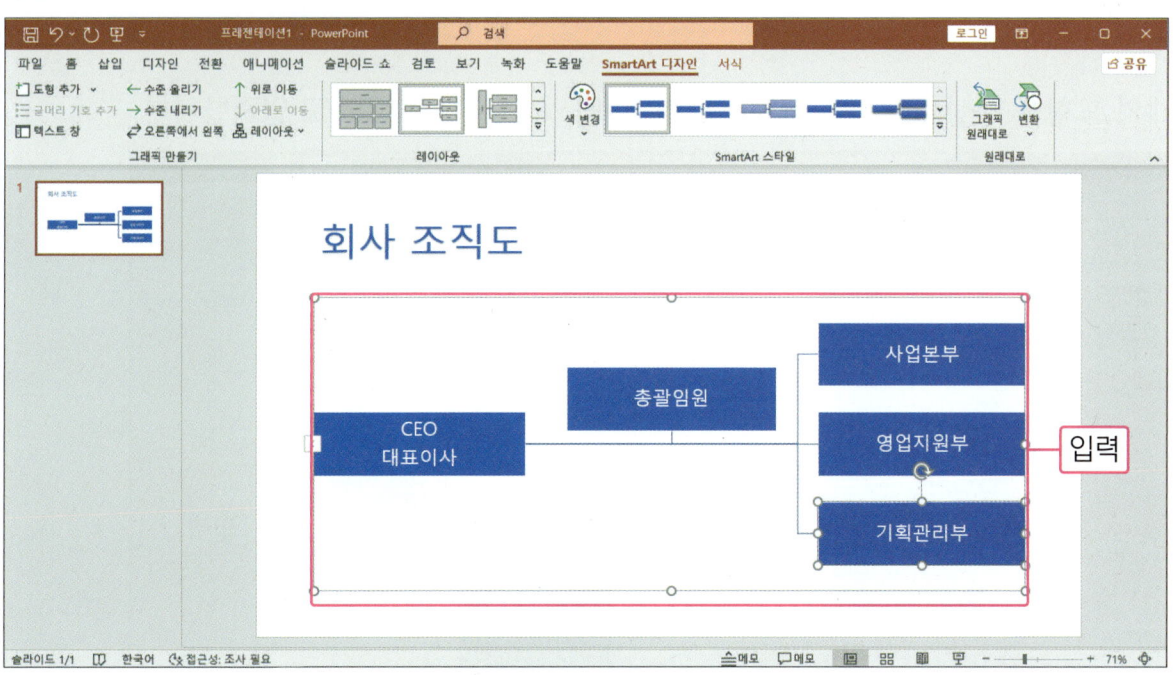

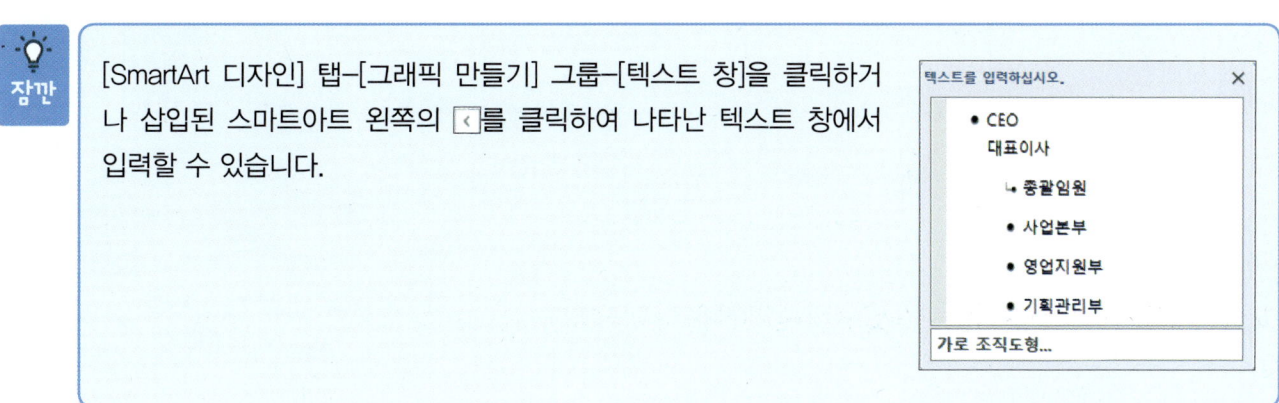

[SmartArt 디자인] 탭-[그래픽 만들기] 그룹-[텍스트 창]을 클릭하거나 삽입된 스마트아트 왼쪽의 `<` 를 클릭하여 나타난 텍스트 창에서 입력할 수 있습니다.

▶ **스마트아트에 도형 추가하기**

01 '사업본부'라고 입력한 도형을 선택한 후 [SmartArt 디자인] 탭-[그래픽 만들기] 그룹에서 [도형 추가]를 2번 클릭합니다.

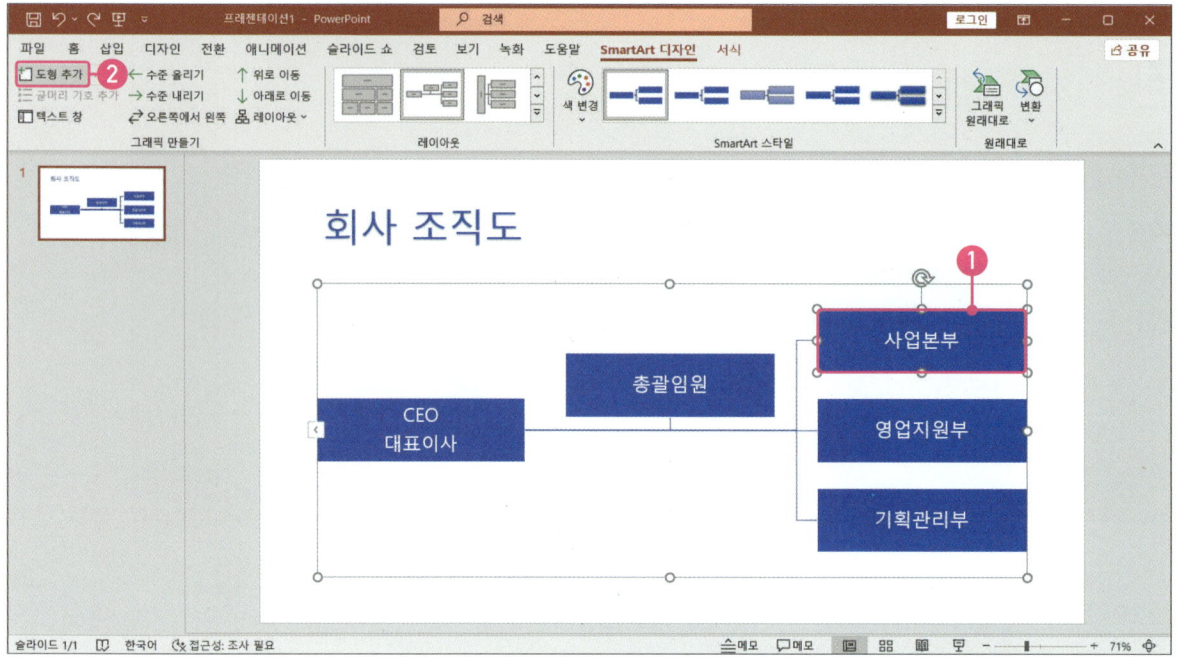

02 두 개의 도형이 생성되면 각 도형에 '사업본부1팀' '사업본부2팀'이라고 입력합니다.

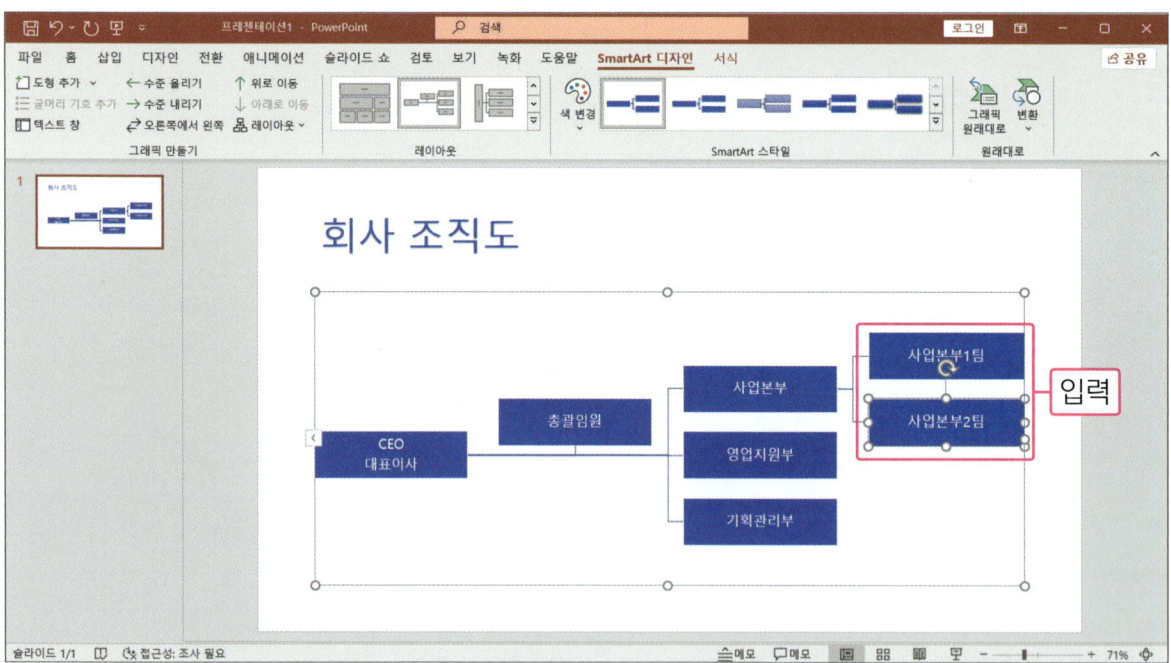

03 '기획관리부'라고 입력한 도형을 선택한 후 [SmartArt 디자인] 탭-[그래픽 만들기] 그룹에서 [도형 추가]의 ⌄를 클릭하고 [보조자 추가]를 선택합니다.

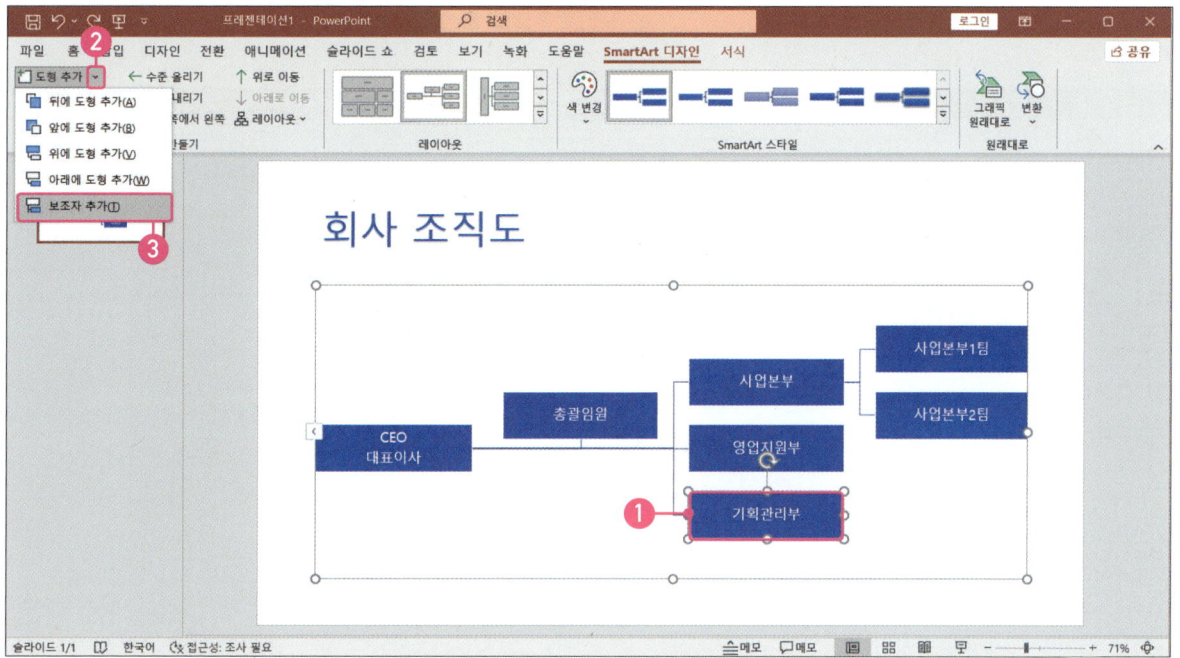

04 생성된 도형에 '총무팀'이라고 입력합니다.

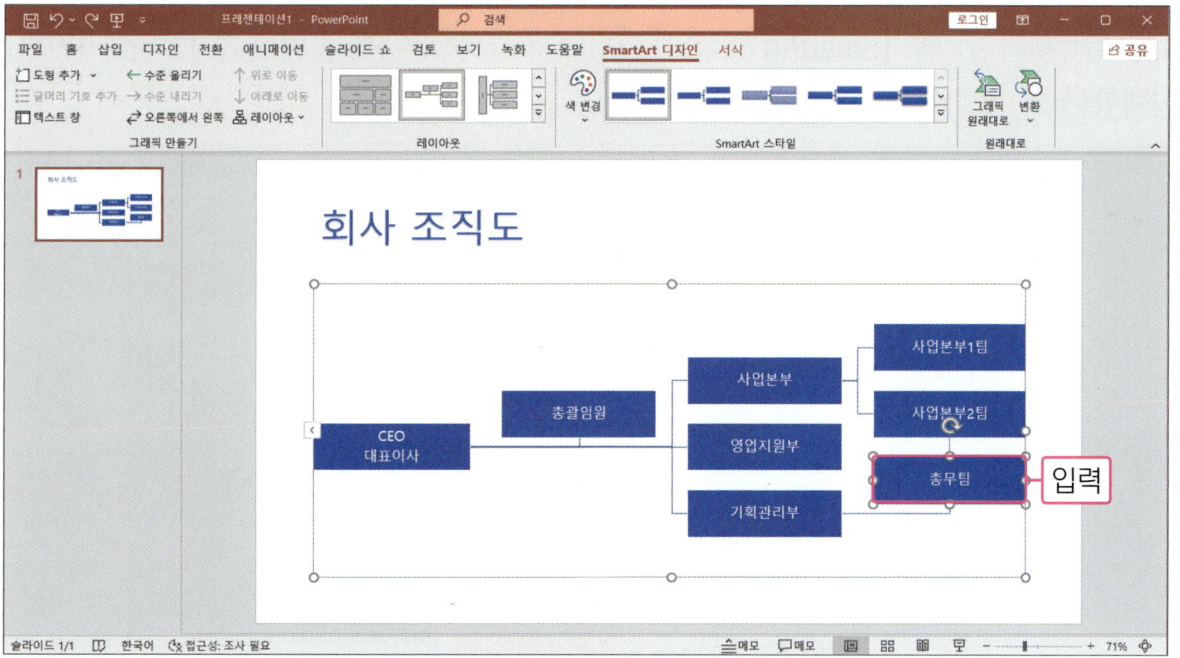

▶ **스마트아트 스타일 적용하기**

01 [SmartArt 디자인] 탭-[SmartArt 스타일] 그룹에서 [색 변경]-[색상형-강조색]을 선택합니다.

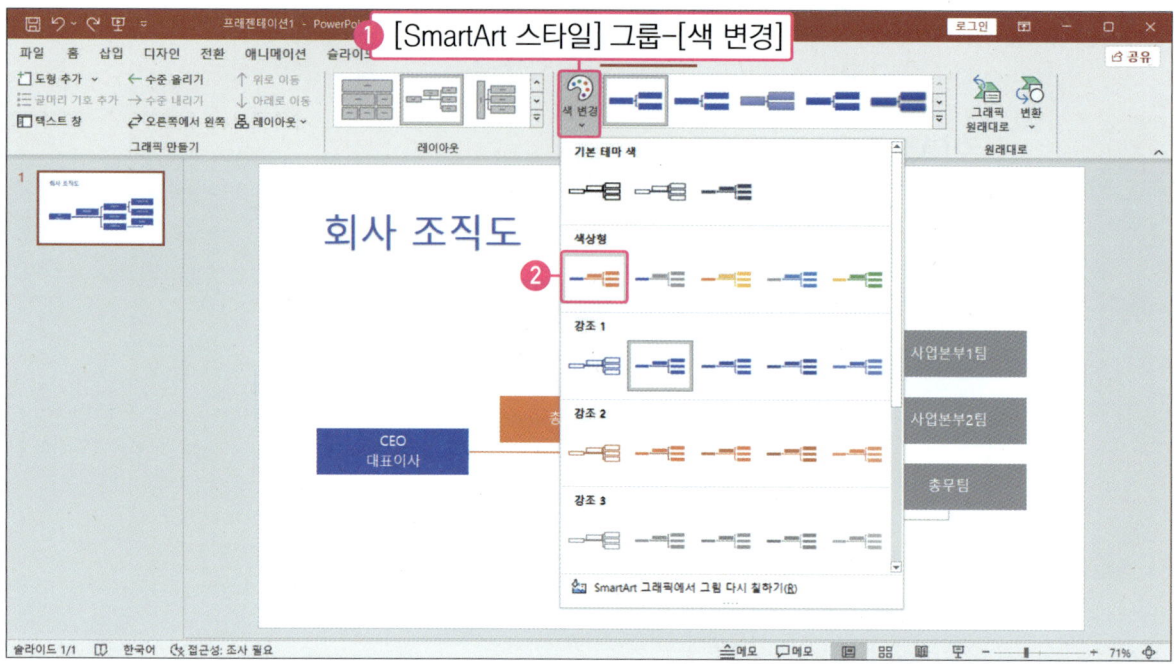

02 [SmartArt 디자인] 탭-[SmartArt 스타일] 그룹에서 자세히(▼)를 클릭한 후 [3차원]-[만화]를 선택합니다.

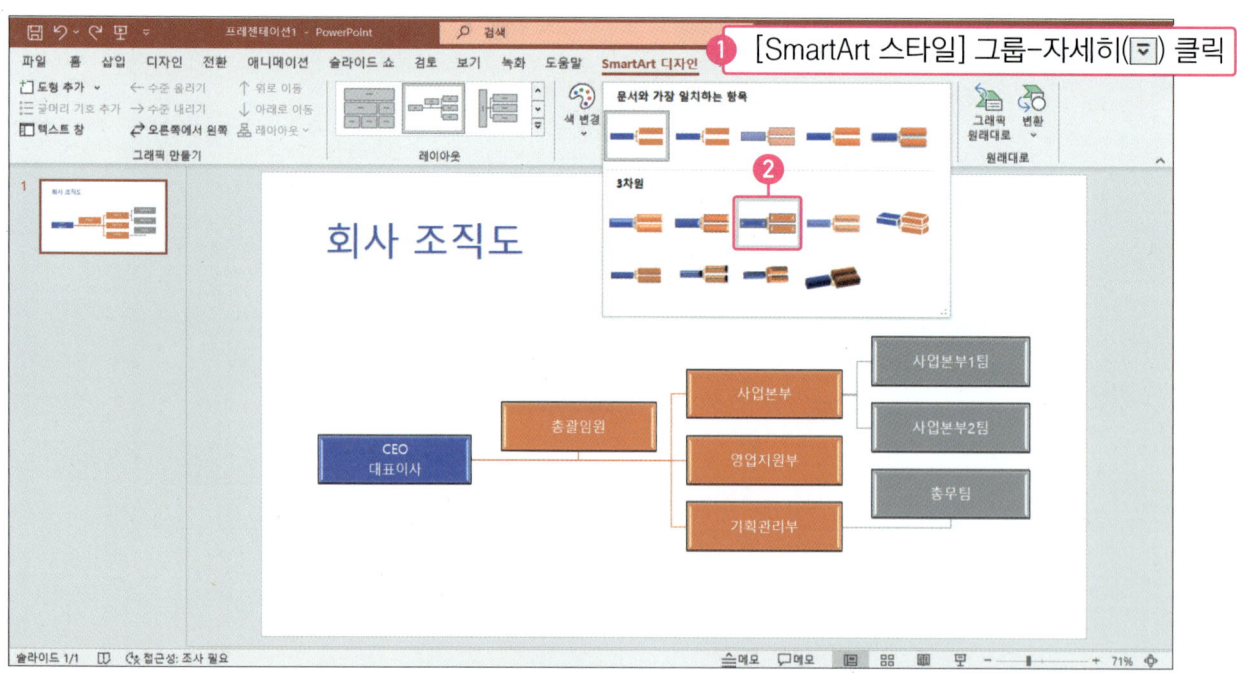

03 [서식] 탭-[도형] 그룹에서 [도형 모양 변경]을 클릭한 후 [타원]을 선택합니다.

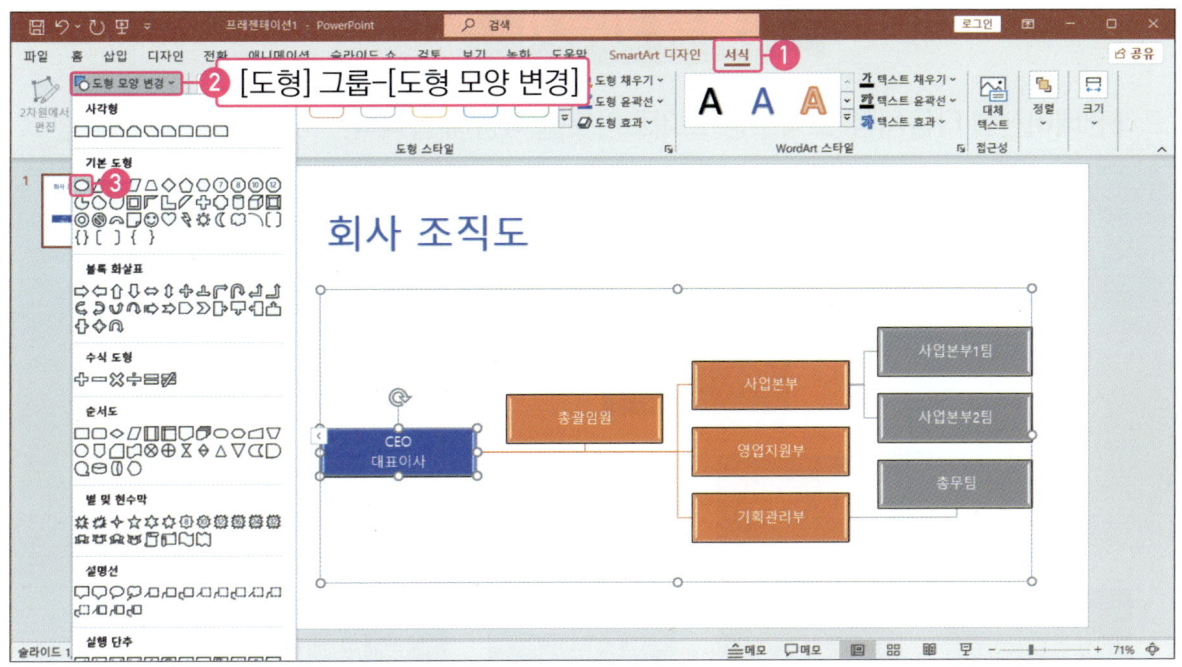

04 [서식] 탭에서 [크기]-[높이]를 '4cm', [너비]를 '4cm'로 설정합니다.

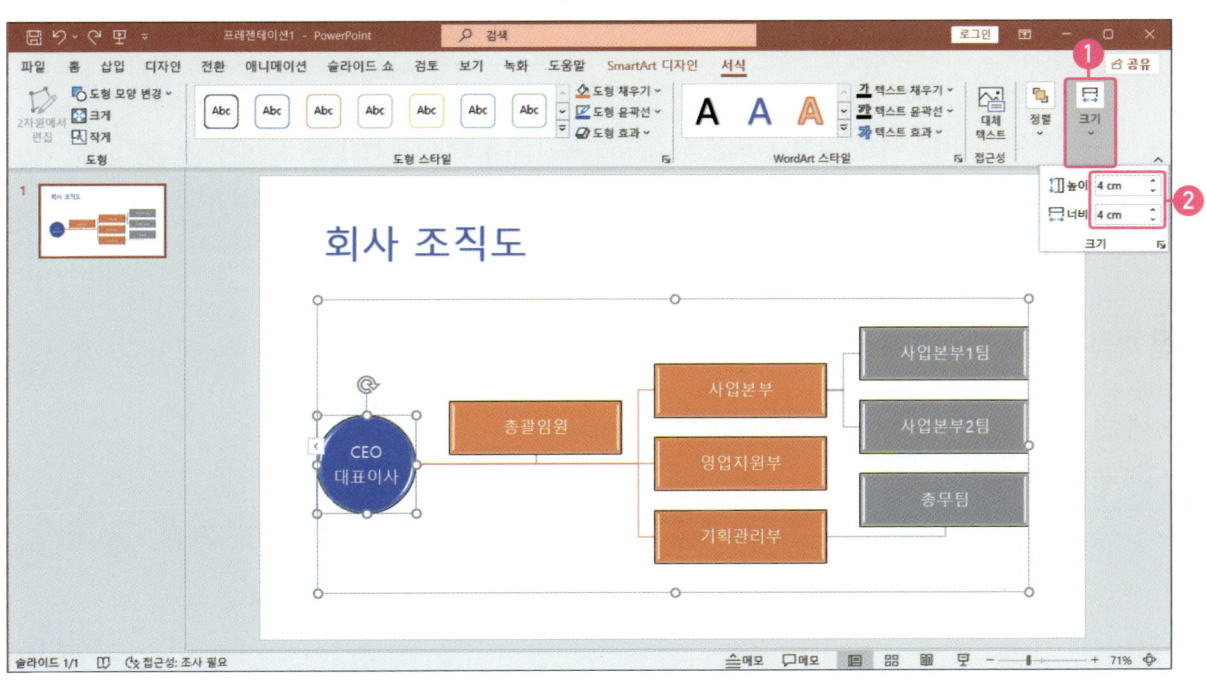

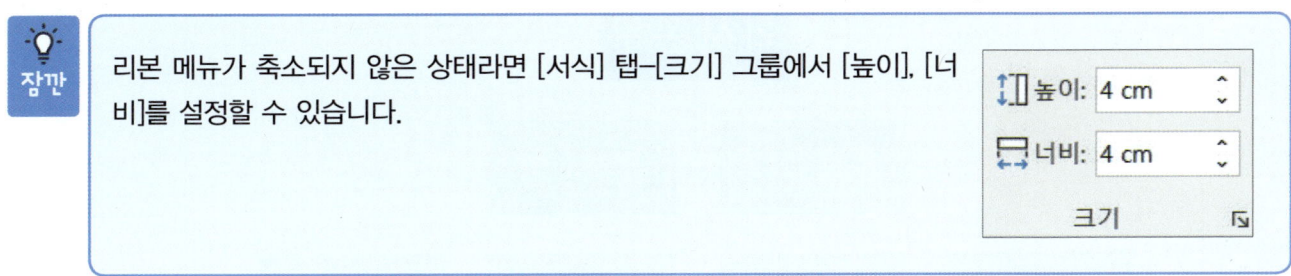

리본 메뉴가 축소되지 않은 상태라면 [서식] 탭-[크기] 그룹에서 [높이], [너비]를 설정할 수 있습니다.

05 빠른 실행 도구 모음의 🔲(저장)을 클릭한 후 파일 이름을 '회사 조직도.pptx'로 저장합니다.

응용력 키우기

01 새 프레젠테이션에 다음처럼 '조직도형' 스마트아트를 작성해 봅니다.

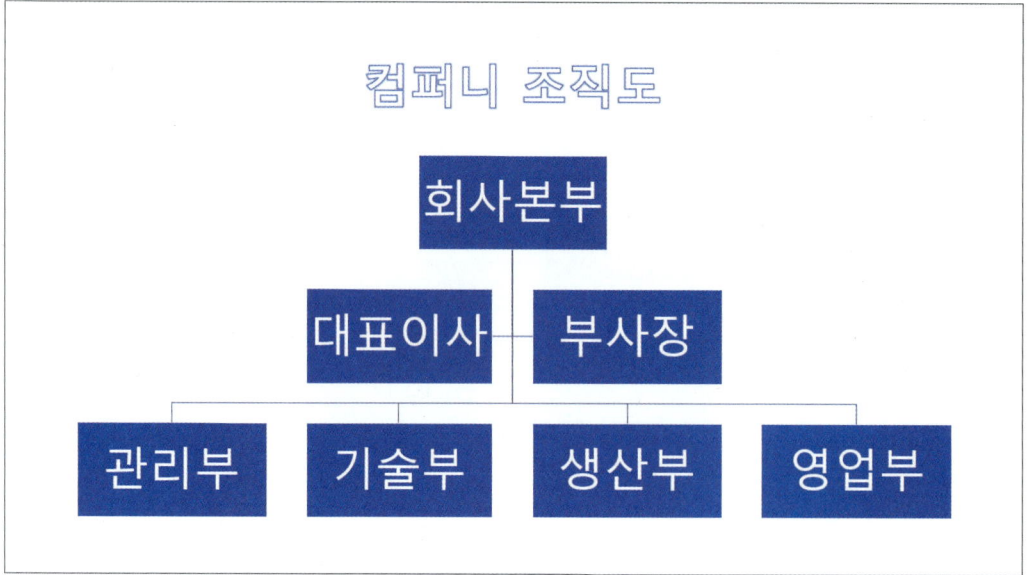

- 슬라이드 레이아웃을 변경한 후 [삽입] 탭-[일러스트레이션] 그룹-[SmartArt]를 클릭해 스마트아트 종류를 지정합니다.
- 도형을 추가할 때는 입력한 도형을 선택한 후 [SmartArt 디자인] 탭-[그래픽 만들기] 그룹에서 [도형 추가 메뉴(▼)]-[뒤에 도형 추가]를 선택합니다.

02 다음처럼 스마트아트를 수정해 봅니다.

- 색 변경 : 색상형 - 강조색 2 또는 3
- SmartArt 스타일 : 경사

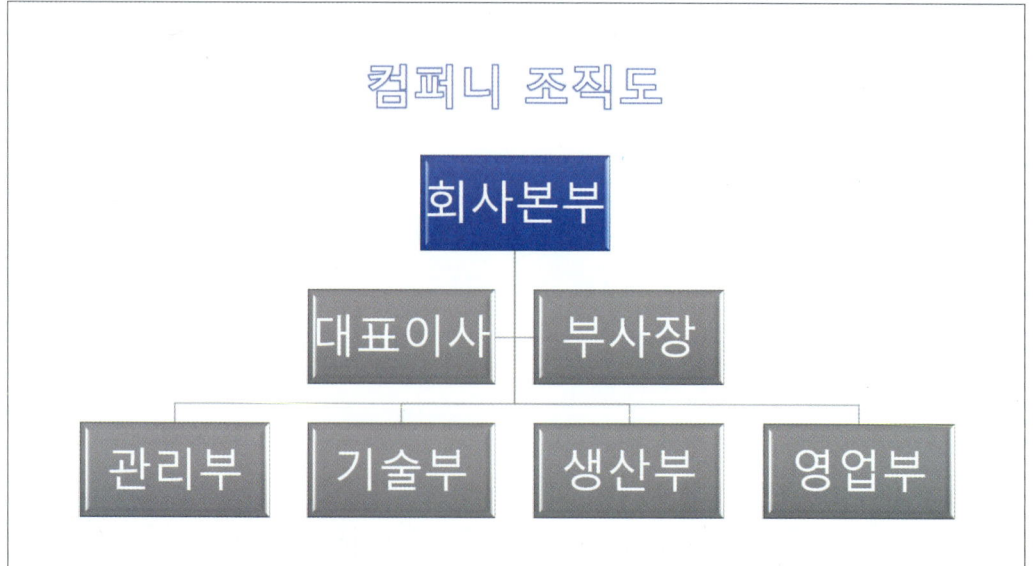

03 다음처럼 스마트아트를 수정해 봅니다.

- **도형 채우기** : 녹색, 강조 6
- **도형 모양 변경** : 사각형: 둥근모서리

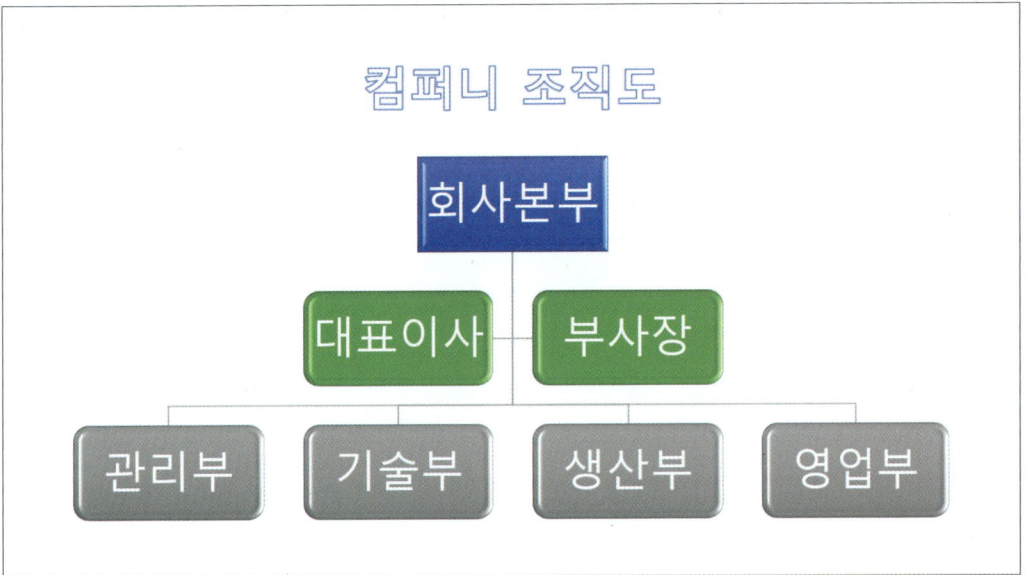

04 다음처럼 스마트아트를 수정하고 '컴퍼니 조직도.pptx'로 저장해 봅니다.

- **도형 모양 변경** : 타원
- **타원 크기** : 높이 – 4.5cm, 너비 – 4.5cm

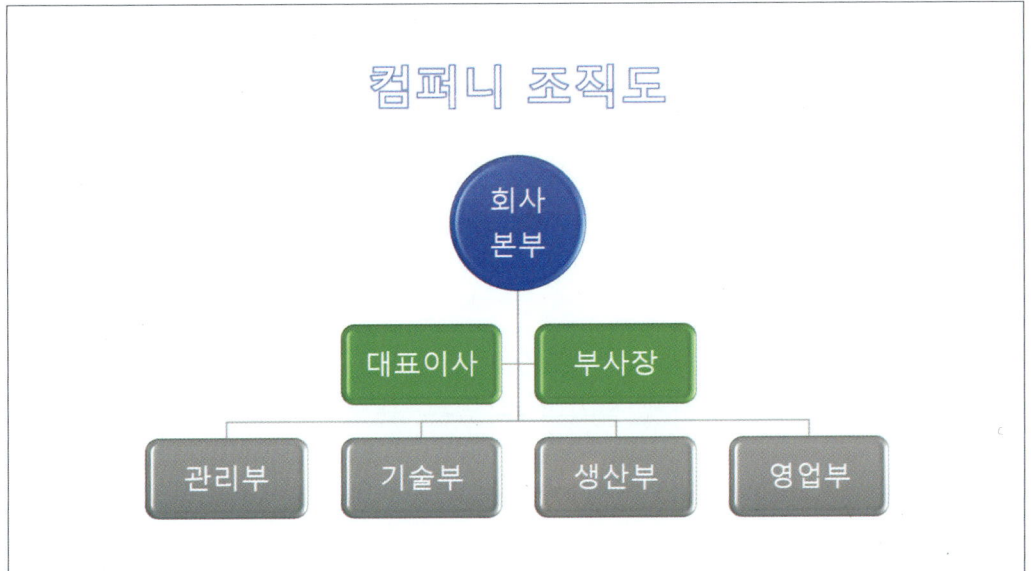

09 표와 차트 만들기

- 표 삽입
- 표 크기 조정
- 셀 병합
- 표 디자인 하기
- 차트 삽입
- 차트 디자인

미/리/보/기

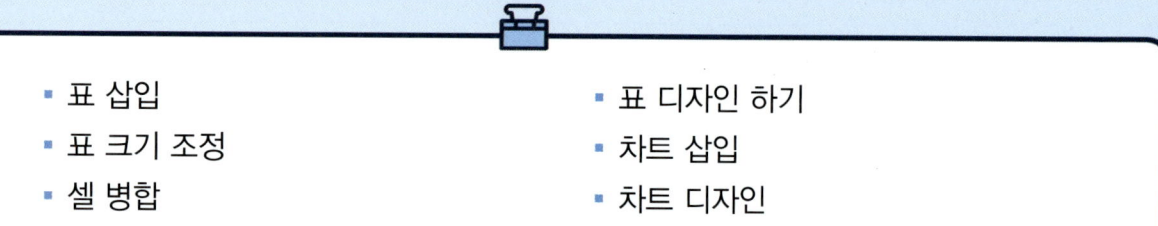
완성파일 : 여름휴가(완성).pptx, 경제성장률(완성).pptx

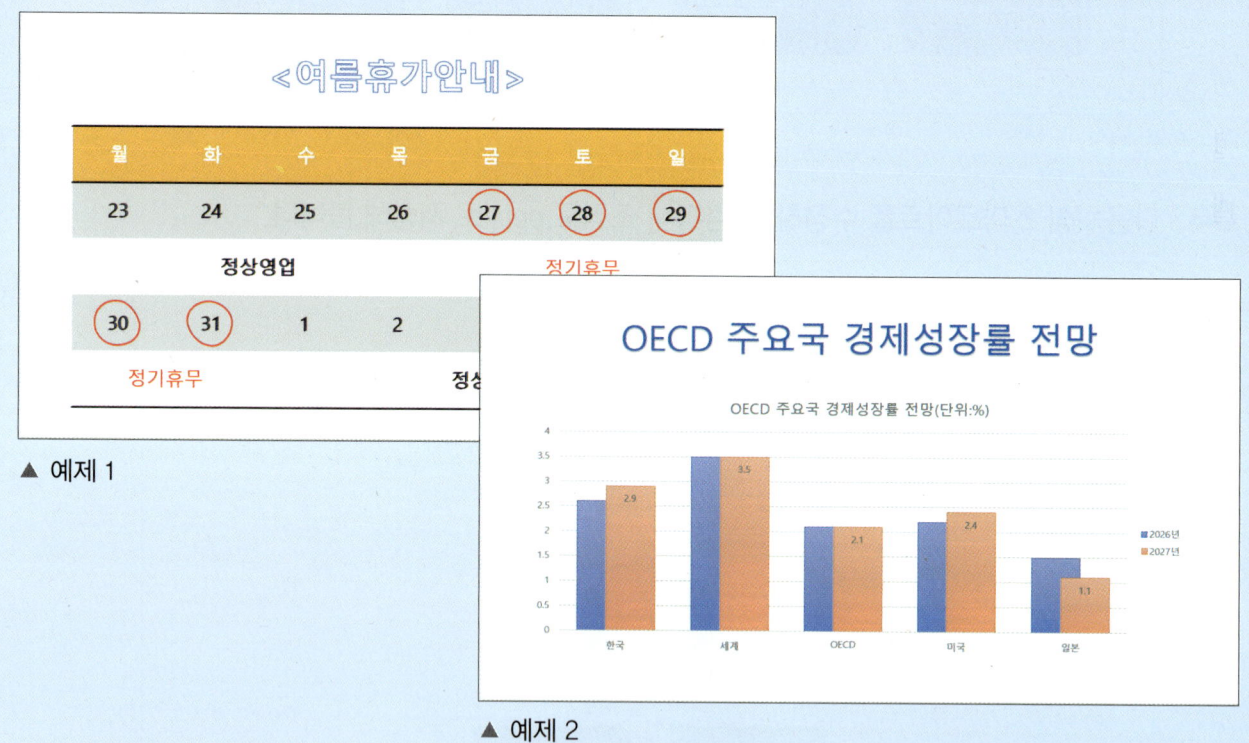

▲ 예제 1

▲ 예제 2

이번 장에서는 데이터를 일목요연하게 정리할 수 있는 '표'와 데이터를 시각적으로 쉽게 비교할 수 있는 '차트'를 생성하는 방법을 알아보겠습니다.

01 표와 차트 기능 알아보기

▶ 표의 구성

표는 데이터를 빠르게 참조할 수 있도록 일정한 형식이나 순서 등의 구분에 따라 데이터를 정리하여 모아놓은 것입니다.

구분	상반기	하반기
덴마크	1,700원	1,500원
핀란드	1,350원	1,430원
스웨덴	1,230원	1,250원

◀ 3열 4행의 표

❶ 행 : 행은 가로줄을 의미하며, 보통 1행은 머리글 행입니다.
❷ 열 : 열은 세로 줄을 의미합니다.
❸ 셀 : 데이터를 입력할 수 있는 공간입니다.

▶ 표 삽입

[삽입] 탭-[표] 그룹-[표]를 클릭하면 다양한 방법으로 표를 만들 수 있습니다.

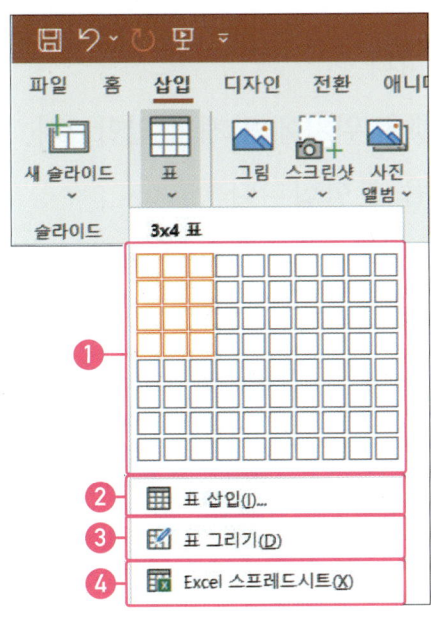

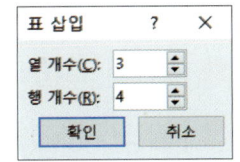

❶ 원하는 행과 열의 개수를 드래그하여 표를 삽입할 수 있습니다.
❷ 표 삽입 : [표 삽입] 대화상자가 나타나면 열과 행의 개수를 입력하여 표를 생성합니다.
❸ 표 그리기 : 연필 모양(✎)의 마우스 포인터가 나타납니다. 드래그하여 표를 생성합니다.
❹ Excel 스프레드시트 : 엑셀의 스프레드시트가 나타나서 데이터를 입력하여 표를 삽입합니다.

▶ [테이블 디자인] 탭 살펴보기

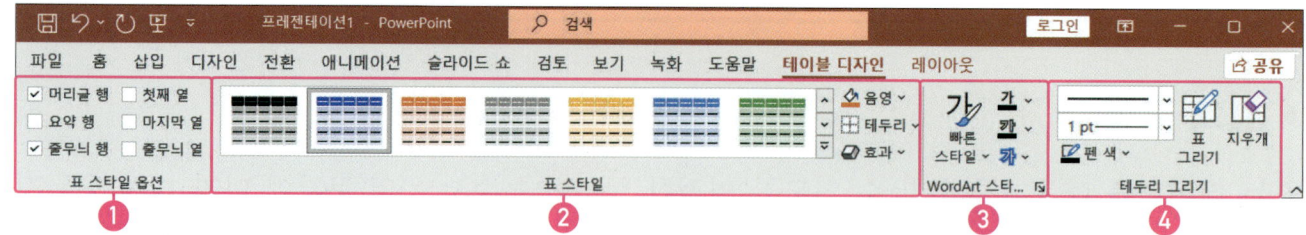

❶ [표 스타일 옵션] 그룹 : 체크하면 선택한 영역의 색상을 강조합니다.

❷ [표 스타일] 그룹 : 미리 준비된 표 스타일 갤러리에서 표 스타일을 선택할 수 있으며 음영, 테두리, 효과를 편집할 수 있습니다.

❸ [WordArt 스타일] 그룹 : 텍스트에 특수한 효과를 지정할 수 있습니다.

❹ [테두리 그리기] 그룹 : 테두리의 모양, 두께, 색을 지정하거나, 표를 그리고 지울 수 있습니다.

▶ [레이아웃] 탭 살펴보기

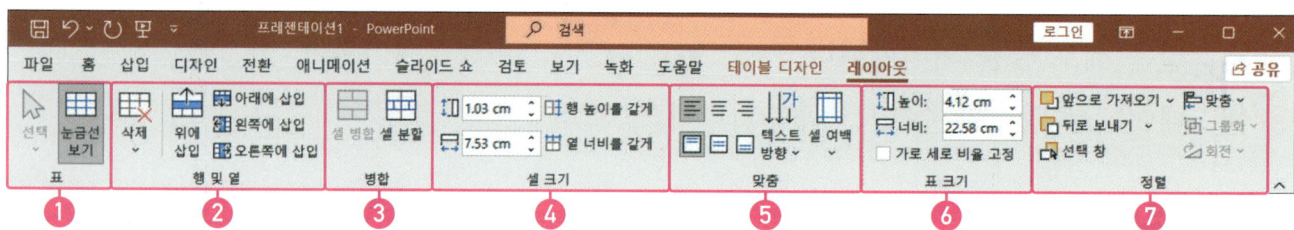

❶ [표] 그룹
- 선택 : 표, 열, 행을 선택합니다.
- 눈금선 보기 : 표 안의 눈금선을 표시하거나 숨길 수 있습니다.

❷ [행 및 열] 그룹 : 표 삭제 또는, 열과 행을 삭제하거나 열과 행을 위치에 맞게 삽입합니다.

❸ [병합] 그룹 : 선택한 여러 개의 셀을 병합하거나 선택한 셀을 분할합니다.

❹ [셀 크기] 그룹 : 선택한 셀의 높이와 너비를 지정하거나 행 높이와 열 너비를 같게 합니다.

❺ [맞춤] 그룹 : 텍스트의 정렬과 텍스트 방향, 셀 여백을 지정합니다.

❻ [표 크기] 그룹 : 표의 높이와 너비를 조정하고, '가로 세로 비율 고정'을 체크한 경우 한쪽 값이 변경되면 다른 쪽은 자동 조정됩니다.

❼ [정렬] 그룹 : 표의 위치를 정렬합니다.

▶ **차트의 구성**

차트는 수치 데이터의 상호 관계 및 변화를 시각적으로 표현하여 비교하기 쉽게 한 것입니다.

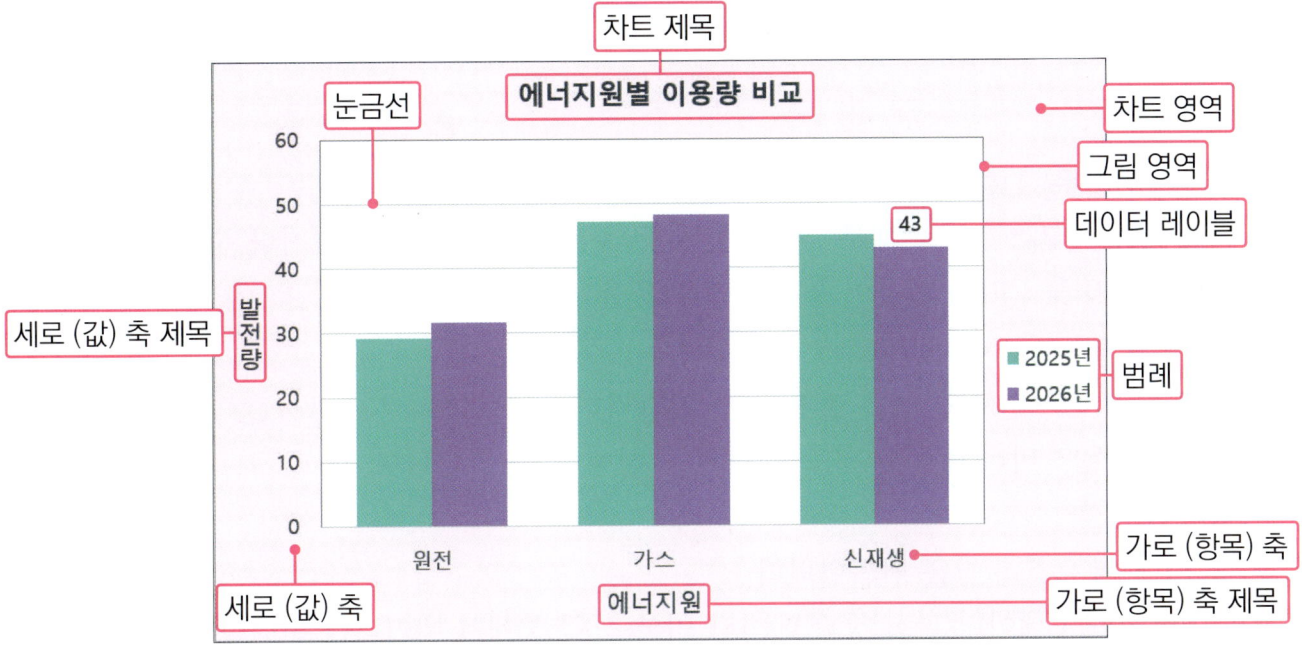

▶ **차트 삽입**

[삽입] 탭-[일러스트레이션] 그룹-[차트]를 클릭하면 [차트 삽입] 대화상자가 나타납니다.

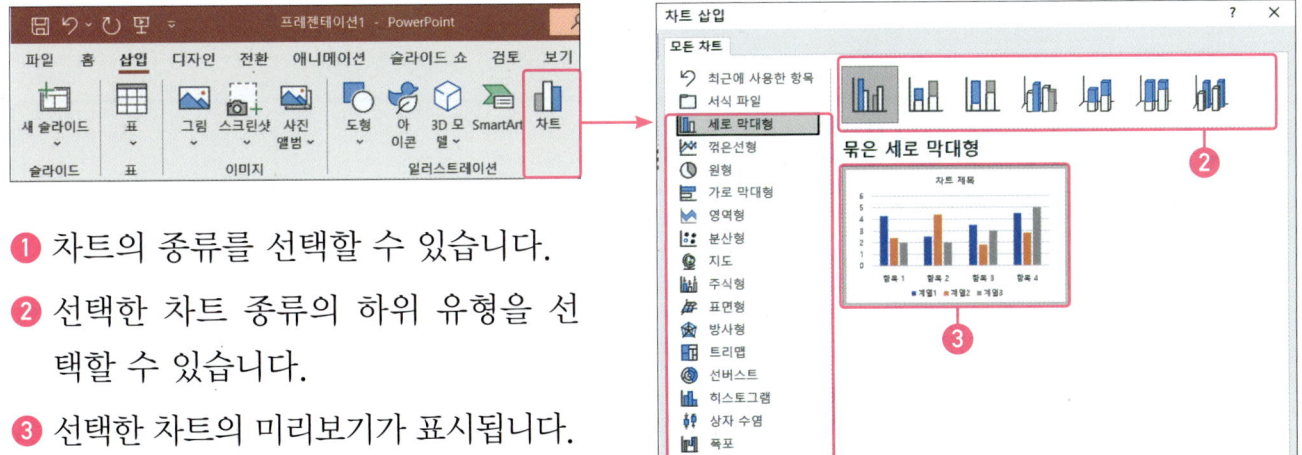

❶ 차트의 종류를 선택할 수 있습니다.
❷ 선택한 차트 종류의 하위 유형을 선택할 수 있습니다.
❸ 선택한 차트의 미리보기가 표시됩니다.

- [차트 삽입] 대화상자의 [확인] 버튼을 클릭하면 데이터를 입력할 수 있는 스프레드시트 형식의 엑셀 프로그램 창이 나타납니다. 데이터를 입력한 후 창을 닫으면 차트가 생성됩니다.

▲ 데이터 편집 창

▶ [차트 디자인] 탭 살펴보기

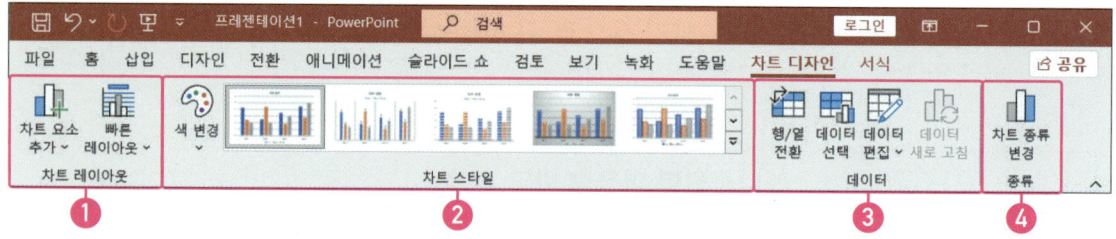

❶ [차트 레이아웃] 그룹
- 차트 요소 추가 : 축, 축 제목, 차트 제목 등 차트의 요소를 표시하거나 숨깁니다.
- 빠른 레이아웃 : 미리 만들어 놓은 레이아웃을 선택할 수 있습니다.

❷ [차트 스타일] 그룹
- 색 변경 : 차트 전체의 색을 변경할 수 있습니다.
- 차트 스타일 : 미리 준비된 차트 스타일을 선택할 수 있습니다.

❸ [데이터] 그룹
- 행/열 전환 : 행과 열을 전환합니다.
- 데이터 선택 : 데이터 편집 창과 데이터 원본 선택 창에서 데이터를 편집할 수 있습니다.
- 데이터 편집 : 데이터 편집 창이나 엑셀 창을 표시합니다.
- 데이터 새로 고침 : 엑셀에서 데이터를 수정했을 때 데이터를 업데이트합니다.

❹ [종류] 그룹 : 차트의 종류를 변경합니다.

02 여름휴가 안내표 만들기

▶ 표 삽입 및 크기 조정하기

01 파워포인트를 실행한 후 [새 프레젠테이션]을 클릭합니다. [홈] 탭-[슬라이드] 그룹에서 [레이아웃]-[제목 및 내용]을 선택해 슬라이드를 변경합니다.

02 제목 텍스트 상자에 '〈여름휴가안내〉'라고 입력한 후 가운데 맞춤합니다. [셰이프 형식(도형 서식)] 탭-[WordArt 스타일] 그룹에서 [채우기: 흰색, 윤곽선: 파랑, 강조색 1, 네온: 파랑, 강조색 1]을 선택합니다.

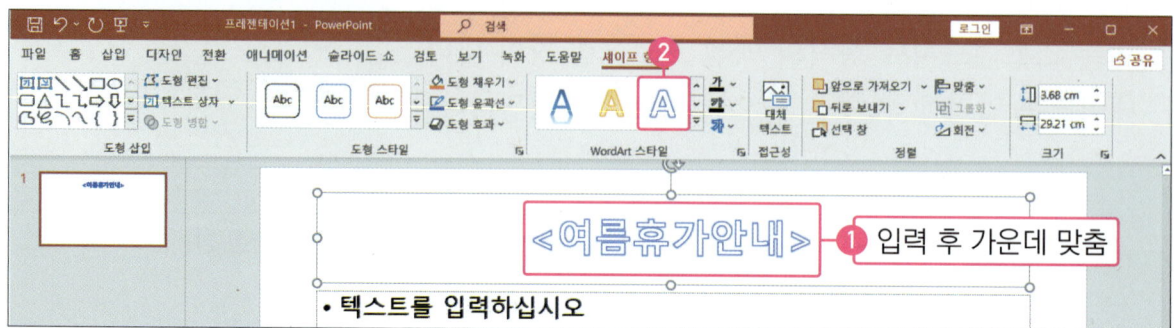

03 [삽입] 탭-[표] 그룹-[표]에서 [표 삽입]을 선택합니다. [표 삽입] 대화상자가 나타나면 [열 개수]는 '7', [행 개수]는 '5'를 설정한 후 [확인] 버튼을 클릭합니다.

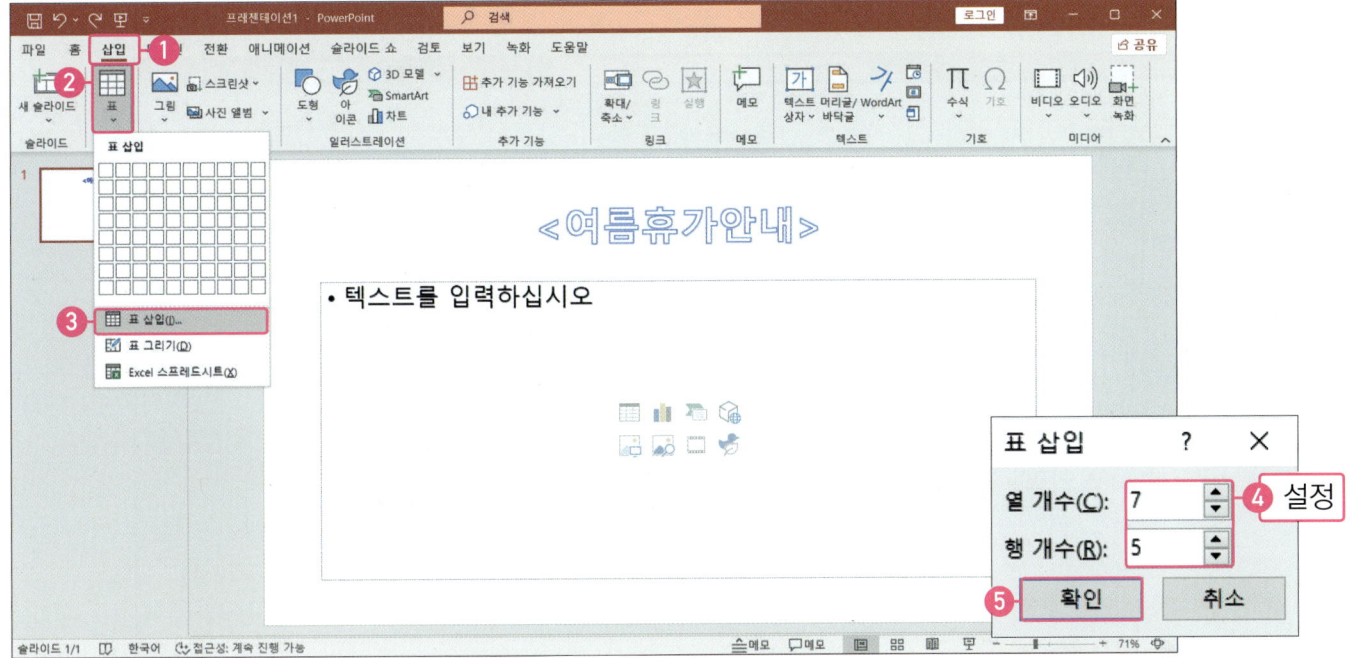

04 표가 나타나면 표 아래 중간 조절점(○)을 아래로 드래그하여 세로로 길이를 늘립니다.

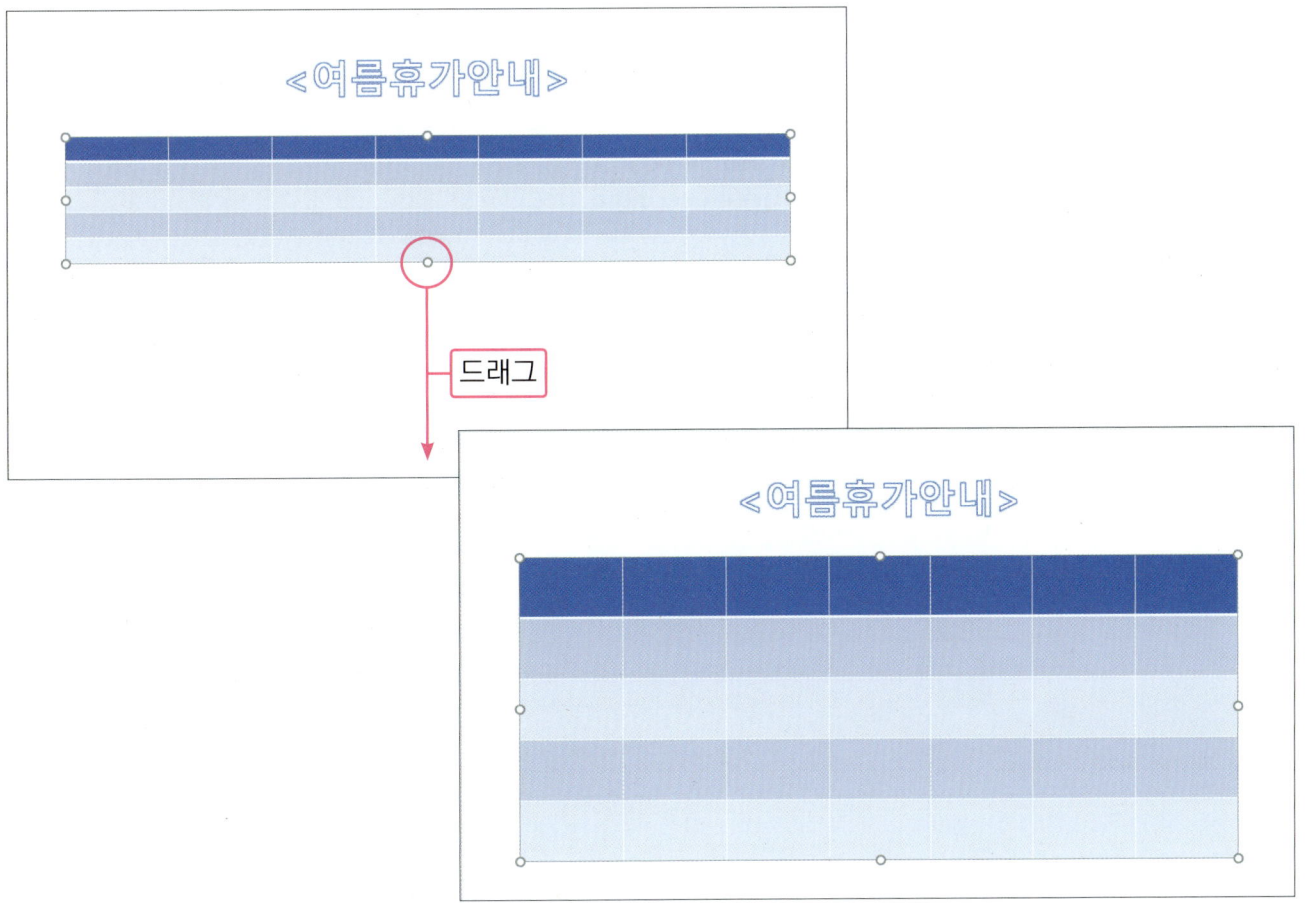

05 [홈] 탭-[글꼴] 그룹에서 [글꼴 크기]를 '24'로 설정한 후 다음처럼 입력합니다. 표를 클릭하여 활성화한 후 [레이아웃] 탭-[맞춤] 그룹에서 [가운데 맞춤], [세로 가운데 맞춤]을 각각 클릭합니다.

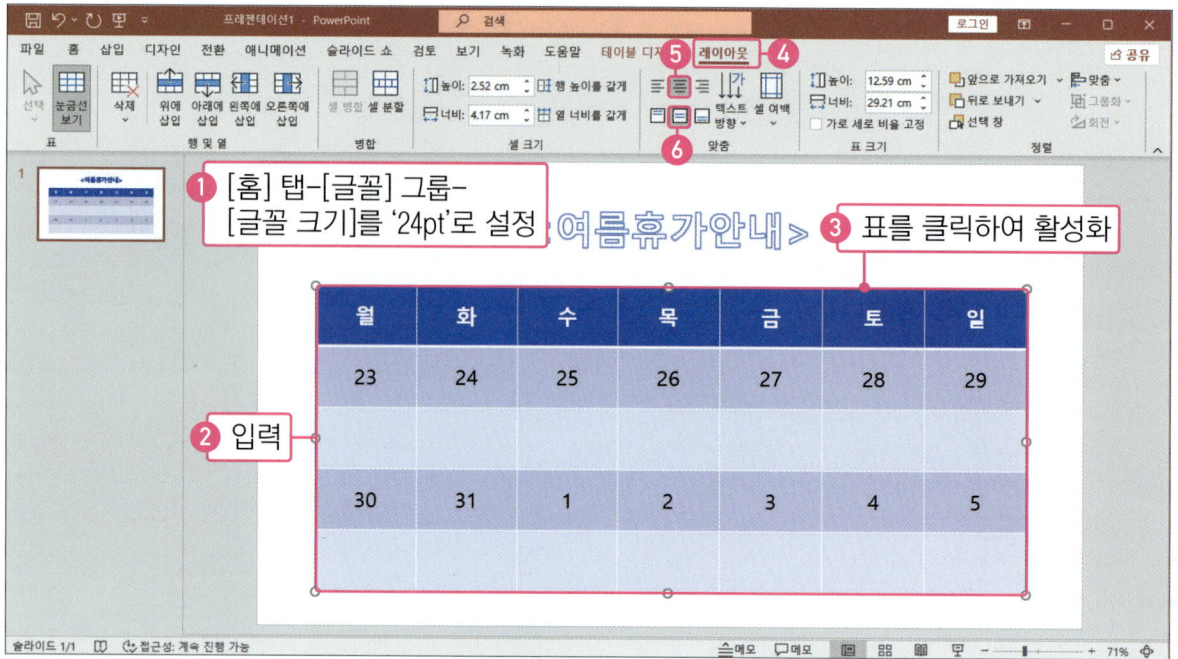

▶ 셀 병합하기

01 1열 3행부터 4열 3행까지 드래그한 후 [레이아웃] 탭-[병합] 그룹에서 [셀 병합]을 클릭합니다.

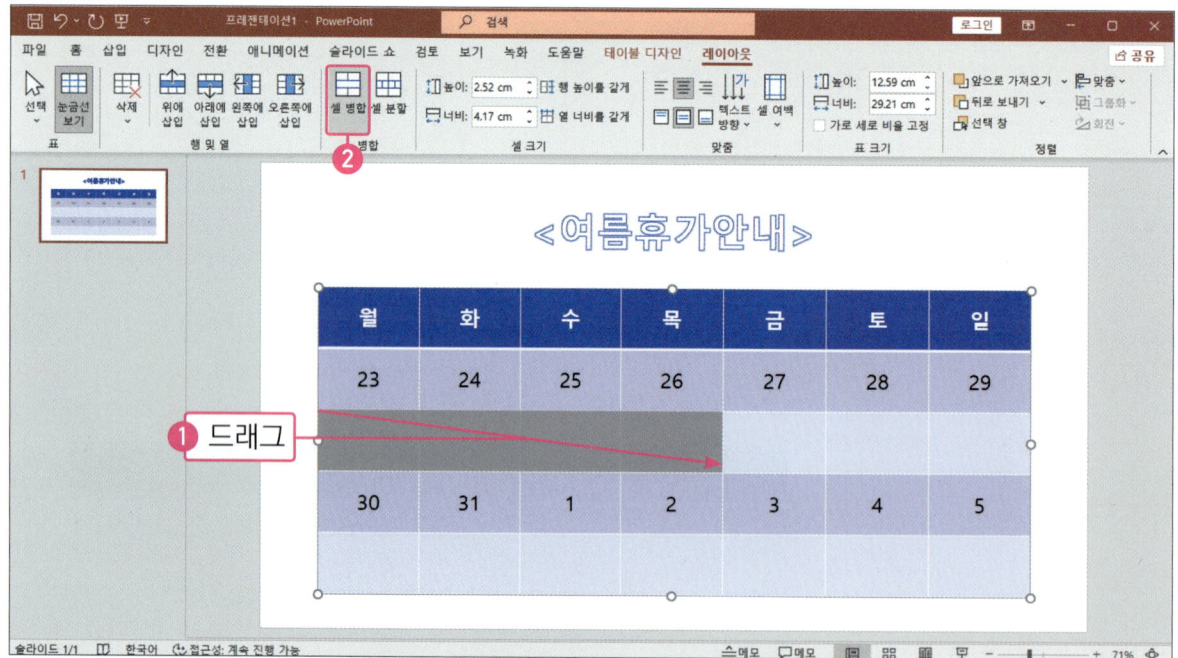

02 같은 방법으로 5열 3행부터 7열 3행까지, 1열 5행부터 2열 5행까지, 3열 5행부터 7열 5행까지 각각 드래그하여 [셀 병합]을 합니다.

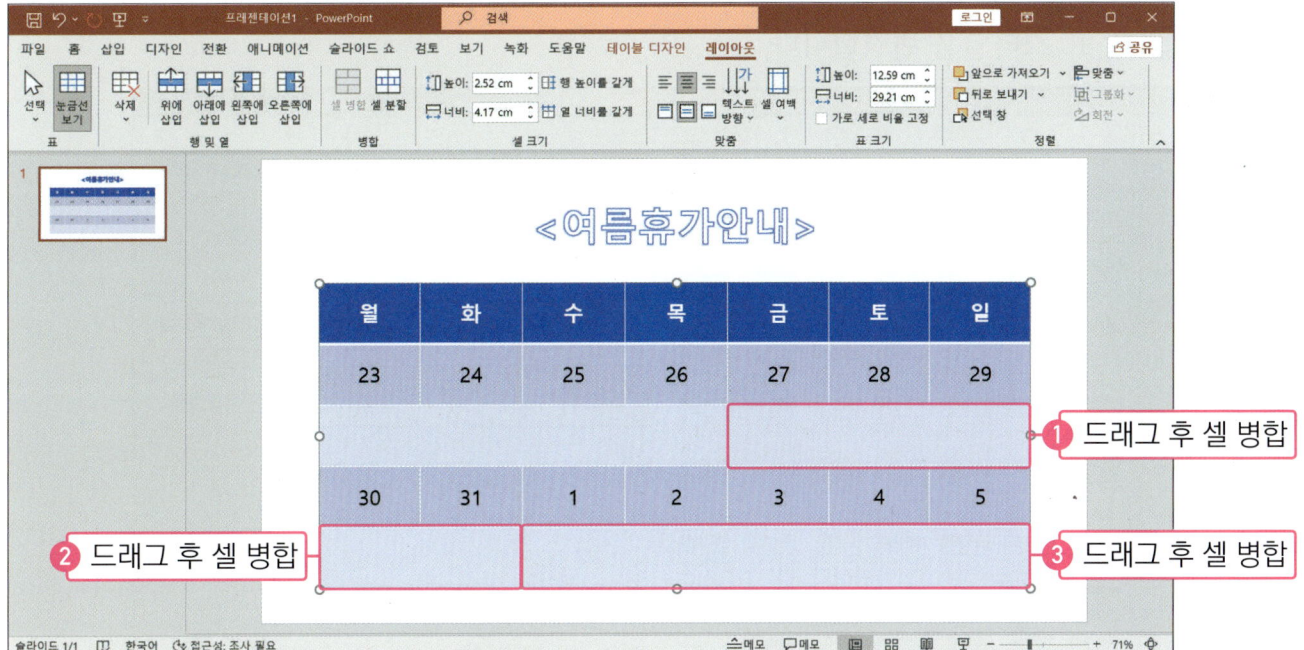

03 병합한 셀에 **다음처럼 입력**합니다.

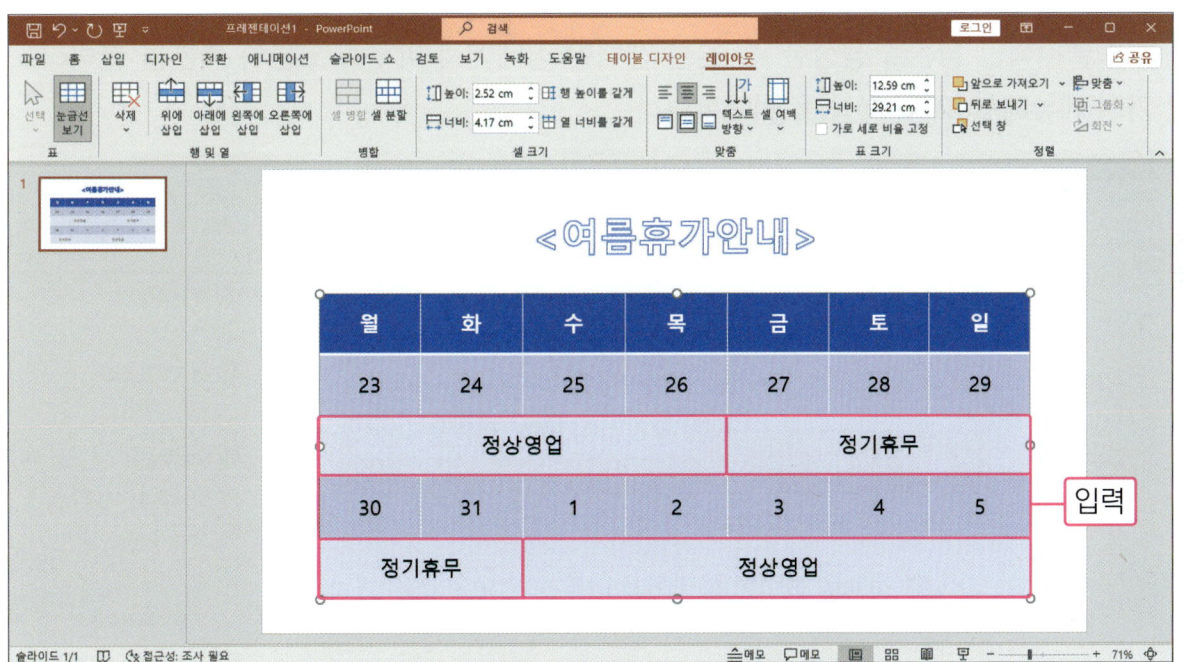

▶ 표 디자인하기

01 [테이블 디자인] 탭-[표 스타일] 그룹에서 ▽(자세히)를 클릭하여 [보통 스타일 3 - 강조 4]를 선택하여 표 스타일을 변경합니다.

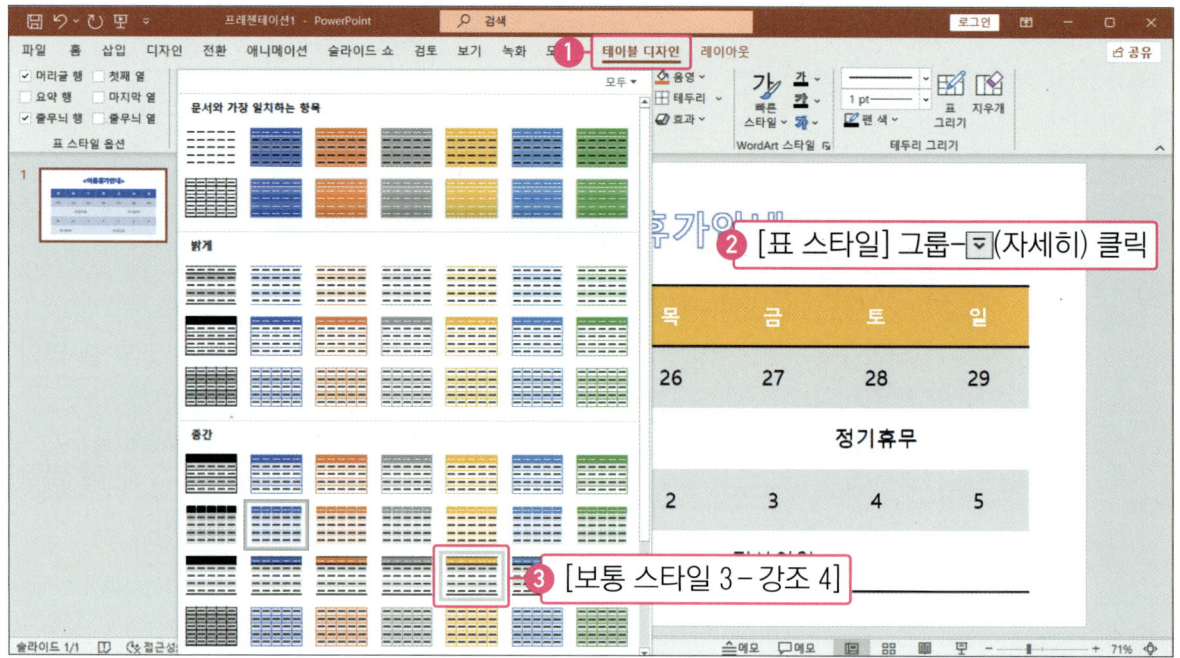

02 윤곽선이 빨간색인 정원을 생성한 후 원을 선택한 상태에서 마우스 오른쪽 버튼을 클릭하고 바로 가기 메뉴에서 [개체 서식]을 선택합니다.

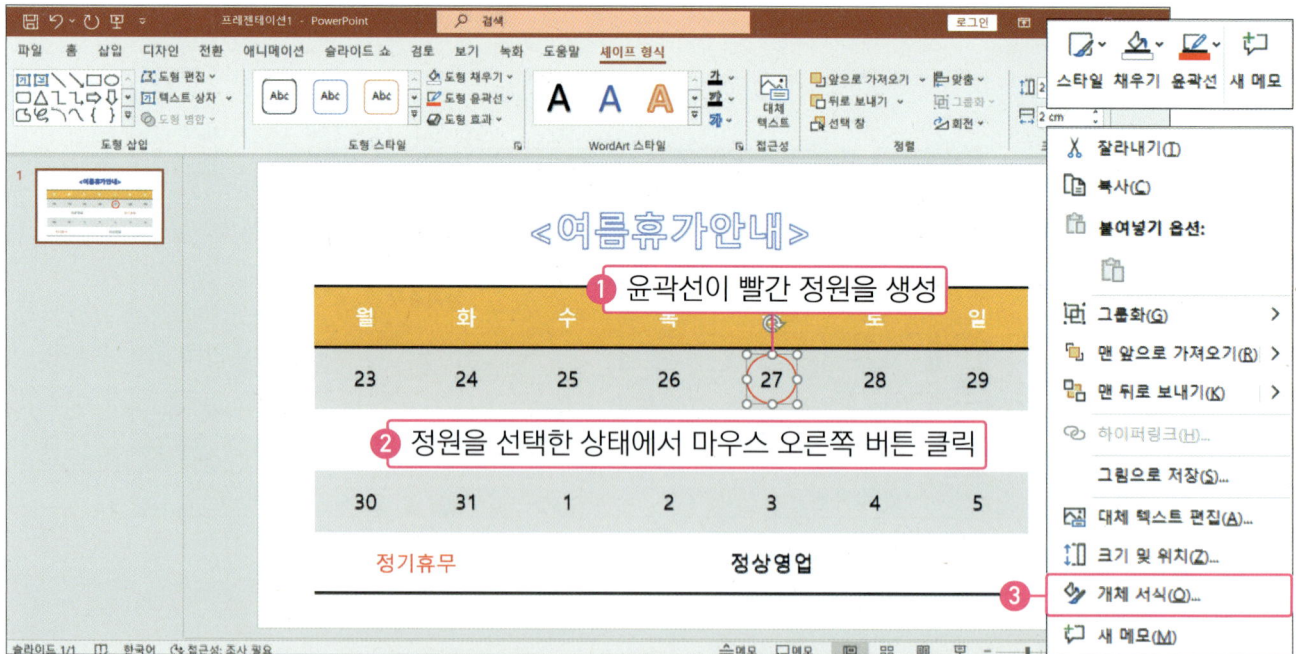

 정원 생성
[삽입] 탭-[일러스트레이션] 그룹-[도형]-[타원]을 선택하고 Shift 키를 누른 채 드래그하여 정원을 만듭니다.

03 [도형 서식] 창이 나타나면 [선]을 클릭하여 [실선]을 선택하고 [너비]를 '2pt'로 설정합니다. [스케치 스타일]을 클릭하여 [자유곡선]을 선택합니다.

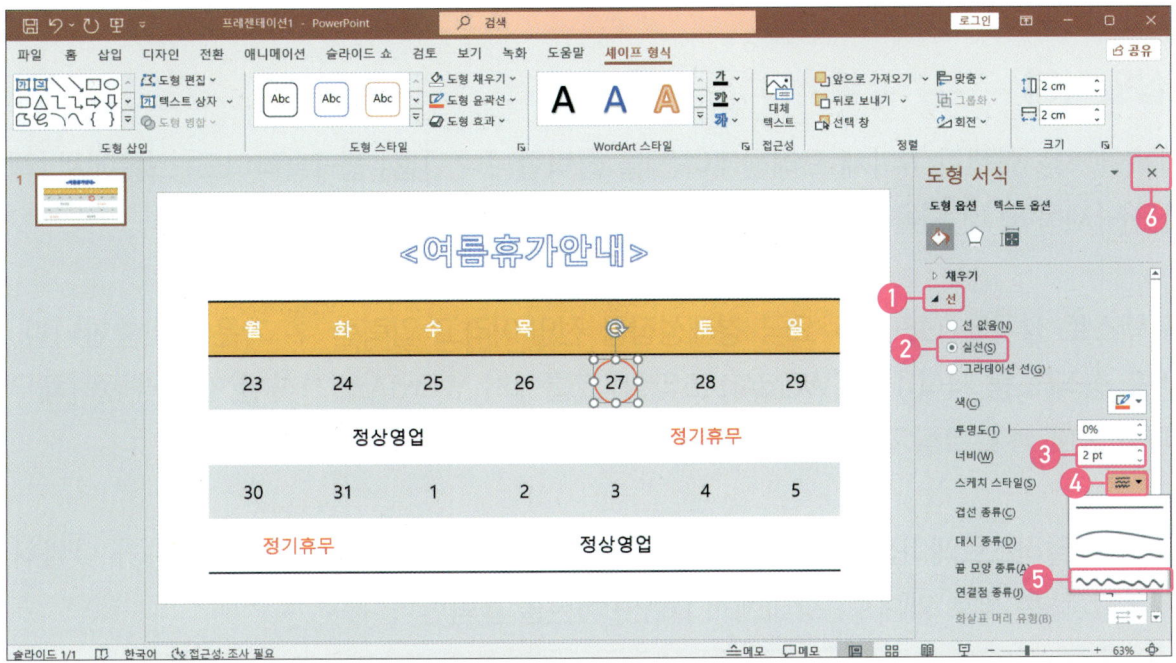

04 다음처럼 4개 더 복제하고 배치합니다.

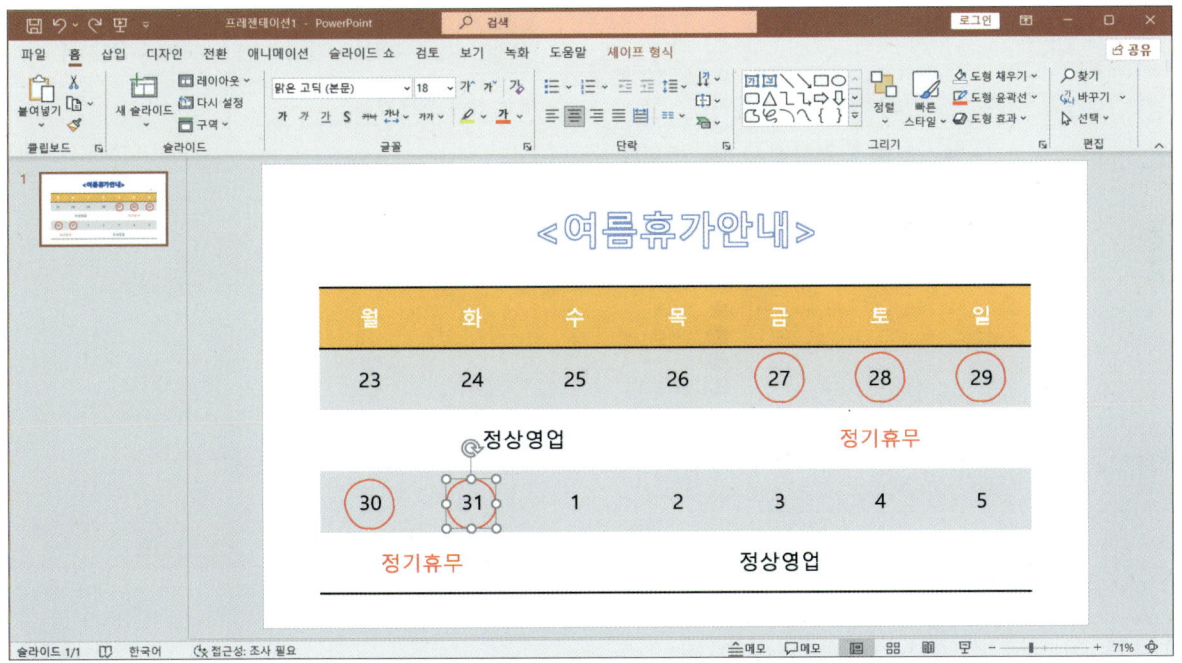

 도형 복제
도형을 선택하고 Ctrl 키를 누른 채 드래그하면 복제하면서 이동됩니다. 또는 도형을 선택하고 Ctrl + D 키를 누르면 복제됩니다.

05 빠른 실행 도구 모음의 (저장)을 클릭하여 파일 이름을 '여름휴가.pptx'로 저장합니다.

177

03 경제성장률 전망 차트 만들기

▶ **차트 삽입하기**

01 파워포인트를 실행한 후 [새 프레젠테이션]을 클릭합니다. [홈] 탭-[슬라이드] 그룹에서 [레이아웃]-[제목 및 내용]을 선택해 슬라이드를 변경합니다.

02 제목 텍스트 상자에 'OECD 주요국 경제성장률 전망'이라고 입력한 후 가운데 맞춤합니다. [셰이프 형식(도형 서식)] 탭-[WordArt 스타일] 그룹에서 WordArt 스타일 갤러리 중 [채우기: 파랑, 강조색 1, 그림자 ()]를 선택합니다.

03 [삽입] 탭-[일러스트레이션] 그룹에서 [차트]를 클릭합니다. [차트 삽입] 대화상자가 나타나면 기본값(묶은 세로 막대형) 상태에서 [확인] 버튼을 클릭합니다.

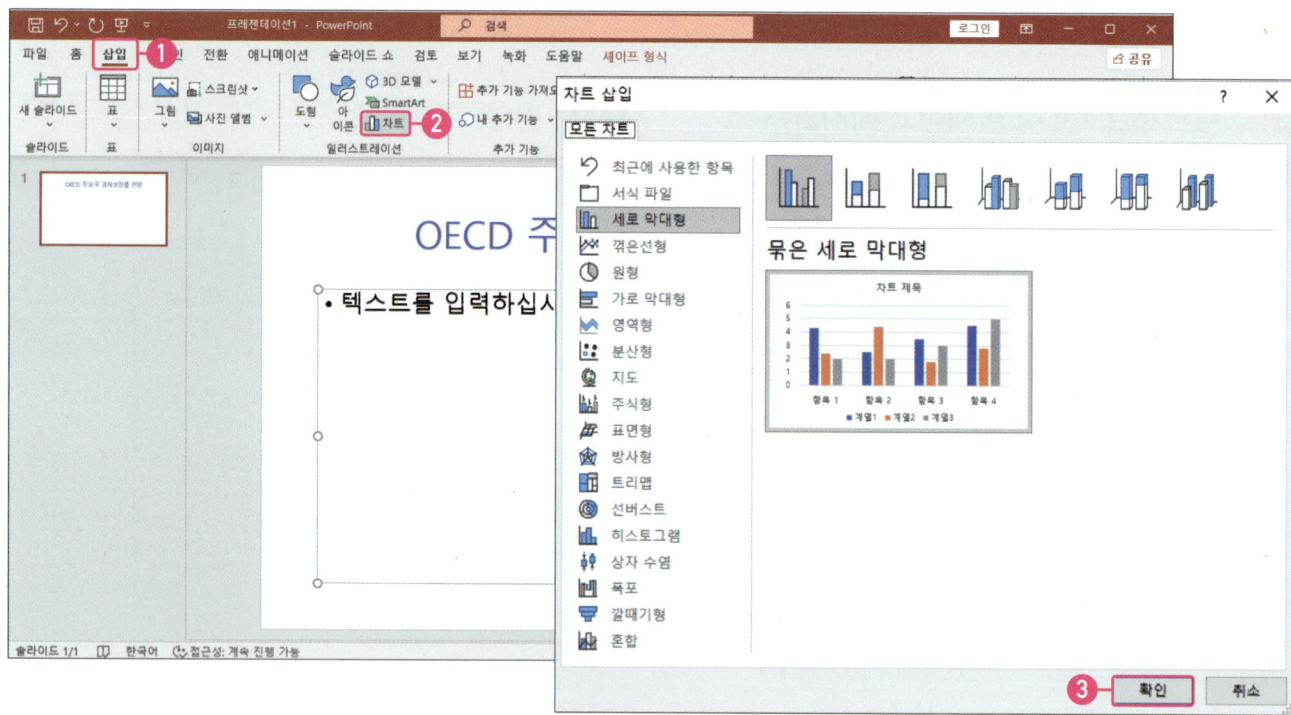

04 데이터를 입력할 수 있는 엑셀 창이 열립니다.

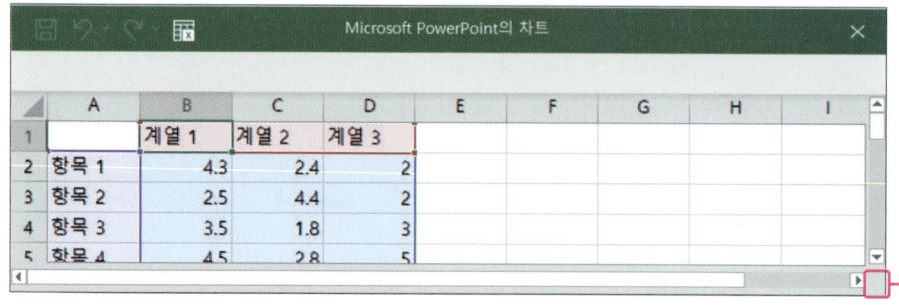

창이 작다면 이곳을 드래그하여 창을 확대합니다.

05 다음과 같이 **데이터를 입력**한 후 하단의 모서리(◢)를 드래그하여 입력한 데이터 범위만 선택합니다. 작업이 끝났으면 **데이터 편집 창을 닫습니다**.

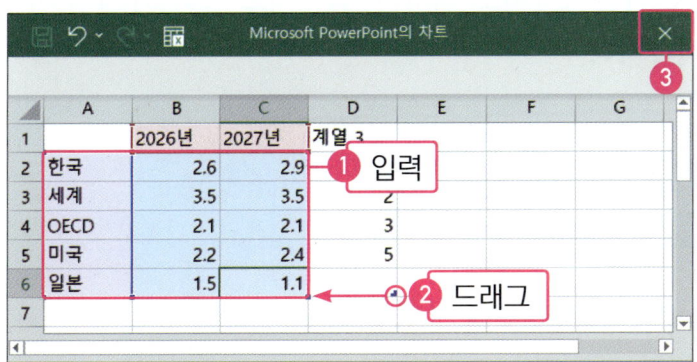

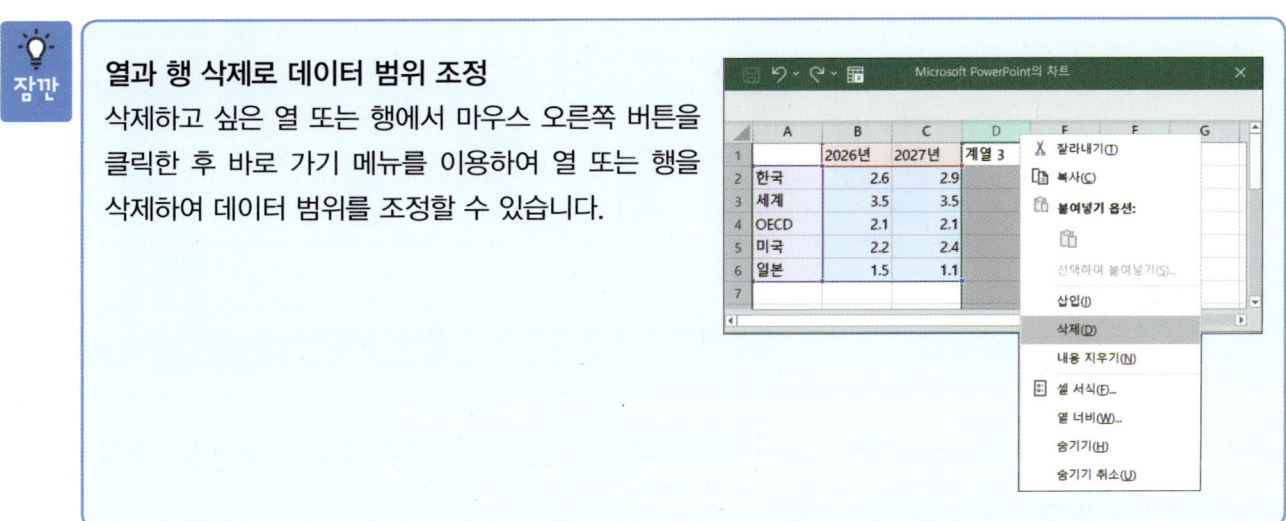

열과 행 삭제로 데이터 범위 조정
삭제하고 싶은 열 또는 행에서 마우스 오른쪽 버튼을 클릭한 후 바로 가기 메뉴를 이용하여 열 또는 행을 삭제하여 데이터 범위를 조정할 수 있습니다.

06 차트 제목을 'OECD 주요국 경제성장률 전망(단위:%)'라고 입력합니다.

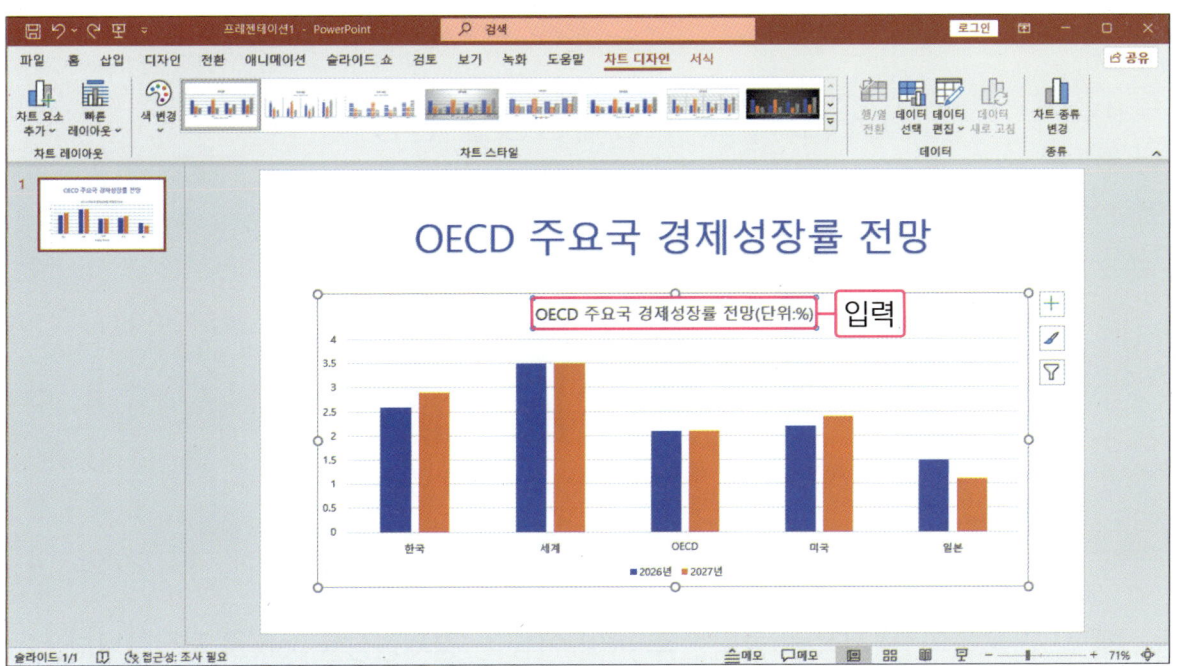

▶ 차트 디자인하기

01 차트의 스타일을 변경하기 위해 **차트를 선택**한 후 [차트 디자인] 탭-[차트 스타일] 그룹에서 차트 스타일 갤러리 중 [스타일 5]를 선택합니다.

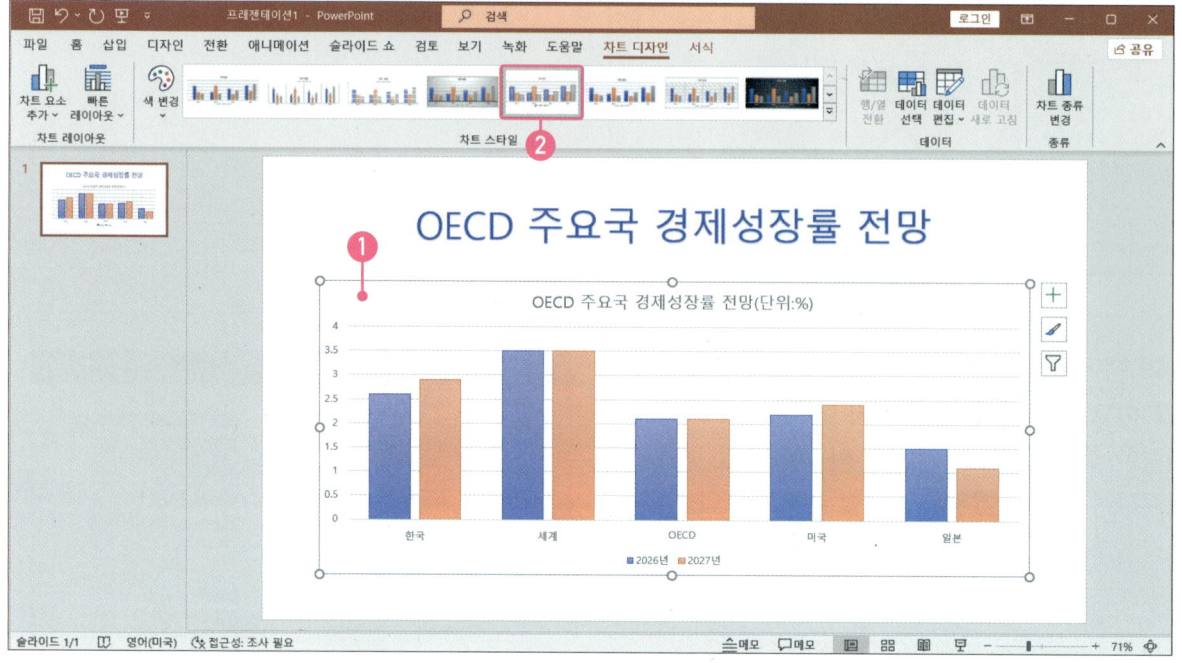

02 차트의 레이아웃을 변경하기 위해 [차트 디자인] 탭-[차트 레이아웃] 그룹에서 [빠른 레이아웃]-[레이아웃 10]을 선택합니다.

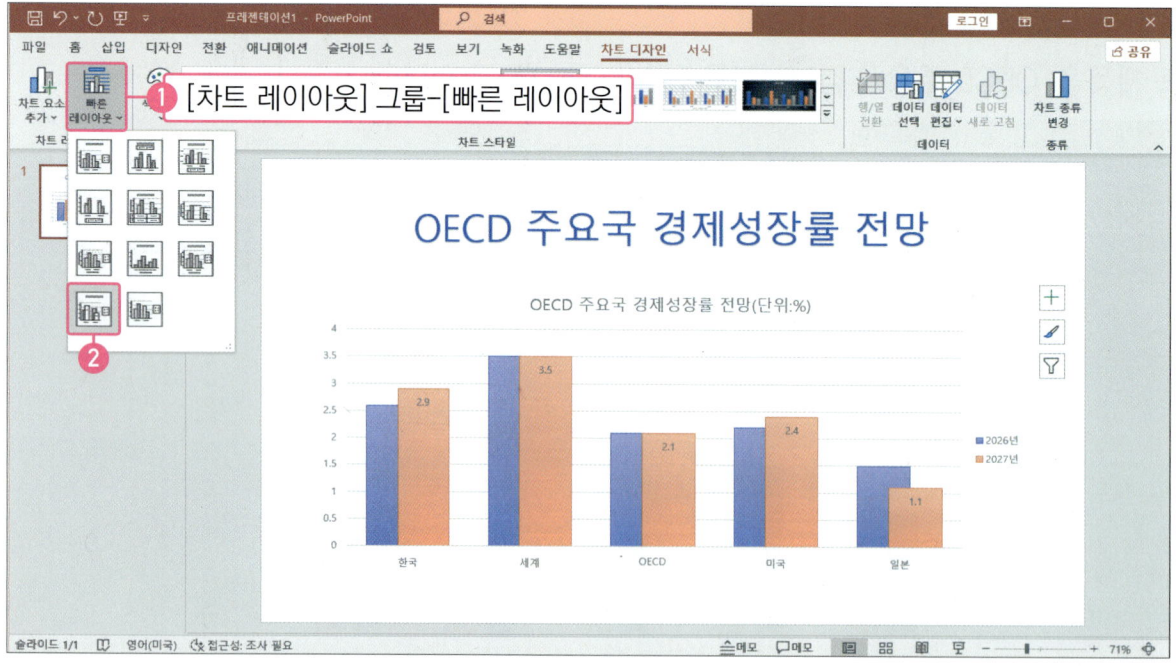

03 빠른 실행 도구 모음의 📄(저장)을 클릭한 후 파일 이름을 '**경제성장률.pptx**'로 저장합니다.

응용력 키우기

01 새 프레젠테이션을 생성한 후 다음과 같은 표를 작성하고 '단백질 식단.pptx'로 저장해 봅니다.

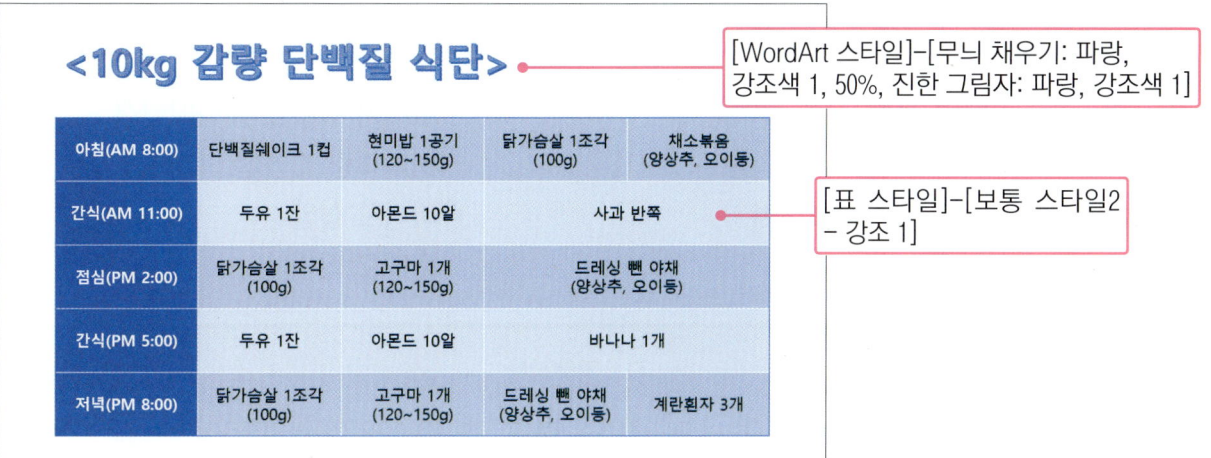

[WordArt 스타일]-[무늬 채우기: 파랑, 강조색 1, 50%, 진한 그림자: 파랑, 강조색 1]

[표 스타일]-[보통 스타일2 - 강조 1]

- [홈] 탭-[슬라이드] 그룹에서 [레이아웃]-[제목 및 내용]을 선택해 슬라이드를 변경한 후 표를 삽입합니다.
- 표 스타일 설정 후 [테이블 디자인] 탭-[표 스타일 옵션] 그룹에서 '머리글 행'은 체크를 해제하고 '줄무늬 행'과 '첫째 열'을 체크합니다.

02 새 프레젠테이션을 생성한 후 다음과 같은 차트를 작성하고 '치킨.pptx'로 저장해 봅니다.

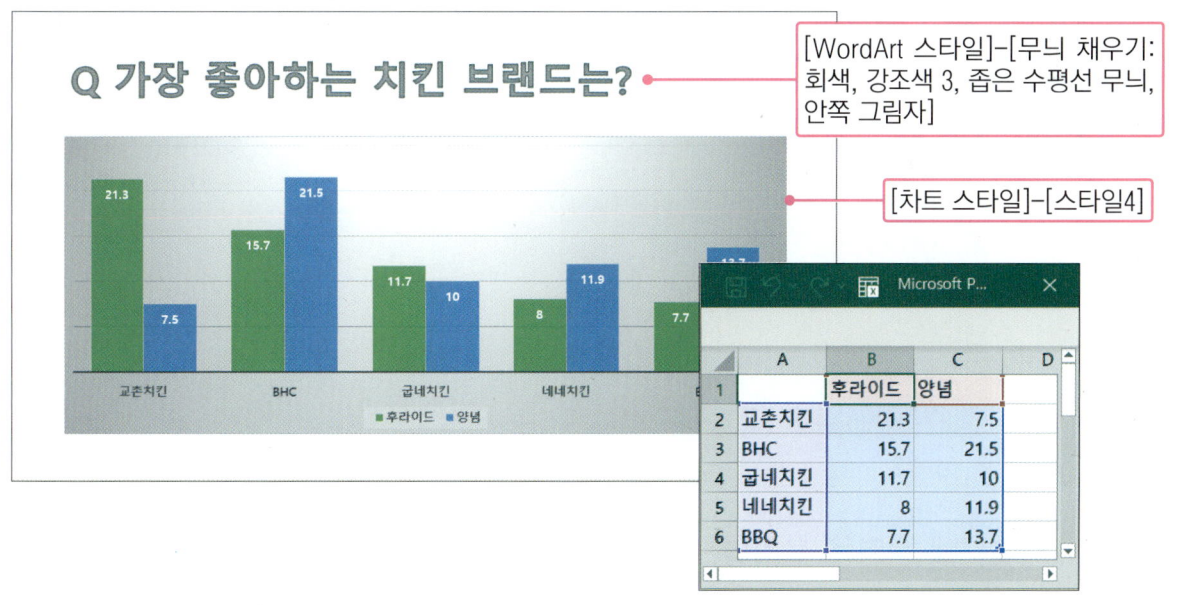

[WordArt 스타일]-[무늬 채우기: 회색, 강조색 3, 좁은 수평선 무늬, 안쪽 그림자]

[차트 스타일]-[스타일4]

[차트 디자인] 탭-[차트 스타일] 그룹-[색 변경]에서 [다양한 색상표 4]를 선택합니다.

10 멀티미디어 활용하기

- 화면 전환
- 애니메이션 효과 적용
- PDF 파일 내보내기
- 인쇄하기
- 트리거 텍스트 애니메니션
- 하이퍼링크 삽입
- 비디오 삽입
- 오디오 삽입

미/리/보/기

▶ 준비파일 : 인공지능.pptx, 인공지능 링크.pptx, 자동차.mp4, 로봇.png, 뮤직1.mp3
▶ 완성파일 : 인공지능(완성).pptx, 인공지능 링크(완성).pptx, 자율주행(완성).pptx

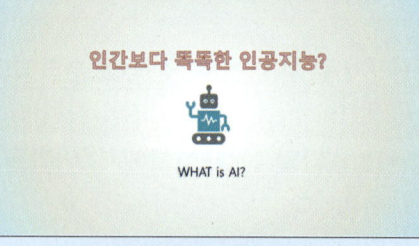
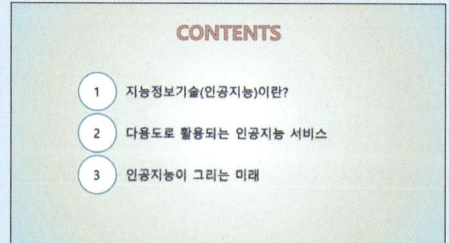
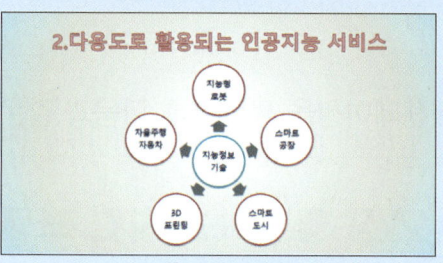

▲ 예제 1

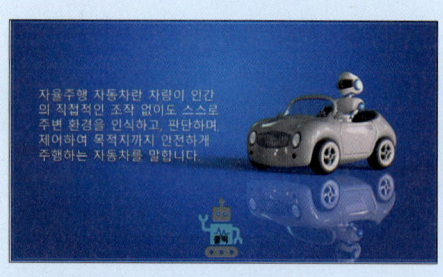

▲ 예제 2

문자나 캐릭터에 생명을 불어넣은 듯 움직이는 애니메이션을 만드는 방법과 슬라이드가 나타날 때 화면을 전환하는 방법, 개체에 링크를 걸어 다른 페이지로 이동하는 방법, 출력하는 방법 등에 대하여 알아보도록 하겠습니다.

01 화면 전환과 애니메이션 기능 알아보기

▶ [전환] 탭 살펴보기

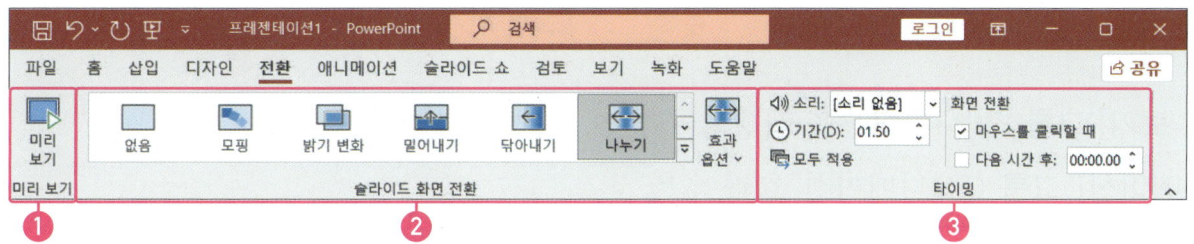

❶ [미리 보기] 그룹 : 화면 전환 결과를 미리 보기로 보여줍니다.

❷ [슬라이드 화면 전환] 그룹 : 슬라이드 화면의 전환 효과를 선택합니다.
- ▼(자세히)를 클릭하면 다양한 화면 전환 효과를 확인할 수 있습니다.

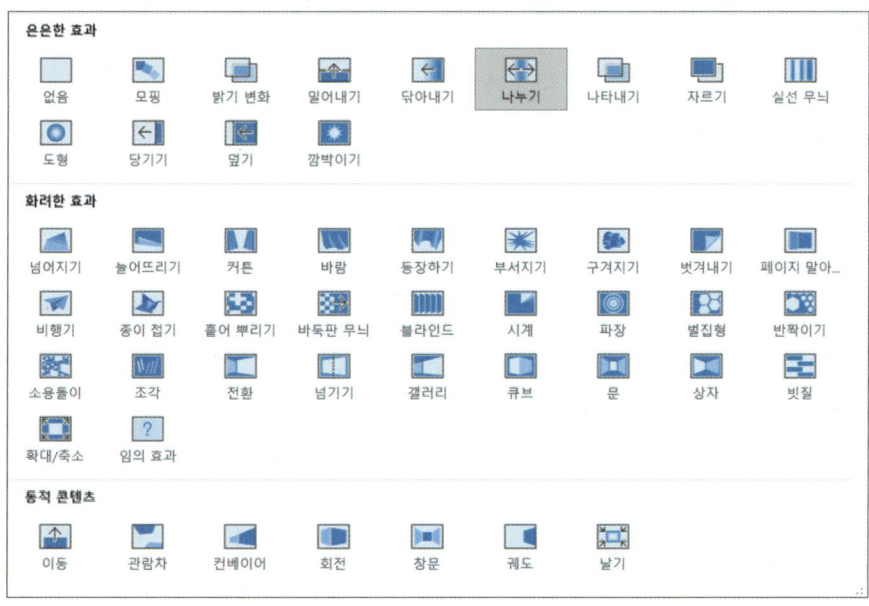

- 효과 옵션 : 선택한 화면의 전환 방향 같은 효과 옵션을 선택합니다.

❸ [타이밍] 그룹
- 소리 : 화면 전환 시 소리를 추가할 수 있습니다.
- 기간 : 화면 전환의 재생 시간을 설정합니다.
- 모두 적용 : 현재 화면 전환 효과를 모든 슬라이드에 적용합니다.
- 마우스를 클릭할 때 : 체크되어 있지 않은 경우 보통 Enter 키나 방향키(↓) 등을 누르면 다음 슬라이드로 이동하지만, 체크되어 있는 경우 마우스를 클릭할 때도 다음 슬라이드로 이동합니다.
- 다음 시간 후 : 설정된 시간이 지나면 다음 슬라이드로 자동 전환됩니다.

▶ [애니메이션] 탭 살펴보기

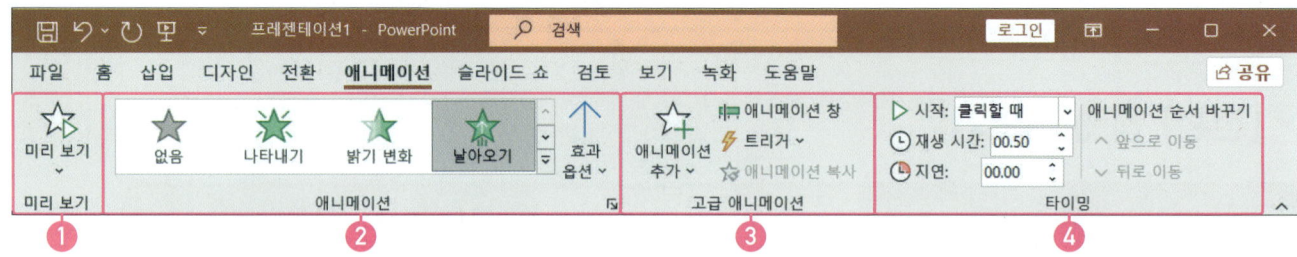

❶ [미리 보기] 그룹 : 애니메이션을 재생합니다.

❷ [애니메이션] 그룹 : 애니메이션 효과를 선택합니다.
- 애니메이션 스타일 : ▽(자세히)를 클릭하면 더 다양한 애니메이션 효과를 확인할 수 있습니다.
- 효과 옵션 : 선택한 애니메이션의 효과 옵션을 설정합니다.

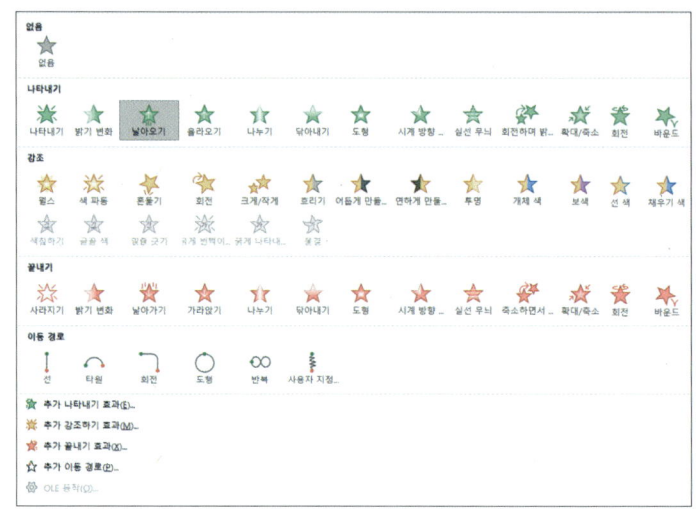

❸ [고급 애니메이션] 그룹
- 애니메이션 추가 : 한 개체에 두 개 이상의 애니메이션을 적용하고 싶을 때 사용합니다.
- 애니메이션 창 : 애니메이션 창을 표시합니다. 애니메이션 창에서는 애니메이션의 실행 순서, 종류, 시작 방법, 시간 등과 같은 정보를 보여 주며 세부 옵션을 변경할 수 있습니다.
- 트리거 : 슬라이드에 있는 개체를 클릭했을 때 또는 특정 책갈피에서 자동으로 애니메이션이 실행되게 합니다.
- 애니메이션 복사 : 개체에 적용된 애니메이션을 다른 개체에 복사할 수 있습니다.

❹ [타이밍] 그룹
- 시작 : 애니메이션의 시작 방법을 '클릭할 때', '이전 효과와 함께', '이전 효과 다음에' 중 선택합니다.
- 재생 시간 : 애니메이션의 재생 시간을 설정합니다.
- 지연 : 애니메이션이 실행되기 전 지연 시간을 설정합니다.
- 앞으로 이동/뒤로 이동 : 애니메이션의 순서를 변경합니다.

 ## PPT 자료 마무리 작업하기

▶ 슬라이드 화면 전환하기

01 '인공지능.pptx' 파일을 불러온 후 전체 슬라이드에 장면 전환을 넣기 위해 [전환] 탭-[슬라이드 화면 전환] 그룹에서 [밀어내기]를 클릭하고 [모두 적용]을 클릭합니다.

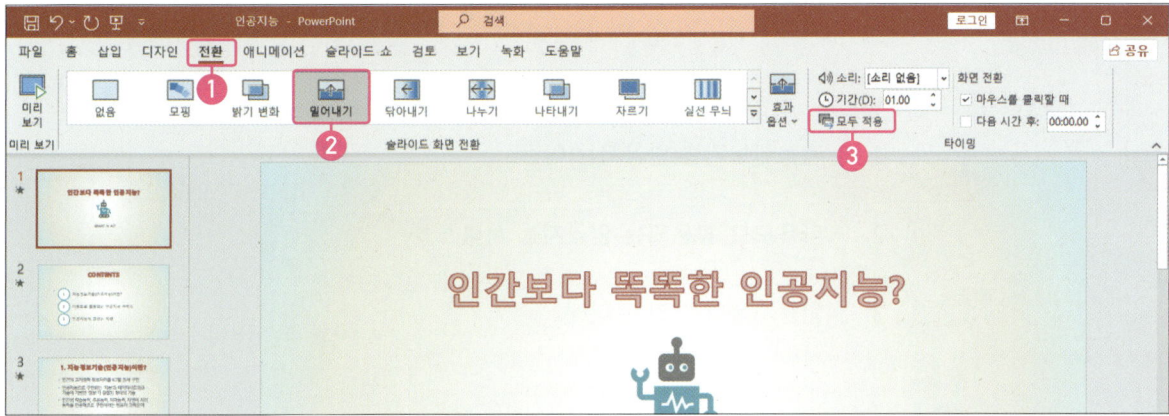

02 '1번 슬라이드'의 장면 전환 효과만 변경하기 위해 '1번 슬라이드'가 선택된 상태에서 [전환] 탭-[슬라이드 화면 전환] 그룹의 ▼(자세히)를 클릭하여 [도형]을 선택합니다. [타이밍] 그룹에서 [소리]는 '요술봉'으로, [기간]은 '02.00'로 설정합니다.

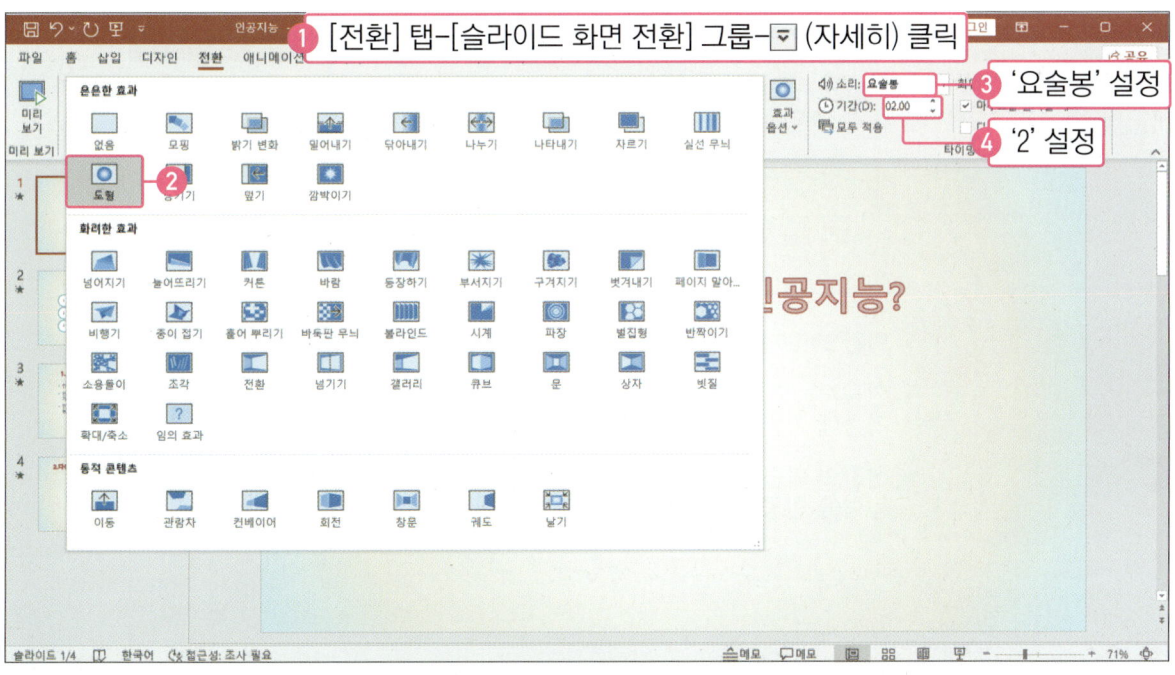

 타이밍 그룹의 [기간] '02:00' 설정은 2초를 나타내는 것으로 모두 입력하지 않고 '2'만 입력해도 됩니다.

03 F5 키를 눌러 슬라이드 쇼를 실행합니다. 클릭할 때마다 다음 차례로 전환되는 모양을 확인한 후 Esc 키를 눌러 기본 보기로 돌아옵니다.

▶ 애니메이션 효과 적용하기

01 '2번 슬라이드'를 선택합니다. 슬라이드 창에서 내용 텍스트 상자를 클릭한 후 [애니메이션] 탭-[애니메이션] 그룹에서 [날아오기]를 선택합니다.

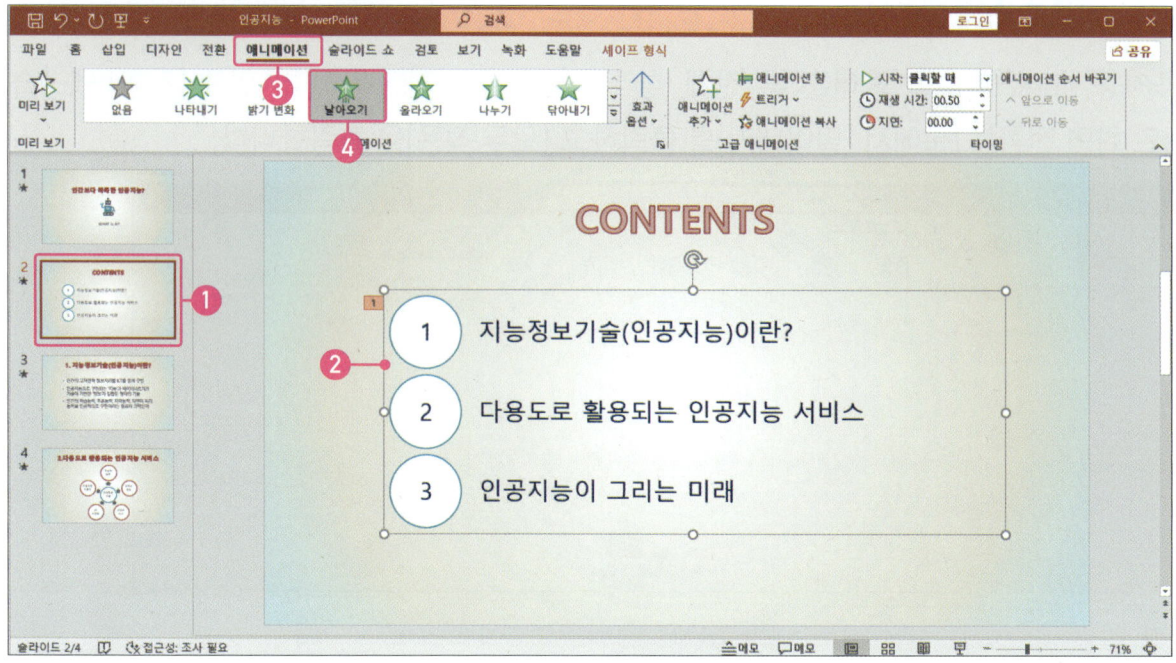

02 '3번 슬라이드'를 클릭한 후 내용 텍스트 상자를 선택합니다. [애니메이션] 탭-[애니메이션] 그룹에서 [나타내기]를 클릭합니다.

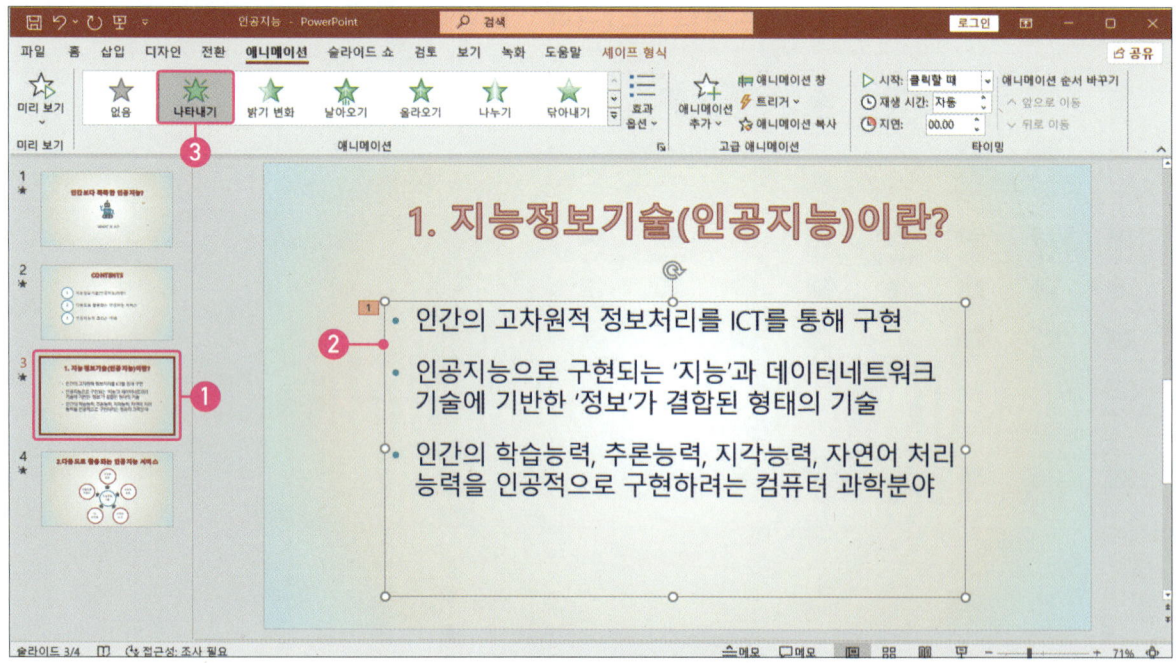

 Shift + F5 키를 누르면 처음부터 슬라이드 쇼가 진행되는 것이 아니라 현재 슬라이드부터 슬라이드 쇼가 실행됩니다.

03 [고급 애니메이션] 그룹에서 [애니메이션 창]을 클릭하여 애니메이션 창이 나타나면 '내용 개체 틀 2:인간...'의 ▼(자세히)를 클릭하여 '효과 옵션'을 선택합니다. [나타내기] 대화상자에서 [텍스트 애니메이션]을 '문자 단위로' 설정하고 문자 사이 지연을 '0.2'초로 설정한 후 [확인] 버튼을 클릭합니다.

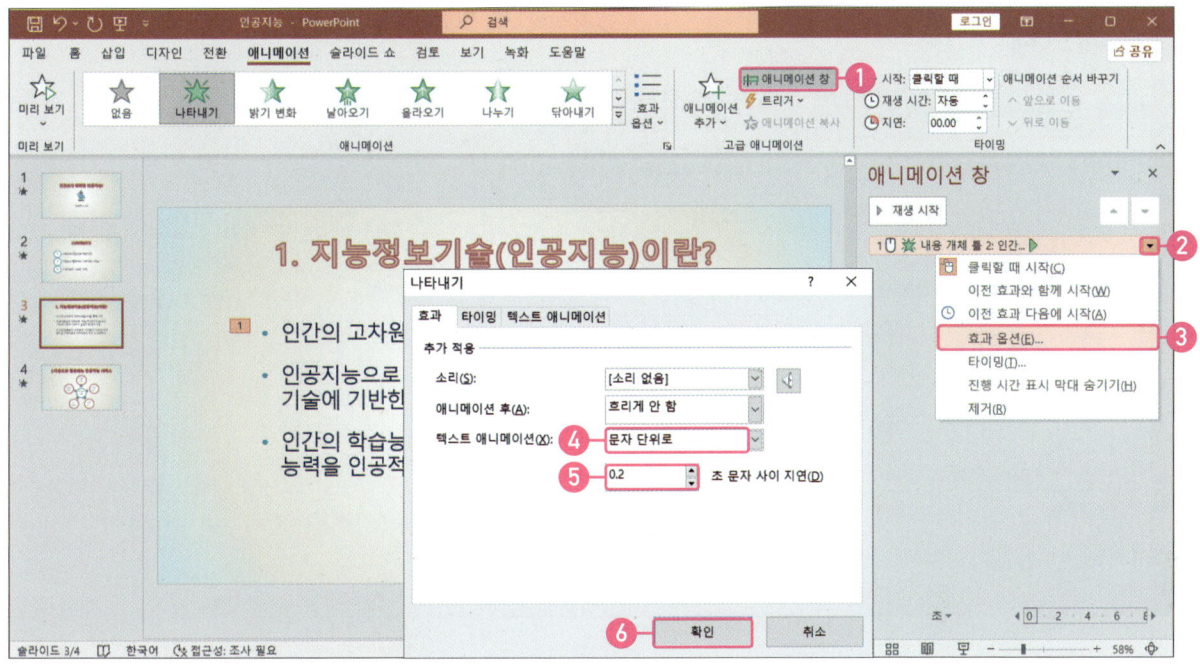

04 '4번 슬라이드'를 클릭한 후 스마트아트를 선택합니다. [애니메이션] 탭-[애니메이션] 그룹에서 [밝기 변화]를 클릭한 후 [효과 옵션]-[수준(개별적으로)]를 선택합니다. [타이밍] 그룹의 [시작]에서 ▼를 클릭하여 [이전 효과 다음에]를 선택합니다.

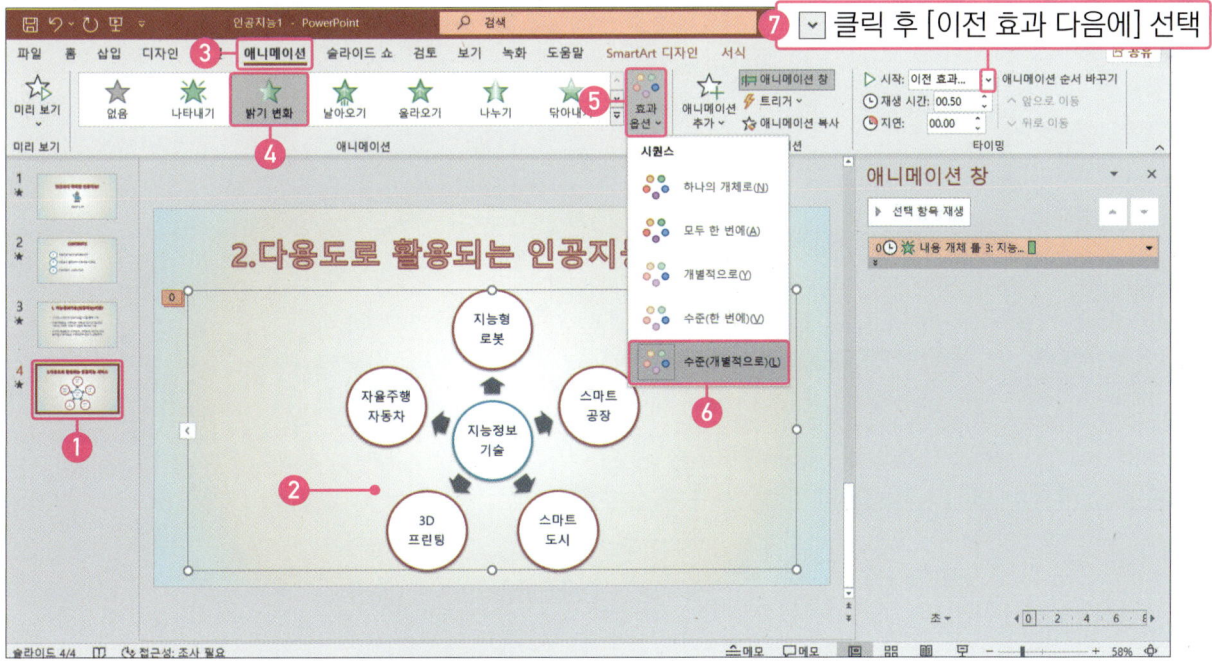

05 F5 키를 눌러 슬라이드 쇼를 실행해 보고 Esc 키를 눌러 기본 보기로 돌아옵니다.

▶ PDF 파일로 내보내기

01 [파일] 탭을 클릭한 후 [내보내기]를 클릭합니다. [내보내기]의 [PDF/XPS 문서 만들기]를 선택한 후 [PDF/XPS 만들기] 버튼을 클릭합니다.

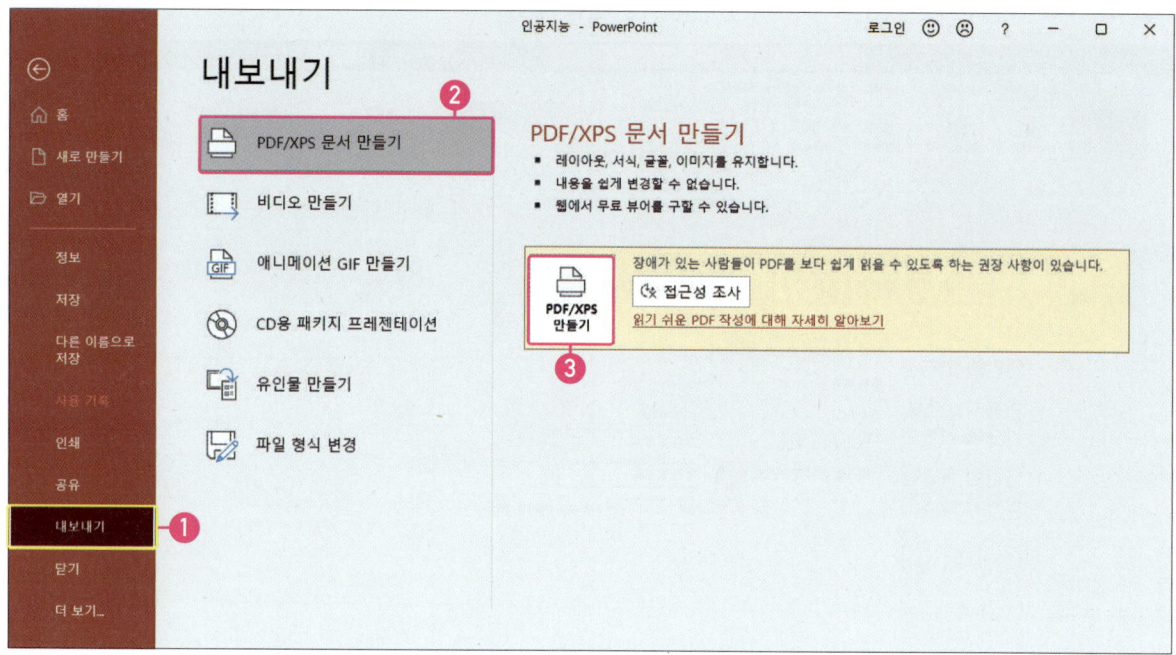

02 [PDF 또는 XPS로 게시] 대화상자가 나타나면 경로를 따라 위치를 지정하고 [옵션] 버튼을 클릭합니다.

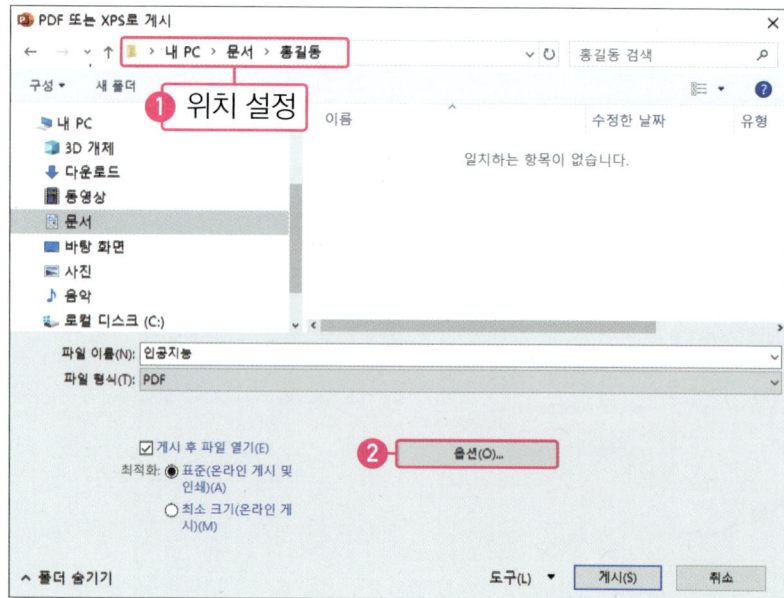

03 [옵션] 대화상자가 나타나면 [게시 대상]으로 '유인물'을 선택한 후 [슬라이드 테두리]를 체크합니다. [한 페이지에 넣을 슬라이드 수]는 '4'로 설정하고, [확인] 버튼을 클릭합니다. [PDF 또는 XPS로 게시] 대화상자에서 [게시] 버튼을 클릭합니다.

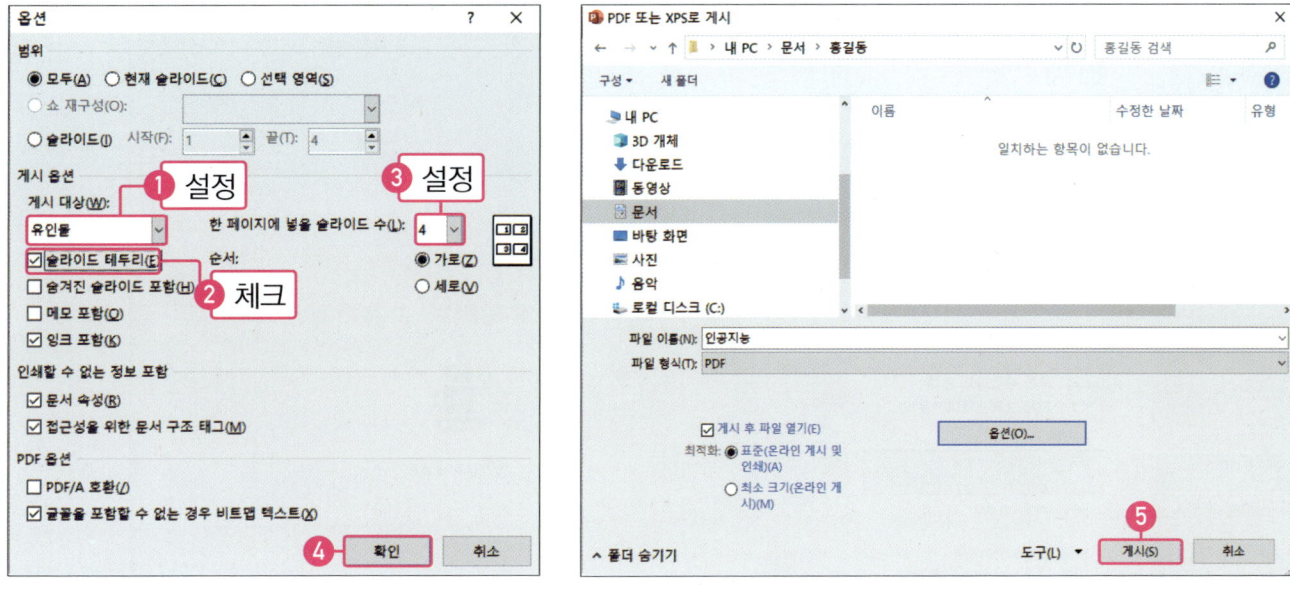

04 PDF 파일을 볼 수 있는 프로그램 창(사용자 컴퓨터에 따라 엣지 또는 아크로뱃 등)이 자동으로 열립니다. '인공지능.pdf' 파일을 보여준 **프로그램 창의** ☒**(닫기)**를 클릭합니다.

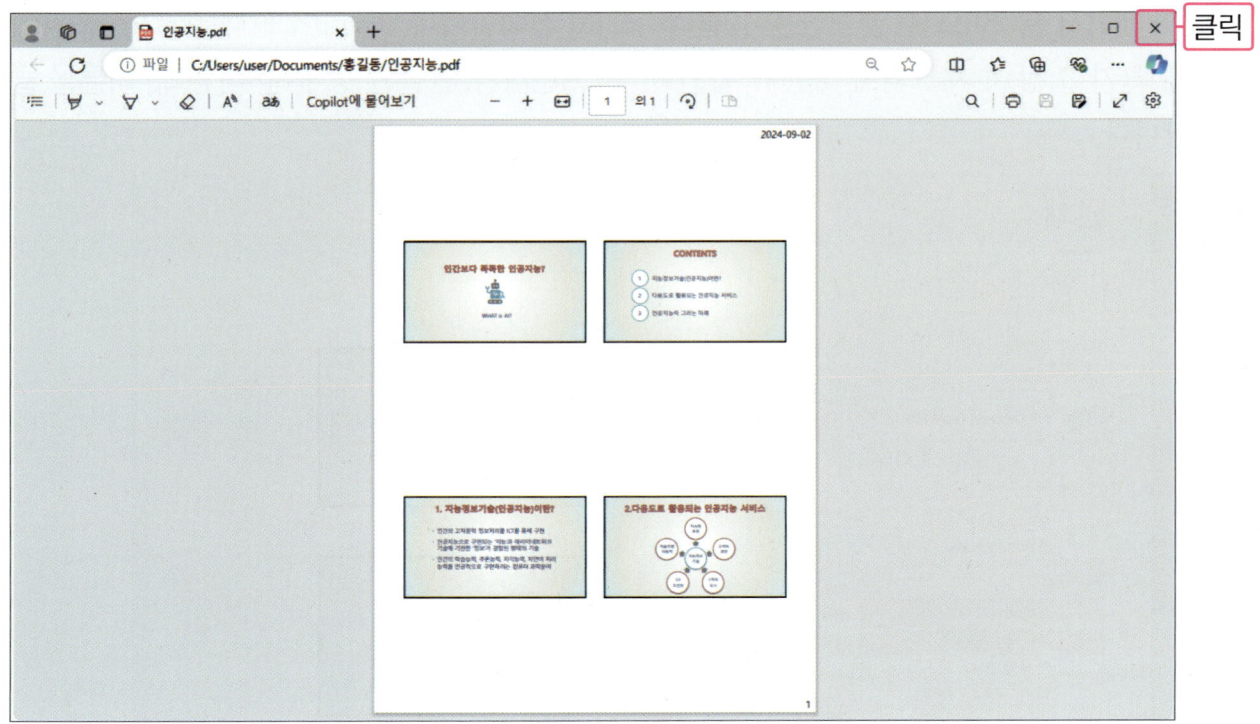

05 파워포인트 프로그램 창에서 빠른 실행 도구 모음의 🖫(저장)을 클릭합니다.

▶ 인쇄하기

01 [파일] 탭을 클릭한 후 [인쇄]를 클릭합니다. [설정]-[모든 슬라이드 인쇄]로 되어 있는지 확인합니다. 다른 설정으로 되어 있으면 클릭한 후 목록 중에 [모든 슬라이드 인쇄]를 선택합니다.

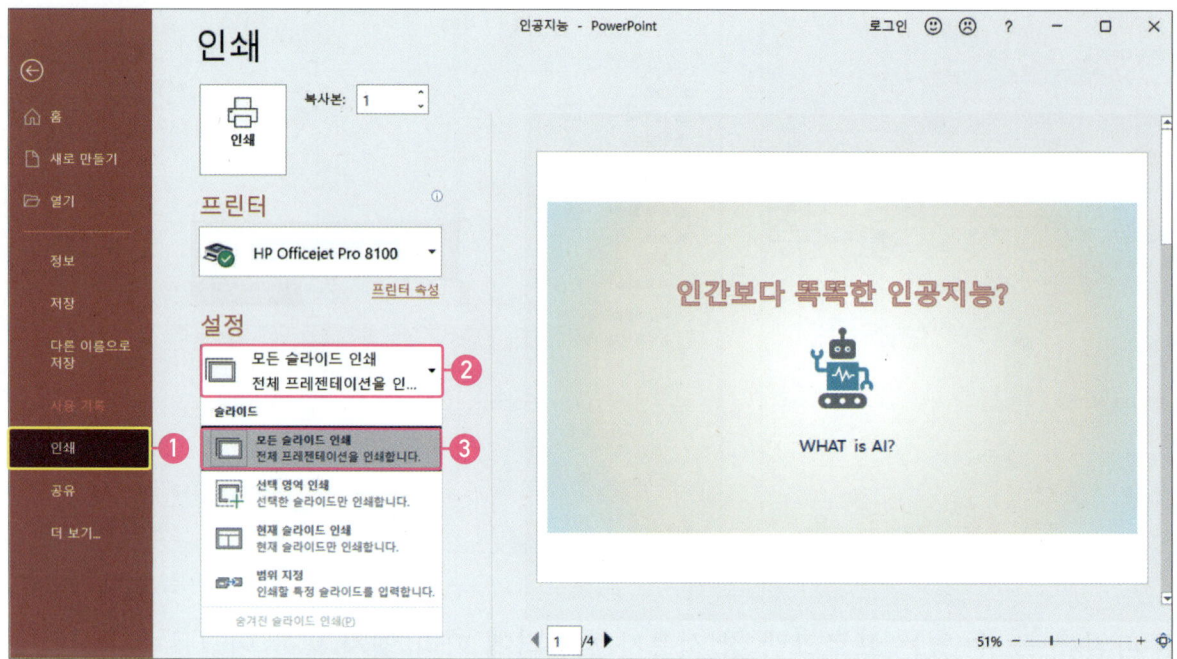

02 [전체 페이지 슬라이드]를 클릭한 후 [2슬라이드]를 선택합니다. '슬라이드 테두리'와 '용지에 맞게 크기 조정'이 체크되어 있는지 확인한 후 프린터가 연결된 상태에서 [인쇄] 버튼을 클릭합니다.

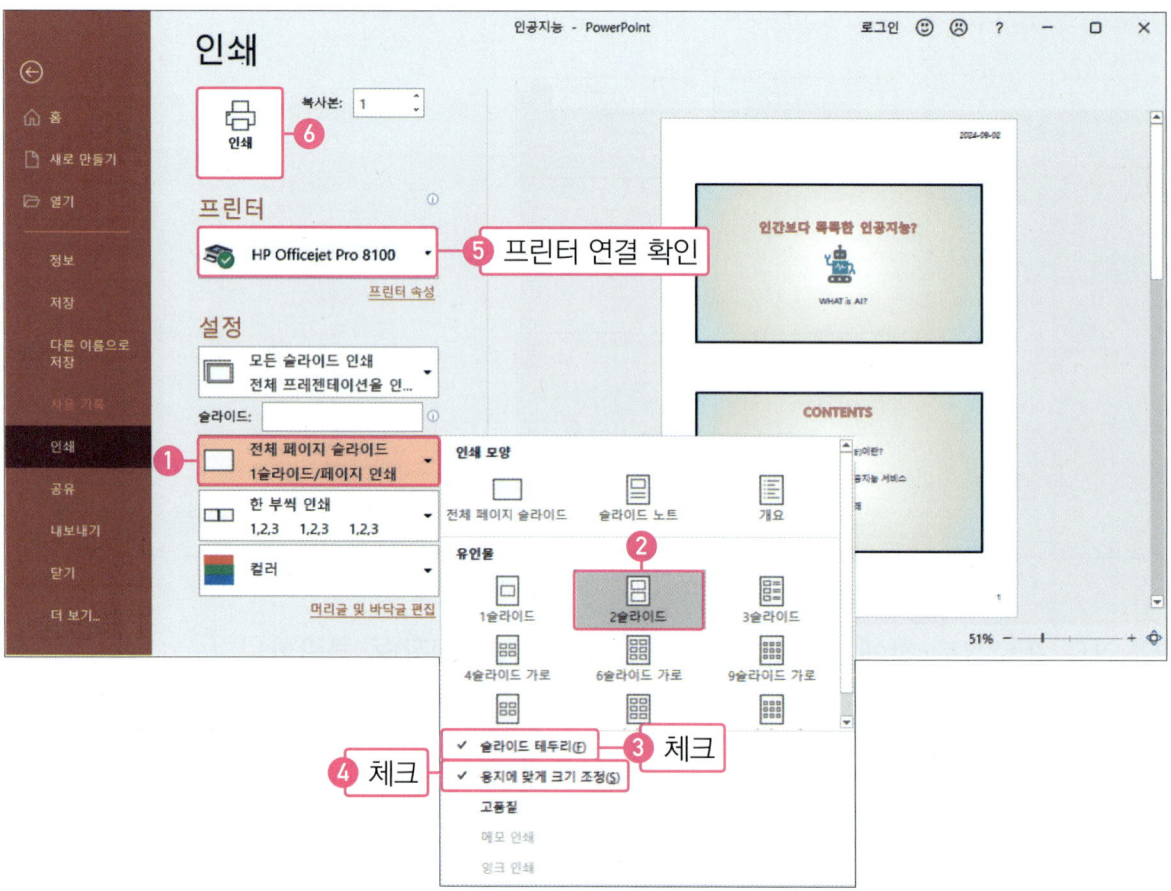

03 비디오 삽입하기

01 [홈] 탭-[슬라이드] 그룹-[레이아웃]-[빈 화면]을 선택합니다.

02 [삽입] 탭-[미디어] 그룹에서 [비디오]-[이 디바이스]를 선택합니다. [비디오 삽입] 대화상자가 나타나면 '**자동차.MP4**' 파일을 찾아 선택하고 [삽입] 버튼을 클릭합니다.

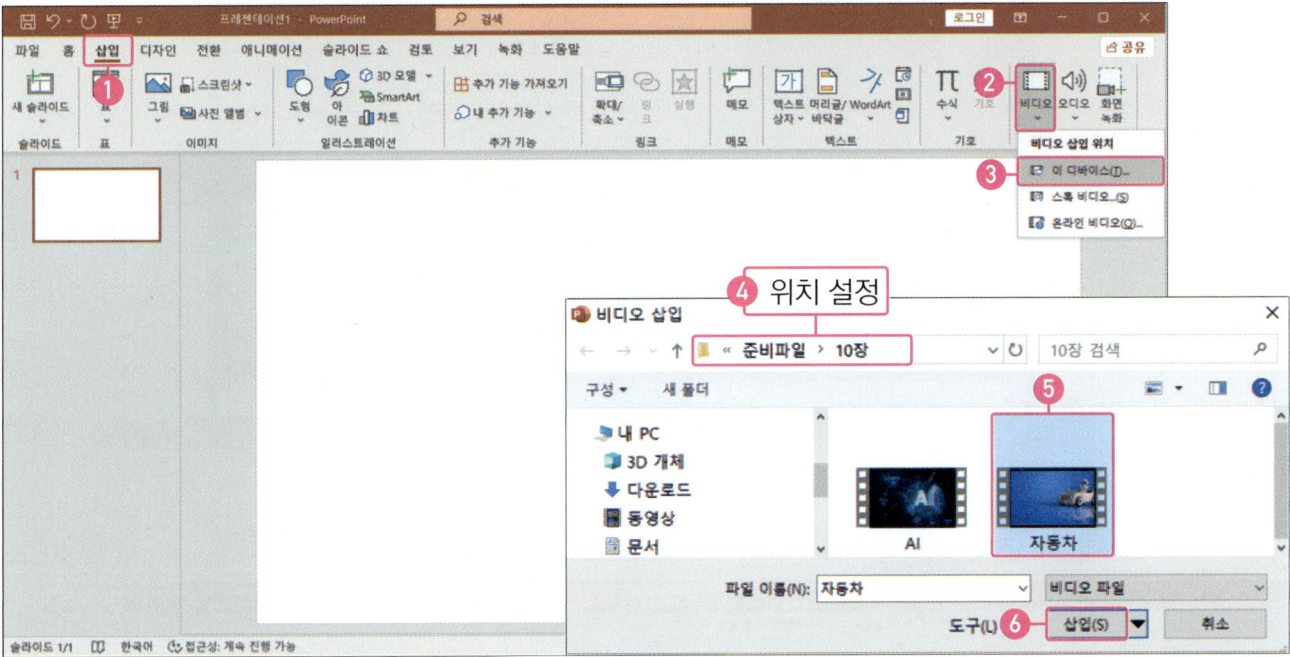

03 비디오가 슬라이드에 삽입되면 다음처럼 **조절점을 드래그**하여 슬라이드 크기에 맞추어 늘립니다.

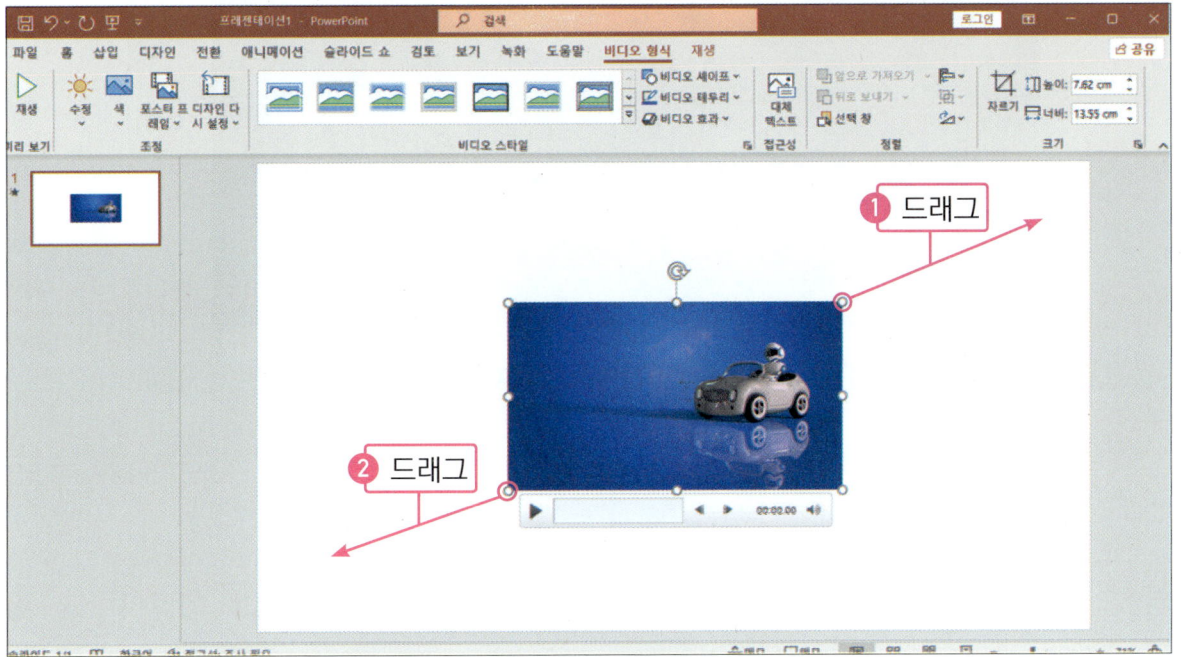

▶ 비디오 자동 실행 및 스타일 설정하기

01 비디오가 선택된 상태에서 [재생] 탭-[비디오 옵션] 그룹에서 [시작]의 ▼를 클릭하여 [자동 실행]을 선택하고 [반복 재생]을 체크합니다.

02 [비디오 형식] 탭-[비디오 스타일] 그룹에서 [단순 입체 사각형]을 클릭합니다.

▶ 오디오 삽입하기

01 [삽입] 탭-[미디어] 그룹에서 [오디오]-[내 PC의 오디오]를 선택합니다. [오디오 삽입] 대화상자가 나타나면 '뮤직1.mp3' 파일을 찾아 선택하고 [삽입] 버튼을 클릭합니다.

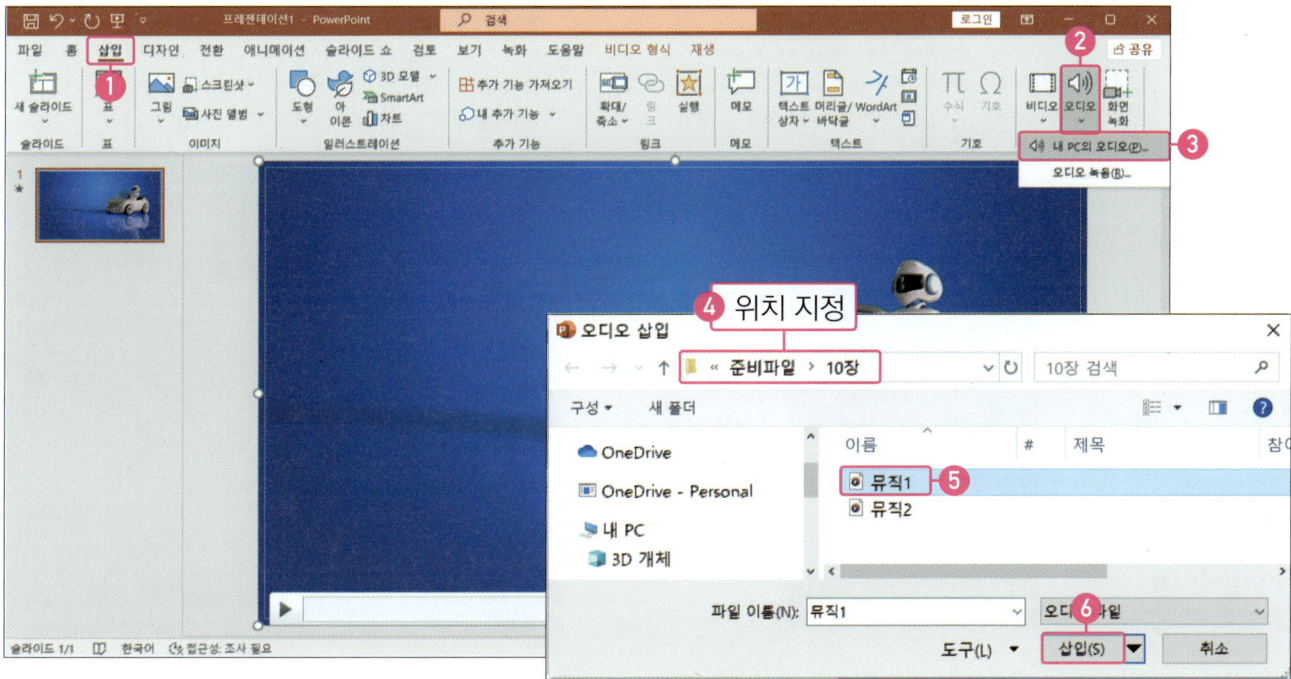

02 스피커 아이콘(🔊)이 나타나면 슬라이드 쇼 중에 오디오 파일이 자동으로 재생되도록 [재생] 탭-[오디오 스타일] 그룹에서 [백그라운드에서 재생]을 클릭한 후 드래그하여 왼쪽으로 이동합니다.

▶ 트리거를 이용한 텍스트 애니메이션 만들기

01 [삽입] 탭-[이미지] 그룹에서 [그림]-[이 디바이스]를 선택합니다. [그림 삽입] 대화상자가 나타나면 '로봇.png' 파일을 선택하고 [삽입] 버튼을 클릭합니다.

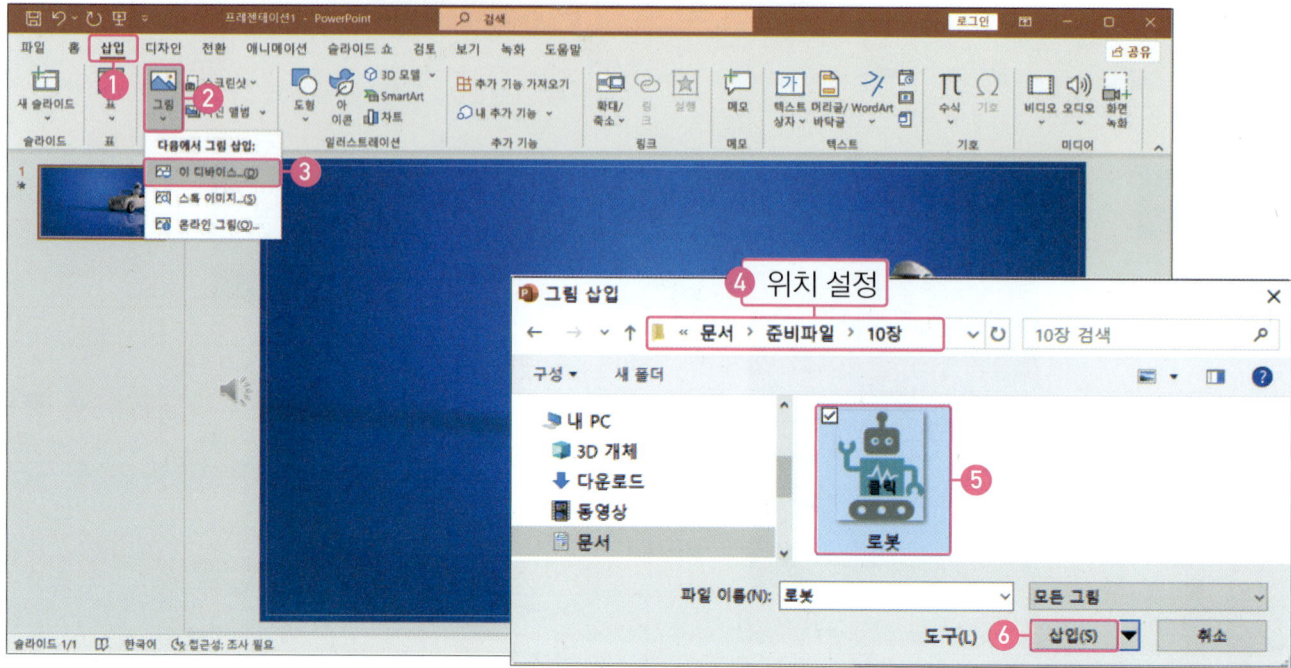

02 '로봇'을 아래로 드래그하여 배치한 후 [애니메이션] 탭-[애니메이션] 그룹의 ▼(자세히)를 클릭하여 [바운드]를 선택합니다. [타이밍] 그룹에서 [시작]의 ▼를 클릭하여 [이전 효과와 함께]를 선택합니다.

03 [홈] 탭-[그리기] 그룹의 [텍스트 상자]를 선택해 텍스트 상자를 삽입한 후 **04**번을 참고해 내용을 입력합니다.

04 텍스트 상자를 선택한 후 [홈] 탭-[글꼴] 그룹에서 [텍스트 그림자]를 클릭하고, [글꼴 크기]는 '28', [글꼴 색]은 '흰색'을 설정합니다.

05 [애니메이션] 탭-[애니메이션] 그룹에서 [올라오기]를 클릭한 후 '로봇' 그림을 클릭했을 때 애니메이션이 실행되도록 [고급 애니메이션] 그룹에서 [트리거]-[클릭할 때]-[그림 2]를 선택합니다. [타이밍] 그룹에서 [재생 시간]을 '10.00'으로 입력합니다.

 여기서는 삽입된 '로봇.png' 파일의 개체 이름이 '그림 2'로 표현되고 있습니다. 사용자의 환경에 따라 '그림' 뒤에 표시되는 숫자가 달라질 수 있습니다.

06 F5 키를 눌러 슬라이드 쇼를 실행해 봅니다. Esc 키를 누르면 쇼가 중단됩니다. Esc 키를 눌러 기본 보기로 돌아온 후 빠른 실행 도구 모음의 (저장)을 클릭하여 파일 이름은 '자율주행.pptx'로 저장합니다.

▶ 하이퍼링크 삽입하기

01 '인공지능 링크.pptx' 파일을 불러옵니다. 4번 슬라이드를 선택하고 '자율주행 자동차'라고 입력한 스마트아트를 선택한 후 [삽입] 탭-[링크] 그룹에서 [링크]를 클릭합니다.

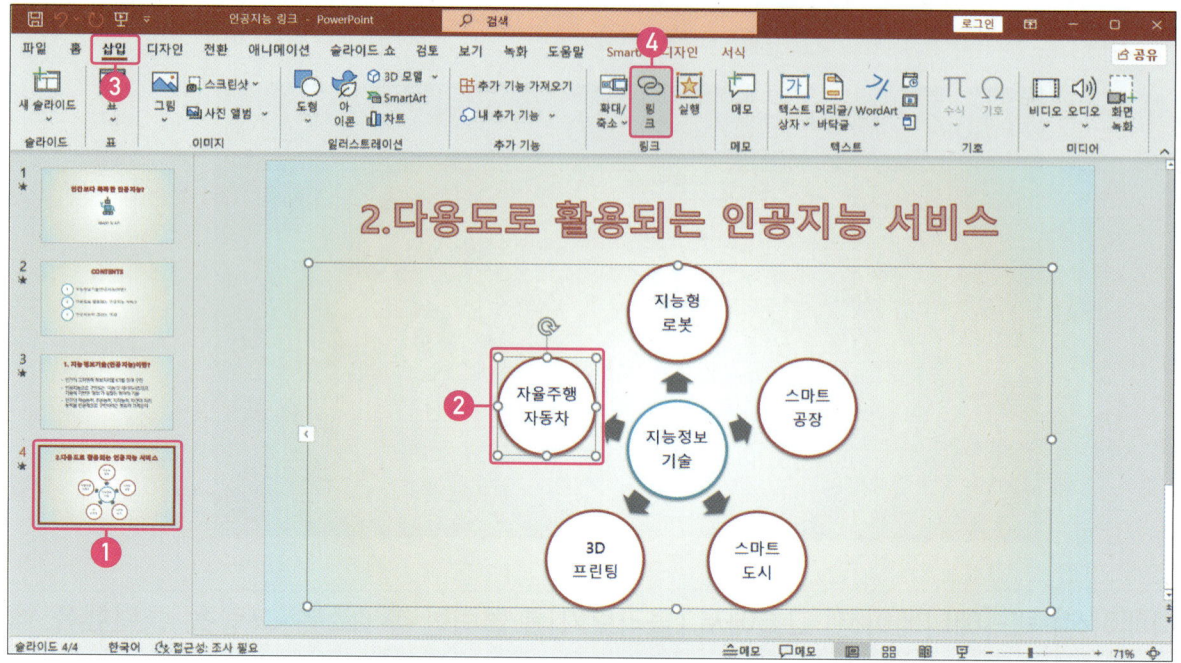

02 [하이퍼링크 삽입] 대화상자가 나타나면 [연결 대상]을 [기존 파일/웹 페이지]로 선택합니다. 찾는 위치에서 '자율주행.pptx'를 저장한 폴더를 선택하고 '자율주행'을 선택한 후 [확인] 버튼을 클릭합니다.

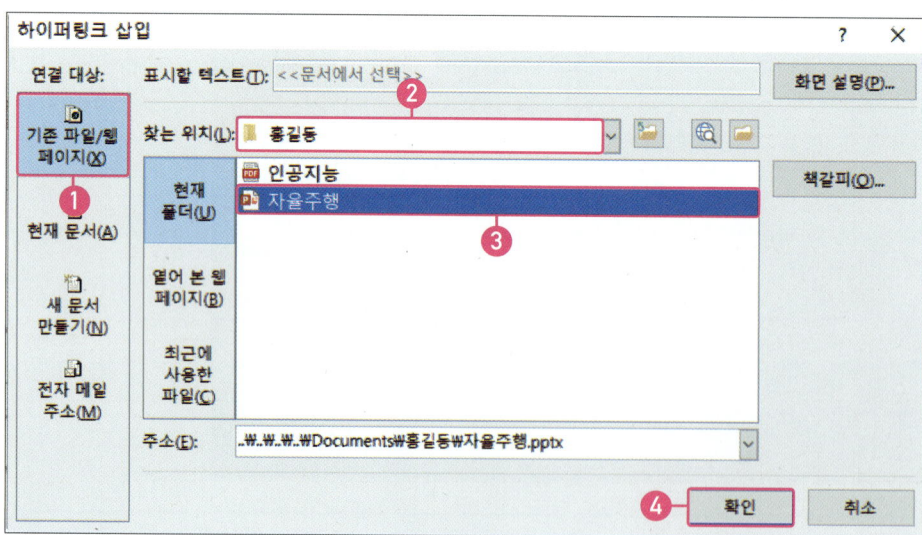

03 Shift + F5 키를 눌러 현재 슬라이드 쇼를 실행한 후 **하이퍼링크를 삽입한 스마트아트를 클릭**합니다.

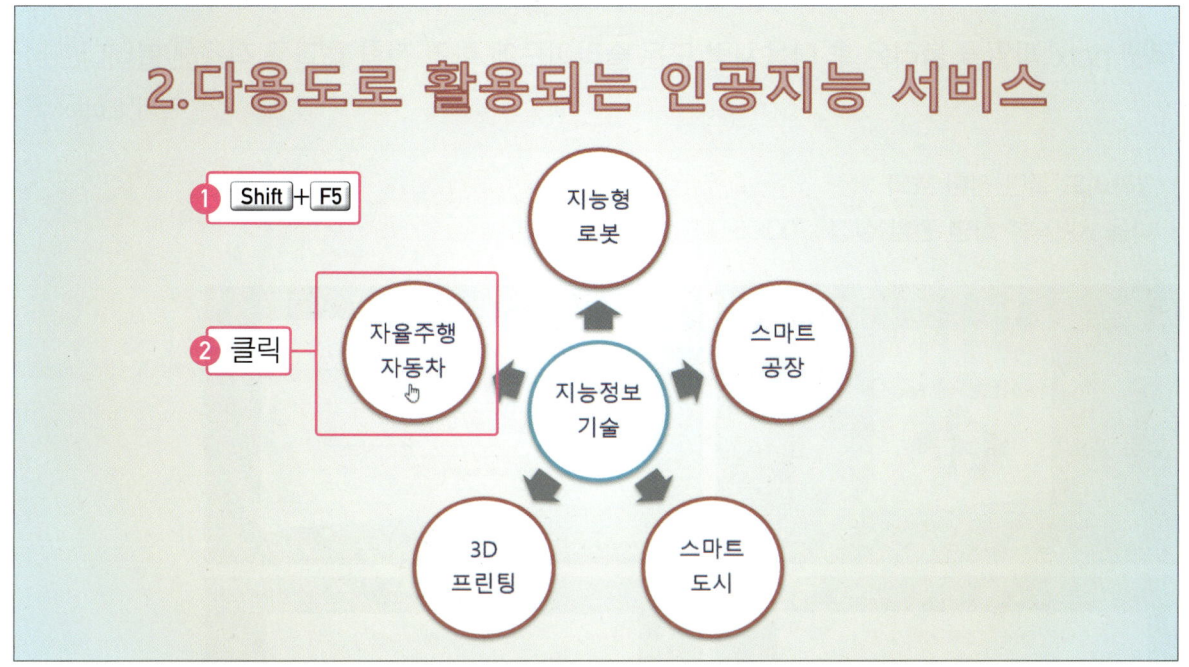

04 '자율주행.pptx' 파일의 슬라이드 쇼가 실행되는 것을 확인할 수 있습니다. '**로봇**'을 클릭하면 텍스트가 나타납니다. Esc 키를 눌러 슬라이드 쇼의 실행을 중지합니다. Esc 키를 한 번 더 누르면 '4번 슬라이드의 쇼 화면'이 나타납니다. 또다시 Esc 키를 누르면 '4번 슬라이드의 기본 보기'로 돌아옵니다.

05 빠른 실행 도구 모음의 🖫(저장)을 클릭합니다.

응용력 키우기

01 '인터넷.pptx' 파일을 불러온 후 다음처럼 모든 슬라이드에 화면 전환 효과를 적용해 봅니다.

준비파일 인터넷.pptx

- 슬라이드 화면 전환 효과 : 문
- '다음 시간 후' 화면 전환 설정 : '00:05.00'

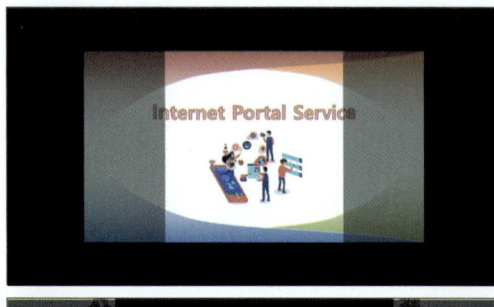

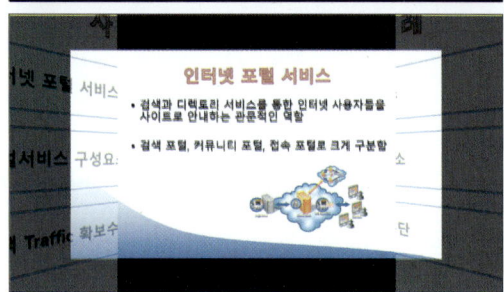
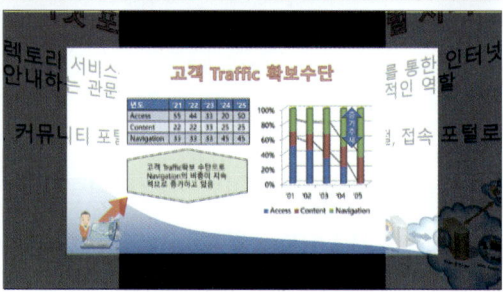

02 문제 **01**의 작업에 이어서 다음처럼 슬라이드의 각 요소에 애니메이션을 적용해 봅니다.

- 1번 슬라이드 도형 : '도형' 애니메이션
- 1번 슬라이드 그림 : '시계 방향' 애니메이션
- 1번 슬라이드 제목 : '올라오기' 애니메이션

 모든 애니메이션에 타이밍의 시작은 '이전 효과 다음에'를 선택합니다.

응용력 키우기

03 '인터넷.pptx' 파일을 불러온 후 다음처럼 모든 슬라이드에 화면 전환 효과를 적용해 봅니다.

준비파일 인터넷.pptx

- 2번~4번 슬라이드 제목 : '확대/축소' 애니메이션
- 2번~4번 슬라이드 제목을 제외한 모든 요소 : '올라오기' 애니메이션

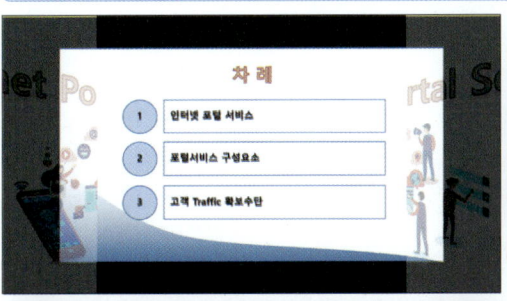
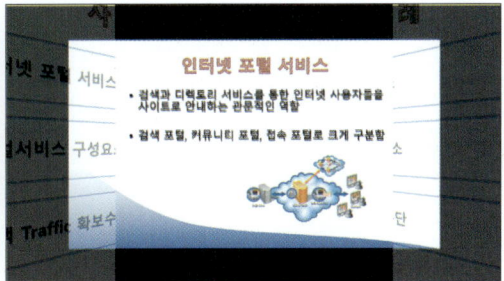
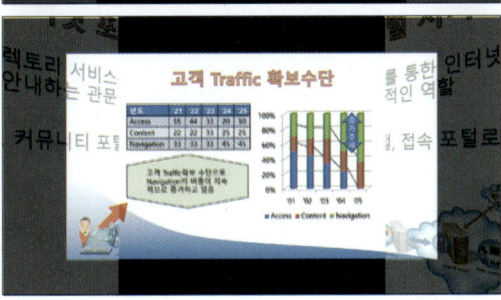

04 새 프레젠테이션에서 다음처럼 비디오 파일과 오디오 파일을 삽입한 후 '에이아이.pptx'로 저장해 봅니다.

준비파일 에이아이.mp4 / 뮤직2.mp3

- 비디오 옵션 : '자동 실행', '반복 재생' 설정
- 비디오 스타일 : '입체 타원, 검정' 설정
- 오디오 스타일 : '백그라운드에서 재생' 설정

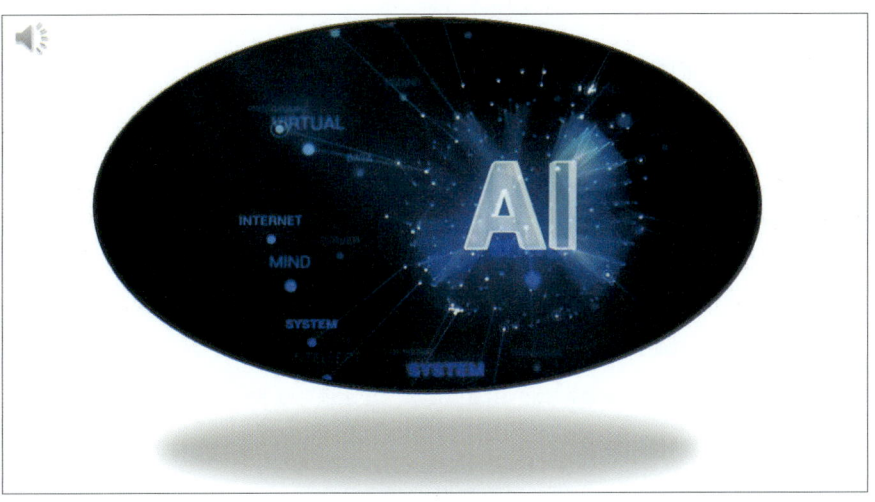

파워포인트 2021 기초

초 판 발 행	2025년 01월 30일
발 행 인	박영일
책 임 편 집	이해욱
저　　　자	장경숙
편 집 진 행	염병문
표 지 디 자 인	김도연
편 집 디 자 인	김지현
발 행 처	시대인
공 급 처	(주)시대고시기획
출 판 등 록	제 10-1521호
주　　　소	서울시 마포구 큰우물로 75 [도화동 538 성지 B/D] 9F
전　　　화	1600-3600
홈 페 이 지	www.sdedu.co.kr

I S B N	979-11-383-8706-4(13000)
정　　　가	12,000원

※이 책은 저작권법에 의해 보호를 받는 저작물이므로, 동영상 제작 및 무단전재와 복제, 상업적 이용을 금합니다.
※이 책의 전부 또는 일부 내용을 이용하려면 반드시 저작권자와 (주)시대고시기획·시대인의 동의를 받아야 합니다.
※잘못된 책은 구입하신 서점에서 바꾸어 드립니다.

시대인은 종합교육그룹 (주)시대고시기획·시대교육의 단행본 브랜드입니다.